FICCIÓN E HISTORIA
LA NARRATIVA DE JOSÉ EMILIO PACHECO

Proyecto LA NARRATIVA MEXICANA CONTEMPORÁNEA
(LITERATURA Y SOCIEDAD)

Coordinadora: Yvette Jiménez de Báez
Colaboradoras: Diana Morán, Edith Negrín,
Georgina García Gutiérrez, Rose Corral Jordá,
Ana Rosa Domenella, Luzelena Gutiérrez de Velasco

FICCION E HISTORIA

LA NARRATIVA DE JOSE EMILIO PACHECO

Yvette Jiménez de Báez
Diana Morán
Edith Negrín

El Colegio de México

Primera edición (3 000 ejemplares) 1979

Derechos reservados conforme a la ley
© 1979, El Colegio de México
Camino al Ajusco 20, México 20, D. F.

Impreso y hecho en México
Printed and made in Mexico

ISBN 968-12-0034-9

Índice

PRIMERA PARTE

APUNTES METODOLÓGICOS DEL PROYECTO "LA NARRATIVA MEXICANA CONTEMPORÁNEA. LITERATURA Y SOCIEDAD" ... 1

Introducción ... 3
Nuestro enfoque ... 6
Nuestro objetivo ... 7
Aspectos metodológicos ... 7
  A. Delimitación del objeto en función del objetivo general y del inmediato ... 7
    Autores seleccionados ... 8
  B. Precisión teórica del proceso generador del texto literario ... 8
  C. Las "categorías" de análisis seleccionadas ... 10
    1) Tiempo-espacio ... 11
      El tiempo ... 12
      El espacio ... 12
    2) Red actancial ... 13
    3) Intertextualidad ... 16
    4) Del ideologema a la ideología ... 18
      Ideologías y clases sociales ... 20
  D. Límites y alcances de este tipo de análisis ... 21

SEGUNDA PARTE

La narrativa de José Emilio Pacheco 23

Advertencia 25
I. *El viento distante y otros relatos* 27
   A. "El viento distante" 29
      Tiempo-espacio 29
         1) Descripción preliminar 29
         2) Análisis 29
         3) Conclusión 33
      Red actancial 34
         1) Microrrelato 1 (Partes I y III) 34
         2) Microrrelato 2 (Parte II) 36
      Intertextualidad 39
         1) Textos literarios y otros textos culturales 39
         2) Textos sociales 43
      Ideologema 43
   B. "Tarde de agosto" 44
      Tiempo-espacio 44
         1) Descripción preliminar 44
         2) Análisis 44
         3) Conclusión 49
      Red actancial 49
      Intertextualidad 54
         1) Textos literarios y otros textos culturales 54
         2) Textos sociales 56
      Ideologema 57
   C. "Parque de diversiones" 58
      Tiempo-espacio 58
         1) Descripción preliminar 58
         2) Análisis 59
         3) Conclusión 64
      Red actancial 64
         1) Microrrelato 1 (Parte I) 65
         2) Microrrelato 2 (Parte II) 65
         3) Microrrelato 3 (Parte III) 66

4) Microrrelato 4 (Parte IV) y Microrrelato 7
(Parte VII) 67
5) Microrrelato 5 (Parte V) 67
6) Microrrelato 6 (Parte VI) 68
7) Microrrelato 1 (Parte VIII) 69
Intertextualidad 71
Textos literarios y otros textos culturales 71
Ideologema 74

D. "La luna decapitada" 74
Tiempo-espacio 74
1) Descripción preliminar 74
2) Análisis 75
3) Conclusión 81
Red actancial 81
1) Microrrelato 1 (Partes I y III) 82
2) Microrrelato 2 (Parte II) 85
Intertextualidad 88
1) Texto mítico 89
2) Texto histórico 91
3) Texto socio-histórico 94
Ideologema 96

E. "Civilización y barbarie" 97
Tiempo-espacio 97
1) Descripción preliminar 97
2) Análisis 98
3) Conclusión 102
Red actancial 104
1) Microrrelato 1 (Partes I, IV y VII) 104
2) Microrrelato 2 (Partes II, V y VII) 105
3) Microrrelato 3 (Partes III, VI y VII) 106
Intertextualidad 109
1) Textos literarios 109
2) El texto cinematográfico y la historia 111
3) El texto histórico "omitido" 112
4) Texto antropológico 113
5) Texto sociohistórico 114
Ideologema 115

F. "El castillo en la aguja" 116
Tiempo-espacio 116

1) Descripción preliminar	116
2) Análisis	116
3) Conclusión	118
Red actancial	118
Intertextualidad	120
1) Texto lingüístico	121
2) Texto social	122
Ideologema	122
G. "Jericó"	123
Tiempo-espacio	123
1) Descripción preliminar	123
2) Análisis	123
3) Conclusión	124
Red actancial	125
Intertextualidad	128
1) Texto literario	128
2) Textos históricos	128
Ideologema	130
II. *El principio del placer*	131
A. "El principio del placer"	133
Tiempo-espacio	133
1) Descripción preliminar	133
2) Análisis	133
3) Conclusión	135
Red actancial	136
Intertextualidad	140
1) Textos literarios y otros textos culturales	140
2) Texto psicoanalítico	144
3) Texto histórico y geográfico	144
4) Texto social	145
Ideologema	146
B. "La fiesta brava"	146
Tiempo-espacio	146
1) Descripción preliminar	146
2) Análisis	147
3) Conclusión	154
Red actancial	154

1) Microrrelato 1 (Partes I y III)	155
2) Microrrelato 2 (Parte II)	160
Intertextualidad	162
1) Textos literarios y otros textos culturales	163
2) Texto histórico y mítico	167
3) Texto sociológico	169
Ideologema	170

III. *Morirás lejos* 173

Tiempo-espacio	175
1) Descripción preliminar	175
2) Análisis	180
3) Conclusión	211
Red actancial	212
1) Descripción general de los narradores	212
2) Microrrelato 1: "de la ficción" (Partes I, II y III)	213
3) Microrrelato 2: "de la historia" (Parte II)	232
4) Conclusiones	242
Intertextualidad	244
1) Texto lingüístico	245
2) Textos literarios y otros textos culturales	256
3) Texto mítico, alquímico y mágico	283
4) Texto psicoanalítico	286
5) Texto histórico	289
6) Texto social	294
Ideologema	298

IV. *Intratextualidad* 301

TERCERA PARTE

Conclusiones 331

Bibliografía y siglas 341

Primera parte

Apuntes metodológicos del proyecto "La narrativa mexicana contemporánea. Literatura y sociedad"

Introducción

Este estudio de la narrativa de José Emilio Pacheco es el primero de una serie sobre autores representativos de la narrativa mexicana contemporánea, que estamos preparando en el Seminario de Literatura Mexicana de El Colegio de México.

El proyecto responde a una inquietud compartida por varios investigadores desde hace unos años.[1] Nos importa analizar diversos aspectos de la producción literaria nacional con una metodología que vincule la literatura y el contexto[2] socioeconómico y cultural.

Mucho se ha escrito sobre el tema de las relaciones entre literatura y sociedad. La bibliografía es amplia y abarca diversos enfoques y puntos de vista insoslayables en la crítica literaria de nuestros días. Por lo cual conviene que precisemos claramente nuestro objeto de estudio y los lineamientos generales del tipo de análisis que estamos poniendo en práctica.

Dentro de esta perspectiva general de búsqueda se inscribe nuestro proyecto. Revisamos una bibliografía básica, y a partir de ella hemos delimitado aquellos puntos metodológicos que nos han parecido adecuados y suficientes para iniciar nuestro trabajo crítico. Se trata de una práctica textual que pretende contribuir, en el proceso gradual de su elaboración, a despejar el modo de relación específico entre literatura y sociedad. Para lograrlo, nos interesa mantener una dinámica permanente de confrontación entre teoría, metodología y

[1] Inicié el trabajo en equipo con Diana Morán y Edith Negrín. Poco después se integraron al proyecto Georgina García Gutiérrez, Ana Rosa Domenella y Rose Corral Jordá. Últimamente se incorporó Luzelena Gutiérrez de Velasco.
[2] *Contexto* como 'situación de discurso'. Es decir, el conjunto de las circunstancias en medio de las cuales se desarrolla un acto de enunciación. En el trabajo lo usamos en distintos niveles: como contexto de la producción; contexto de la obra y contexto social general.

práctica, imprescindible a todo desarrollo teórico y crítico. Tanto más si, como en la problemática que nos ocupa, existe una gran diversidad de criterios aun dentro de un mismo ámbito de pensamiento.

El análisis, en buena medida descriptivo en esta primera etapa, se concentra en un corpus particular de la literatura mexicana contemporánea, lo cual permitirá comprenderlo y explicarlo en términos de su relación con el contexto social.

Partimos de la hipótesis de que el texto[3] literario guarda una relación específica (compleja e interna) con el contexto. Para nosotros la relación no es contenidista en sentido estricto, ni externa. En la medida en que nos interesa la literatura como significación y sus nexos con el contexto socioeconómico y cultural, atendemos al contenido, no como hecho autónomo, sino como contenido-forma, es decir, en su especificidad literaria. Sobre este punto precisa Adolfo Sánchez Vázquez: "El contenidismo no estriba... en poner en relación el lenguaje literario con la vida económica social [que sí importa], sino justamente en no atender a la peculiaridad de sus signos" (Sánchez Vázquez 1970, 202).

Este primer deslinde descarta como posibles métodos de análisis —de suyo productivos— algunos de los que tradicionalmente se asocian con la Sociología de la literatura. En éstos por lo general los textos literarios entran como un hecho institucionalizado,[4] o como proveedores de contenidos útiles a otras disciplinas. En el primer caso, por ejemplo, se estudia la literatura dentro del circuito de producción y consumo; en el segundo, al servicio de la historia, la psicología social, la antropología, etc. En casi todas estas áreas la literatura se utiliza de modo ancilar sin penetrar, ni en sus niveles estructurantes, ni en la complejidad de su estratificación. Otras veces la producción literaria se estudia como reflejo, más o menos eficaz, de un contexto que el historiador o crítico establece a priori, y que se busca confirmar en la obra. Este tipo de estudio es tanto menos

---

[3] *Texto* como productividad; como "cierto modo de funcionamiento del lenguaje", y no como representación. Esto implica la necesidad de revelar su dinámica generadora. Se trata de una práctica significante —concebida como práctica específica— en el todo articulado del proceso social. En este sentido, como se verá en el proceso de la exposición, el texto es absorción y transformación de una multiplicidad de otros textos (cf. Ducrot-Todorov 1972, *s. v.*).

[4] Para Roland Barthes, "La literatura se nos presenta como *institución* y como *obra*. Como institución se asemeja a todos los usos y todas las prácticas que reglan el proceso de la cosa escrita en una sociedad determinada: *status* social e ideológico del escritor, modos de difusión, condiciones de consumo, opiniones de la crítica. Como obra está constituida esencialmente por un mensaje verbal escrito, de cierto tipo" (Barthes 1969, 34).

productivo cuanto más se acerque a la idea de reflejo como reproducción directa y extensiva del contexto. En este último caso obviamente se parte de lo social para analizar lo literario.

Podemos abordar la importancia y el grado de la relación entre literatura y sociedad desde otro punto de vista mucho menos estudiado, pero que encuentra cada día una mayor proyección en la crítica literaria y en la sociología, en la medida en que ambas disciplinas se abren a las perspectivas socioculturales tratando de precisar, en profundidad, la complejidad de sus relaciones.

Por obvio, nadie negaría que la literatura es parte de la cultura, ni la relación entre cultura y sociedad. Sin embargo conviene precisar algunos aspectos que no siempre resultan del todo evidentes.

La perspectiva ideológica de una sociedad, en un momento histórico dado, condiciona el modo como se abordan los problemas socioeconómicos y políticos. De ahí que sea cada vez más clara la necesidad de estudiar los aspectos culturales (básicamente ideológicos) como componentes decisivos de la historia y de la sociedad.[5]

La cultura puede pues entenderse como un hecho semiótico, aunque no exclusivamente; es decir, como "el conjunto de la información... conservada y transmitida por las diversas colectividades de la sociedad humana". En este sentido manifiesta la interacción de las ideologías que la caracterizan, y como estructura, informa sobre el proceso de producción y sobre las formas de organización social. (Lotman 1967, 43).

A partir de esta concepción cabe destacar el hecho de que la literatura es una manifestación sociocultural: mantiene relación con los demás niveles de la vida social, y en tanto comunicación verbal, se integra en el conjunto de los hechos culturales.

La obra literaria tiene así, además de otros, un valor "informacional", significativo. Hemos dicho que guarda una relación específica con el contexto. En este sentido supone una reelaboración de los textos socioeconómicos y culturales preexistentes. Implica la incidencia plural del contexto social (lo específicamente histórico-social; la escritura preexistente; la pintura, la música, la escultura...) en el nuevo espacio textual que se especifica y se remite nue-

---

[5] "Todo hecho social es un hecho histórico, y a la inversa. Por consiguiente, la historia y la sociología estudian los mismos fenómenos, y si cualquiera de ellas capta un aspecto real, la imagen que da de él (tiene que) estar completada por los aportes de la otra" (Goldmann 1952, 9). Sobre este punto, la antropóloga Lourdes Arizpe señala que en la reinterpretación necesaria de la historia cultural de los países del Tercer Mundo hay que mantener una perspectiva integral, para lo cual se deben llevar a cabo estudios parciales de hechos culturales concretos (p. ej. literatura, folklore, pintura, música, etc., Arizpe 1977, 19).

vamente al contexto social e informa otros textos. O como dice Julia Kristeva, el texto literario es ambivalente porque "implica la inserción de la historia (de la sociedad) en el texto, y del texto en la historia" (Kristeva 1970, 124). Se escribe en función de otros textos anteriores y sirve de réplica para otros textos futuros.[6] Se trata evidentemente de un fenómeno verbal que puede considerarse como un hecho complejo al que confluyen, mediante el lenguaje, diversos sistemas significantes.

Si bien es cierto que estos otros sistemas de significación operan de acuerdo al modo de funcionamiento del lenguaje en el texto literario, se tiende a soslayar o a dar por sobreentendido el factor de que estos sistemas, estos otros textos socioculturales, modifican el lenguaje y ejercen sobre él una función determinante. Todo este conjunto de hechos explica que teóricos como Bakhtine y J. Kristeva afirmen que el texto literario exige un análisis translingüístico que permita caracterizarlo y situarlo dentro del complejo sistema de producción en que se inscribe.

Esta concepción dinámica del texto literario como un proceso que parte de la historia, se especifica y vuelve a la historia, permite concluir que:

a) La relación entre literatura y sociedad es inmanente, estructural.
b) El estudio de esta relación contribuiría a esclarecer la dinámica de las relaciones sociales, y al mismo tiempo, precisaría aspectos importantes del hecho literario como tal.
c) La relación así entendida exige, para su estudio, la elaboración de metodologías adecuadas de análisis.

Nuestro enfoque

Si la literatura es parte de la cultura, al hablar de literatura y sociedad sólo hacemos una abstracción metodológica que nos permite aislar una parte del todo para precisar sus interrelaciones. En ese sentido sería más preciso hablar de las relaciones entre los diversos aspectos (la literatura es sólo uno de ellos) que constituyen el contexto socioeconómico y cultural.

Conviene aclarar también que enfocaremos nuestro análisis a partir de la producción literaria. Nos interesa hacer el recorrido

---

[6] Para Jacques Derrida cada texto también se especifica " 'históricamente' como un tejido de diferencias respecto de lo anterior y coexistente" (Derrida 1968, 10).

desde los textos literarios al contexto, mediante un análisis inmanente (en los textos), que confirme o no nuestra hipótesis de que la relación entre ambos es interna, estructural.

Nuestro objetivo

Con este enfoque de ir de lo literario a lo social, nos proponemos llegar a una inscripción adecuada de los textos literarios en el contexto socioeconómico y cultural de su época, 1) a partir de categorías que sean pertinentes y centrales al texto literario, y que al mismo tiempo puedan informar sobre su relación con el contexto, y 2) en función del juego de fuerzas ideológicas que apunta a la problemática de clases operante en los textos.

Este objetivo general orienta nuestro objetivo inmediato, que es el análisis de la Narrativa mexicana contemporánea.

Aspectos metodológicos

A. *Delimitación del objeto en función del objetivo general y del inmediato.*

El requisito mínimo para la adecuación del objetivo general y del inmediato es que delimitemos el objeto de tal manera que el análisis pueda ser inmanente y los resultados generalizables en la medida de lo posible. De ahí que optamos por trabajar del siguiente modo:

1) Hacer una serie de estudios monográficos por autor —en algún caso por más de un autor— a base de unos mismos lineamientos de análisis, que permitan sistematizar y generalizar los resultados, a partir de una lectura crítica minuciosa de los textos.

2) Ante la imposibilidad de llevar a cabo un examen extensivo de la producción literaria que estudiamos, decidimos seleccionar una muestra de autores, representativa de tendencias escriturales importantes durante este período. El corte, aunque limitado, puede dar resultados lo suficientemente sólidos como para señalar la orientación de la Narrativa mexicana contemporánea, en términos ideológicos y de una problemática de clases. Posteriormente, podría hacerse el análisis de otros autores en torno a cada uno de estos que se han estudiado incialmente, para confirmar o no su proyección, y ampliar, en extensión, el análisis. Aparte de la síntesis final que necesariamente acompañará al conjunto de los estudios parciales, éstos

—y otros sondeos menores— constituirán una base idónea para elaborar una *Historia de la narrativa mexicana contemporánea*, dentro de los parámetros de nuestro enfoque.

3) Se pretende que se estudie toda la obra de un autor en orden cronológico, de tal manera que se vea claro su proceso de producción. No necesariamente se hará el estudio pormenorizado de toda la obra, pero en caso de tener que hacer un corte, se escogerán de tal modo los textos que ningún aspecto fundamental de su escritura quede fuera.[7]

Autores seleccionados. Hasta ahora los autores seleccionados son: José Revueltas, Juan Rulfo, Carlos Fuentes, Juan José Arreola, Rosario Castellanos, Fernando del Paso, José Emilio Pacheco, Jorge Ibargüengoitia, Salvador Elizondo, Gustavo Sainz y José Agustín; Jorge Aguilar y Héctor Manjarrez.

B. *Precisión teórica del proceso generador del texto literario.*

Hablar del proceso generador del texto literario que creemos pertinente para nuestro objetivo un poco equivale a insistir, precisándola, en la concepción del texto literario que señalamos al comienzo de esta exposición.

Como la historia es también escritura o "sistema simbólico de una época", al asumir una escritura el autor se compromete y muestra su situación (Barthes 1953, 28-29). Esta situación del hombre en la historia corresponde a su ideología en el sentido amplio de visión o idea del mundo. Concepto este último que sólo se distingue de la ideología como tal en tanto supone la coherencia y precisión de lo que en ella se manifiesta como actitudes, valores, voliciones y motivaciones para la acción.[8]

Entre los teóricos que hemos consultado sobre este punto el que nos parece más acertado y próximo al problema que nos preocupa

---

[7] Sin embargo, por estar centrado el análisis en la narrativa, los textos poéticos o dramáticos importarán sólo en tanto informan esta área.

[8] Lucien Goldmann atribuye a la ideología un carácter parcial que corresponde a grupos sociales y define la visión de mundo por su carácter totalizador que corresponde a las clases sociales (Goldmann 1952, 87). Gramsci no establece este corte y afirma: "En su sentido más elevado, la ideología es concepción del mundo, que en arte y literatura se manifiesta implícitamente. Concebir el mundo es explicárselo como una totalidad, no sólo organizar racionalmente ciertas realidades parciales como material de la obra" (*apud* Monteforte Toledo 1976, 254). Jacques Leenhardt utiliza visión de mundo con un sentido más o menos equivalente en su análisis de *La celosía* (Leenhardt 1973).

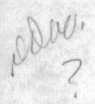

es Adolfo Sánchez Vázquez, quien resume su concepción de la ideología como

> a) un conjunto de ideas acerca del mundo y la sociedad que b) responde a intereses, aspiraciones o ideales de una clase social dada y que c) guía y justifica un comportamiento práctico de los hombres acorde con esos intereses, aspiraciones o ideales.

(Sánchez Vázquez 1976, 293)

La ideología como visión de mundo determina la constitución del texto literario y, por tanto, importa constatarla en un análisis crítico. Se establece a partir del autor, en diálogo o relación dialéctica con su contexto —específicamente con las ideologías imperantes en él.

Si esquematizamos este proceso (obviamente simplificando su riqueza dialéctica, que no debemos perder nunca de vista), podemos imaginarlo así: El autor actúa como una función activa ("función" porque no importa en tanto personalidad), que asume y problematiza, consciente o inconscientemente, el contexto socioeconómico y cultural de manera transformadora, creativa ("estilo"), pero de todos modos condicionado por él. Es decir, por el juego de fuerzas ideológicas dominantes, las escrituras preexistentes, la lengua. Se determina entonces un modo de seleccionar, transformar y redistribuir los elementos del contexto —en especial la lengua— modo que podríamos marcar como la visión de mundo del autor.

A partir de aquí puede marcarse la producción textual. Por tratarse de un acto lingüístico, opera en términos de la función dialógica del lenguaje. Como el autor no importa en tanto tal, teóricamente es mejor hablar de una instancia metodológica intermedia entre éste y el texto producido, que religa y explica todas las posibles modalidades de enunciación en el texto (metanarrador).[9] El espacio textual que se genera está condicionado por la temporalidad que marca el tiempo asumido en la enunciación, lo mismo por oposición que por identificación. En esa espacialización temporalizada se opera el desdoblamiento del metanarrador en la red de relaciones entre los actantes y el narrador (Narrador o Narrador-actante).[10]

A este "nuevo" enfoque de la producción textual le corresponde una "nueva" crítica. Para cumplir con los objetivos del análisis

---

[9] Aunque correspondería en cierto modo a la idea de metasujeto en la Kristeva, como no adoptamos totalmente su esquema de la producción textual, preferimos denominarlo metanarrador. En general el esquema teórico que subyace tanto al texto crítico kristeviano como al nuestro, en este punto, es el de Émile Benveniste (cf. Benveniste 1974).

[10] Para la precisión de estos términos, cf. *infra*, pp. 15 y ss.

cerramos el texto, sin olvidar la dialéctica del proceso —que viene de la historia, se precisa, y se proyecta nuevamente en la historia estableciendo una relación dialéctica con otras producciones textuales. Al cerrar metodológicamente el texto no tomamos en cuenta ni su proyección hacia otros textos, ni la problemática del lector con toda su complejidad, aunque se alude a ella (sobre todo en el análisis de textos que lo exigen de manera explícita —p. ej. cuando incluyen el circuito narrador-lector dentro del texto). Críticamente operamos a la inversa del proceso genético, mediante un proceso de desestructuración sistemática del texto que revele su mecanismo generador. Mantenemos así el objetivo inicial de basarnos en una crítica inmanente del texto que nos permita significar sus interrelaciones con el contexto sociocultural en que se especifica. La proyección hacia otros textos quedará marcada al hacer el análisis respectivo de textos posteriores.

No interesa pues la producción como deducida de una conciencia dominante (el metanarrador), concepción que subordina al narrador y a los actantes a un nivel secundario (dominado). En el análisis interesa destacar y precisar, en primer término, el juego de relaciones o fuerzas operantes en el texto, y a partir de aquí marcar la función del metanarrador, que al mismo tiempo es la instancia en que se genera la visión de mundo. Se apunta así a la relación con el contexto por medio de una serie de lecturas críticas progresivas que finalmente permiten establecer cómo el texto literario especifica lo socioeconómico y cultural.

C. Las "categorías" de análisis seleccionadas.

Si recordamos nuestro objetivo fundamental de establecer la relación existente entre el texto literario y el contexto social, las categorías de análisis empleadas deben tener las siguientes características:

a) Corresponder de algún modo tanto al texto como al contexto, y sobre todo b) corresponder al proceso de producción textual tal como lo hemos trazado. c) Ser lo suficientemente amplias para permitir en el análisis concreto el mayor juego de posibilidades, dada la pluralidad y diversificación de los textos literarios en cuanto tales.

Atendiendo a estas necesidades, seleccionamos tres aspectos categoriales que consideramos básicos, si bien no exclusivos: las nociones de tiempo y espacio; la red actancial y la intertextualidad. Posteriormente precisaremos el ideologema (cf. *infra*, p. 19) del texto y su explicitación ideológica relacionada con el contexto de las clases sociales.

Los aspectos que corresponden a estas nociones se observarán en el texto y se manejarán como funciones semiológicas, es decir, como unidades integrativas[11] determinantes del tejido de la narración.

No escapa a nosotros el hecho de que podríamos llegar a precisar el modo particular de inscripción de un texto literario en el contexto social con sólo hacer el análisis a partir de una de estas "categorías". No obstante, el estudio más amplio que se logra con las tres calas, es literariamente más significativo, y permite verificar de manera más sólida la hipótesis inicial de que la relación texto-contexto es interna y tiene carácter estructurante.

Conviene señalar algunos puntos sobre el modo como utilizamos cada una de estas "categorías" de análisis. Apuntamos sólo lineamientos generales porque en la práctica concreta se mantiene la noción básica, pero el análisis interno varía, tanto en función del texto que se analiza, como del que hace la lectura crítica. De este modo tratamos de cubrir tres objetivos que consideramos importantes dentro del proyecto, y a los cuales hemos aludido en algún momento de esta exposición:

a) Poder llegar a cierto grado de generalización.
b) Responder a las exigencias de cada texto.
c) Mantener cierto margen de experimentación metodológica y crítica.

1) *Tiempo - espacio*. La interrelación de estas dos nociones básicas y constitutivas dificulta evidentemente su estudio por separado. La división que hacemos es por tanto arbitraria, pero útil metodológicamente.

De hecho toda noción espacial implica una temporalización. En el caso específico del texto literario, el espacio textual y el sentido del espacio que en general se concreta en el texto están condicionados por la temporalidad asumida en la enunciación.[12] Como acertada-

---

[11] "Es la relación que se establece entre una forma de expresión y una forma de contenido. Esta función es una *solidaridad*, ya que sus dos términos se presuponen mutuamente: "Una expresión no es una expresión más que en virtud de ser la expresión de un contenido, y contenido no es contenido más que en virtud de ser contenido de una expresión, *apud* (Hjelmslev" Lázaro Carreter 1953, *s. v.*).

[12] Para Benveniste, la temporalidad "es producida en realidad en la enunciación y por ella. De la enunciación procede la instauración de la categoría del presente, y de la categoría del presente nace la categoría del tiempo. El presente es propiamente la fuente del tiempo" (Benveniste 1974, 86).

mente afirma Metz, el texto "entre otras cosas, es un sistema de transformaciones temporales" (Metz 1968, 38).

Según las concreciones particulares de cada texto, la interrelación de ambas nociones se matiza, entre otras posibilidades, en términos de la oposición temporal estatismo/dinamismo. En líneas generales cabe decir que la tendencia más marcada hacia la espacialización conlleva cierto grado de estatismo y evidentemente la tendencia contraria supone una dinamización innegable del texto. Estas fluctuaciones, que se manifiestan en marcas temporales específicas, tienen implicaciones ideológicas ya que remiten, como hemos dicho, a la temporalidad asumida por el metanarrador en el acto de la enunciación, y en última instancia, a su "visión del mundo".

El problema es altamente complejo, y todo análisis simplificador. No obstante, a los fines de nuestro objetivo estas dos nociones son prácticamente ineludibles, y vale la pena intentar su abordaje. Ambas subyacen en la especificación de todo texto, y en su concreción aluden a la problemática ideológica del contexto a través del sujeto mediador.[13]

En la práctica del análisis hay un amplio margen de flexibilidad en los procedimientos, como ya advertimos antes. Sin embargo, hay marcas temporales y espaciales que tenemos presente explícita o implícitamente.

El tiempo. a) Se distingue el tiempo presente de la enunciación, que determina la linealidad y causalidad del relato. En interacción con este presente continuo, se marca la temporalidad del texto (cf. n. 12).

b) Vinculado con lo anterior, se estudia la relación entre el tiempo subjetivo (interno) de los actantes y el tiempo objetivo (externo). En términos actanciales se pueden dar también otras relaciones temporales (p. ej. antes/ahora).

c) Se marcan las oscilaciones temporales que pueden darse en la escritura mediante diversas formas lingüísticas, tales como: modos de narrar (narración, descripción, diálogo) y formas verbales; o mediante el ritmo interno del todo y de las partes.

El espacio. a) Como hemos señalado, toda marca espacial conlleva un matiz temporal que se consigna en todo el proceso del análisis. De este principio general deriva el hecho de que los espacios se ordenan conforme a los hilos temporales dominantes en el texto (simultaneidad, alternancia, contrapunto, progresión lineal, circular, etc.).

---

[13] Es claro que no se trata de un "reflejo directo" del contexto.

b) Por lo general partimos de una descripción preliminar de la distribución y ordenación básica del espacio textual. Esta descripción inicial permite destacar, por diferencia, las transformaciones que operan en el texto en niveles más complejos de su estratificación.

c) Incluimos todo lo que se refiere al espacio textual como tal (distribución general del texto; marcas gráficas peculiares, etc.) con el fin de consignar su función significativa.

d) El texto como espacio total nos permite hablar de la figuración de su estructura global. Ésta puede ser lineal, circular, concéntrica, espiral, etc., y casi siempre aparece asociada a la idea de estructura cerrada o abierta. La figuración global es particularmente significativa para el sentido de la historia que revela el texto.

e) Referido a los actantes, distinguimos entre espacio subjetivo (interior) y espacio objetivo (exterior). Esta distinción y sus correlaciones presenta una serie de variantes múltiples que se manifiestan muchas veces como juego de oposiciones (cerrado/abierto; adentro/afuera; dominador/dominado, etc.), y que remite claramente al ideologema textual.

f) También se asocia directamente con la red actancial la espacialización que corresponde al "escenario" donde ésta opera. En este caso el espacio puede funcionar como marca, o llega a identificarse —en mayor o menor grado— con los actantes. Abarca tanto lo geográfico como el espacio vital: casa, escuela, etc.

g) Correlacionado con el punto anterior se estudia el sistema de objetos que pone en juego la relación actante-espacio. En este sentido el espacio funciona como una "estructura de distribución" que el actante dispone o que revierte sobre el actante.[14]

h) Al mundo de objetos le acompaña frecuentemente lo que Cassirer denomina *espacio perceptivo*. Es decir, modos "de experiencia sensible: óptica, táctil, acústica y kinestésica" (Cassirer 1945, 89), que contribuyen a la ambientación, y forman parte de ese espacio interrelacionado con la red actancial.

i) También se caracteriza el espacio, en la medida de lo posible, con marcas socioculturales que le son propias (espacio de la cotidianidad; del carnaval y la fiesta; espacio mítico, etc.).

Importa insistir en que todas estas especificaciones textuales se consignan, no en su estatismo, sino dentro del proceso textual de transformaciones e interrelaciones. Su análisis, en función de la red actancial, prepara el texto para el nivel de interpretación a que nos interesa llegar.

[14] Sobre este punto cf. Baudrillard 1969.

2) *Red actancial.* Las interrelaciones entre actantes y narrador constituyen las funciones que ponen en juego un modo polivalente de narrar, que se manifiesta también en interrelación con la función temporal y espacial. En este cruce de funciones y planos se establece una dinámica que permite hacer presente un modo peculiar de significación.

Cuando decimos *actante*, no estamos pensando en el término como lo precisa Greimas, quien distingue entre actor y actante, basándose en Propp. Para él, al primero corresponde su función en una sola unidad narrativa ("cuento-ocurrencia") y al segundo corresponde la idea de "clases" de actores que sólo pueden establecerse con un corpus. Nosotros no distinguimos entre ambas modalidades. Usamos sólo el concepto de *actante* del modo como posteriormente lo utiliza Julia Kristeva. Ella considera el discurso narrativo de segundo orden, y por tanto como "abstracción generalizada y generalizante de todo el género". Esta concepción le permite hablar de actante para referirse a los actores de un texto literario determinado (Kristeva 1970, 109-110), ya que "un Actante no es otra cosa sino el discurso que asume o por el que está designado en la novela. [La] característica de las transformaciones actanciales se apoyará, pues, en las relaciones entre los discursos de los distintos actantes, tal como se establecen en el interior de un mismo enunciado actancial" (*Ibid.*, 118).

Tres parecen ser las estructuras básicas de la función actancial así definida. El espacio textual temporalizado se distribuye bien a) a partir de un narrador distanciado respecto del juego actancial (desde fuera, pero presente en el texto por marcas específicas), bien b) a base de una pluralidad simultánea en que la función del narrador se actancializa (narrador-actante), o bien c) mediante una mezcla de estas distribuciones anteriores.

En la primera distribución, el narrador se mantiene con cierta distancia narrativa, pero como función dominante. Sabemos de los actantes lo que la voz narrativa nos permite conocer. En este caso predomina la tercera persona y los verbos en pretérito e imperfecto.

No obstante —y precisamente porque se trata de un juego de interrelaciones— se dan variantes de esta modalidad que alejan al narrador y acercan los hechos en el tiempo hasta casi dominar un presente cercano a la intemporalidad. Es lo que ocurre cuando se pasa, por ejemplo, de la narración propiamente dicha a la descripción (aunque consideramos ambas como modos de narrar); o cuando el narrador en tercera persona se aproxima, hasta casi identificarse, con los límites de uno de los actantes (él > yo).

Puede ocurrir también un desdoblamiento de otro tipo: del *yo* al

ASPECTOS METODOLÓGICOS

tú (diálogo consigo mismo; diálogo con el otro: actante, lector...).
En esta situación se explicita la función imperativa del narrador sobre su interlocutor.

En la segunda distribución actancial un actante asume la función narrativa. Su función puede matizarse de acuerdo al grado y modo de distanciamiento que mantiene, no obstante su posición claramente actancial. Puede repetir un poco —aunque a nivel interno— el proceso anterior. Es decir, el narrador actante tendría una función dominante de agente que subordina. O se mantiene como testigo, o prácticamente se nulifica, lo cual, como en el primer caso, puede operar en favor de una polifonía (cf. Bakhtine 1929), donde lo dominante es la manifestación plena del pluralismo dialógico.

Esta última modalidad específica muestra, mejor que ninguna otra, que el autor importa sólo como instancia de metanarrador, teóricamente necesaria, como apuntamos antes, para poder remitir a ella toda la pluralidad de enunciados.

En el análisis textual actancial se procede a particularizar la función de cada actante y del narrador; y se pretende señalar la red de relaciones que se produce entre ellos.

Entendemos por función lo que caracteriza la actuación del actante a todo lo largo del relato. Ésta se precisa en términos de la función principal, establecida mediante un análisis de cada sector significativo en el relato. Del todo a las partes, y de las partes al todo, se establece la dialéctica actantes-narrador que conforma el relato.

En la lectura crítica no nos limitamos a precisar estas funciones en abstracto. Preocupados por un problema de significación, se establecen ciertos niveles de interpretación gradualmente orientados a la interpretación última que nos importa establecer a partir del análisis.

La red de relaciones entre actantes y narrador se entrecruza con la función tiempo-espacio y se define en términos del ideologema (cf. *infra*). Es esto lo que consideramos la *red estructurante* del texto, ya que pensamos determina su modo de transformación, marca su especificidad,[15] y prepara sincrónicamente el texto para su lectura ideológica.

---

[15] ¿Hasta dónde podrá relacionarse con el concepto de *différance* derrideando?: "La palabra *haz* parece más exacta para señalar solamente el conjunto propuesto a la estructura de una intrincación, de un entretejido, de un cruzamiento que dejará que los diferentes hilos y las diferentes líneas de significado (o de fuerza) se repartan, así como para anudar otros" (Derrida 1968, 50). La *différance* se define también por la función tiempo-espacio: "La *différance* es lo que hace que el movimiento de la significación sólo sea posible cuando cada elemento llamado 'presente'... se relaciona con otra cosa que no sea él mismo... Es necesario que le separe un intervalo de lo

3) *Intertextualidad.* Conviene precisar en qué consiste para nosotros la intertextualidad, ya que su uso no es consistente entre los críticos y teóricos, quienes sólo mantienen en común la conceptualización general.[16]

Todo nuevo texto supone la interacción entre lo colectivo (el contexto socioeconómico y cultural) y lo subjetivo (el sujeto de antemano modificado por el contexto). El texto pues se funda como un "tejido de diferencias" en la medida en que se constituye.

Porque se define en esta interrelación entre sujeto y contexto, el nuevo texto no reproduce o "refleja" la escritura de la época y mucho menos reproduce las visiones de mundo o la ideología de los textos precedentes. Se trata de una nueva ordenación —no lineal—, de un modo distinto de entrar en juego dialéctico con la realidad, que lleva, eso sí, reminiscencias y trazos de lo preexistente. Y por preexistente se entiende, tanto la producción externa al sujeto (lo propiamente intertextual), como su propia producción (lo intratextual), ya que el escritor entra en diálogo con sus textos y con otros textos.

Pretendemos pues entender la carga referencial del texto literario en toda su complejidad. Estamos lejos de una concepción de la obra como reproducción directa del referente contextual; también del concepto lukacsiano de reflejo artístico de la realidad en tanto para Lukács todo texto literario deberá reflejar una visión totalizadora de la realidad que se muestra en el fragmento sensible que conforma el texto. Pensamos que, en la medida en que el texto muestra la visión de mundo del sujeto mediador en interacción con el contexto, y mediante un trabajo sobre el lenguaje, constituye una nueva "realidad" (imaginaria, ideológica) que necesariamente alude al contexto sin pretender agotarlo ni reproducirlo. Si bien no podemos remitir el texto a un referente unitario en el contexto, sí podemos asociarlo a una pluralidad referencial sobre la cual, o en oposición a la cual, delimita sus contornos.[17]

que es él para que pueda ser él mismo, pero este intervalo que se constituye, que se divide dinámicamente, es lo que podemos llamar *espaciamiento*, convertirse en espacio del tiempo, o en tiempo del espacio (temporización)" (*Ibid.*, 61-62).

[16] Teóricamente no hay mucho que añadir a la manera como define Julia Kristeva la intertextualidad en su libro *El texto de la novela* (1970), en el cual me baso principalmente. La propia autora, sin embargo, aplica el término de manera restringida en su análisis, Severo Sarduy analiza la intertextualidad como característica central del barroco en su lúcido ensayo "El barroco y el neobarroco" (Sarduy 1972, 167-184), y al hacerlo, parte de un modelo metodológico que le permite deslindar y estructurar su análisis de un modo que nos resultaría excesivamente pormenorizado para nuestro objetivo.

[17] Josefina Ludmer aborda este problema con gran claridad en su libro *Onetti. Los procesos de construcción del relato* (Ludmer 1977, 12-14).

Esta diacronía textual presupone una concepción de la obra como proceso, que Kristeva define en términos del contexto sociohistórico. Para ella el texto literario es ambivalente por su dialogismo[18] y específicamente porque implica, como señalé al comienzo, "la inserción de la historia (de la sociedad) en el texto, y del texto en la historia" (Kristeva 1970, 124). Es decir, que en términos del legado precedente podemos hablar de un nuevo texto, pero éste, a su vez, se proyecta en otros, y así sucesivamente.

Caracterizado de esta manera el texto literario, por su distinción e interacción con el contexto, es claro que cuando se pretende analizarlo aisladamente se hace por razones ideológicas. La situación suele explicarse por motivos metodológicos, lo cual supone una reducción del objeto y una simplificación de su dinámica operatoria. En todo caso conviene explicitar las razones que subyacen al texto crítico.

La historia es también escritura; conforma el "sistema simbólico de una época". En cuanto tal, el contexto socioeconómico y cultural está formado por diversos sistemas de significación que inciden en el nuevo texto mediante el lenguaje, modificándolo y ejerciendo sobre él una función decisiva. Para referirnos a estos múltiples sistemas de significación preferimos hablar de textos socioculturales,[19] y al tejido de textos que constituye el cuerpo sensible de cada texto, de acuerdo con el ideologema, lo denominamos intertextualidad.

De estos principios generales derivamos nuestra práctica de análisis para marcar la intertextualidad de un texto:

a) Reconocer en la obra todos los sistemas de significación operantes. En este aspecto cada obra dará su propia pauta. En líneas generales podemos distinguir:

Textos socio-históricos: Estamos conscientes de que todo hecho histórico debe verse en su dimensión social y viceversa. Ambos aspectos pueden distinguirse, pero se dan interrelacionados. Señalaremos los fenómenos sociales, por ejemplo, los que se refieren a los roles y funciones de clase o a problemas sicosociales como la incomunicación, la cotidianidad enajenada, la vida urbana, el exilio, etc. Y vincularemos esta problemática con el sentido de la historia que

---

[18] Probablemente el primer teórico en constatar el dialogismo constitutivo de todo texto literario sea Mikhail Bakhtine (Bakhtine 1929).

[19] Preferimos el concepto de texto al de código porque no se limita a reelaborar "leyes predeterminantes de la lengua", sino que configura "un *orden* cuyas partes interdependientes 'se imponen sucesivamente en diferentes condiciones de empleo' en una red de conexiones múltiples y jerarquía variable" (Ducrot-Todorov 1972, 400).

ofrece el texto, que puede estar sólo inplícito (y en este caso lo derivaremos principalmente del análisis de las nociones de tiempo y espacio) o explícitamente reforzado por marcas o referencias históricas específicas.

Textos literarios y otros textos culturales: Importa señalar el nexo entre el texto y la tradición literaria y cultural general en que se inscribe. La relación puede limitarse a una simple referencia o a marcar el texto de manera decisiva, bien en su estructuración, bien en el interior de su lenguaje (tono, modos de narrar, etc.). Se distingue además entre los textos del propio autor y los de otros (intra e intertextualidad). En el primer caso se muestran los textos en orden cronológico de tal manera que sea clara: Su interrelación y la secuencia de su producción. Además de los textos literarios se incluyen otros textos culturales como el pictórico, el musical, el escultórico, el cinematográfico, etc.

Textos lingüísticos: Desde cierto punto de vista todo el texto literario es lenguaje. Pero al aislar el texto lingüístico como tal, nos referimos al lenguaje en tanto procedencia (vgr. el uso del lenguaje cinematográfico o popular). Muy particularmente incluimos aquí los procedimientos retóricos que llegan a conformar un lenguaje y que adquieren una función determinante en la conformación del texto literario. Condicionan, por así decirlo, de manera decisiva la escritura: Por ejemplo, cuando lo simbólico constituye un nivel operatorio de la escritura y cabe hablar de lenguaje simbólico.

Sería además significativo llevar a cabo un registro de las palabras o de los recursos clave que operan en el texto, y que certeramente apuntan a un peculiar modo de entender y conformar un mundo, es decir, que revelan también su ideologema.

b) Relacionar este eje diacrónico de los sistemas significativos que entran en juego con el eje sincrónico, o sea, el de los procesos retóricos. En nuestra investigación el eje sincrónico se ordena con el análisis retórico en función de las nociones de tiempo y espacio y de la red actancial. En última instancia estas tres nociones remiten también al ideologema, al sentido que sustenta el texto: Tiempo y espacio son las nociones caracterizadoras del sentido de la historia y de la sociedad. La red de relaciones entre los actantes, central en la producción del relato, facilitará la traducción de los resultados del análisis en términos de la interacción de las clases o de la interacción entre miembros de una misma clase social.

4) *Del ideologema a la ideología.*[20] Aunque el término ideologema

---

[20] Utilizamos ideología como equivalente de visión de mundo, que es, al

lo define por primera vez N. P. Melvedev en 1928, de los críticos más recientes es Julia Kristeva quien lo ha tratado más sistemáticamente y con una "significación sensiblemente distinta", como ella misma afirma (Kristeva 1970, 16). Nosotros manejamos el concepto sin tomar en cuenta la concreción específica que Kristeva establece casi normativamente para la producción textual de la novela y que consiste en el paso de la novela del símbolo a la del signo y de ésta a la novela de la desestructuración del signo. Remitir el ideologema de un texto a este logos lingüístico supone un nivel de abstracción y generalización que se aleja notablemente de las peculiaridades de cada texto que son, en última instancia, las que nos importa consignar y explicar. Es evidente además que sería tan negativo cuestionar o negar la existencia y el valor de la novela del lenguaje o de la desestructuración del signo, como convertirla en paradigma de la producción textual. De hacerlo, quedaría censurada una buena parte de la producción contemporánea, muy específicamente en Hispanoamérica. Una evolución de este tipo tiene un valor histórico innegable que debe consignarse, pero no puede aplicarse indiscriminadamente como norma valorativa para contextos que muestran otros procesos de evolución histórica y social.

Aclarada esta distinción, consideramos el ideologema, de acuerdo con Kristeva, como una función intertextual que "se precisa sobre el contexto sociocultural y adquiere valor en el texto literario". Su función es discriminatoria, selectiva. El ideologema hace posible la manifestación de la ideología, tomada en tanto visión de mundo, como un sistema de significación. Constituye el eje estructurante de todos los elementos que conforman la diacronía y la sincronía del texto. Estructura pues la intertextualidad y delimita el texto: funda su escritura.

Lo que queda en el texto es la concreción de la función del ideologema en todos los procesos retóricos y en todos los niveles textuales, formando un tejido de interrelaciones que remite a la función (como unidad mínima), lo cual nos da una visión englobadora del texto, ya que gracias al ideologema, se integran retóricamente todos los elementos del contexto operantes en él.[21]

mismo tiempo, lo más adecuado al texto literario, específicamente a la idea de ideologema (cf. p. 10 y nota 8).

[21] Roland Barthes y Umberto Eco no utilizan el término ideologema, pero sí se refieren al concepto. En *La estructura ausente* (1968), Eco señala que "la ideología, bajo el prisma semiótico, se manifiesta como la connotación final de la cadena de connotaciones" (Eco 1968, 205). Es decir, que le atribuye también una función delimitante y por tanto constituyente. Barthes, dos años más tarde, hablará de la denotación como la última de las connota-

Metodológicamente hablamos de ideología cuando ésta se mantiene fuera del texto, en el contexto socioeconómico y cultural o en el sujeto, y llamamos ideologema, de manera general, a su materialización retórica en el texto, y de manera específica, a la función límite entre texto y contexto. Esta interacción entre el ideologema operante y la retórica textual presupone, de acuerdo con Eco, que "cada trastorno profundo de las expectativas retóricas es a la vez recapitulación de las expectativas ideológicas" (Eco 1968, 206).

Si tomamos en cuenta estos principios generales, para precisar el ideologema bastaría hacer un análisis textual que revelara las manifestaciones peculiares del texto y abstraer su sentido englobador. Es lo que nos hemos propuesto hacer al partir en nuestra investigación de un análisis textual pormenorizado. No obstante, sí nos interesa pasar a un nivel mayor de explicitación, ya fuera del texto, pero derivado directamente del análisis. Lo más importante es lo que los textos literarios manifiestan del contexto socioeconómico y cultural en que se generan, y del que forman parte. En ese nivel de abstracción y explicación las marcas textuales funcionan como indicios que remiten al contexto y que nos importa entender, como ya señalé, en términos ideológicos y de las clases sociales.

Ideologías y clases sociales. Teóricamente el texto literario alude al conjunto de ideologías en conflicto que opera en el contexto, y que remite a su vez a la problemática de clases. Si bien rige la ideología de la clase dominante, lo que importa constatar en el texto es su interacción con otras manifestaciones ideológicas que se producen en todo contexto historicosocial, en oposición a la dominante.

Dentro de este esquema general, la narrativa mexicana contemporánea muestra una marcada tendencia a concentrarse en los sectores medios, pues en general se escribe *sobre* y *para estos* sectores, aparte de que los autores suelen proceder de ellos. Este hecho nos ha llevado a investigar específicamente los textos sociológicos publicados sobre las capas medias en México, pero en realidad existen relativamente pocos estudios y muchos de éstos carecen del rigor necesario, aunque contienen observaciones inteligentes y motivadoras. Nos hemos propuesto organizar en conjunto los materiales disponibles, de tal modo que esto nos permita explicitar al máximo las relaciones entre la narrativa mexicana contemporánea y el contexto socioeconómico y cultural en el balance final de nuestros estudios. A nivel de cada autor nos limitaremos a señalar interrelaciones, a apuntar tendencias.

ciones o de "la Référence (le commencement qui met fin à l'infini de l'écriture et conséquemment la fonde)" (Barthes 1970, 122).

Sin embargo, insistimos en que no limitaremos el análisis a la relación con los sectores medios, porque implicaría la reducción de la problemática, tanto del contexto social, como del conjunto de la producción literaria que estudiamos.

D. *Límites y alcances de este tipo de análisis.*

A. *En tanto literario.* La sensibilización del texto y su desestructuración minuciosa, a partir de categorías válidas literariamente, y su reestructuración —reveladora de su pluralidad significativa— es una lectura crítica enriquecedora desde un punto de vista literario. B. *En tanto social.* Muestra el modo como la literatura asume el contexto socioeconómico y cultural, y prepara —como indicamos— para establecer relaciones más específicas entre ambos, en la medida en que se lleven a cabo estudios paralelos del contexto.

Yvette Jiménez de Báez

Segunda parte

La narrativa de José Emilio Pacheco

Advertencia

Nuestra lectura crítica ha destacado nueve relatos cortos (siete de *El viento distante y otros relatos;* dos de *El principio del placer*) y *Morirás lejos,* de la producción de José Emilio Pacheco. Consideramos que la selección es representativa de las modalidades escriturales más importantes de este autor. Tomamos en cuenta también la proporción de los rasgos característicos. En ese sentido incluimos un mayor número de relatos de escritura lineal —por ser en definitiva la dominante— y un menor número de relatos de estructura cerrada, circular, predominante en la primera versión de su primer libro de relatos, *El viento distante* (1963).

Mediante el ejercicio de la práctica hemos querido aproximarnos al objetivo metodológico que nos guía. No obstante, cada texto y cada acto de lector pone en juego el marco teórico, de tal suerte que la lectura crítica es la resultante de la interacción de estos tres elementos.

Aunque se ha explicado en los *Apuntes metodológicos* iniciales, queremos insistir en la importancia que tiene para nosotros mostrar la relación intrínseca entre el texto literario y el contexto sociohistórico. Este objetivo condiciona el trabajo en la medida en que exige un análisis textual detenido que muestre el proceso de la escritura desde la génesis de su producción, y que, al poner en movimiento el texto, revele su índole social.

Las tres calas analíticas permiten confirmar desde las diversas perspectivas las relaciones (internas y externas) existentes entre texto y contexto. Si bien hacen reiterativo el análisis, es importante mostrar que la interrelación se da en las bases mismas textuales, ya que el texto se funda a partir de la ideología en su concreción retórica.

Operativamente procedemos por niveles progresivos de análisis y de explicación de tal suerte que el texto vaya mostrando su propia dinámica. En todo el estudio sincrónico (Tiempo-espacio; Red actancial) se van tomando en cuenta elementos que permitan ir estableciendo la red estructurante de la significación textual. La intertextualidad entra en juego con este sistema productor e implica un nivel diacrónico que, por un lado, sintetiza lo anterior, y por otro, dinamiza el material historicosocial que condiciona la escritura. Al marcar la intertextualidad procuramos concluir siempre con el *Texto histórico* y el *Texto social* de tal manera que se prepara el texto para su vinculación última con el contexto sociohistórico.

Finalmente precisamos el Ideologema (elaborado a través de todo el análisis) para significarlo metodológicamente. Esta precisión última de cada análisis parcial permite delimitar los elementos constitutivos básicos de la visión de mundo dominante en toda la producción. Visión de mundo que, en definitiva, nos permitirá hablar del concepto de la Historia y del hombre que rige el sistema productor.

En el caso particular de Pacheco —aparte de la síntesis que implica la intertextualidad en cada uno de los relatos— *Morirás lejos* centraliza, por así decirlo, las tendencias dominantes de su escritura. De ahí que en buena medida el análisis de este último relato supone una integración de todo el sistema productor. A esto se añade el capítulo dedicado a la Intratextualidad que de modo panorámico vincula los textos del autor (tanto los de poesía como los de narrativa). A partir de aquí se establecen las conclusiones en términos de nuestro objetivo.

La experiencia del trabajo en equipo ha sido fructífera desde muchos puntos de vista, hecho que consignamos mediante la organización misma de nuestro texto. Así, el análisis se ha organizado por relatos y por libros, e internamente de acuerdo al siguiente orden: Tiempo-espacio; Red actancial; Intertextualidad e Ideologema. Lo relativo a la primera noción ha estado a cargo de Edith Negrín. Diana Morán ha hecho su análisis a partir de la segunda. Yvette Jiménez de Báez ha trabajado las dos últimas y ha elaborado el planteamiento metodológico inicial, la Intratextualidad y las conclusiones.

Yvette Jiménez de Báez
Diana Morán
Edith Negrín

I
El viento distante y otros relatos

¿Qué obstinado roer devora el mundo?
José Emilio Pacheco

A. *"El viento distante"*

Tiempo-espacio

1) *Descripción preliminar*

Este relato está dividido en tres partes (I, II y III) que integran dos microrrelatos (r1 y r2) de la siguiente manera:

I y III constituyen el microrrelato 1: el del hombre que trabaja en una feria exhibiendo una tortuga (Ir1 y IIIr1, respectivamente); II constituye el microrrelato 2 (IIr2): el de una pareja joven que una tarde dominical va a la feria.

Cada una de las partes está iniciada sin sangría, como formando un bloque cerrado y dividido internamente en párrafos, con sangría, como es usual. Entre la primera parte (Ir1) y la segunda (IIr2) existe un espacio en blanco que las separa, e indica cambio de microrrelato, cambio de narrador y de temporalidad. Hay también un espacio en blanco —separador— entre la parte segunda (IIr2) y la tercera (IIIr1); pero además hay, al final de IIr2, un nexo gráfico (dos puntos) que crea una ambivalencia: a la vez existe relación y división entre estas partes.

2) *Análisis*

Microrrelato 1 (Partes I y III).

Ir1:

Esta parte está presentada como una escena, a través de un narrador en tercera persona, cuya voluntad de objetividad dota a lo relatado de una calidad visual, convirtiendo al lector en espectador de los acontecimientos. De ahí el uso del presente de indicativo. El espacio de esta escena está marcado por los pasos del hombre de un extremo a otro de la barraca, su espacio vital. Posteriormente, en las partes II y III, vemos que la barraca se ubica en una feria y ésta, a su vez, en la plaza de una aldea.

Los acontecimientos son escasos y van señalando un ritmo en cuyo desarrollo localizamos tres momentos, correspondientes a los tres párrafos que constituyen esta parte. En el primer momento:

> En un extremo de la barraca el hombre fuma, mira su rostro en el espejo, el humo al fondo del cristal. La luz se apaga, y él ya no siente el humo y en la tiniebla nada se refleja (p. 26).

Después del acto intrascendente y cotidiano de fumar, el mirarse en el espejo y el apagarse de la luz van preparando la entrada a otra dimensión y un cambio afectivo. El segundo momento puede considerarse intermedio entre ambas dimensiones:

> El hombre está cubierto de sudor. La noche es densa y árida. El aire se ha detenido en la barraca. Sólo hay silencio en la feria ambulante (*id.*).

Este momento, cargado de tensión, se caracteriza por su estatismo; el tiempo —como el aire— se detiene; la oscuridad y el silencio subrayan esta impresión.

En el tercer párrafo se rompe esta inmovilidad para pasar al tercer momento: "[el hombre] camina hasta el acuario, enciende un fósforo, lo deja arder y mira lo que yace bajo el agua" (*id.*).

Una nueva luz, la del fósforo, indica la entrada en una nueva dimensión de espacio y tiempo. Al choque con una espacialidad más cerrada y aislante —a causa del agua— que la de la barraca, el hombre deja de vivir su presente para ir a su pasado; olvida su espacio exterior para abrirse al interior:

> Entonces piensa en otros días, en otra noche que se llevó un viento distante, en otro tiempo que los separa y los divide como esa noche los apartan el agua y el dolor, la lenta oscuridad (*id.*).

El hombre piensa en días distintos ("otros días") tal vez más felices; en una noche particularizada porque en ella ocurrió algo trascendental, doblemente subrayada en su lejanía al decir "otra noche que se llevó un viento distante", siendo ésta la única vez que se usa la frase que da título al relato y al libro. El viento adquiere un carácter simbólico; se equipara al tiempo en tanto agentes que

separan al hombre de alguien con quien estuvo en otra época. De
la misma manera que ahora el espacio (acuario, agua) lo separa de
su compañía actual.

La duración de esta escena es muy breve. El último párrafo, el
momento más cargado de afectividad, dura lo que el cerillo dilata
en arder.

IIIr1:

Esta parte está situada al final del relato. Aun cuando entre ella
y Ir1 no existe *necesariamente* una estricta continuidad cronológica
—en el sentido de que una sea inmediatamente posterior a la otra—,
sí son legibles juntas y son intercambiables en el orden de la lectura.
Son parte de un mismo todo. Puede hacerse caso omiso de la parte
central —IIr2— y leerse una historia completa, autónoma. Poseen
el mismo narrador, la misma ubicación espacial y una temporalidad
complementaria.

El párrafo único que constituye IIIr1 se inicia con la acción del
hombre que saca a la tortuga del acuario, intenta integrarla a su
propio ambiente y después la devuelve al agua. La escena es breve.

Si la lectura de Ir1 podría sugerirnos que los acontecimientos
están narrados en un presente de la enunciación, donde enunciación
y enunciado coinciden, la lectura del final de IIIr1 demuestra que
no es así:

> [el hombre] vuelve a depositarla sobre el limo, oculta los sollozos
> y vende otros boletos. Se ilumina el acuario. Ascienden las burbujas.
> La tortuga comienza su relato (p. 29).

Es decir, los acontecimientos no pasan una sola vez, como sucede
en el presente de enunciación, sino que ocurren de manera reiterada,
periódica. Los hechos de r1 (I y III) suelen ocurrir cualquier día,
entre una y otra función. Así pues, el presente de r1 es habitual,
descriptivo y de tanto repetirse desemboca en la intemporalidad. Por
eso la forma mecánica, ritual de los movimientos del hombre presenta una rutina establecida en la que cotidianamente alternan sus
dos formas de vida: la exterior, que es un espectáculo público (relación ficticia entre él y la tortuga) y la interior, localizada en el
espacio al que el público no tiene acceso, donde despliega el espacio
de su intimidad. El primero se alumbra con las luces de la feria,
contrariamente al segundo que es donde se revela su verdadera relación con la tortuga.

El tiempo del hombre no registra días de ocio y de trabajo, sino
horas de función y de descanso. El hombre carece de futuro porque

su presente está marcado por su pasado; su presente parece parodiar lo que su pasado fue. La alternancia de las dos vidas del hombre crea un efecto de circularidad intemporal.

Esta circularidad está reforzada por varios elementos: del presente habitual de r1 el hombre va a un tiempo más subjetivo, su retorno al pasado. En los espacios en que ocurren los acontecimientos hay un juego de unos dentro de otros que recuerda las cajas chinas —especie de laberinto—: dentro de la aldea está la plaza; dentro de la plaza la feria; en la feria la barraca y, dentro de ésta, dos espacios, el del acuario y el del interior del hombre. Existe un predominio de los espacios cerrados: la vida del hombre transcurre en la barraca, en el centro de un laberinto cuya salida no le interesa descubrir, pues prefiere volcarse a su interior. A su vez, la tortuga vive su encierrro en el acuario.

Microrrelato 2 (Parte II)

Este microrrelato se encuentra narrado en 1a. persona por uno de los actantes. Dado que los acontecimientos ocurrieron un domingo, anterior en mucho tiempo al presente de la enunciación, el narrador asume los tiempos del pasado: indefinido e imperfecto.

Los actantes de r2 vagan sin objetivo preciso por las calles de la aldea que les parecen desiertas, porque su problemática de incomunicación los aísla de los demás. Hacen un recorrido de lo abierto a lo cerrado; de lo exterior a lo interior; de lo impreciso a lo ubicado; de las calles de la aldea a la feria situada en una plaza y, posteriormente, a la barraca de r1. Como si la barraca, situada en el centro si no de la feria —pues se encuentra en los límites— sí de la significación, los atrajera con una fuerza centrípeta de la que no se dan cuenta. El vagar lento y sin sentido de estos actantes, a partir de su entrada en la feria, se convierte en un movimiento acelerado y aturdidor, como los aparatos mecánicos de la misma. El ritmo de la narración se vuelve vertiginoso: a base de frases cortas y verbos en indefinido se presentan acciones que se realizaron una sola vez ("aún *tuve* puntería para abatir con diecisiete perdigones once oscilantes figuritas de plomo...", p. 27).

Adriana y el narrador, actantes principales de r2, quieren volver a la infancia, hastiados de su presente, y para ellos la feria es "un sitio primitivo que concedía el olvido y la inocencia"; la feria, ambulante, es como una parodia de la temporalidad; sobre todo del futuro, un sitio donde un canario rojo devela el porvenir (p. 27).

En el 5o. párrafo hay un primer contacto de los actantes de r2 con los de r1: Adriana y el narrador miran el espectáculo del hombre y la tortuga, lo que estos últimos ofrecen al mundo exterior. Contacto superficial, fenoménico, bajo las luces de la feria, que en este relato son sinónimo de falsedad. Es en el párrafo final de r2, que se inicia diciendo "regresamos..." (p. 28), que se vuelven a integrar los dos microrrelatos. Ahora los actantes de r2 contemplarán a los de r1 en su espacio oculto, dentro de la barraca. Contemplan lo que se relata en IIIr1 y que constituye "lo esencial" del relato: el desgarramiento del hombre, su soledad, su "verdadera" relación con la tortuga. Todo visto a través de una "hendidura entre las tablas" (*id.*). Todo ocurre en un *minuto*, mucho más cargado de significación que todo el resto de r2, cuya duración es mayor (una tarde, las horas abarcadas por el paso de la luz a la oscuridad), y en donde la cantidad de acciones realizadas es mayor también, pero que sin embargo, se caracteriza por su vaciedad.

Después de que el narrador de r2 dice: "Adriana me pidió que la apartara", hay un guión que señala una pausa en la cual ocurre lo que será objeto de IIIr1; a continuación del guión se afirma: "y nunca hemos hablado del domingo en la feria" (*id.*). Es decir, después del guión se pasa al presente de la enunciación del narrador de r2, ubicado mucho tiempo —no se precisa cuánto— después del domingo en la feria. Quien informa al lector de lo ocurrido en la pausa abierta por el guión es el mismo narrador de Ir1 y constituye IIIr1. Además del guión, la integración de ambos microrrelatos se indica con dos puntos, al finalizar IIr2, como se dijo al principio.

r2 es principalmente narrativo; tiene una secuencia cronológica lineal y una ubicación precisa, la barraca de una aldea y la tarde de un domingo, día por excelencia de descanso y que remite a la problemática de la utilización del tiempo libre en nuestra cultura contemporánea bajo el sistema capitalista. El que los acontecimientos ocurran por la tarde, en las horas crepusculares, que en nuestra tradición literaria se asocian a la búsqueda de uno mismo, a la interiorización y reflexión, intensifican el efecto que sobre los actantes de r2 ejerce la visión de la intimidad de los actantes de r1.

3) *Conclusión*

Vimos que r1 es un microrrelato circular y r2, lineal. La organización estructural del relato concuerda con esto: r1 (cronología circular) es interrumpido por r2; r2 está enmarcado por Ir1 y IIIr1 que abren y cierran el relato. Pero en la relación de ambos microrrelatos, ambos potencialmente autónomos, el dominante es r1 con su tiempo circular. En el nivel actancial, el predominio de r1 se observa en que la vida del hombre de la feria no es afectada por la visita de los actantes de r2; en tanto que la vida de los jóvenes sí queda afectada por lo que miran en la barraca. La afirmación del narrador de r2 "y nunca hemos hablado del domingo en la feria" (p. 28) comprueba lo anterior: los actantes de r2, como el hombre de la barraca, viven un presente afectado por algo ocurrido en su pasado, lo que un domingo contemplaran en la feria. En conclusión, la linealidad de r2 interrumpe, sin llegar a romper, la circularidad de r1.

Red actancial

Las tres partes integradoras de los dos microrrelatos de "El viento distante" son relatadas por dos narradores diferentes desde el exterior e interior de sus respectivos microrrelatos. Ir1 y IIIr1 están a cargo de un narrador en tercera persona, externo a los hechos que, como un ojo cinematográfico se oculta y nos deja ver la cotidianidad de un hombre que trabaja en una feria exhibiendo una tortuga. IIr2, en cambio, es relatada por un Narrador-actante en primera persona del plural que, desde dentro del relato, narra y reflexiona sobre la situación límite de una pareja joven (Adriana y él mismo) que busca el olvido en la feria.

1) *Microrrelato 1 (Partes I y III).*

Ir1:

Los actantes de Ir1 forman la pareja hombre-tortuga. Sin embargo, en los tres párrafos de Ir1, el narrador presenta directamente al hombre y sólo insinúa la presencia del otro miembro de la pareja ("Lo que yace bajo el agua") en el párrafo tercero. Ir1 se inicia con una secuencia descriptiva que sitúa espacial y temporalmente (barraca-presente-pasado) al hombre (p. 26).

El otro actante está ubicado, en el último párrafo de Ir1, en el acuario que se encuentra dentro de la barraca. Pocas son las acciones de Ir1; el narrador, por medio de una sucesión de imágenes, presenta al hombre que en el interior de la barraca realiza de manera mecánica, actos habituales ("fuma, mira su rostro en el espejo"), borrados por la tiniebla que invade la barraca cuando la luz se apaga. A continuación se establece una correspondencia entre el interior y exterior de la barraca, la cual es necesario abordar por la proyección que tiene en el actante. Así, "la tiniebla" que invade la barraca se vincula expresamente con "la noche densa"; y "la aridez" exterior con el "nada se refleja" del interior. Esta articulación interior-exterior genera una atmósfera de *oscuridad, estatismo* y *silencio* que se condensa y visualiza tanto en los gestos mecánicos del hombre como en su mutismo. El párrafo tercero comienza con un sintagma que explícitamente retoma la descripción de las acciones del hombre:

> *Camina* hasta el acuario, enciende un fósforo, lo deja arder y *mira* lo que yace bajo el agua. Entonces *piensa* en otros días, en otra noche que se llevó un viento distante... (*id.*).

Otra vez se marcan actos que, por la seguridad y precisión con que se realizan en la oscuridad (el hombre camina del extremo de la barraca hasta el acuario) sugieren una habitualidad mecanizada. Pero ¿qué subyace en esos actos?, ¿qué sentido implícito contienen? Para llegar a ese sentido oculto seguimos la pista de los verbos introductores de los actos del hombre (camina, enciende, mira, piensa), que semánticamente constituyen un campo verbal con diversos matices de movimiento. Los verbos, al dinamizar el fragmento textual, instauran un rompimiento con la inmovilidad del párrafo precedente; es precisamente el hombre quien funciona como agente de ruptura. Al caminar hacia el acuario rompe el estatismo; al encender el fósforo rompe las tinieblas de la barraca. Estas dos rupturas culminan en una tercera que se produce dentro de la relación consecuente "*mira... Entonces piensa*". Entre los dos verbos media "lo que yace bajo el agua" que pone en movimiento los recuerdos del hombre; éstos rompen la cotidianidad y abren una nueva dimensión espacio-temporal: interioridad y pasado del hombre. En la culminación de las rupturas, alcanzamos el sentido subyacente en los actos del hombre: el presente (realidad) como negación del ser y el pasado (el recuerdo) en función de presente y futuro.

IIIr1:

Esta parte parece ser continuidad de Ir1: el mismo narrador en tercera persona; los mismos actantes en el mismo escenario; sin embargo, ahora domina el espacio interior del hombre. Aquí también, como en Ir1, el actante ejecuta pocas acciones pero están llenas de intensidad. El otro actante, insinuado en el último párrafo de la primera parte, entra en la escena:

> El hombre toma en brazos a la tortuga para extraerla del acuario. Ya en el suelo, la tortuga se despoja de la falsa cabeza. Su verdadera boca dice oscuras palabras que no se escuchan fuera del agua. El hombre se arrodilla, la besa y la atrae a su pecho. Llora sobre el caparazón húmedo, tierno. Nadie comprendería que está solo... (p. 28).

En la relación hombre-tortuga que acabamos de ver se registra una inversión de los rasgos correspondientes a cada uno de ellos. En tanto que el hombre es descrito muy cerca de la cosificación: es anónimo, no habla, está reducido a unos cuantos actos mecánicos; la tortuga se hominiza por la transferencia afectiva del hombre ("la besa y la atrae a su pecho"). La tortuga pone en movimiento la oposición ser/apariencia que se concentra en el sintagma "se despoja de la falsa cabeza". Despojarse de la falsa cabeza es un connotador de la máscara y el espectáculo (la feria). La ambivalente acción de quitársela o ponérsela remite a la variante vida/espectáculo. El especificador *falsa* aplicado a *cabeza* lleva implícito el ocultamiento inherente a la máscara y sostiene la ambigüedad niña-tortuga, que no llega a esclarecerse en el relato. La tortuga se coloca la cabeza para la función (la feria, el espectáculo, la luz, el exterior) y se despoja de ella en el interior de la barraca; allí, libre de la máscara, "surge su verdadera boca".

Entre hombre y tortuga se establece un circuito de comunicación afectiva-gestual; no hay comunicación verbal entre la pareja. El hombre, ya se indicó, no habla en ningún momento del relato y la tortuga sólo "dice oscuras palabras que no se escuchan fuera del agua". El hombre funciona como destinador y la tortuga como destinatario. Ella recibe el mensaje afectivo-gestual del hombre (besos, abrazo, llanto), pero no responde; el hombre la ha convertido en un fetiche,[1] sustituto del ser amado de otros días. Así, el circuito queda reducido a un solo miembro, el hombre, destinador que envía y recibe su propia emisión afectiva. Se reitera nuevamente aquí el sentido oculto (el no ser del hombre) de Ir1; ahora totalizado con la incomunicación y la soledad que explícitamente subraya el narrador: "Nadie comprendería que está solo" (p. 28).

2) *Microrrelato 2 (Parte II)*

La tercera persona narradora de rl es sustituida en r2 por un Narrador-actante en primera persona del plural (nosotros) en la cual está implícito un Yo que domina la narración e impone sus reflexiones. Es él quien, en todo el microrrelato, asume la relación en nombre de la pareja (Adriana y Narrador-actante). Pero cuando él desea afirmar su personalidad: "resistí toques eléctricos", "Me negué

---

[1] "El fetichismo se da precisamente en la cotidianidad como expresión de la incomunicación entre persona y realidad. No se relaciona ya el sujeto con la realidad sino con aquello que la representa: el fetiche" (Castilla Del Pino 1970, 81).

a entrar en la casa de los espejos" (p. 26) o, precisar sus reflexiones o juicios críticos, emplea la exclusividad del Yo a la tercera persona: "Adriana era feliz regresando a una estéril infancia" (*id.*).

r2 es el espacio narrativo en donde se encuentran las dos parejas del relato; pero la pareja dominante es la de Adriana y el Narrador-actante en torno de la cual gira esta segunda parte. Al comenzar r2, la pareja de jóvenes vagan por las calles de una aldea, una tarde dominical: "*Para matar las horas, para olvidarnos de nosotros mismos*, Adriana y yo vagábamos por las desiertas calles de la aldea" (*id.*). El Narrador-actante explica las razones de su vagar: La primera sugiere un aburrimiento, quizá transitorio y propio del día domingo, del que se pretende salir mediante el caminar sin objetivo. Pero cuando se une la primera razón con la segunda, el aburrimiento adquiere nuevas connotaciones. El pleonasmo (nosotros mismos) precisa la voluntad de evadirse de su circunstancia, de lo que existe o existió entre ellos; se trasciende el aburrimiento pasajero y se apunta un vacío entre la pareja. Vacío que posteriormente exterioriza el Narrador-actante: "*Hastiados del amor*, de las palabras, de todo lo que dejan las palabras, encontramos aquella tarde de domingo un sitio primitivo que concedía el olvido y la inocencia" (p. 27). *El hastío* explicita la relación sin sentido de la pareja y funciona como un rasgo definidor. Consecuentemente con los fines evasivos de los actantes, la feria parece ofrecerles la salida que buscan. Ambos se dejan arrastrar por el vértigo de los aparatos eléctricos y en el seudo-activismo del Narrador-actante surgen índices de satisfacción; se siente vencedor al enumerar sus actos:

> aún tuve puntería para *abatir* con diecisiete perdigones once oscilantes figuritas de plomo. Luego *enlacé* objetos de barro, *resistí* toques eléctricos y *obtuve* de un canario amaestrado un papel rojo que develaba el porvenir (*id.*).

Los verbos subrayados son indicadores de triunfo, de vencimiento de un objeto opositor. Sin embargo, entre la pareja y la feria media una relación artificial, incapaz de superar el antagonismo vida/espectáculo. En la medida en que la feria es aturdimiento transitorio se niega como "sitio primitivo que concedía el olvido y la inocencia" (*id.*). Negación reforzada por el tono irónico del Narrador-actante al enjuiciar la felicidad de su compañera: "Adriana era feliz regresando a una estéril infancia" (*id.*). Pero él, que rechaza la infancia como solución, insiste en olvidarse de sí mismo. Por eso, para no verse, se niega a entrar a la casa de los espejos.

En la feria se reúnen los cuatro actantes del relato y se hace efectiva la oposición vida/espectáculo con todas sus variantes. El primer encuentro entre las dos parejas se da dentro de la relación convencional función-espectadores. Adriana y su compañero miran el espectáculo del hombre y la tortuga; en este momento son espectadores de lo exterior, de la apariencia (de la máscara). En el instante en que la pareja de r2 observa por la hendidura el interior de la barraca, se efectúa el segundo encuentro entre las dos parejas, y la fusión de r1 y r2 en un todo narrativo. Este segundo encuentro, contrariamente al primero, se da sobre una relación de autenticidad e interiorización que se sintetiza en un enfrentarse a sí mismo. La pareja de r2, al transgredir el espacio prohibido, entra metafóricamente en la casa de los espejos, en la cual el Narrador-actante se había negado a entrar. Así, espectadores del "sentido verdadero", la fetichizada relación del hombre y la tortuga, contemplan en esa pareja-espejo su propia imagen. La realidad de la pareja de r1 afecta tan profundamente a los actantes de r2 que decidieron guardarla en un silencio absoluto: "—y nunca hemos hablado del domingo en la feria" p. 28. En esta forma, en los actantes de r2, aunque se calle el motivo, se repite el presente dominado por una experiencia del pasado de r1.

La red actancial de "El viento distante", podemos concluir, está regida por la oposición ser/no ser que dentro del funcionamiento narrativo (en los distintos niveles del relato), se manifiesta en sus variantes: ser/apariencia, exterior/interior, verdad/falso, vida/espectáculo, etc. Ahora, destacamos otra que resume el actuar de las dos parejas: *los que hablan/los que no hablan*. El hombre de r1, trabajador ambulante y marginado, gira sin palabras en una doble circularidad: la de su cotidianidad y la de su pasado. Vive la realidad como una rutina de gestos y cosas muertas y él resulta una cosa más en esa rutina. Con el exterior sólo tiene la relación de la máscara y con su interior la relación fetichista de la tortuga. Por eso no habla y cuando una vez lo hace, como parte del espectáculo, "recita una incoherente letanía", al igual que su pareja (niña-tortuga) "dice oscuras palabras que no se escuchan fuera del agua" (*id.*). Adriana, que está en vías de cosificarse, habla una sola vez —de manera indirecta— a través del Narrador-actante. Es él quien opina, piensa, y habla por ella: "Adriana se obstinó", "Adriana me pidió", "Adriana era feliz", "Adriana vio". El Narrador-actante, por sus juicios y reflexiones, parece tener una formación intelectual. A pesar de su hastío, en oposición al hombre de r1, razona y enjuicia irónicamente las salidas codificadas (el amor, las palabras, la infancia, lo primitivo), por eso tiene derecho a la palabra. Es él precisamente quien narra la historia de r2 que es su propia historia. Sin embargo, este actante es pasivo. No trasciende su observación crítica y parece que, tanto él como Adriana —recuérdese que se encuentran en una disyuntiva existencial—, se deciden por el silencio: "—y nunca hemos hablado del domingo en la feria" (*id.*).

En suma, los actantes enajenados, irremediablemente cosificados o en vías de estarlo, no hablan, han perdido el ejercicio verbal. En cambio, el actante que aún tiene posibilidades de comunicarse con la vida, el que enjuicia, el que se enfrenta a la disyuntiva de ser o no ser, es quien tiene derecho a la voz y a la palabra. Es el no hablar lo que predomina entre los actantes, evidencia de la incomunicación que existe entre las dos parejas; pero la de r1 es la que impone al relato "su sentido verdadero".

Intertextualidad

"El viento distante" da nombre al libro y se concentra en una atmósfera nostálgica procedente del fracaso vital. Los actantes buscan inútilmente superar la escisión primaria que parece advertirse entre hombre y contexto. Bien en sus manifestaciones más próximas (la imposibilidad de relación con la pareja); bien en sus proyecciones más amplias (aislamiento en medio del espectáculo y de la feria pública, que el relato marca con la ausencia de otros actantes).

La figuración laberíntica y especular predomina en el relato dinamizada por el proceso de inversión dominante (cf. *Ideologema*). Este núcleo pone en juego la pluralidad de textos que se especifican en el nuevo texto.

1) *Textos literarios y otros textos culturales.* a) *Lo laberíntico y especular.* En este relato, a diferencia de "El parque de diversiones" en que sí se hace, lo laberíntico no se explicita en el texto, pero se dan marcas textuales suficientes para inferirlo. El espacio se configura como una suerte de *laberinto espacial* (de espacios dentro de espacios y de microrrelato dentro de microrrelato), cuyo centro nos lleva a la vida interior del hombre de la feria: recurrente, repetida, sin salida aparente. La intertextualidad proviene, tanto de los primeros relatos de JEP (su intratextualidad), como de textos ajenos (lo propiamente intertextual). Entre estos últimos cabe destacar la cercanía de los laberintos borgianos, producción textual que subyace casi constantemente en los relatos de Pacheco.

Otros indicios contribuyen a la idea de laberinto en el relato.

Para Paul Diel[2] el laberinto se relaciona con el "inconsciente, el error y el alejamiento de la vida", características que hacen pensar en la problemática vital que plantean los actantes en "El viento distante". También se relaciona el laberinto con una larga tradición que le atribuye una fuerza atrayente, que en el texto parece actuar sobre los actantes y los obliga a "ver". Ligado con lo anterior, ¿sería mucho decir que se produce una suerte de "iniciación" de los jóvenes en la vida frustrante de la madurez? Este último aspecto remitiría a la tradición de la construcción laberíntica de los templos iniciáticos.

Pero, sobre todo, la alusión indirecta a la idea de laberinto va asociada en "El viento distante" a la figuración especular y ambas remiten al sentido de la vida (como el Laberinto de Espejos en *La feria de las tinieblas*, 1962, de Bradbury). El espejo es el mundo del espectáculo que debe transgredirse, ya que el sentido se oculta en el tiempo lineal del espacio abierto y lleno de luz, y se manifiesta en la temporalidad habitual, reiterativa, del espacio cerrado y en sombras.

Esto último responde al principio de inversión dominante que se manifiesta en otros elementos menores. Entre ellos el espejo y la niebla producida por el cigarro en la escena inicial del paso a la interioridad. No puede evitarse el pensar en reminiscencias de "La casa del espejo" en *Alicia en el país de las maravillas*. Allí "las cosas se hallan situadas en sentido contrario"; todo se convierte en "una apariencia", y para atravesar el espejo éste se va convirtiendo en una especie de niebla (Carroll 1865, 183-184).

b) *La tortuga y otros elementos simbólicos.* El proceso de inversión mayor en el relato se da entre el hombre y el animal (cf. también "El parque de diversiones"). En la medida en que el primero se cosifica, el otro se fetichiza y hasta se humaniza. Desde el pusto de vista actancial, el relato propone una serie de alternativas en que la tortuga (pareja del hombre en el presente) se muta en posible hija, compañera o simple tortuga humanizada.

A la verosimilitud de las alternativas acceden varios contextos de procedencia diversa. La tortuga tiene significado cósmico o es, tanto símbolo del sexo femenino, como símbolo de la tierra o de la "masa confusa" en alquimia. Pero lo que importa es que las variantes del texto y las interpretaciones simbólicas tradicionales tienen

---

[2] *Apud* Cirlot 1969, 278. Se refiere al libro de Diel, *Le symbolisme dans la mythologie grecque*, París, 1952.

en común el verla como "símbolo de la realidad existencial" y de la "corporeidad" (Cirlot 1969, 458-459).

Ya el título ubica el relato de cara al pasado y a los efectos de una fuerza destinal que simboliza el viento. Este carácter simbólico del viento se encuentra en la producción de otros autores hispanoamericanos contemporáneos (García Márquez, por ejemplo), y cuenta con una amplia tradición. El viento es considerado como el primer elemento y se asocia con el "hálito o soplo creador", e incluso paradójicamente se le ha atribuido "cierto aspecto malévolo" en Grecia y Egipto (*Ibid.*, 476).

c) *Lo popular.* Aparte de los atributos simbólicos tradicionales de la tortuga a los que alude el texto (cf. *supra*), es evidente la importancia textual que tiene la tradición popular en el relato. En efecto, el espectáculo que presenciamos es muy común en Hispanoamérica y en Europa, y concretamente se da en casi todas las ferias populares de México. El propio Pacheco se ha referido a él en un poema posterior, "La sirena" (Pacheco 1976, 105), que innegablemente se liga con el relato que analizamos.[3] También García Márquez lo menciona años más tarde en su relato "Un señor muy viejo con unas alas enormes" (1968).[4]

d) *Textos literarios.* La referencia concreta al viento y a otros elementos que entran en la atmósfera frustrante y nostálgica abre la lectura crítica a otras perspectivas. Reconocemos trazos de *Poesía*

---

[3] Es evidente que este tipo de espectáculo siempre llama la atención de JEP. Recientemente, al hacer la crítica de *The book of lists* de Irving Wallace, destaca un espectáculo de feria similar, aunque de signo distinto: "Finalicemos con la momia nacional que se cuenta entre las 21 más famosas del planeta: Julia Pastrana (1832-1860), 'la mujer más horrible del mundo' y a su manera, añadiríamos, el paradigma atroz de la explotación y la degradación falocrática. Esta indígena mexicana barbada y contrahecha por siglos de miseria fue exhibida mundialmente en un circo. El empresario se casó con ella, la embarazó y se hizo rico vendiendo boletos para el alumbramiento. El niño, deforme como su madre, nació muerto y se llevó a la vida de Julia. El viudo los embalsamó, los puso en una caja de cristal y siguió haciendo dinero con la exhibición. Actualmente los cadáveres se hallan en una feria de Noruega" (Pacheco 1978, 55).

[4] "Sucedió que por estos días, entre muchas otras atracciones de las ferias errantes del Caribe, llevaron al pueblo el espectáculo triste de la mujer que se había convertido en araña por desobedecer a sus padres... Era una tarántula espantosa del tamaño de un carnero y con la cabeza de una doncella triste. Pero lo más desgarrador no era su figura de disparate, sino la sincera aflicción con que contaba los pormenores de su desgracia; siendo casi una niña se había escapado de la casa de sus padres para ir a un baile, y cuando regresaba por el bosque después de haber bailado toda la noche sin permiso, un trueno pavoroso abrió el cielo en dos mitades, y por aquella grieta salió el relámpago de azufre que la convirtió en araña..." (en García Márquez 1968, 16-17).

junta (1942) de Pedro Salinas (la amada distante, el viento, octubre...). Además están presentes reminiscencias de relatos de ciencia ficción como el ya citado de Bradbury, *La feria de las tinieblas*, en el cual se presenta una problemática parecida (el sin sentido de la vida del hombre maduro; los jóvenes en el proceso de crecer y envejecer; lo laberíntico; el cómo a fuerza de aceptar y de mirar con los ojos abiertos uno se hace "dueño de un fragmento de eternidad en una feria ambulante"; el mes de octubre: "un mes raro...", etc.). Tanto en éste como en otros relatos de ciencia ficción (*Farenheit 451*, por ejemplo) la nostalgia, y el corte que la provoca, se advierte en la vida del hombre, aunque en otras dimensiones no relativas a la pareja. El viento cobra también en estos textos de Bradbury dimensión simbólica; se asocia con el destino de los actantes y marca los sucesos importantes.

Al mencionar los casos anteriores he hablado de "trazos", de reminiscencias". De algún modo el material entra decantado y transformado a tal punto que sólo quedan indicios que la memoria asociativa del lector reconoce y apunta. No obstante, hay materiales que reconocemos más próximos, no sólo porque entran de una manera más específica, sino porque mantienen —por afinidad con el nuevo texto— los lineamientos generales de su proceso generador. Es decir, en éstos, más que de una transformación total del ideologema, cabe hablar de su matización y de variantes en sus concreciones.

De este tipo es la intertextualidad con el relato "La migala" (1949), uno de los primeros de Juan José Arreola. Relato en que se produce una inversión similar y en el cual el Narrador actante declara finalmente: "estremecido en mi soledad, acorralado por el pequeño monstruo, recuerdo que en otro tiempo yo soñaba con Beatriz y en su compañía imposible" (Arreola 1949, 61). El relato se inicia con una pareja de jóvenes (el narrador y Beatriz) que, como la pareja de "El viento distante" (el narrador y Adriana) se enfrentan a una experiencia que los marca para siempre. La similitud entre ambos relatos se da incluso en detalles textuales: "El día en que Beatriz y yo entramos en aquella barraca inmunda de la feria callejera, me di cuenta de que la repulsiva alimaña era lo más atroz que podía depararme el destino" (*ibid.*, 60). Sara Guadalupe Poot, que investiga la narrativa de Juan José Arreola, al analizar "La migala" señala otros aspectos estructurales importantes para ver la relación entre ambos relatos. Así el predominio del presente habitual sobre el tiempo lineal, histórico, asociado al problema de soledad y aislamiento del actante de la feria. Y también la organización espacial de espacios dentro de otros espacios asociada al mismo problema.

e) *Lo cinematográfico.* La concepción de la vida como espectáculo es muy importante en la producción de JEP. Los actantes adquieren gracias a ella la función de actores y de espectadores. La acción de representar y de ver constituye uno de los ejes narrativos. Integra el contexto del lenguaje cinematográfico, característico de los planos descriptivos de la primera y de la última escena (r1), y en general de todo el relato, pues en éste las imágenes que se presentan importan más que el diálogo —prácticamente ausente.

2) *Textos sociales.* Reiterativamente JEP marca en sus relatos la desmitificación del espacio y el tiempo codificados socialmente para el ocio creativo y liberador ("El parque de diversiones", "Tarde de agosto"). Este proceso es otro modo de especificar el proceso primario de inversión que genera el relato.

En el espacio y tiempo de la cotidianidad se precisa el domingo en una feria de diversiones que opera como espacio y tiempo enajenantes. Dentro de este marco de valores invertidos se desmitifican otros mitos sociales tradicionales (el poder comunicativo de la palabra y la infancia como "edad dorada" a la que se pretende regresar).

De hecho, la visión laberíntica y el proceso de inversión ponen en juego *la incomunicación,* que actúa como función integradora. En este sentido hay que decir que tanto el hombre marginal como la pareja de jóvenes "cultos", procedentes de los sectores medios, quedan subordinados a esta función. La incomunicación actúa sobre el pasado; determina el presente y marca el futuro (ya que el modelo de madurez que se presenta es frustrante y limita la perspectiva futura de la pareja de jóvenes).

Ideologema

De las diversas concreciones en todos los niveles del texto que analizamos, se perfila un eje de oposiciones que sustenta el relato en función del ideologema dominante. La principal parece ser la oposición vida interior (ser) / vida espectáculo (no ser), que subordina otras como cerrado/abierto; sombra/luz. La relación de oposición, no obstante, se ve regida por un principio de inversión del que he hablado ya. Éste determina que la vida interior sólo se revele en el espacio cerrado y en sombra, mientras que la vida como espectáculo, como no ser, se revela en los espacios abiertos, con luz. Puesta en acto por el proceso de inversión, la incomunicación actúa como función integradora de todos los niveles textuales (cf. *supra*). Los procesos que se abren en el relato se definen así en este límite que consideramos el ideologema.

Desde el punto de vista ideológico, en el texto no hay marcas explícitas de enfrentamiento de clases, ni tampoco de lucha generacional (como la oposición entre niños y adultos, frecuente en otros relatos de este mismo libro). El metanarrador apunta a una problemática que afecta al hombre "marginal" y a los jóvenes (más cercanos al modelo frustrante del adulto que los niños). Uno y otros parecen dominados por los efectos de un sistema que en algún momento dejó de ser revitalizador, y optan por el camino de la enajenación y de la cosificación, hecho que se advierte claramente en la red de relaciones entre los actantes.

B. *"Tarde de agosto"*

Tiempo-espacio

1) *Descripción preliminar*

Este relato está constituido por un bloque narrativo continuo iniciado sin sangría; los restantes párrafos sí la tienen. Le corresponde un narrador en segunda persona.

Todo el relato está enmarcado dentro de un presente de la enunciación que es el tiempo del diálogo ficticio; presente implícito porque alude a un futuro y a un pasado que se objetivará en anécdota.

Dentro del relato destacan dos sintagmas, el primero y el último, con una connotación temporal particular que será analizada a continuación.

2) *Análisis*

El primer sintagma del relato es:

> Nunca vas a olvidar   esa tarde de agosto (p. 20).

En su primera parte, el sintagma remite a un enunciado futuro que va más allá del relato. La forma perifrástica expresa, de manera segura e imperativa, una aseveración sobre el porvenir del destinatario de la frase que no admite respuesta ni objeciones. Porvenir irremediablemente marcado por algo que ocurrió en el pasado, la tarde de agosto a que se alude en la segunda mitad y que se relata en seguida.

El sintagma final, gráficamente señalado con sangría y escrito como un poema, es:

> y no olvidaste nunca esa tarde de agosto,
> esa tarde,
> la última
> en que tú viste a Julia (p. 25).

Este sintagma parece estar ligado al primero por medio de la conjunción *y*. Estructuralmente ambos son casi iguales, lo que cambia es el tiempo gramatical, que en el último remite al pasado. Si el "nunca" del primer sintagma indica un futuro predestinado, el "nunca" del final indica un tiempo pasado, posterior a la tarde de agosto, pero anterior al momento de la enunciación; es la comprobación de un hecho que refuerza lo que se predice al principio: "nunca vas a olvidar", como hasta ahora "nunca olvidaste". Estos dos sintagmas, que abren y cierran el relato formando una unidad de significación, pueden ser intercambiables entre sí sin que se altere en absoluto su sentido. Al complementarse de esta manera, crean una circularidad en la estructura del relato; circularidad que es, de hecho, una atemporalidad, reforzada por la falta de ubicación espacial de estos dos sintagmas.

Desde el presente de la enunciación de los sintagmas mencionados y enmarcado por ellos, el resto del relato será el recuento del pasado, las razones que hacen inolvidable la tarde de agosto. Este recuento del pasado tiene dos movimientos temporales: uno en el que se presenta la vida del destinatario del relato, por la época cercana a la tarde de agosto; tiene un sentido de habitualidad y en él predomina el imperfecto de indicativo. Dentro de la habitualidad destaca la tarde de agosto, cuya narración constituirá el segundo movimiento temporal.

El primer movimiento se inicia con "Tenías catorce años..." (p. 20) hasta "Pedro que te consideraba un testigo, un estorbo, quizá nunca un rival" (p. 21). Se proporcionan informaciones generales sobre el actante y sus costumbres que indican que su vida transcurre entre la escuela y los espacios domésticos (la casa de su madre y la de su tío).

La noche se asocia a los espacios interiores, dentro de su casa, su habitación y, dentro de ésta, el espacio de su propio interior, sus pensamientos, sus sueños. Estos espacios implican cierta felicidad que el niño obtiene a solas, leyendo, escuchando el radio, soñando. La lectura de historietas abre su mente a los espacios ficticios de las aventuras, en los tiempos (segunda guerra mundial) en que aún era posible cierta épica:

> Por la noche, cuando volvía tu madre de la agencia, cenaban sin hablarse y luego te encerrabas en tu cuarto a estudiar, a oír radio, a leer las novelas de la colección Bazooka, esos relatos de la segunda guerra mundial que te permitían llegar a una edad heroica en que imaginabas mudas batalla sin derrota (p. 20).

Por el contrario, la luz del día se relaciona con los espacios exteriores a su habitación, donde le es forzoso al actante vivir su cotidianidad, caracterizada como frustrante y anodina. El avance de cada día se asocia con el crecimiento y ambos implican sufrimientos:

> Ella [la madre] te despertaba al dar las siete. Quedaba atrás un sueño de combates a la orilla del mar, desembarcos en islas enemigas, ataques a los bastiones de la selva. Y entrabas lentamente en el día que era necesario vivir, desayunar, ir a la escuela, crecer, dolorosamente crecer, abandonar la infancia (*id.*).

En síntesis, la oposición espacio temporal que rige la vida del actante implica una oposición realidad sueño, de la siguiente forma:

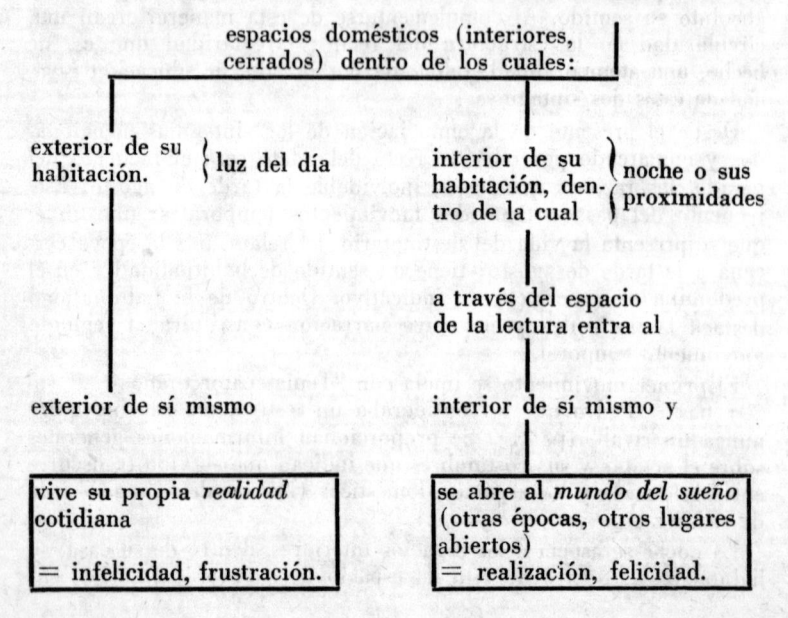

espacios domésticos (interiores, cerrados) dentro de los cuales:

exterior de su habitación. { luz del día	interior de su habitación, dentro de la cual } noche o sus proximidades
	a través del espacio de la lectura entra al
exterior de sí mismo	interior de sí mismo y
vive su propia *realidad* cotidiana = infelicidad, frustración.	se abre al *mundo del sueño* (otras épocas, otros lugares abiertos) = realización, felicidad.

A partir de la frase "Y sin embargo todo lo compensó la presencia de Julia" (p. 21), los verbos en imperfecto empiezan a alternar con los verbos en indefinido, preparando el segundo movimiento temporal que se inicia con "Julia cumplió veinte años esa tarde de agosto" (pp. 21-22), en donde predominará este último tiempo gramatical, con su función de expresar acontecimientos ocurridos una sola vez. Se deja de expresar habitualidad y el relato se vuelve principalmente narrativo para referir lo acontecido la mencionada tarde.

En agosto, mes que marca el límite final del verano, el actante tiene una experiencia que marca el límite de una etapa de su vida. Esa tarde se rompe su rutina cotidiana, es un día especial, el cumpleaños de su prima Julia. Los acontecimientos se inician al final de la comida y duran lo que la tarde misma. Principian en el espacio cerrado de la casa del tío y finalizan en el de su propia casa, es decir, los sitios habituales del actante. En el transcurso de la tarde, entre ambos espacios domésticos hay un juego de espacios abiertos y cerrados que son inhabituales al actante, que se relacionan estrechamente con su situación afectiva y que enmarcan su experiencia. El desarrollo de los hechos se narra de manera lineal, consecutiva, de acuerdo al siguiente desplazamiento espacial:

ciudad
- [1] — final de la comida en *casa del tío* (espacio cerrado)
- [2] — paseo con Julia y Pedro en el *automóvil* (e. cerrado)

campo
- [3] — " " " " " " " " " "
- [4] — " " " " " ": *ruinas del convento* (e. abierto)
- [5] — " " " " " ": *selva* (e. abierto)
- [6] — " " " " " ": (tiempo y espacio ficticios, subjetivos)
- [7] — " " " " " ": en el *automóvil* (e. cerrado)

ciudad
- [8] — " " " " " " " " " "
- [9] — caminata, a solas por las *calles* (e. abierto)
- [10] — conversación con su madre, *en su casa* (e. cerrado)
- [11] — quema de historietas (a solas) *en su casa* (e. cerrado)

Como se dijo, la descripción de los espacios está relatada a través de cómo los percibe el actante. Así, el paseo en automóvil —[2] y [3]—, que es nexo entre la ciudad y el campo, está teñido de frustración.

Ya fuera del automóvil [4] los actantes pasean por las ruinas "del convento oculto en la desolación de la montaña": "galerías desiertas, corredores llenos de ecos sin memoria..." (*id.*). Las ruinas, vestigios de civilización, son como un intermedio entre la ciudad y la selva que visitan a continuación los actantes; durante el paseo por ellas continúa la frustración del niño:

> Y se asomaron a la escalinata de un subterráneo oscuro y se hablaron y escucharon (ellos, no tú) en las paredes de una capilla acústica, y mientras Julia y Pedro paseaban por los jardines del convento, tú que no tienes nombre y no eres nadie grabaste el nombre de ella y la fecha en los muros (pp. 22-23).

Después de las ruinas entran en [5] "la selva húmeda y las vegetaciones de montaña" (p. 23); este momento es importante porque es el único en que el actante principal se siente feliz; el aire y la naturaleza, el espacio abierto le dan la sensación de libertad y lo introducen en el espacio y tiempo a los que sólo había tenido acceso en sus lecturas; cambia sus circunstancias reales por las de sus ensoñaciones antes mencionadas:

> El aire agudo y libre llegó hasta tí y revivió tus sueños. Tocaste la libertad de la naturaleza y te creíste el héroe, los héroes todos de la pasada guerra, los vencedores o los caídos de Tobruk, Narvik, Dunkerke... (*id.*).

Sin embargo, la felicidad del adolescente dura poco; tras diez minutos de temor (p. 24) y un humillante desenlace, el parque se autoniega como espacio libre y abierto para pasar a ser un espacio asfixiante.

El regreso a casa en el automóvil [7], [8], y después caminando [9], así como la conversación con su madre [10], son mucho más frustrantes que el principio del paseo. El conflicto sueño/realidad que a diario vivía el adolescente, se agudiza esa tarde de agosto. El triunfo de la realidad, la clausura de una etapa, se señala con el acto de quemar las historietas, los espacios de su fantasía y su realización. Pero el pasado marca el futuro; el protagonista nunca se libera del recuerdo de la tarde de agosto.

A diferencia de lo habitual, en la narración de lo ocurrido la tarde de agosto hay un ritmo acelerado, que se logra o bien iniciando un párrafo con sangría, pero con minúsculas (lo que establece una continuidad con el párrafo anterior); o bien principiando un párrafo con *Y*, unas veces mayúsculas y otras minúsculas. En este último caso, el ritmo se acelera más aún y se emplea en los momentos de mayor intensidad afectiva, por ejemplo:

> Y sin embargo viéndote y sin embargo Pedro no dijo nada de tí
> al guardabosque y... (*id.*).

También al cierre del relato tiene importancia el uso de esta conjunción, para unir lo ocurrido la tarde de agosto con el sintagma final:

> Y quemaste en el bóiler la colección Bazooka
>
> y no olvidaste nunca esa tarde de agosto,
> esa tarde,
> la última
> en que tú viste a Julia (p. 25).

3) *Conclusión*

Como se dijo al principio del análisis, la última parte del párrafo final que hemos enmarcado, forma un todo, una unidad de significación junto con la frase inicial ("Nunca vas a olvidar esa tarde de agosto"); frase que podemos considerar generadora del relato. El hecho de que ambos sintagmas —el primero y el último— puedan intercambiarse, que el sintagma final remita al inicial y viceversa, crea una circularidad estructural que no logra ser rota por la linealidad narrativa del resto del relato, ubicada entre estos dos sintagmas. La circularidad estructural del relato se corresponde con la circularidad del destino del protagonista, desarrollada en la red actancial.

Red actancial

"Tarde de agosto" es narrada por una segunda persona en quien se ha desdoblado el *yo* sujeto. ¿Por qué nos referimos a la segunda persona como desdoblamiento del *yo*? El relato se desarrolla sobre un diálogo aparente enmarcado por dos sintagmas, uno que abre: "Nunca vas a olvidar esa tarde de agosto" (p. 20) y otro que cierra el relato: "y no olvidaste nunca esa tarde de agosto" (p. 25). Los dos sintagmas sugieren la relación dialógica entre dos actantes: un *yo* que cuenta a un *tú*, el primero como destinador y el segundo como destinatario. Sin embargo, lo que se cuenta al *tú* es su propio pasado, la experiencia o experiencias vividas en esa tarde de agosto que constituyen las razones por las cuales el futuro gira inexorablemente sobre ella. En efecto, el *tú* destinatario del primer sintagma no se ha desligado de *"esa tarde de agosto"*; lo confirma el *"no olvidaste nunca"* del último sintagma. Todos los momentos de la vida del *tú*, posteriores a esa tarde, han sido regidos por ella. Ahora bien, si sustituimos la segunda persona por la primera (nunca voy a olvidar esa tarde de agosto), se debilita —probablemente— el tono de obligatoriedad y trascendencia de la aseveración; pero no se alteraría el sentido de la historia relatada ni el desarrollo de la misma. De lo que podemos inferir que la primera y la segunda persona son intercambiables entre sí, y la relación dialógica, sugerida por los sintagmas, corresponde a un diálogo ficticio que descansa sobre esa intercambiabilidad posible entre el *yo* y el *tú*.[5] En consecuencia, el narrador de "Tarde de agosto" no es un *yo* exterior a los hechos; sino que está en el interior del relato implícito en la segunda persona. Se sostiene de esta manera un diálogo del *yo* consigo mismo, que funciona como destinador y destinatario de su propia historia (su pasado). De esta manera el narrador se convierte en el actante central del relato.

La relación de "Tarde de agosto" se centra en un momento decisivo de la vida del Narrador-actante, adolescente de catorce años quien, como se precisa en *Tiempo-espacio*, hace un recuento de su pasado. A los dos movimientos temporales distinguidos en ese recuento corresponden dos aspectos que definen el funcionamiento del Narrador-actante: su cotidianidad y el rompimiento de esa cotidianidad. La primera se articula sobre dos contextos familiares: la casa materna y la casa del tío, que proporcionan información biográfica del Narrador-actante: edad, padres, hábitos: "tenías catorce años, ibas a terminar la secundaria. Muerto tu padre antes de que pudieras recordarlo. Tu madre trabajaba en una agencia de viajes" (p. 20). Para determinar la influencia de los contextos familiares en el actante es necesario seguir, como a continuación lo hacemos, fragmentos textuales que los configuran a través del ambiente, de sus miembros y allegados:

> Muerto tu padre antes de que pudieras recordarlo, tu madre trabajaba en una agencia de viajes (*id.*).
> Por la noche, cuando volvía tu madre de la agencia, cenaban sin hablarse y luego te encerrabas en tu cuarto a estudiar, a oír radio, a leer las novelas de la colección Bazooka... (*id.*).
> A causa del trabajo de tu madre comías en casa de su hermano, el hombre hosco que no manifestaba ningún afecto y exigía un pago mensual por tus alimentos (pp. 20-21).

[5] Sobre la efectiva intercambiabilidad del yo y el tú, Benveniste da la siguiente caracterización que la confirma: "Otra característica es que yo y tú son inversibles: Aquél que yo define como tú se piensa y puede invertirse a yo, y yo se vuelve en tú" (Benveniste 1966, 166).

"TARDE DE AGOSTO" 51

>Diariamente soportaste una aridez que no anhelabas (p. 21).
>
>Y sin embargo todo lo compensó la presencia de Julia... era la única que te tomaba en cuenta; no por amor como creíste entonces: quizá por la compasión que despertaba el niño, el huérfano, el sin derecho a nada (*id.*).
>
>Y a nadie odiaste tanto como odiaste a Pedro, a Pedro que se irritaba porque le dabas lástima a tu prima, a Pedro que te consideraba un testigo, un estorbo... (*id.*).

Desde estos fragmentos, podemos trazar un cuadro del carácter y relaciones de sus miembros que influyen en la caracterización del adolescente:

Narrador-actante

CASA MATERNA	*Padre*:	ausente, doblemente muerto: físicamente y en el recuerdo	distante
			silencioso
	Madre:	distante, silenciosa, semiausente	incomunicado
			lector, soñador

CASA DEL TÍO	*Tío*:	sustituto del padre, hostil indiferente	incomunicado
	Julia:	compasiva, un poco de afecto	excluido del afecto familiar
	Pedro:	(allegado) irritable, despectivo	marginado

Los fragmentos citados ponen de relieve por un lado, las actitudes y relaciones de los miembros de los contextos; y por otro, cómo influyen y definen al Narrador-actante. Los dos contextos pueden reducirse a uno en la medida en que presentan características comunes: hostiles, frustrantes, segregadores, que son los mismos rasgos que marcan al actante. Así, hostilidad y segregación generan sus rasgos de solitario —lector, soñador, silencioso— y determinan sus relaciones con los familiares, en las cuales predominan el distanciamiento y lo convencional. La coexistencia familiar es casi nula; se reduce a comer y dormir. Entre el adolescente y los adultos domina el distanciamiento y la incomunicación. La madre, el tío, Pedro, Julia se mueven dentro de su apreciación afectiva. No pretende conocerlos totalmente, ni ir más allá de la circunstancia que los relaciona. De allí el empleo del adverbio *quizá* al referirse a ellos: "A Pedro que te consideraba un testigo, un estorbo, *quizá* nunca un rival" (*id.*) y "[Julia] era la única que te tomaba en cuenta... *quizá* por la compasión que despertaba el niño" (*id.*).

Julia es el único actante adulto que le dispensa alguna atención; sólo con ella se daba una cierta comunicación a través de la música "Te dejaba escuchar sus veinte discos, música que para siempre te hará pensar en ella" (*id.*). Ella fue el único apoyo en medio de la aridez efectiva familiar; lo que explica que el adolescente la idealizara e integrara a sus quimeras heroicas: es la dama de sus sueños y lecturas.

La hostilidad de los contextos obliga al adolescente a encontrar otro espacio de comunicación y realización (cf. *Tiempo-espacio*): "te encerrabas en tu cuarto a leer las novelas de la colección Bazooka" (p. 20). Este sintagma pone en la superficie lo que ya se perfilaba en los contextos familiares: una oposición entre la *realidad* con la cual se vincula la cotidianidad, y los *sueños*, que se asocian con lecturas, ideales y Julia.

De la oposición *sueño/realidad* que moviliza el funcionamiento del actante, se encuentran en todos los niveles del relato otras variantes derivadas que reiteran su sentido. Así *despertar/dormir*, propia de la habitualidad del Narrador-actante, se liga con la temporal *día/noche*; de la misma manera que *fracaso/triunfo*, también de su cotidianidad, remite a la variante *despertar/dormir (cf. Tiempo-espacio)*.

El segundo aspecto del recuento del pasado, el rompimiento de la cotidianidad del actante, se corresponde con el segundo movimiento temporal y como él se centra en el cumpleaños. En síntesis, dentro de la cotidianidad del adolescente, el cumpleaños de su prima, tarde especial e imborrable, rompe la rutina y el diario enfrentamiento *realidad/sueño* llega a su culminación.

Después de la comida de aniversario, Pedro, Julia y el adolescente salen a pasear en el automóvil de aquél por los alrededores de la ciudad. La entrada del Narrador-actante en el automóvil coincide con la puesta en movimiento gradual de la oposición *sueño/realidad* ("Subieron al coche de Pedro. Te hundiste en el asiento posterior", p. 22). Aquí el adolescente sufre el distanciamiento de Julia ("Julia besaba a Pedro y se dejaba acariciar; tú no existías cegado por el sol", *id*). Siempre que concurren los tres actantes, Pedro, como el ruido en cibernética, interfiere en la comunicación de los primos; funciona como una de las tantas partes de la realidad que se interponen en la realización de los sueños e ideales del Narrador-actante. En el paseo por las ruinas se reitera la interferencia de Pedro y la frustración del adolescente. Al salir de las ruinas los actantes entran en la selva. Los espacios, hemos visto, comparten el estado afectivo del Narrador-actante. La entrada en el bosque marca un cambio anímico en él: pasa de la frustración a la exaltación de la felicidad, y entra a un espacio idealizado al transformar la naturaleza en el escenario de sus sueños y lecturas. Se establece una correspondencia simbólica entre el Narrador-actante y el escenario natural que culmina en la plena identificación heroica: "te viste combatiendo en el África Corps o en la caballería polaca, en las cargas suicidas contra los tanques alemanes, tú el soldado capaz de toda acción guerrera porque sabe que una mujer va a celebrar su hazaña" (p. 23). En esta conjugación de naturaleza e ideal caballeresco, el Narrador-actante es "el héroe, los héroes todos"; y Julia la dama, "una mujer que va a celebrar su hazaña". Ella funciona como catalizadora y desencadena la acción heroica; en consecuencia, acelera el enfrentamiento del sueño con la realidad: "Julia descubrió a la ardilla, la ardilla parda en la copa de un árbol, y dijo que cómo le gustaría llevársela a su casa" (*id.*). El sintagma configura la prueba del caballero: la dama (Julia) expresa un deseo, tener la ardilla; y el héroe va a satisfacerla, a vencer a su oponente Pedro quien lo reta "las ardillas no permiten jamás ser atrapadas y había cien, mil, cien mil guardabosques para guardar el bosque y las ardillas. Dijiste entonces yo la agarro" (p. 24). La ardilla es el trofeo, el motor de acción del héroe: "Entonces la ardilla se trepó a lo más alto y la seguiste hasta poner los pies en una rama" (*id.*). En medio del actuar heroico, surge el guardabosque para impedir la hazaña del adolescente. El guardabosque, Pedro y el letrero que prohíbe cortar flores, son variantes de la misma función: se oponen a ideal (sueño) del Narrador-actante.

En el enfrentamiento *sueño/realidad* la victoria ha sido de la realidad: "Y el guardabosque se despidió de Pedro y al fin pudiste descender del árbol, pálido, torpe, humillado, con lágrimas" (p. 25). A la pérdida del trofeo ("la ardilla te desafiaba a medio metro de la rama y bajaba y corría por el pasto y se perdía en la selva", *id.*) sigue la pérdida de Julia, quien "lloraba lejos del guardabosque y de la ardilla, pero de ti más lejos e imposible", *id.*). El regreso del Narrador-actante está marcado por el fracaso que se apuntaba al principio del paseo. El desarrollo de la oposición ha seguido un desplazamiento circular: de la frustración a la fugaz realización heroica, para cerrarse con la frustración. La ruptura de la cotidianidad, el fallido intento de trasladar sueños e ideales a la realidad, concluye con el acto significativo del Narrador-actante de quemar la colección Bazooka. Con este acto se clausuran los tres medios de realización que tenía: el ideal identificado con Julia, las lecturas de las cuales ella era la dama, y los sueños heroicos. El acto pone fin a la edad de la inocencia y la aventura; a un tipo de lectura; y a la presencia de Julia en la vida del actante ("esa tarde, la última en que tú viste a Julia", *id.*). Pero el pasado no se incinera; sobre él gira el futuro del destinatario del sintagma inicial.

Intertextualidad

En "Tarde de agosto" se relata, como se ha dicho, un momento privilegiado en la vida del actante principal (niño-adolescente), que lo degrada y lo pone en ridículo ante los demás, sobre todo ante el actante femenino, que en su contexto funciona como la única posibilidad de relación y de comunicación. La experiencia refuerza la imagen que el narrador da de sí mismo: "el niño, el huérfano, el sin derecho a nada" (p. 21); "tú que no tienes nombre y no eres nadie" (p. 23). Imagen degradada que parece proyectarse de lo que dicen otros y de la conciencia posterior del narrador cuando reflexiona sobre los hechos; de ahí el uso de la no persona y del tú para hablar de sí mismo.

Una vez más en la producción de JEP, el texto se dinamiza mediante la función desmitificadora que actúa sobre el juego de planos oposicionales, en este caso presidido por la oposición "realidad"/subjetividad, que se resuelve con el predominio de la "realidad" (la incomunicación).

1) *Textos literarios y otros textos culturales.* Los trazos literarios esta vez nos llevan a un poema de Henri Michaux, *Clown* (Michaux, 1973, p. 5), del mismo libro del epígrafe que inicia *El viento distante y otros relatos*:

> Reducido a una humildad de catástrofe,
> a una nivelación perfecta como
> después de un pánico intenso.
>
> Abajo, más abajo, disuelto a mi rango real,
> al rango ínfimo que yo no sé qué
> idea-ambición me había hecho desertar.
>
> Nulo por la altura, nulo por la estimación.

> Perdido en un rincón lejano (o ni eso
> siquiera), sin nombre, sin identidad.
>
> (de *Versiones y diversiones*,
> versión de Octavio Paz)

Al final del relato el actante adolescente quema "en el bóiler la colección Bazooka", que representa para él el modelo único (épica heroica) que le permite idealizar y superar su cotidianidad. En el poema se afirma un gesto paralelo:

> Con esa rabia que hace falta para ser
> nadie y menos que nadie, abandonaré lo
> que parecía que me era indiscutiblemente
> próximo.
>
> Lo cercenaré, lo derribaré, lo quebraré,
> lo echaré a rodar.
>
> (*Ibid.*).

El texto de Michaux parece actuar como motivador que facilita el desciframiento de la experiencia adolescente, cuya significación marca el futuro del actante.

Trazos se perciben también de *La feria de tinieblas* (1962) de Bradbury. Refiriéndose a la feria, el actante adulto de este relato de ciencia ficción dice: "Siente la tristeza de los hombres maduros como yo, que lloran las tardes de agosto perdidas por nada, hace tanto" (Bradbury 1962, p. 181), así como el narrador de "Tarde de agosto" —años después de esa tarde— sentencia al final del relato: "y no olvidaste nunca esa tarde de agosto..." (p. 25).

En JEP es frecuente la utilización de la literatura de *mass media* en sus relatos. La colección Bazooka consiste en una serie de cuadernillos sobre la segunda guerra mundial, publicados en Barcelona alrededor de 1950, y que circularon en México divulgando la "visión de los vencidos" (italianos, alemanes). Es pues una versión de la historia que se genera a partir de la ideología y las formas codificadas para la divulgación. El modelo "histórico", a su vez, se reduce a una versión épico-heroica acorde con la lectura característica del lector preadolescente, y como tal, modela y modifica la visión del actante sobre su contexto inmediato de relaciones.

El patrón heroico dominante se cruza y se refuerza en el entretejido de textos con el código del amor caballeresco, aunque las marcas textuales no se explicitan tanto como en el caso del modelo anterior: "tú el soldado capaz de toda acción guerrera porque sabe que una mujer va a celebrar su hazaña y el enemigo va a perder, a ceder, a morir" (p. 23).

2) *Textos sociales*. En la medida en que pasamos a niveles más concretos del relato se perfilan otros matices significativos. El metanarrador nos sitúa en un ambiente característico de los sectores medios —que por diversas marcas textuales ubicamos en la ciudad de México y en la década de los cincuentas. Este contexto social es determinante y va a entrar cribado y ordenado por el sistema generador del relato.

Una de las manifestaciones más importantes del efecto de la función desmitificadora, que actúa sobre la serie de oposiciones estructurantes, es su acción sobre los mitos contemporáneos de la sociedad capitalista. En este relato se centra el proceso en el gran mito de la familia (familia mexicana de los sectores medios) como núcleo depositario de los valores prestigiados como positivos que, junto con otros como el de "unidad nacional" y el del "progreso", forma parte de la ideología dominante en el México contemporáneo.[6] "Tarde de agosto" presenta la visión invertida del modelo codificado. Es claro el planteamiento de la brecha generacional entre niños y adultos; la mecanización o ritualización de las relaciones familiares (vgr., la comida, centro de reunión familiar); las relaciones frustrantes y ritualizadas entre hombre y mujer ("le presentó a su novio, al primer novio que tuvo consentimiento para verla en su casa", p. 21); la ausencia del padre pese a la estructura patriarcal de la familia (el actante no tiene padre y su tío, que lo representa, le es hostil y hasta indiferente); la madre está también prácticamente ausente (viuda con un empleo que la aleja de la relación con el hijo, al cual debe sostener económicamente).

Todo el plano de relaciones se organiza en términos de *la incomunicación* que funciona como eje de la red actancial. La comunicación efectiva se ve sustituida por los estereotipos de los medios

---

[6] Es clara la significación que este aspecto de la ideología dominante tiene en la cultura mexicana contemporánea. Por ejemplo, según Carlos Monsiváis, en el teatro mexicano de los treintas y de los cuarentas se "afirma, como constante, la invulnerabilidad del núcleo familiar, su fuerza que sobrevive a todas las impugnaciones. De nuevo desde las butacas, las familias que asisten ven sacralizado en la escena, su imperio", y Xavier Villaurrutia "intenta en vano una desmitificación irónica de la existencia familiar y la vida matrimonial" (Monsiváis 1976, 469). En los cincuentas, por imitación de modelos extranjeros —más que por captación del proceso sociocultural propio— la temática se centra en la "desintegración de los valores familiares" (*ibid.*, 474). Una de las manifestaciones más marcadas de este hecho es la designación política de "La gran familia revolucionaria", que utilizan incluso algunos historiadores.

masivos de comunicación: "una conversación que te libraba, al excluirte, de insistir sobre los mismos temas e imitar frases y actitudes copiadas del cine y la televisión" (*id.*), o cuando menos —se trata de salidas menos limitantes— por la lectura de divulgación, la radio y el estudio: "cenaban sin hablarse y luego te encerrabas en tu cuarto a estudiar, a oír radio, a leer las novelas de la colección Bazooka..." (p. 20).

Se desmitifica también el espacio. Los espacios abiertos (bosque, selva) mitificados —por oposición a la ciudad "de piedra y polvo"— como espacios liberadores, son frustrantes escenarios de la derrota.[7] El texto geográfico que se incorpora en el relato para establecer la oposición es evidentemente el Desierto de los Leones, acostumbrado paseo a las afueras de la ciudad de México, como lo muestran las marcas textuales que el narrador da en su descripción.

Ideologema

El actante principal oscila entre las posibilidades aparentes de realización (la imaginación y los modelos escritos que equivalen a falsas salidas) y las degradantes circunstancias de su cotidianidad, lo cual nos permite proponer la oposición inicial *ser (realización)/no ser (frustración)* para encabezar la serie oposicional del relato. Del lado del ser y la realización se dan *el sueño, los espacios cerrados* (su cuarto), su *mundo interior*. Del lado del no ser (circunstancias limitantes): *la realidad; los espacios abiertos; el mundo exterior*.

Sobre esta serie de oposiciones actúa, como he señalado antes, la función desmitificadora con el subsecuente predominio de la "realidad", que en este caso equivale a *la incomunicación* (en tanto determina las relaciones actanciales).[8]

Se confirma la idea de que estamos frente a una visión evidentemente crítica de los sectores medios —aquellos que pasan por el lente particular del metanarrador. Su visión sobre la vida del adulto sólo se distingue de la del adolescente por la agudización de

[7] La inversión del espacio liberador en espacio opresor se acentúa porque la descripción desde la entrada por los muros del convento es acumulativa y va progresivamente, acercando a los actantes a un punto que ambiguamente los aleja cada vez más de los contextos limitantes, y que no obstante desemboca en "el letrero que prohibía cortar flores y molestar a los animales", detalle que prepara para el desenlace.

[8] En cierto modo se desmitifica también la versión épico-caballeresca (acorde con la mentalidad preadolescente) de los hechos históricos de la segunda guerra mundial, hecho sugerido por la quema de la colección Bazooka.

los conflictos, tal vez porque lo que importa mostrar es la recurrencia o totalización del fracaso en la vida individual, encuadrada en la estructura familiar de los sectores medios y urbanos.

C. *"Parque de diversiones"*

Tiempo-espacio

1) *Descripción preliminar*

Este relato está constituido por ocho partes iniciadas sin sangría y formadas por un solo párrafo. Las partes están divididas entre sí por un espacio en blanco y encabezadas por un número romano. A cada parte corresponde un microrrelato, con excepción de la I y la VIII, que se refieren al mismo. Al llegar a la parte VIII, se hace evidente que el microrrelato 1 abarca y comprende a los demás. De ahí que en "El parque de diversiones" el comentario se lleve a cabo siguiendo las partes:

Ir1: el parto de la elefanta.
IIr2: la lección de botánica.
IIIr3: el monólogo del tigre.
IVr4: el sacrificio de los caballos.
Vr5: la estación del ferrocarril.
VIr6: el día de campo.
VIIr7: la isla de los monos.
VIIIrl: el artículo del arquitecto y el parto de la elefanta.

Los siete microrrelatos corresponden a una mirada que describe lo que acontece en siete escenarios, en siete lugares del parque de diversiones. La espacialización tipográfica es correlativa de la espacialización en donde ocurren los hechos.

Un enfoque visual permitiría ver simultáneamente lo que sucede en los siete espacios. Pero la escritura obliga a hacer el recorrido de manera consecutiva y ello hace necesario detenerse en cada microrrelato, lo que permite la existencia de juegos temporales dentro de la misma convención de simultaneidad.

Para realizar el recorrido por los siete sitios del parque, el narrador, en 3a. persona casi siempre (menos en IIIr3 que es un monólogo), asume de manera predominante el tiempo presente de indicativo. No obstante, como se dijo, este mismo tiempo presente asume en el enunciado diversas funciones: presente de la enunciación (los acontecimientos son simultáneos a la enunciación) o presente habitual (acciones recurrentes). En el caso del presente habitual, las acciones, a fuerza de repetirse, a veces sugieren intemporalidad. En algunos microrrelatos se juega con ambas funciones del presente.

2) *Análisis*

Microrrelato 1 (Parte I)

Desde este primer microrrelato se plantea lo que será una idea generadora del relato total: el espectáculo (símbolo de la vida). En r1 se juega con el presente habitual y el de la enunciación: toda la descripción del parto de la elefanta parece pertenecer al presente de la enunciación, con una duración de dos horas (p. 30). Pero la dinámica misma del espectáculo sugiere que este acto se ha repetido muchas veces, con formas y rituales establecidos convencionalmente entre público y actores; por ejemplo: "Hay una nueva salva de aplausos. El hombre los agradece con honda reverencia" (p. 31).

El espectáculo ocurre en "el sitio que ocupan los elefantes", (*id.*), alrededor del cual se congrega el público, algunos sobre los árboles.

Del cuerpo de la elefanta brota "una bestia monstruosa, llena de sangre y pelo, que se asemeja a un elefante" (*id.*); de cuyo interior, a su vez, "brota un hombre vestido de juglar" (*id.*). Así, en una analogía con un juego de cajas chinas, encontramos: a la multitud reunida en círculo; dentro del círculo, la elefanta; dentro de ella la "bestia monstruosa de sangre y pelo", y dentro de esta última, un hombre.

Microrrelato 2 (Parte II)

El tratamiento temporal de este microrrelato es similar al del anterior; la descripción de la escena es un presente sincrónico, de la enunciación. Pero a la vez, el tono de la narración indica que se trata de un día normal de clases; el aburrimiento de la maestra y la indiferencia de los alumnos significan que se trata de sucesos habituales.

Ocurre r2 en un sitio abierto: "Al otro extremo de este parque se halla el jardín botánico. Pasados los invernaderos, más allá del desierto de cactus y del noveno lago surge tras un recodo la espesura ficticia" (*id.*). De nuevo la idea de espectáculo o función: "la espesura ficticia" es como un escenario teatral, donde unos niños serán objeto del espectáculo (devorados por la planta) y el resto serán espectadores.

No hay indicios de la duración de esta anécdota, aunque es válido suponer que dura como una hora, lo que suele durar una clase. Sólo se dice que empieza a las diez de la mañana (*id.*).

Microrrelato 3 (Parte III)

Aquí casi no hay anécdota, sino las reflexiones del tigre dentro de un espacio cerrado, su jaula. El tigre realiza su papel de espectador de los visitantes del parque, quienes, a su vez, pasan a ser objeto del espectáculo: actores. Éste es el único de los siete primeros microrrelatos que no principia con la ubicación espacial. Es también el único en el que el narrador asume la primera persona gramatical.

El tigre se expresa en un presente habitual, desplegando su espacio interior, describe su vida de cada domingo, tan repetitiva que se vuelve casi atemporal, inmutable:

> A mí me encantan los domingos del parque hay tantos animalitos que creo estar soñando o volverme loco de tanto gusto y de la alegría de ver *siempre* cosas tan distintas y fieras que juegan o hacen el amor o están *siempre* a punto de asesinarse... por eso me da tanta lástima que estén allí *siempre* su vida debe ser muy dura haciendo *siempre* las mismas cosas... (p. 33).

Microrrelato 4 (Parte IV)

En el tratamiento temporal de este microrrelato predomina, al igual que en el anterior, el uso del presente habitual. Aquí lo central es la metáfora de la vida y de la muerte humana, expresada a través de los caballos. El futuro inexorable de los caballos (ser devorados por los carnívoros o —en forma de hamburguesas— por los visitantes del parque) se compara metafóricamente con el de los hombres (p. 35).

La ubicación de la anécdota es "La sección que llaman por eufemismo 'la cocina' o 'los talleres' del parque" y que "está vedada a los espectadores" (p. 34). Es decir, la parte oculta del parque, donde no hay espectáculo y la realidad se exhibe sin disfraces. Están aquí ausentes los elementos decorativos del escenario que se encuentran en los anteriores microrrelatos ("espesura ficticia", "selva fingida", "lago artificial"). De ahí que considere el mundo (del parque) exterior como falso y artificioso; en tanto que lo interior, lo oculto, se identifica con lo verdadero. A este espacio cerrado, opresivo —en definitiva mortal— corresponde una temporalidad que, en tanto reiteración de las mismas acciones, se convierte en atemporal.

Microrrelato 5 (Parte V)

Al igual que en IIIr3 y IVr4, en este microrrelato predomina el presente habitual. La anécdota casi desaparece. Lo importante es la asociación metafórica: *tren=vida*, destino. Se ubica la acción en un espacio cerrado, la estación del ferrocarril, y continúa dentro del tren, asimismo cerrado, en un recorrido por el ficticio escenario de la naturaleza ("la maleza, los bosques, el lago artificial", p. 35).

Ejemplificando con el paseo en el tren, se implica que el crecimiento trae aparejada la infelicidad; el destino de los niños viajeros está clausurado: el tren no vuelve y si lo hace trae consigo la frustración (*id.*).

Microrrelato 6 (Parte VI)

Éste es el único microrrelato en el que predomina el presente de la enunciación:

> Una familia —el padre, la madre, dos niños— llega a la arboleda del parque y tiende su mantel sobre la hierba. El esperado día de campo ocurre al fin este domingo (p. 36).

El día de campo es uno de los microrrelatos más anecdóticos. La duración de los acontecimientos es corta. Desde que la familia llega al parque hasta que es destruida por las hormigas, el tiempo transcurrido es equivalente a lo que el niño tarda en ir a comprar un globo (p. 37). Aparte hay algunos indicios:

> *Al poco tiempo* se ven rodeados por setenta perros y más o menos un billón de hormigas... En tanto los tres ya están cubiertos de hormigas que voraz *veloz vertiginosamente* comienzan a descarnarlos (p. 36).

Existe aquí también el espectáculo: el niño observa cómo su familia es exterminada (p. 37).

Pese a ser anecdótico, *el día de campo* tiene también un peso metafórico: temporalmente se desmitifica el domingo ("el esperado día de campo..."), aceptado como día de descanso y felicidad, y se le presenta como frustrante. Especialmente se desmitifica el lugar, el parque de diversiones; sitio abierto que no proporciona, sin embargo, ni descanso ni felicidad.

Microrrelato 7 (Parte VII)

Como en el caso del tigre (r3), de los caballos (r4) y de la estación del ferrocarril (r5), la isla de los monos posee, básicamente, un contenido metafórico. La vida de los monos es una parodia de la de los hombres:

> A la sombra de los aparatos mecánicos se yergue la isla de los monos. Un foso y una alambrada los incomunican de quienes con ironía o piedad los miran vivir (*id.*).

Sólo una vez, en el último sintagma del ejemplo, se menciona el espectáculo, los monos son objeto de otras miradas. El resto de la narración se dedica a describir el sistema de vida de estos animales.

El espacio donde viven los monos es una prisión en una isla; un sitio cercado por una alambrada y un foso. Se caracteriza explícitamente como un lugar opresivo; se habla de sobrepoblación, tensión, agresividad, estruendo letal, falta de aire puro y de espacio (*id.*); amenaza de asfixia entre su propia mierda y basura (p. 38).

A este espacio, destructor y clausurado, corresponde un tiempo casi estático; se menciona el pasado de los monos (libres en la selva, p. 37), pero su presente es inmutable en su habitualidad. Su destino es tan inexorable como el del tigre, el de los caballos o el de los niños que suben al tren: las cosas fueron y seguirán siendo así y el círculo de piedra y la alambrada son irremontables (p. 39).

Sin embargo, al final del microrrelato se introduce una idea que relativiza lo anterior:

> Pero acaso un solo brote de insumisión bastaría para que todo fuera diferente (p. 39).

Microrrelato 1 (Parte VIII)

En esta parte se dan las claves para comprender el funcionamiento del relato en su totalidad. Se introduce un narrador que subordina a los otros dos que habían aparecido antes. Este narrador presenta a los siete microrrelatos anteriores como componentes de un artículo periodístico, escrito por el arquitecto constructor del parque y publicado en *Life en español*. De esta manera, el relato total contendría la narración del arquitecto, a su vez constituida por los siete microrrelatos (desarrollados en las partes I a VII y final de la VIII).

Las temporalidades particulares de cada microrrelato quedan subsumidas dentro del presente descriptivo que rige la voz del arquitecto. Y la narración de éste se subordina a la temporalidad del narrador total, en tiempos del pasado (indefinido particularmente). La ubicación histórica a que remite esta temporalidad sitúa la anécdota del arquitecto en un país capitalista dependiente (esto es deducible de la mención de *Life en español*).

Los diversos espacios mencionados en los siete microrrelatos, abiertos y cerrados, quedan subordinados al gran espacio del que forman parte, el del parque de diversiones. A este espacio puede entrarse, pero difícilmente se puede salir de él, debido a su estructura laberíntica;[9] la cual se complementa con el dualismo especular de papeles de los actantes: todos son actores y espectadores en el espectáculo constante y abarcador que es el parque, que es la vida. La asociación laberinto-vida está mencionada desde el epígrafe del relato.

Relacionada con la imposibilidad de salir del parque está la falta de futuro de los actantes; o su futuro inexorable; o su hundimiento en la intemporalidad de la repetición cotidiana.

El narrador del relato total, tras una breve presentación, cede la palabra al arquitecto quien, en el artículo citado, explica el funcionamiento del parque, análogo al funcionamiento estructural del relato:

> En apariencia el parque es como todos: acuden a él personas deseosas de contemplar los tres reinos de la naturaleza; pero este parque se halla dotado de otro parque, el cual (invirtiendo el proceso de ciertas botellas que pueden vaciarse pero no ser llenadas nuevamente) permite la entrada —si bien clausura para siempre toda posibilidad de salida (esto es, a menos que los visitantes se arriesguen a desmantelar todo un sistema que aplica a la arquitectura monumental la teoría de algunas cajas chinas), ya que este segundo parque está dentro de otro parque en que los asistentes contemplan a los que contemplan. Y el tercero, a su vez dentro de otro parque donde los asistentes contemplan a los que contemplan que contemplan. Y éste dentro de otro parque contenido en otro parque dentro de otro parque dentro de otro parque— mínimo eslabón en una cadena sin fin de parques que contienen más parques y son contenidos en parques dentro de parques donde nadie ve a nadie sin que al mismo tiempo sea mirado, juzgado y condenado (pp. 39-40).

Cuando el arquitecto comienza su recorrido para ejemplificar cómo es su parque, principia con el parto de la elefanta: las últimas palabras de VIII y las primeras de I (principio del relato) son idénticas. De esta manera se crea un efecto de circularidad en la estructura: el fin del recorrido conduce al principio en una construcción de final engañoso. Este último efecto ha sido descrito por Christian Metz quien explica que aun cuando el relato escrito forzosamente termina, su contenido semántico parece no terminar, pues se vuelve a empezar cada vez que se llega al fin. Metz llama a esta construcción de "vis-sans-fin", es decir tornillo sin fin en el que se puede repetir

---

[9] Laberinto: "lugar artificiosamente formado de calles, encrucijadas y plazuelas, para que, confundiéndose el que está dentro, no pueda acertar con la salida..." (*DRAE*, s. v.).

siempre un mismo movimiento que, teóricamente, nunca sería obstruido como en el tornillo común (Metz 1968, pp. 37-38).

3) *Conclusión*

Así, hemos visto que predomina en el relato una estructura circular, a la cual corresponde un predominio de los espacios cerrados. Si el título del relato nos remite a un referente espacial codificado que se asocia con tiempo libre, diversión, contacto con la naturaleza y esparcimiento, a través de su estructura el relato desmitifica esta concepción, al presentar el parque de diversiones como un sitio de prisión, asfixiante y destructivo.

No obstante, la atemporalidad descrita en los microrrelatos queda rota al intervenir el narrador total y ubicar históricamente la narración del arquitecto, con lo cual la visión pesimista del parque (vida-sociedad), se relativiza.

Red actancial

Las siete primeras partes de "Parque de diversiones" (a IIIr3 corresponde un narrador distinto) son relatadas por una tercera persona que, desde la posición de espectador, domina con su mirada todo el parque y totaliza las funciones que simultáneamente se desarrollan en siete escenarios diferentes. Este narrador que designamos *N1* (seguimos el orden de aparición en el relato) con una expresa voluntad de hacernos ver, convierte su relato en una maqueta que ilustra el funcionamiento del parque. Consecuentemente su mirada penetra tanto las funciones exteriores, a las cuales tienen acceso los visitantes, como las interiores, prohibidas e inaccesibles para el público.

IIIr3 (monólogo del tigre) es relatada por un narrador en primera persona que se sitúa dentro de los acontecimientos y participa en ellos como actante central.

Se indicó anteriormente que la relación de las siete primeras partes está a cargo de *N1*. La última parte, VIIIr1 (artículo del arquitecto) constitutiva del primer microrrelato, presenta un nuevo narrador, *N2*, con lo que se establece un juego de narradores.

Los actantes de "Parque de diversiones" dentro de la gran función representada en el parque, están regidos por la oposición *vida/espec-*

táculo. Funcionan como actores[10] y espectadores, al mismo tiempo, en siete escenarios distintos y específicos.

1) *Microrrelato 1 (Parte I)*

Se describe una clásica farsa de circo: una elefanta pare "una bestia monstruosa" y de ésta, acto seguido, "brota un hombre vestido de juglar que cuando salta y da maromas agita dos filas de cascabeles" (p. 30). En el desarrollo del espectáculo los actantes se agrupan en actores y espectadores. Entre los actores tenemos:

a) *Actores activos:* Los ejemplifica la elefanta como centro del espectáculo. Ella constituye el punto de partida del doble parto que genera la farsa: "Súbitamente se parte en dos, se desinfla la cubierta de hule y del interior brota un hombre vestido de juglar" (*id.*).

b) *Actores semi-activos:* Tienen una participación complementaria en el desarrollo de la función; entre éstos figuran el juglar y el elefante, que al final saluda al público junto con la elefanta (p. 31).

c) *Actores pasivos:* No participan activamente en el desarrollo del espectáculo, es el caso del veterinario y el domador: "la elefanta no ha permitido que se acerquen el domador ni el veterinario. Ambos, a distancia, aguardan con impaciencia el desenlace" (*id.*).

La función de espectadores es representada por el público que cumple con su papel de aprobar o rechazar el espectáculo: "En seguida el público le tributa una cerrada ovación y arroja monedas que el hombre se apresura a embolsarse" (*id.*).

Irl pone en escena la vida como espectáculo y, a través de sus actantes, destaca la inversión hombre-animal como generadora de la farsa: de "una bestia monstruosa", paradójicamente nace un hombre, el juglar de los cascabeles.

2) *Microrrelato 2 (Parte II)*

Se presenta la función de la escuela como espectáculo. Una maestra de primaria que —en vivo— explica a sus alumnos la lección de botánica en el parque, pone a la vista, mediante una inversión signi-

---

[10] La clasificación de actantes en actores no sigue los criterios empleados por Kristeva o Greimas de función en un "cuento-ocurrencia"; se parte del sentido corriente de quien actúa en un espectáculo (teatro).

ficativa, el carácter cosificador de esta institución ("La maestra —resignada, aburrida— dicta la lección de botánica", p. 32). Como en Ir1 los actantes se distribuyen en actores y espectadores. Entre los primeros figuran:

- a) *Actores activos:* La maestra es el centro de la acción: "Acto continuo, la maestra toma a los niños de la oreja y desoyendo sus bramidos, estimulada por el aplauso y la aprobación de los demás y la actitud indolente de los guardianes, acerca a Laínez y a Zamora hasta el tentáculo de una planta carnívora" (*id.*).
- b) *Actores semi-activos:* Los niños Laínez y Zamora complementan el desarrollo de la clase (la función).

El papel de espectadores en este microrrelato corresponde pues al público, formado por el resto de los alumnos y los guardianes del parque que presencian la función.

En IIr2 se reitera el proceso de inversión destacado en Ir1. La escuela, a través de la actuación de los actantes, se apunta desmitificada y acelera, en abierta negación con su función social, la degradación humana. Esta inversión de valores, encarnada en la maestra, culmina en el espectáculo del niño devorado por la planta carnívora.

3) *Microrrelato 3 (Parte III)*

En IIIr3, como ya fue indicado, se presenta un cambio de narrador; es relatado en primera persona por el tigre: narrador y actante central. Sin embargo, para no despejar la identidad del narrador (hombre o animal) es en las últimas líneas del microrrelato que aparecen los índices identificadores: primero con la introducción de la *jaula* y después con la directa nominación del narrador: "cómo hay quienes llegan *ante mi jaula* y *dicen 'mira qué tigre'*..." (p. 33).

IIIr3 tiene como centro generador la inversión hombre-animal (visitantes-tigre) que se concentra en el funcionamiento de los actantes. El tigre medita sobre los domingos del parque; y en sus reflexiones se humaniza: sueña, se alegra, se divierte, y tiene lástima de los hombres (visitantes) a quienes contempla en un proceso de animalización.

Como en los anteriores microrrelatos, la función actancial se polariza entre actores y espectadores. Pero aquí, en un juego de espejos, se efectúa la reversibilidad de los actantes: "los visitantes contemplan a los que contemplan" (p. 40). Ambos actantes, tigre y visitantes, son actores y espectadores de una misma función: la animalización del hombre y la hominización del animal. El tigre, movilizador de la inversión, ve a los hombres actuando como fieras ("fieras que juegan o hacen el amor o están a punto de asesinarse", p. 33) y es contemplado por los visitantes. Los visitantes ven al tigre actuando en la jaula y, a la vez, son contemplados por él.

4) *Microrrelato 4 (Parte IV) y Microrrelato 7 (Parte VII)*

Estos microrrelatos se analizan conjuntamente porque ambos representan la función prohibida, son narrados por el mismo narrador (*N1*) y sus actantes, caballos y monos, tienen como centro generador de funcionamiento la oposición hombre/animal. A través de la vida de explotación y cautiverio que sin testigos viven caballos y monos, dentro de un sistema opresor (la cocina o la isla de los monos), se metaforiza la vida y el destino del hombre. Con tal fin se marca la oposición y en su dinámica se destaca la hominización de los animales, que explicita textualmente la analogía entre caballos, monos y hombre: "Entre visitantes y operarios del parque nadie menciona el tema de los caballos quizá por el miedo inconsciente de unir, relacionar y darse cuenta de que es una metáfora, apenas agravada, de su propio destino" (p. 35). De esta manera la oposición va generando en el desarrollo narrativo variantes como dominador/dominado, explotador/explotado, víctima/verdugo, que la concretizan por medio del funcionamiento actancial. Así, los actantes hombres funcionan como tiranos, verdugos, explotadores de los animales: "Hombre humanitario, el director ha suprimido las prácticas brutales de uso común en los mataderos. A pesar de ello, como el subsidio que recibe el parque apenas alcanza a cubrir sueldo, compensaciones y viáticos del director, no se ha adquirido la pistola eléctrica y la matanza se cumple por medios tradicionales: mazazo o degüello" (p. 34).

Es precisamente el hombre quien ha transformado el pasado libre de los monos en cautiverio civilizado "el hombre que al capturarlos destruyó su rudo paraíso y los condujo entumecidos y semiasfixiados en féretros de hierro hasta el parque..." (p. 38).

Los actantes caballos y monos funcionan como víctimas, explotados y oprimidos por el actante hombre: "los caballos reciben el cuchillo de matarife como pago de sus esfuerzos y su vida infernal" (p. 35) y "los monos se destrozan unos a otros y muchos acaban por engañarse y creer que los horrores de la isla son el orden natural de este mundo..." (p. 38).

5) *Microrrelato 5 (Parte V)*

Como se explica en *Tiempo-espacio*, este microrrelatos tiene como generador la conocida metáfora "tren-vida-destino". Sus actantes son los niños, algunas veces los padres, y el tren. Éste último funciona como variante de los animales, es un devorador de niños, con el mismo papel de la planta carnívora de IIr2: "Lo único singular en este tren es que nunca regresa— y cuando lo hace, los niños que viajaban en él son ya hombres que, como tales, están llenos de miedo y de resentimiento" (p. 35). El sintagma es significativo; los niños, es decir, el hombre, están condenados. La alternativa de su futuro es elocuente: "nunca regresar" o regresar como hombres "llenos de miedo y de resentimiento" (*id.*).

6) *Microrrelato 6 (Parte VI)*

VIr6 describe el frustrante resultado del esperado día de campo. Se esboza una familia de corte patriarcal formada por el padre, la madre y dos hijos. El carácter de la familia es definido en el texto por la actuación dominante e imperativa del padre y por la obediencia silenciosa de la madre: "El señor *ordena* a la señora que empiecen a comer" (p. 36).

Los actantes de VIr6, como en los anteriores microrrelatos, son movilizados por la oposición hombre/animal, que aquí culmina con la destrucción del primero. De los actantes hombres (madre, padre, los dos hijos) se destaca el "humanismo" hacia los animales: "Los dos señores quieren mucho a los animales y el mismo amor le han inculcado al niño" (*id.*). Pero la acción de repartir migajas de pan y trocitos de carne revela una seudo bondad si se contrasta con la actitud del padre hacia el hijo: "El señor ordena a la señora que empiecen a comer *antes que vuelva el niño*" (*id.*).

El funcionamiento de los actantes perros invierte el tradicional lema "el mejor amigo del hombre". A su codificada condición de mansedumbre, los perros oponen la agresividad y la exigencia feroz: "Los perros exigen más comida. Rugen, enseñan los colmillos, y los señores y su hijito tienen que arrojar a las fauces sus propios bocados" (*id.*). Siguiendo el mismo proceso, las hormigas invierten su insignificancia e imagen constructora por la de destructora del hombre: "En tanto los tres ya están cubiertos de hormigas que voraz veloz vertiginosamente comienzan a descarnarlos" (*id.*). El desenlace de VIr6 es simbólico y, como IVr4 y VIIr7, lleva implícito el destino del hombre. El niño, que escapa de la venganza animal, funciona como espectador y testigo de ese destino. Cuando regresa observa una escena macabra: el hombre, eje de la vida, es devorado por las minúsculas hormigas.

7) *Microrrelato 1 (Parte VIII)*

En esta parte se introduce un nuevo narrador (*N2*) que subordina a los otros dos narradores, *N1* y el Narrador-actante de IIIr3; identificándose *N1*, narrador de los seis primeros microrrelatos, con el arquitecto. Asimismo se puntualiza y explica el proceso de reversibilidad de los actantes en actores y espectadores vinculados con el tiempo y el espacio: "ya que este segundo parque está dentro de otro parque en que los asistentes contemplan a los que contemplan" (p. 40). Sigamos ahora a VIIIr1 para ver cómo se da y desarrolla el juego de narradores: "El arquitecto que proyectó este parque había leído la novela sobre el hombre que era mostrado en un zoológico, y decidió hacer algo mucho más original... A continuación se transcriben las declaraciones del arquitecto publicadas por *Life en Español*: 'El parque de diversiones con que he dotado mi ciudad...' (p. 39).

El fragmento citado se articula con dos narradores: Uno que transcribe las declaraciones del arquitecto y el propio arquitecto. En este preciso momento del relato se identifica al arquitecto con *N1* (cf. *supra*); correspondiéndole al nuevo narrador (*N2*) las funciones de transcribir las declaraciones de *N1* e introducirlo en el relato. La presencia de los dos narradores dinamiza, desde su nivel, la ya explicada estructura de "cajas chinas". Entre *N1* y *N2* existen diferencias estructurales, inherentes a la perspectiva de relación asumida por cada uno. *N2* narra desde la tercera persona; él conoce, domina la enunciación y subordina estructuralmente la relación de *N1*; en consecuencia es el narrador totalizador. Su relación, como puede observarse en el mismo fragmento, revela objetividad y distanciamiento; condiciones marcadas en su lenguaje por la imparcialidad y exteriorización con respecto a lo narrado, lo que se conjuga con su expresa función transcriptora.[11] De acuerdo con este papel, *N2* casi se despersonaliza (digo casi porque más adelante observaremos que, a pesar de la objetividad, *N2* se perfila en el tono que emplea), se oculta y deja oír la voz de *N1*. Éste, contrariamente, se personifica en el ejercicio de la primera persona. Es el yo narrativo que sitúa y distribuye, dentro del presente descriptivo, los seis microrrelatos integradores de sus declaraciones. El lenguaje de *N1* es antagónico al de *N2*; en él se exalta el predominio de yo con el uso enfático del posesivo (mi ciudad) y los verbos en subjuntivo (tome-

---

[11] Apoya la caracterización transcriptora de *N2* la explicación del recurso de la transcripción que da Óscar Tacca: "Recurso detrás del cual se oculta otro afán de mayor alcance e implicación estética: la despersonalización, la objetividad, la verosimilitud" (Tacca 1973, 37).

mos, miren) que van configurando su imagen de gran dictador. *N1*, para mostrar el funcionamiento de su parque, se aleja y asume por momentos la perspectiva de la tercera persona; así se inicia el relato. Este cambio transitorio es coherente con su funcionamiento y refuerza su relación de dictador: todo lo sabe, domina todos los escenarios, transgrede lo prohibido. Las apuntadas diferencias entre los dos narradores, explícitas o semiexplícitas en el fragmento de VIIIr1, ponen a la vista un enfrentamiento, no expreso pero sí perceptible, en los respectivos modos de relación entre el transcriptor y el arquitecto. El enfrentamiento está vinculado con el deslinde de funciones, implícitas en la objetividad y distanciamiento de *N2*; deslinde que en última instancia remite a una posición ideológica. Retomemos el fragmento de VIIIr1 con la relación de *N2*: "A continuación se *transcriben* las declaraciones del arquitecto publicadas por *Life en Español*" (*id.*). La relación de *N2* impone una distancia entre él y *N1*. *N2* define textualmente su funcionamiento, el empleo del verbo *transcriben* es clave en su definición. Él se limita a copiar, lo que equivale a afirmar (y aquí se apunta lo ideológico): yo no soy el creador de este parque, el creador y responsable es *N1*. En esta forma *N2* se mantiene dentro de su objetividad. No obstante, en el deslinde funcional, aunque no se registra en ninguna parte del texto condena o aceptación explícita de la visión opresiva y laberíntica del parque de *N1*, se percibe un leve rechazo de esa visión, en el tono sarcástico empleado por *N2* al señalar la vanidad creadora del arquitecto: "El arquitecto que proyectó este parque había leído la novela sobre el hombre que era mostrado en un zoológico y decidió hacer algo mucho más original" (*id.*).

El funcionamiento de la red actancial del "Parque de diversiones" podemos puntualizarlo así:

a) El relato está marcado por un contenido claramente simbólico. Las funciones simultáneas que revelan ese contenido, se desarrollan sobre la analogía entre *animales y hombres, la vida y el destino humano como un doloroso laberinto sin salida*. Así en los actantes, como en todo el relato, se va de la trascendencia significativa de lo explícitamente expresado a lo tácitamente contenido.

b) Los actantes, dentro del gran escenario del parque, desarrollan un modelo de actuación basado en la reversibilidad: son actores y espectadores simultáneos.

c) La red actancial tiene como centro generador la *inversión hombre-animal* que se concretiza en dos niveles fundamentales: animalización y hominización.

Conjuntamente con el proceso de inversión, funciona una especie de justicia narrativa: la venganza de los animales tradicionalmente explotados y oprimidos que destruyen a su opresor (el hombre).

Intertextualidad

El principio generador del relato —por lo menos en términos de la red actancial— es el proceso de inversión entre hombre y animal, producto del sistema cosificador y enajenante (cf. "El viento distante"). En el relato se nos presentan varios estadios del proceso: la inversión de valores que precipita a la familia a ser devorada por las hormigas, o los alumnos a ser devorados por una planta carnívora; la analogía entre caballos, monos y hombres, y la inversión total que supone la visión del tigre sobre los humanos. Este proceso de inversión dominante se concretiza —como en "El viento distante"— en una figuración laberíntica y especular.

A partir de este sistema generador se establece una analogía textual que correlaciona los textos literarios con los textos socioeconómicos, sin que se puedan deslindar sus límites, ya que todo el relato tiene carácter alegórico.

Textos literarios y otros textos culturales. a) *Lo laberíntico.* Entre el título y el epígrafe de este relato llega a establecerse una analogía. La cotidianidad de un parque de diversiones se modifica por su figuración laberíntica, que pretende reproducir el sentido laberíntico de la vida misma. El epígrafe, inmediato al título, alude a una concepción análoga. Son los dos primeros versos del poema "Laberinto" de Henri Michaux, del cual presento la versión española hecha por Octavio Paz (Michaux 1973, 5):

> *Laberinto la vida, laberinto la muerte,*
> *laberinto sin fin, dice el Maestro de Ho.*
>
> Todo enclava, nada libera,
> el suicida renace a otro sufrir.
>
> La prisión se abre sobre otra prisión,
> el pasillo conduce a otro pasillo.
>
> Aquel que cree desenrollar el rollo
> no desenrolla nada.
>
> Nada desemboca en ninguna parte. Los siglos
> también viven bajo tierra, dice el maestro Ho.

El poema remite a una visión de mundo totalmente clausurada y sin salida, porque aun la historia queda sepultada en los versos finales. El pesimismo de la visión de JEP no clausura toda salida, aunque la empresa de liberación se nos presenta difícil, si no improbable.

La diferencia entre ambos textos —aunque sutil, importante— es de signo ideológico. En el poema la salida es inescrutable porque el laberinto remite a una disposición que no reside en el hombre, sino que lo trasciende. En cambio el laberíntico parque de diversiones constituye un alarde del dominio de la técnica por el hombre, en este caso un arquitecto (¿alusión al arquitecto del Universo?). Por todos los signos se trata, además, de nuestra sociedad, producto del sistema capitalista (el típico problema del tiempo del ocio y del día domingo; la revista que propaga la idea: *Life en Español*, etc.).

Intertextualmente nos encontramos una vez más ante las huellas de la producción borgiana y de la ciencia ficción. También Tlön, del relato de Borges "Tlön, Uqbar, Orbis Tertius", "Será un laberinto, pero es un laberinto urdido por hombres, un laberinto destinado a que lo descifren los hombres" (Borges 1956, 34). Y si el parque es "una cadena sin fin de parques dentro de parques" (p. 40), la quinta de Triste-le-Roy en "La muerte y la brújula" (Borges 1956, 17) "Abundaba en inútiles simetrías y en repeticiones maniáticas: a una Diana... correspondía en un segundo nicho otra Diana; un balcón se reflejaba en otro balcón..." Pero sobre todo me parece cercana la descripción cosmogónica que nos hace el narrador en "El tintero enmascarado Hákim de Merv" (Borges 1954, 90): "En el principio de la cosmonogonía de Hákim hay un dios espectral... Es un dios inmutable, pero su imagen proyectó nueve sombras que, condescendiendo a la acción, dotaron y presidieron un primer cielo. De esa primera corona demiúrgica procedió una segunda, también con ángeles, potestades y tronos, y éstos fundaron otro cielo más abajo, que era el duplicado simétrico del inicial. Este segundo cónclave se vio reproducido en uno terciario y éste en otro inferior, y así hasta 999..." Este sistema de "cajas chinas" (cf. pp. 39-40 de "Parque de diversiones") de apariencia inofensiva, como de juego de diversión, se reproduce también en el laberinto de "Parábola del palacio" (Borges 1961, 89): "Alegremente se perdieron en él, al principio como si condescendieran a un juego y después no sin inquietud, porque sus rectas avenidas adolecían de una curvatura muy suave pero continua y secretamente eran círculos".

Pero, como en el caso del poema de Michaux, ideológicamente los laberintos borgianos son de signo distinto, en tanto el que elabora el metanarrador en "Parque de diversiones" acusa directamente una crítica al sistema sociopolítico de la sociedad de consumo.

b) *Las antiutopías.* La crítica sociopolítica al sistema remite más bien a la tradición antiutópica que representan textos como *1984* de

Orwell. Tan desmitificado está este parque, por ejemplo, como "El parque de juegos" de Bradbury (Bradbury 1953) o la feria ambulante en *La feria de las tinieblas* (Bradbury 1962) a la que quizá está más próximo incluso por sus niveles simbólicos. El parque además es, como en esta última obra, una suerte de "Laberinto de espejos" donde "todos contemplan a los que contemplan" y "nadie ve a nadie sin que al mismo tiempo sea mirado, juzgado y condenado" (p. 40). Esta frase es evidentemente cercana al mundo de *1984*, donde todos observan a todos en una complicidad sin límites que asegura la condena de todos y en el que juega un papel decisivo el circuito de televisión.

Encontramos otros trazos de *1984* en el relato. Ya apuntamos que el laberíntico parque, por ser creación del hombre, tiene una posibilidad —aunque remota— de "salida". El narrador lo hace consistir en una toma de conciencia que posibilite la destrucción del sistema. Así en IVr4, al hablar de los caballos sacrificados para elimentar a las fieras, indica: "El permitir tales visiones podría acarrear súbitas tomas de conciencia e incluso brotes subversivos" (p. 34); en VIIr7, al referirse a los monos en cautiverio, comenta el narrador: "Pero acaso un solo brote de insurrección bastaría para que todo fuera diferente" (p. 39), y en VIIIr1 el propio arquitecto explicita: "permite la entrada —si bien clausura para siempre toda posibilidad de salida (esto es, a menos que los visitantes se arriesguen a desmantelar todo un sistema que aplica a la arquitectura monumental la teoría de algunas cajas chinas" (pp. 39-40). En el Estado totalitario de *1984* la única fuerza posible de liberación frente al Partido son los "proles", sólo que, nos dice el actante principal, "*Hasta que no tengan conciencia de su fuerza, no se rebelarán, y hasta después de haberse rebelado, no serán conscientes. Éste es el problema*" (Orwell 1949, 79). Y el narrador: "Pero los proles, si pudieran darse cuenta de su propia fuerza, no necesitarían conspirar. Les bastaría con encabritarse como un caballo que se sacude las moscas. Si quisieran podrían destrozar el Partido mañana por la mañana" (*Ibid.*, 78).

El sistema generador del relato, la inversión entre hombre y animal (en los diversos estadios del proceso), es frecuente en las antiutopías. En *1984* suele describirse a los actantes analogándolos con animales; o los humanos son devorados por los animales, o todo un sistema sociopolítico opresor se representa en una granja de animales —como el estalinismo en *Rebelión en la granja* del mismo George Orwell (Orwell 1945).

En VIIr7, el microrrelato de la "isla de los monos", se oponen el pasado libre y el presente opresor del cautiverio. La oposición de ambos planos va generando una serie de características del "nuevo orden" social, que parece invertir totalmente la visión utópica de la isla de Tomás Moro.

Si bien es cierto que este proceso de inversión entre vida humana y vida animal cuenta con una amplísima tradición en la cultura occidental y en la oriental, y específicamente para México en la cultura prehispánica, lo que importa es situarla en el contorno inmediato de la concreción específica que adquiere en estos microrrelatos. Con diversas variantes, el proceso incide en la escritura de muchos narradores hispanoamericanos contemporáneos, y mucho tiene que ver también con la tradición del cuento fantástico.

Ideologema

El miedo y la pasividad, el aislamiento, el envejecimiento prematuro, la crueldad y la indiferencia, el falso humanismo, el orden opresor y asfixiante, son apenas algunos de los síntomas que el narrador puntualiza, a lo largo de los diversos microrrelatos, como los determinantes de una progresiva degradación de los actantes humanos, que al mismo tiempo va acompañada de una progresiva hominización de los animales, y finalmente, de una inversión total del orden (el tigre es centro y la opresión se manifiesta más claramente en aquellos animales cuya vida metaforiza la de los humanos: caballos, monos, etc.).

La simultaneidad de las escenas remite a la figuración laberíntica y al juego de "espejos" que analoga los dos mundos. Mediante la visión antiutópica, se ironiza otro de los grandes "fracasos" que a JEP le interesa consignar: la deshumanización progresiva del hombre dentro del sistema capitalista. En el caso particular de este relato la opresión del sistema se representa dentro de un espacio consagrado al ocio y a la diversión, y gracias a un alarde arquitectónico.

D. *"La luna decapitada"*

Tiempo-espacio

1) *Descripción preliminar*

Este relato está formado por tres partes que a su vez se subdividen en partes menores y constituyen dos microrrelatos.

Para facilitar la exposición del análisis, damos a las partes menores el nombre de *segmento* (s). Son segmentos en tanto que agrupados integran mayores unidades de significación en este relato; pero cada segmento posee en sí cierta autonomía significativa. Los segmentos están iniciados sin sangría y divididos entre sí por espacios en blanco.

Las partes I y III pertenecen al primer microrrelato: (Florencio Ortega en su dimensión mítica, como dominante) y les corresponden los siguientes segmentos:

Ir1: s1 al 9 (pp. 70-75)
IIIr1: s 10 y 11 (pp. 80-81)

La parte II no tiene segmentos; es una unidad narrativa continua y constituye el segundo microrrelato (r2): Florencio Ortega en su dimensión histórica, como dominante (pp. 76-80).

Ambos microrrelatos están muy bien delimitados, tanto por el enfoque de sus narradores como por el eje tempo-espacial sobre el que se desenvuelven.

2) *Análisis*

Microrrelato 1 (Partes I y III)

Ir1:

El s1 inicia una escena que finalizará en el s4. Aun cuando en ambos segmentos hay un predominio de tiempo del pasado (imperfecto e indefinido), es un pasado que sólo indica distanciamiento entre el narrador y los acontecimientos (cf. Pouillon [1970], 127-128); pues de hecho, funciona como un presente —ubicado en el año de 1919—, a partir del cual se desarrollará la narración, en una progresión cronológica en los segmentos del 5 al 9. En los segmentos 2 y 3, mediante un movimiento de retroceso, se presentan escenas anteriores a la del s1.

En s1 se presenta el revolucionario carrancista Florencio Ortega preparando a su tropa para iniciar el ataque a Aureliano Blanquet:

> Florencio Ortega se dispuso al combate. Repartió en dos columnas a sus hombres que avanzaron despacio y en tinieblas por ambos lados de la cañada. Iban a encerrar en un movimiento de pinzas a Aureliano Blanquet y los últimos restos de su tropa (p. 70).

La perífrasis "iban a encerrar" deja la acción abierta hacia el futuro; el movimiento de pinzas que se abre, se cerrará en el s4. De manera análoga la narración se interrumpe, se abre hacia el pasado, al introducirse los segmentos 2 y 3, y se menciona un elemento que será indicio constante del espacio del mito en el relato:

"La medialuna ardió un momento en el cielo color de sangre" (*id.*).

El segmento 4, como se dijo, es la continuación inmediata del 1 y se ubica en el mismo escenario, la cañada; el elemento *luz* sirve de enlace entre ambos segmentos. Si el 1 finaliza con el ardor de la luna, el 4 principia con "Entre la maleza *brillaba la hoguera* de Blanquet... Florencio dio la orden de *fuego*..." (p. 71). Blanquet trata de escapar pero se hunde en el lodo (*id.*). Este descenso a las profundidades terrestres es signo también de un espacio mítico.

Como ya indicamos, los segmentos 2 y 3 introducen planos regresivos, inmediatos y mediatos, a la escena mencionada. *Inmediatos*, un mes antes:

Cuando en marzo de 1919 Blanquet desembarcó en Palma Sola a fin de unirse con Felix Díaz, jefe supremo del ejército reorganizador nacional, Venustiano Carranza ordenó a Florencio impedir la reunión de los vestigios del ejército porfiriano que, cinco años después de su derrota,[12] buscaban una imposible venganza (p. 70).

La orden de Carranza, transmitida mediante un telegrama, hace que Florencio evoque hechos importantes en su vida, introduciendo la mención de momentos de un pasado histórico más lejano, los *planos mediatos*:

al escuchar el telegrama leído por su ayudante en el cuartel de Veracruz, Florencio sintió que vencer a Blanquet era acabar de hundir a la casta que lo envió a consumirse en las tinajas de San Juan de Ulúa, cuando los rangers cruzaron la frontera para reprimir la huelga en la Green Consolidated Cooper... (*id.*).	Fecha implícita: 1906, huelga de Cananea.

---

[12] En 1914, el ejército constitucionalista de V. Carranza, derrota a los huertistas.

... era terminar con el hombre
que asesinó a Madero, mientras
Florencio se desangraba en Tlate-   Fecha implícita: 1913,
lolco, único sobreviviente de los   decena trágica. (Alusión
rurales que lanzaron una carga   a 1968.)
suicida contra la ciudadela (p.
71).

La mención de Tlatelolco es ambivalente; además de los sucesos explícitos recuerda la época prehispánica, cuando era lugar de sacrificios sangrientos. Recuerda también el dos de octubre de 1968.

El segmento 3 es continuación del 2; remite a las horas inmediatamente posteriores al ataque a la ciudadela. Florencio, que a lo largo de todo el relato es el nexo para presentar el transcurso de la historia, en el hospital recuerda la leyenda de Blanquet y menciona otros momentos históricos; pero éstos no llegan a constituir planos temporales que entren en la estructura del relato. Recuerda que de Blanquet "se decía que formó parte del pelotón que fusiló a Maximiliano y que en la campaña de Quintana Roo desollaba a los mayas y lentamente los dejaba morir en la tierra quemada" (*id.*).

Hasta aquí se localiza en el relato una constante espacial, la idea de *cerco*. En el ataque a la ciudadela —1913— se rodea, por sorpresa, un espacio cerrado y se aniquila a los que están dentro (s2 y 3). En el ataque a Blanquet (s1 y 4) ocurre lo mismo, aunque con una inversión de los actantes.

Ya se indicó que en los segmentos del 5 al 9 las escenas se presentan en una progresión temporal. El segmento 5 y el 6 suceden el mismo día que el 4, con algunas horas de diferencia. El segmento 7 se ubica al día siguiente. El s8, días después —no se especifica cuántos— y el 9, a su vez, días después que el 8.

Espacialmente estos segmentos se ubican en diferentes lugares de Veracruz: el 5 en el andén de la estación del ferrocarril. El s6 en el café "La parroquia" y en el hotel "Diligencias". En el s7 no se explicita la ubicación. El 8 se sitúa en el muelle y el 9 también en la estación del ferrocarril.

Entre el segmento 8 y el 9 hay una diferencia en la relación entre el actante y la Historia. En el 8, Florencio explica a un superior las claves de su conducta. Como se explica en la *Red actancial*, Florencio relaciona su acción decapitadora con el mito de Coyolxauhqui (p. 74). Aun cuando el actante es manejado por un pasado cuya dimensión mítica desconoce, su comportamiento no choca con el contexto histórico: al parecer todos los actantes son recurrentes en su conducta. Recurrencia que se sugiere mediante el uso del tiempo futuro:

> Florencio y el jefe de la zona conversarán en el muelle hasta que un soldado llegue con el telegrama de Carranza. Entonces volverán al cuartel a preparar la ofensiva nueva (pp. 74-75).

Así, al igual que en el segmento 2 la llegada de un telegrama de Carranza abría un ciclo relacionado con la decapitación de Blanquet, ahora otro telegrama parece reabrir el ciclo.

En el segmento 9 se plantea la dicotomía entre el actante y la Historia. La acción decapitadora recurrente de Florencio no tiene ya sentido en un contexto que ha cambiado. Sin embargo el enfrentamiento entre la linealidad progresiva de la Historia y la circularidad conductual del actante se relativiza porque también el espacio de la Historia muestra evidentes señales de deterioro: desmantelada oficina, cuaderno roto, lapiz sin punta:

> Florencio arrojó entre los rieles la cabeza que había mostrado al general, *volvió a montar y se alejó al trote corto*... El General entró en la *desmantelada oficina, sacó punta a su lápiz* y empezó a escribir en un *cuaderno roto* (p. 75).

IIIr1:

Aquí es retomada la narración por el mismo narrador de I y se establece una continuidad entre los acontecimientos de ambas partes (continuidad interrumpida-atravesada por la parte II, pp.78-80). El segmento 10 principia con la siguiente descripción:

> Montado en un caballo agonizante Florencio advierte un muro que reverbera al sol de las cuatro de la tarde (p. 80).

Al final del s9 (Ir1) Florencio se alejaba "al trote corto" (p. 75); su alejamiento significa que sale del escenario de la Historia y vuelve a aparecer hasta el segmento 10, en un caballo agonizante que significa la transición entre la Historia y el mito.

Si en los segmentos de la parte I —correspondientes al ámbito de la Historia— hay una deliberada insistencia en ubicar con toda precisión lugares específicos, localizables en el contexto mexicano (Cananea, Ciudadela, Tlatelolco, Café "La Parroquia", etc.), así como fechas que van marcando el transcurrir progresivo del tiempo, en el segmento 11 de la parte III ya no hay fechas. En III, los acontecimientos se sitúan en la dimensión atemporal del mito; tampoco hay referencia a lugares precisos, pues se está en otra realidad. Como un segmento de transición entre los dos ámbitos, en el 10 no hay alusión a sitios o momentos localizables pero sí un indicio relacionable, implícitamente, con la realidad histórica: las haciendas despojadas por la revolución de 1910:

> [Florencio] se acerca, ve las paredes calcinadas que fueron de una hacienda tlachiquera. Magueyes secos, hiedras muertas devoran las ruinas. Suelta el cabello que da unos pasos y se desploma. Sube al primer piso por escaleras llenas de cardos y lagartijas. En el corredor ahuyenta a las ratas, se arroja al suelo y un minuto después se queda dormido (*id.*).

En esta descripción, puente hacia la realidad del mito, se detalla el deterioro del espacio histórico (paredes calcinadas, magueyes secos, hiedras muertas) y la ausencia de vida humana (existen sólo lagartijas y ratas). Florencio tarda sólo un minuto en dormirse y su sueño es entrada a una realidad diferente, mítica.

El segmento 11 presenta una descripción del tiempo y el espacio que va íntimamente ligada a las reacciones del actante Florencio. En un primer momento, el despertar del actante se rodea de un ambiente misterioso:

> En la noche se oye el viento lúgubre y el grito de los búhos. Florencio se levanta, tiembla, baja las escaleras y sale al páramo en que antes crecieron los magueyales (*id.*).

Hasta aquí la descripción se mantiene dentro de los parámetros "realistas", sólo hay presagios de lo que ocurrirá después: el viento lúgubre y los búhos; el acto de descender las escaleras que realiza Florencio, descenso que implica una aproximación a la tierra, al espacio mítico. Pero no es sino hasta que hace su aparición la medialuna, que Florencio comprende sus circunstancias y la narración entra de lleno en la "realidad" del mito prehispánico, ubicada en el Mictlán:

> Se incorpora y comprende que ha despertado en las nueve llanuras del Mictlán entre el viento cargado de navajas que hieren a los muertos... En la noche sin tiempo, bajo la luna azteca decapitada por Huitzilopóchtli... (p. 81).

Lo que al principio del segmento era simplemente "la noche", ahora es "la noche sin tiempo", la atemporalidad del infierno prehispánico.

El mito prehispánico de la decapitación de Coyolxauhqui rige de manera inexorable el destino del actante principal. El espacio del mito, que enmarca los actos de decapitación —sugerido en los segmentos 1 y 4 y explicitado en el 11— se caracteriza por la cercanía con las profundidades terrestres (barranca, infierno); por estar alumbrado a la luz de la luna y por la mención de la sangre, como constantes generales.

Así, las partes I y III quedan claramente integradas en un mismo microrrelato (r1) cuya especificidad es el dominio de la tempoespacialidad circular mítica.

Microrrelato 2 (Parte II)

Este microrrelato está constituido en su totalidad por un diálogo que se desarrolla entre dos revolucionarios que hablan de Florencio. El diálogo se desenvuelve en presente; pero uno de los interlocutores, que asume principalmente la narración, relata acontecimientos pasados.

Si en r1 el eje temporal histórico, antes de pasar al mito, es el año de 1919 como presente; en r2 el presente del diálogo se sitúa explícitamente en 1944: 25 años después de la escena del último segmento de Ir1. El pasado que se relata a propósito de Florencio explica, mediante una secuencia cronológica lineal, los acontecimientos de esos últimos 25 años, en un recorrido por algunos gobiernos de la revolución mexicana (cf. *Intertextualidad*).

La biografía de Florencio es pretexto para comentar el desarrollo histórico del país, determinado por la revolución de 1910. Esta evolución se materializa en diferentes niveles, uno de los cuales es la fisonomía de la ciudad. El cambio histórico se observa por ejemplo en el espacio de una casa que alguna vez tuvo Florencio: propiedad de un hijo de don Porfirio, luego de un nuevo rico surgido del movimiento armado, termina siendo destruida por el avance capitalista, sustituida por "otra" agencia Ford.

La capital está presentada como una fuerza corruptora (p. 78) que acaba con la fuerza y habilidad del actante principal, desplegada en sus años de lucha.

Florencio participa en la rebelión delahuertista, y al fracaso de ésta se retira de la vida pública. Refiriéndose a la lucha de Adolfo de la Huerta, dice uno de los actantes: "era una lucha inútil, una revolución descabezada" (p. 79); sin embargo, la frase contiene en sí también la posibilidad de abarcar una gran parte del movimiento revolucionario iniciado en 1910, de cuyo fracaso se han ido dando indicios en el relato.

Desde el año de 1924 en que Florencio se retira, hasta el de 1944 en que se efectúa la plática de r2, se ignora todo lo relativo a Florencio (*id.*). 1924 señala el momento en que Florencio Ortega ha dejado de existir en el ámbito histórico y sólo reaparecerá (en IIIr1) en el ámbito atemporal del mito.

La visión de la revolución mexicana que se presenta en r2 no está limitada al destino de Florencio. Si bien él es el más representativo, se muestra también en contrapunto lo que ocurre a otros actantes (pp. 79-80), que no desaparecen en el tiempo histórico, sino que se instalan en él con una actitud pasiva, degradada (cf. *Intertextualidad*).

3) *Conclusión*

En conclusión, "La luna decapitada" se conforma en base a una oposición generadora: Historia (r2) / mito (r1). Como se demostró, en r1 hay un predominio de la atemporalidad circular y del espacio de los mitos prehispánicos. En r2, en cambio, domina el tiempo histórico, la linealidad progresiva y el espacio ubicado geográficamente en México. La definición de ambos microrrelatos está muy ligada al destino del actante principal, Florencio Ortega. Un elemento importante para determinar la tempo-espacialidad dominante en cada microrrelato es la mención, ya antes citada, de lugares y fechas precisos:[13] en r1 existen sólo en la parte I, desaparecen en la III, en tanto que en r2 están siempre presentes.

En la dinámica surgida de la relación entre ambos microrrelatos, r1 subordina estructuralmente a r2. La linealidad de r2 no puede romper el cerco con que lo rodea r1; r1 impone el sentido integrador al relato: la única salida para los hombres de la revolución mexicana es volver a los tiempos prehispánicos (Florencio) o permanecer en una Historia degradante.

Red actancial

Las partes integradoras de los dos microrrelatos de "La luna decapitada" son relatadas por narradores diferentes:

---

[13] "La novela [en este sentido homóloga al relato] puede tomar —y de hecho toma— como material de su sistema el acontecer histórico o real. Así tenemos novelas cuyas acciones y personajes son situados en un tiempo y lugar determinados que existen o existieron realmente fuera del texto... Ahora bien, esta relación a la realidad explicitada en estas novelas no es indiferente y no puede ser pasada por alto. Las referencias a una realidad histórico-geográfica en el texto novelesco juegan un papel importante en el mecanismo de veredicción de ciertas novelas y tienen que ser analizadas en cuanto tales: una más de las razones que obliga a abandonar el principio de la inmanencia exclusivista" (Prada Oropeza 1977, 33).

r1: es relatado por dos narradores que tienen a su cargo determinados segmentos de Ir1 y IIIr1.

Ir1:

1) Los segmentos 1 a 4, y 6 a 9 son relatados por un narrador en tercera persona (*N1*), que está fuera de los hechos y totaliza la narración.
2) El segmento 5 alterna dos narradores: *a)* Un Narrador-actante en primera persona, Florencio, y *b) N1.*

IIIr1:

Los segmentos 10 y 11 son relatados por *N1.*
r2: Es relatado por un Narrador-actante en primera persona que se alterna con un interlocutor.

Los actantes son tratados de acuerdo con la estructuración de los microrrelatos. Tanto r1 como r2 tienen como actante central al revolucionario Florencio Ortega, en torno del cual se interrelacionan los demás actantes. La biografía de Florencio se articula entre dos dimensiones temporales: *histórica y mítica* que, a la vez, remiten a la oposición *historia/ mito* como generadora de su funcionamiento. El desarrollo de la oposición marca dos etapas fundamentales de la vida del actante ligadas a cada uno de los microrrelatos: *r1: Florencio mítico* y r2: *Florencio histórico.*

1) *Microrrelato 1 (Partes I y III)*

De las partes que integran este microrrelato, 1r1 corresponde a la transición del Florencio histórico al mítico y IIIr1 al Florencio mítico.
Ir1: (Florencio histórico-mítico):
Los cuatro primeros y los cuatro últimos segmentos de esta parte son relatados por *N1* que, desde fuera de los acontecimientos, ubica al actante en el espacio y el tiempo históricos. El segmento 5, en cambio, es relatado por un Narrador-actante, Florencio, que se alterna con *N1.*
Es preciso señalar que los segmentos que destacan el suceder biográfico del actante no presentan una división radical entre el Florencio histórico y el mítico. El corte hecho es sólo analítico; en la sucesión histórica hay marcas espaciales y temporales (*cf. Tiempo-espacio*) que apuntan la presencia del mito en el comportamiento del actante. Por ejemplo en el segmento 5 Florencio sugiere la pre-

destinación de sus actos, solo él puede llegar hasta el cadáver de
Blanquet: "Pedí unas sogas y bajé hasta tocar el agua... Agarré
entonces el machete y tomando al muerto por los pelos le corté la
cabeza" (pp. 72-73). Los segmentos ocho y nueve sirven de puente
entre las dos fases del actante. Aquí los índices míticos se convierten
en modeladores de su actuación histórica.

—Pero dígame, ¿qué perseguía al mutilar a Blanquet?

> —Verá usté: cuando bajé al fondo de la barranca andaba un poco
> tomado y de repente me acordé de lo que decían en mi pueblo: hay
> noches en que la luna no tiene cabeza. Su hermano se la corta
> porque la luna quiere matar a su madre.
> —Coyolxauhqui, el astro muerto, la luna decapitada por Huitzilo-
> póchtli. En la Preparatoria supe algo de eso. Mejor dicho, lo leí
> después en un libro (p. 74).

El general a quien resulta inexplicable la acción de Florencio
conoce el mito de Huitzilopóchtli, pero en él funciona como mera
información, recuerdos de lecturas. En cambio, Florencio manifiesta
desconocerlo: "Yo no sé nada de nada. Cuando quise aprender vino
la huelga" (*id.*). Aunque sólo tiene la referencia oral de su pueblo,
lo vive y, sin saberlo, cumple sus normas.[14]

En los cuatro primeros segmentos de Ir1 se pone en juego una
técnica narrativa regresiva. Por medio de saltos temporales hacia el
pasado (*cf. Tiempo-espacio*), que van a repetirse en IIr2, se va inte-
grando la biografía de Florencio, su militancia revolucionaria que
puede resumirse en cuatro puntos:

1) Ataca a Aureliano Blanquet.
2) Participa en la huelga de Cananea.
3) Lucha contra la reorganización del ejército.
4) Ataca con los rurales la Ciudadela.

Dados los antecedentes revolucionarios del actante, *N1* describe
el desenlace de Blanquet: "Mientras que sus acompañantes se ren-
dían Blanquet trató de huir descolgándose por la barranca. Apenas
iniciaban el descenso cuando la tierra cedió bajo sus pies, y Blanquet
fue a hundirse en el lodo cincuenta metros más abajo" (p. 71).

El segmento cinco instaura una rotación de narradores: se introduce un Narrador-actante en primera persona, Florencio, que va a
tener una participación alternada con *N1*. Funciona este segmento
como una especie de montaje alternado, de escenas relatadas por sus

---

[14] Sobre este aspecto Malinowski explica: "el mito tal como existe en una
comunidad salvaje, o sea, en su vívida forma primitiva, no es únicamente
una narración que se cuente sino una realidad que se vive (Malinowski
1948, 122-123).

respectivas voces narradoras: Florencio, sujeto y testigo de los hechos; y *N1* mirada exterior, objetiva, que informa lo que sucede en torno de aquél. La alternancia de los narradores está fijada en el texto visualmente por dos grafías diferentes:

1) *La redonda* correspondiente a Florencio.
2) *La cursiva* identificadora de *N1*.

La sucesión alternada de los narradores sostiene, a lo largo del segmento, la siguiente distribución: *FLORENCIO-N1/ FLORENCIO-N1/ FLORENCIO-N1* y corresponde al parte oral que, de manera escueta y directa, rinde Florencio y a la información detallada de *N1* sobre los movimientos del actante.

Es conveniente destacar, por la función que tiene en la acción narrativa, que en este segmento se inicia el ritual de la decapitación y lo instaura Florencio con el corte de la cabeza de Blanquet. A partir de entonces, el decapitar preside directa o metafóricamente las acciones de los actantes. De manera que el acto inicial de Florencio engendra cortes vengativos similares por parte del enemigo:

> —¿Se convence Florencio? Le dije que era un acto salvaje, indigno de un soldado constitucionalista. Nunca habían atacado en esa forma. *A un coronel de los nuestros le cortaron la cabeza* en San Andrés Tuxtla (p. 74).

Los segmentos ocho y nueve, con los cuales finaliza Ir1, marcan el tránsito del Florencio histórico al mítico; pero serán tratados detenidamente en IIIr1 por la íntima relación que guardan con su desarrollo.

IIIr1 (Florencio mítico):

En IIIr1 la relación es asumida por *N1*, el mismo narrador de Ir1; él domina todo el relato y tiene un conocimiento total sobre los hechos y sus actantes. En tanto que el narrador de IIr2 desconoce el desenlace de Florencio, *N1* lo conoce y lo relata. Su poder ilimitado le permite traspasar la barrera tempo-espacial en la cual queda detenido el narrador de IIr2. Él es el único conocedor del destino del actante a partir de su desaparición histórica, pues como narrador omnisciente "se le permite un libre tránsito de lo visible a lo invisible" (Tacca 1973, 74).

Retomamos los segmentos ocho y nueve que, como se indicó, contienen marcas textuales valiosísimas para comprender, en una nueva dimensión temporal, el funcionamiento del actante. En ellos oscila Florencio entre el mito y lo humano, identificado con la acción decapitadora de Huitzilopóchtli (cf. *Intertextualidad*).

El segmento nueve capta al actante en el acto reiterado de decapital al enemigo. Aquí —como se explicó en *Tiempo-espacio*— la mención del trote del caballo de Florencio realiza el enlace entre la dimensión mítica y la histórica de este actante.

En el segmento diez, iniciador de IIIr1, el estado agonizante del caballo de Florencio opera como hilo secuencial de la transición de tiempo-espacio-actantes históricos a míticos.

En el último segmento de IIIr1, *N1* penetra el sueño del actante en donde lo onírico y lo mítico se fusionan e instauran una realidad intemporal (cf. *Tiempo-espacio*). En ella estar dormido o estar despierto remite a la misma realidad mítica. El mito de Huitzilopóchtli preside el desenlace del actante; las marcas textuales son claras: la medialuna, que sólo era un índice mítico en el segmento 1 de Ir1, ahora domina el espacio, el tiempo y al actante: "[Florencio] se mira y ve sobre su cuerpo... la cabeza amarilla de Aureliano Blanquet" (p. 80). En este pasaje el actante que actuaba míticamente sin saberlo, es consciente de la venganza de Huitzilopóchtli; sabe que, como Blanquet, debe pagar su traición histórica "hasta caer en aquel sitio del infierno en que los mil fantasmas tendrán que derrotarlo, descender al abismo y arrancar su cabeza" (p. 81).

2) *Microrrelato 2 (Parte II):*

Florencio histórico

La relación de IIr2 tiene como eje el diálogo de dos revolucionarios que conocían a Florencio. Uno funciona como Narrador-actante en primera persona y el otro como interlocutor que, mediante preguntas ("...¿No sabe que se hizo de Florencio? —Luego se rebeló contra Carranza y atacó el tren en que el Primer Jefe trataba de llegar a Veracruz"— p. 76), impulsa el desarrollo narrativo.

Aquí, como en la primera parte de r1, por medio de regresiones temporales se reconstruye el pasado del Florencio histórico. A través del diálogo se da una información del actante que puede reducirse a dos situaciones fundamentales: su ascenso y descenso político-social.

Florencio, como héroe revolucionario menor, logra ascender en su carrera militar. Por reconocimiento a sus acciones de combate es trasladado a la capital. Allí sus ansias de poder ("Después le dieron ganas de ser ministro de la Guerra-claro, para trepar de allí a la presidencia", p. 76) y la ciudad absorbente, a la que no llegó a adaptarse ["Florencio emborrachándose con el champán (que nunca le gustó) y persiguiendo a las coristas del Lírico", *id.*], se conjugan para degradarlo. Si bien es cierto que logra un relativo ascenso social, finalmente es despreciado y rechazado por aquellos que lo utilizaron e impulsaron su caída: "No tardaron en hacerlo pedazos. En 1924 Florencio ya no era el mismo de 1919 ni tenía todo el gobierno atrás para hacerlo fuerte. Era el rebelde, el delincuente" (p. 78).

Se cierra IIr2 con la destrucción del Florencio histórico: pierde su fuerza combativa ("ya no sabía pelear. La capital se lo comió", *id.*). Es traicionado por sus tropas ("Acabaron por odiarlo y pasarse al otro bando en cuanto podían", p. 79). Metafóricamente Florencio es descabezado; desaparece del escenario histórico. El narrador de IIr2 desconoce el destino final del actante. Después de 1924, que marca su descomposición revolucionaria, se desconoce su suerte y paradero. El narrador, en este momento de la información biográfica del actante, se encuentra con un hiato temporal inexplicable; de allí la impersonalidad que asume al responder las preguntas que sobre la suerte del actante formula su interlocutor:

> —Y a Florencio ¿qué le pasó?...
> —Pues no se supo nada. *Dicen* que lo han visto en este año de 1944 vendiendo agujetas en los Portales de Puebla. *Otros cuentan* que se les aparece en reuniones espiritistas. Yo por mi parte *creo que ya murió* (*id.*).

Desde el nivel expresivo del narrador el "dicen", "*otros cuentan*", "*creo que ya murió*" constituyen posibilidades saturadas de misterios que, al cerrar IIr2, dejan una imagen del actante cargada de silencios, preparando la entrada en IIIr1.

Los actantes de "La luna decapitada" tienen como centro generador de su funcionamiento la oposición historia/mito. De acuerdo con éste pueden distinguirse como actantes históricos e histórico-míticos. Los primeros tienen una función referencial. Constituyen índices que sitúan a los acontecimientos y los actantes en el tiempo y el espacio históricos correspondientes al período de la "revolución descabezada". Así funcionan en el relato: Madero, Villa, Zapata, Álvaro Obregón, Aureliano Blanquet, Venustiano Carranza, Félix Díaz, Adolfo de la Huerta, Ávila Camacho. Dentro del desarrollo narrativo los actantes históricos asumen dos funciones específicas: Son caracterizadores del actante central o son motores de acción.

(1) *Actantes caracterizadores del actante central:*

Como caracterizadores del actante central desarrollan una función adjetiva; la que se hace efectiva por medio de una comparación, explícita o implícita, entre el actante caracterizador y el caracterizado.

Comparación implícita:

Se omite la calificación directa, tanto del caracterizador como del caracterizado. El rasgo calificativo atribuido al caracterizado se pone de relieve por la contraposición de situaciones, comportamiento o actuaciones que lo llevan implícito. De esta manera se destaca la egolatría de Florencio frente al sacrificio de Zapata:

> Florencio pidió a su asistente que le comprara los periódicos de México y se los leyera a ver si hablaban de él. No hallaron nada: todos los diarios se dedicaban a celebrar la muerte de Zapata, asesinado en la hacienda de San Juan Chinameca (p. 73).

Comparación explícita:

Se expresa directamente la calificación atribuida al caracterizado a través del actante caracterizador con quien se compara: "Porque eso sí, usted debe acordarse, a matón y aventado sólo Villa le ganaba a Florencio" (p. 77).

(2) *Actantes motores de acción:*

Los actantes históricos de esta segunda categoría tienen una función catalizadora en el desarrollo de los acontecimientos narrados. Ellos impulsan y determinan la militancia revolucionaria de Florencio, tanto en su ascenso como en su decadencia. En otras palabras, funcionan como motores de acción. Así operan:

—Venustiano Carranza: ordena a Florencio combatir a Aureliano Blanquet en una segunda ofensiva.
—Álvaro Obregón: factor decisivo en el ascenso y degradación revolucionaria de Florencio.
—Adolfo de la Huerta: con quien se levanta en armas Florencio contra Álvaro Obregón.
—Aureliano Blanquet: no sólo impulsa el ascenso militar de Florencio, sino que con su decapitación se da el paso de lo histórico a lo mítico.

Como actante histórico-mítico está Florencio. Éste se mueve y actúa dentro de las dos dimensiones tempo-espaciales de la oposición historia/mito. Primero coexisten en él los dos términos; luego, se oponen —gradualmente— en la medida en que el actante se degrada. Por último se impone el mito con su salida de la historia y su entrada en el Mictlán.

En el espacio mítico de Florencio aparece simbólicamente la cabeza de Aureliano Blanquet. Es evidente el paralelismo que existe entre Florencio y Blanquet en el desenlace:

(1) *El descenso y el hundimiento en el lodo:* Blanquet, antes de morir, desciende por la barranca y "fue a hundirse en el lodo" (p. 71). Florencio también realiza el descenso: "baja las escaleras... Cae... [Despierta en el Mictlán]. Y sabe que... ha de buscar la barranca donde su cuerpo se pudrió en el lodo..." (pp. 80-81).

(2) *La traición:* Tanto Blanquet como Florencio están marcados por la traición; los dos militaron con la contrarrevolución. Como traidores, en la dimensión mítica, reciben el castigo de Huitzilopóchtli. Al finalizar el relato las cabezas de los actantes se funden: Florencio "Se mira y ve sobre su cuerpo los ojos blancos, el pelo sucio, la boca abierta, la cabeza amarilla de Aureliano Blanquet" (p. 80) y espera la decapitación mítica.

Los actantes de "La luna decapitada" son movidos por la acción de decapitar. Todos sus actos van encaminados a esa ejecución. Como se destaca en *Tiempo-espacio* se busca, se ataca, se cerca espacialmente para descabezar. En este rito descabezador historia y mito forman un todo. Los cabecillas de la revolución (Zapata, Villa, Madero) son asesinados, descabezados por extensión del término. Florencio descabeza a Blanquet por traidor a la revolución y los soldados revolucionarios son presentados en un proceso de degradación revolucionaria (deslealtad, traición, oportunismo y corrupción) similar al de Florencio, en donde se concretiza la imagen de un descabezamiento figurado.

Intertextualidad

La parte medular de este relato se refiere al período del huertismo, y se extiende hasta el período presidencial de Ávila Camacho: año de 1944. El texto omite, o meramente señala, acontecimientos significativos históricamente (el cardenismo, en el primer caso; la muerte de Zapata, en el segundo). Estos cortes obedecen a la exigencia de la visión histórica prevaleciente en el relato, que corresponde, en última instancia, a la idea de ver este momento como un proceso que traiciona a la revolución (cf. *Ideologema*).

En la diacronía textual de "La luna decapitada" se destacan el texto histórico y el texto mítico. Eje del relato, en el actante Florencio coexisten mito e historia,[15] y desde éstos responde a la dinámica histórica que enfrenta. Gradualmente se oponen los términos (su función histórica pierde sentido) y finalmente domina el espacio y el tiempo del mito (que toma venganza).

El título vincula ambos textos. De un lado ubica al lector en los contornos del mito prehispánico (texto mítico); de otro sugiere la idea de la revolución traicionada, con lo cual remite al texto histórico.

1) *Texto mítico.* "La luna decapitada" se relaciona con la versión que el actante Florencio da del relato mítico de la muerte de Coyolxauhqui, diosa del culto lunar y hermana de Huitzilopóchtli, dios solar y de la guerra (p. 74). El interlocutor de Florencio en Irl apunta a un texto escolar como referencia: "En la Preparatoria supe algo de eso. Mejor dicho lo leí en un libro" (*loc. cit.*). Pudo ser *Épica náhuatl* (1945) de la Biblioteca del Estudiante Universitario, donde aparece el "Poema de Huitzilopochtli" (Garibay 1945, 65-69). En él se narra la muerte, por traidores, de Coyolxauhqui y sus hermanos los surianos ("huitznahua"), quienes querían matar a su madre:

> Luego con el dardo hirió Huitzilopochtli a Coyolxauhqui, le cortó la cerviz y su cabeza fué a quedar allá abandonada en la cuesta de la Montaña de la Serpiente, su cuerpo rodó hasta la falda, se hizo trizas... (p. 68).

En otro pasaje del mismo texto se narra de otro modo la muerte de Coyolxauhqui, pero en ambas versiones muere degollada:

> Y en el silencio de medianoche, mientras el pueblo sosegado estaba, oyeron gritos en el Campo Divino de la Pelota. Era que en medio del campo Huitzilopochtli mató, degolló y sacó el corazón a Coyolxauhqui. Y amaneciendo, muy de mañana, vieron los cuerpos de los cuatrocientos Surianos todos abiertos, y de los pechos se les había arrancado el corazón (p. 73).

Los sacrificios con sentido religioso constituían todo un ritual en el reino de Huitzilopóchtli. Los sacrificados eran muchas veces

---

[15] La coexistencia de ambos hace pensar en reminiscencias de la cosmovisión prehispánica, en una suerte de visión de quien no asume aún conscientemente su destino histórico: "Es un periodo [el prehispánico] en el que se pasa del mito a la historia, combinándose ambos desde el punto de vista de la cosmovisión mesoamericana, que no distingue entre lo sobrenatural y lo humano... En algunos casos un mismo suceso aparece en una tradición como acontecimiento puramente humano, en otra como acción de los dioses" (Carrasco 1976, 247).

guerreros cuyas calaveras, después de comida la carne, se exhibían en una palizada frente al templo del dios:

> Venían por los agujeros de un madero a otro unas varas delgadas, en las cuales estaban ensartadas muchas calaveras de hombres por las sienes: tenía cada vara veinte cabezas... Llena de cabo a cabo la palizada, y tantas y tan espesas que ponían grande admiración y grima. Eran estas cabezas de los que sacrificaban... traían la calavera y entregábanla a los ministros del templo, y ellos la ensartaban allí (Yáñez 1942, 45).

Lo que es evidente, a los fines de nuestro análisis, es que el acto de cortar cabezas se entronca claramente con la cosmogonía de los mexicanos. El actante Florencio se declara en este sentido impulsado por una tradición: "y de repente me acordé de lo que decían en mi pueblo", de ninguna manera asumida conscientemente. La razón que el actante da para permanecer en esta "ignorancia" es precisamente la imposición de una realidad histórico-social concreta: "Yo no sé nada de nada. Cuando quise aprender vino la huelga y a todos los mineros nos refundieron allí enfrente, en San Juan de Ulúa" (p. 74).[16]

Aparte de esta relación específica con el ritual de "cortar cabezas", existe una interpretación política del culto de Huitzilopochtli que se corresponde en sus lineamientos generales con la interpretación que da el texto de la etapa histórico-política que nos ocupa (la de la "revolución traicionada"). Para Laurette Séjourné el culto de Huitzilopochtli implicaba una traición a la tradición antigua del culto a Quetzalcóatl ("guía luminosa del perfeccionamiento interior"). Las motivaciones de Huitzilopochtli, dios de la guerra y "patrón de los mexicanos", a quienes anuncia su destino (Bernal 1976, 243), parecen haber respondido más a la lucha por el poder que a la ideología del origen. Ésta se mantiene en contraposición con los hechos históricos que se suceden, como una "necesidad imperiosa que tenían los aztecas de un sistema de pensamiento que sostuviese su imperialismo. Es indiscutible que la necesidad cósmica del sacrificio humano constituyó un slogan ideal, porque en su nombre se realizaron infinitamente numerosas hazañas guerreras que forman su historia y se consolidó un régimen de terror" (Séjourné 1957, 37-38).

[16] Se refiere a la huelga de Cananea de 1906, a la cual se alude en el relato aquí y al comienzo (p. 70). El suceso es importante históricamente porque indica una franca intervención de los Estados Unidos en el territorio nacional (cf. González 1976, 254). En el relato basta el detalle por significativo para sugerir la importancia de las relaciones con Estados Unidos durante este periodo, hecho que se confirma a lo largo del desarrollo histórico.

Estos sacrificios y las luchas entre unos hombres y otros han sido identificados por muchos antropólogos como la Guerra florida (*ibid.*, 119). En su origen religioso, según Laurette Séjourné, la Guerra florida tenía el sentido espiritual de la lucha interior por anular los contrarios (el espíritu y la materia; el Cielo y la Tierra), y constituía la única misión de la orden de los Caballeros Águilas y Tigres. Pero la misma autora admite que este sentido religioso original sufrió una degradación en la sociedad azteca y se tradujo en luchas civiles, de dominio político expansionista, como ya indicamos (*ibid.*, 129-130).

Muy probablemente esta modalidad interpretativa de los sacrificios y luchas de los aztecas subyace al texto de "La luna decapitada" y explica el nombre de Florencio para el actante principal ("héroe" también degradado, en la medida en que se degrada su acción).

2) *Texto histórico*. Si bien mito e historia están ligados por el actante Florencio, en la concepción dominante del relato es posible distinguir el discurso histórico y su transformación.

No he podido precisar el texto histórico específico —probablemente los textos— que entra en el relato. Apoyándome sobre todo en el tomo IV de la *Historia general de México* (1976), puede afirmarse que hay una correspondencia fiel a los datos históricos en "La luna decapitada". El relato, abarca de 1913 a 1944 (aunque hay una retrospección a la huelga de Cananea de 1906, cf. nota 5, p. 3). Es decir, como indiqué al principio, de Victoriano Huerta a Ávila Camacho. Período complejo, de graves pugnas internas, a veces de difícil dilucidación. Sin necesidad de recurrir, ni al mito, ni a la metáfora, es un período en que pierden la vida tanto líderes menores, como los grandes caudillos revolucionarios. Esta idea subyace en el relato de JEP, y en general en toda la narrativa sobre la revolución en México, que se genera como un proceso desmitificador de la visión institucionalizada del proceso revolucionario, y constituye una visión pesimista de los hechos.

El actante principal, Florencio, no parece corresponder a una figura histórica. No obstante, su caracterización es la de un héroe medio ("tipo") y sus acciones y su contexto sí son históricos incluso en pequeños detalles. Por ejemplo, es históricamente cierto que el asalto de un "Cuerpo de rurales" a la Ciudadela —ya totalmente en manos de los felicistas— fue una "carga suicida".[17] El relato indica que matar a Blanquet "era terminar con el hombre que asesinó

---

[17] "Grave crimen se comete ese día. Trescientos hombres de los antiguos antirreeleccionistas reciben órdenes de dar un asalto a la Ciudadela, pero en realidad, transformados en Cuerpo de Rurales, se les envía a la muerte. Al mando del coronel Castillo se les forma en la calle de Balderas, se les hace avanzar con el comandante a la cabeza, a pecho descubierto. Quedan a

a Madero", y hace de Florencio el único testigo de la muerte de todo su grupo: "mientras Florencio se desangraba en Tlatelolco, único sobreviviente de los rurales que lanzaron una carga suicida contra la Ciudadela" (p. 71).

La Decena trágica de 1913, con la caída y muerte de Madero por la traición de Victoriano Huerta y con la colaboración de Aureliano Blanquet, abarca una "ola de crímenes" que, a decir de la historiadora Bertha Ulloa, "continuó con otros asesinatos... y se conocieron por lo menos cien casos de aplicación de ley fuga. La prensa fue amordazada, clausurados los periódicos desafectos o reemplazados sus directores..." (Ulloa 1976, 40). La tónica de este contexto es la que evidentemente subyace al relato de "La luna decapitada".

En 1914 Venustiano Carranza establece un gobierno en Veracruz y ocupa la presidencia constitucional el 1o. de mayo de 1917, pero el país se encontraba fragmentado y el poder presidencial estaba totalmente minado, mientras crecía la figura de Álvaro Obregón (el "Manco", como se le menciona en el relato).

Félix Díaz formó el Ejército Reorganizador Nacional y "dislocó la situación económica y política en el oriente del país y el istmo de Tehuantepec, asaltando y volando trenes" (Ulloa 1976, 92). En el Archivo Casasola (Casasola [1960]) se indica que se organizaron "columnas volantes" carrancistas para atacar a los rebeldes.

El 19 de marzo de 1919, según lo consignan los textos históricos, regresa Aureliano Blanquet (Aurelio en el texto de Bertha Ulloa) de La Habana, Cuba, para unirse a Félix Díaz. El hecho es importante pues Blanquet representa en muchos sentidos el modelo del ejército "contrarrevolucionario" (fue Secretario de guerra durante el huertismo).

Bastan estos datos para medir la fidelidad histórica de "La luna decapitada", en el cual se consigna:

> Cuando en marzo de 1919 Blanquet desembarcó en Palma Sola a fin de unirse con Félix Díaz, jefe supremo del ejército reorganizador nacional, Venustiano Carranza ordenó a Florencio impedir la reunión de los vestigios del ejército porfiriano que, cinco años después de su derrota, buscaban una imposible[18] venganza (p. 70).

unos metros de las trincheras enemigas. De pronto son barridos con fuego cruzado de fusilería, ametralladoras y cañones de la Ciudadela. Quedan en el campo los trescientos cuerpos despedazados" (Llamosa 1978, 4-A).

[18] Si bien es cierto que el Ejército Reorganizador Nacional no "triunfa", sí contribuye a minar la autoridad de Carranza, quien tenía en su contra la Legislatura desde 1918, y la fuerza creciente de Álvaro Obregón en el norte (Ulloa 1976, 88-89).

Como dije antes, la fidelidad se mantiene incluso en pequeños detalles. Así la costumbre de volar trenes a la cual se alude en el texto:

> Descendieron en la estación de Veracruz entre familias que iban a conocer la capital con miedo de que el tren fuera volado en algún puente (p. 72).

Aunque se trata de una figura histórica menor, Blanquet reúne una serie de rasgos y de funciones históricas que hacen de él una figura relevante "contrarrevolucionaria" a la que la tradición ha envuelto en algo de leyenda:

1. Se dice que formó parte del pelotón que fusiló a Maximiliano de Austria.
2. Aprehendió al presidente Francisco I. Madero y dio órdenes para su muerte.
3. Durante la dictadura de Huerta se mantuvo como Secretario de guerra.

Se trata de un "héroe menor" que no obstante promueve la caída de figuras históricas centrales. Tiene pues las marcas suficientes para adquirir la importancia que cobra en el relato.

Otro hecho histórico a destacar es que la muerte de Blanquet coincide estrictamente con la de Zapata, lo cual refuerza la ambigüedad y complejidad del texto histórico. Sobre la muerte de Blanquet comenta Bertha Ulloa:

> Aurelio Blanquet regresó de Cuba, y después de reunirse con Díaz en la hacienda de "La Ciudadela" el 19 de marzo de 1919, murió en Chavaxtla, Veracruz, el 10 de abril, perseguido por las fuerzas de Francisco Urquizo, Guadalupe Sánchez y Pedro González, lo que les significó ascensos y 50 000 pesos de gratificación (Ulloa 1976, 93).

Según esta misma fuente, el mismo día, Jesús Guajardo, en colaboración con Pablo González, le tiende una celada a Emiliano Zapata, a quien acribillan a balazos en la hacienda de Chinameca. La hazaña le significó a Guajardo también su ascenso y 50 000 pesos de gratificación (*ibid.*, 95).

En el relato se nos informa de la muerte de Zapata por medio del periódico. La noticia se da desde el punto de vista de la ideología del grupo en el poder:

> Florencio pidió a su asistente que le comprara los periódicos de México y se los leyera a ver si hablaban de él. No hallaron nada: *todos los diarios se dedicaban a celebrar* la muerte de Zapata, asesinado en la hacienda de San Juan Chinameca (p. 73).

Varios indicios textuales hacen pensar en el texto del Archivo de Casasola sobre la muerte de Blanquet:[19] "Al día siguiente se exhibió la cabeza de Blanquet. Florencio... pidió que le tomaran fotos junto a la prueba de su hazaña" (*loc. cit.*). En la colección de Casasola aparece una foto de la cabeza mutilada de Blanquet que bien pudo motivar el comentario textual: "no había nadie tan viejo ni tan gordo como Blanquet. Ya estaba pudriéndose" (p. 72). El texto que acompaña a la foto bien podría ser también el que informa el relato. Baste referirme a la descripción que se hace aquí de la muerte de Blanquet:

> Al llegar el 14 de abril a la Congregación de Chavaxtla, el coronel Guadalupe Sánchez, jefe de las columnas volantes, ataca a los rebeldes.
> Como las barrancas de Chavaxtla no tienen más que dos salidas, los rebeldes fueron copados estratégicamente aunque algunos lograron huir.
> Al tratar de escapar el coronel Aureliano Blanquet cayó a la barranca matándose...
> Tanto el coronel Guadalupe Sánchez como sus tropas no sabían a quiénes habían combatido y derrotado hasta que los prisioneros identificaron al ex-jefe del 29o batallón, a quien le fue cortada la cabeza.
> El general Álvarez fue llevado al puerto de Veracruz, así como la cabeza de Blanquet, que fue exhibida en el cuartel de la guarnición de la plaza (Casasola 1960, 1306-1307).

En el relato apenas se transforma el texto histórico, salvo por el detalle del desconocimiento que la "columna volante" tenía sobre la identidad de sus víctimas. Incluso la técnica estratégica de ataque que se presenta en el relato tiene su fundamento histórico en el hecho de que "las barrancas de Chavaxtla no tienen más que dos salidas":

> Florencio Ortega se dispuso al combate. Repartió en dos columnas a sus hombres... Iban a encerrar en un movimiento de pinzas a Aureliano Blanquet (p. 70).

3) *Texto socio-histórico*. Lo que importa en el relato es mostrar —como una especie de "visión de los vencidos"— la descomposición del proceso revolucionario concretizado en las figuras "revolucionarias" de un determinado período, ya que la historia oficial se codifica como la hazaña de hombres particulares.

"La luna decapitada" se conjuga, pues, en la función actancial. En la caracterización de Florencio Ortega parece operar un modelo

---

[19] El texto de Casasola da como fecha de la muerte de Blanquet el 14 de abril, lo cual difiere por unos días del texto de Berta Ulloa. En "La luna decapitada", como indiqué, se relacionan ambos hechos sin precisar fechas.

antropológico del héroe revolucionario medio que, si bien logra de momento cierto margen de movilidad social por su acción militar, se ve a la larga suplantado por el grupo de militares en el poder de extracción económica y cultural superior:

> Después le dieron ganas de ser ministro de la Guerra —claro, para trepar de allí a la presidencia— alegando que estuvo en la Revolución antes de que sonara el nombre de Madero —lo cual es cierto y ni quién se lo quite. Pero Obregón se negó. Ya tenía sus planes con el general Calles y no era hombre, usted sabe, de esos que tratan de quedar bien con todos. El Manco le dio a entender al pobre de Florencio que era muy bruto y muy inculto: el único general que con la paz no había aprendido ni el abecedario (pp. 76-77).

En realidad se trata de un seudo proceso de aculturación (medio rural/medio urbano), que lo extraña tanto de su medio original como del nuevo:

> Lo que pasa es que Florencio ya no sabía pelear. La capital se lo comió. Estaba gordo y hasta el caballo lo hacía sentirse incómodo después de andar en puro Citroen y Rolls Royce. No se diga ver sangre o jinetes y cuacos destripados (p. 78).

Esta situación ambigua se da de hecho con muchas figuras del período. La explicación reside, más que en el nivel individual (como parecería indicar el comentario de Obregón), en los niveles estructurales del sistema socioeconómico. La ausencia de un adecuado equilibrio de fuerzas sociales frena la movilidad social, aunque de este contexto histórico-social surgen en buena medida los sectores medios y la alta burguesía del México contemporáneo (en la narrativa mexicana Carlos Fuentes inicia esta temática social con *La región más transparente*).

El relato concluye con una visión pesimista de la historia sociopolítica nacional durante este período. Las fuerzas en pugna se ven neutralizadas por la ideología dominante de la "unidad nacional" traducida desde el punto de vista actancial en el relato, como una posibilidad efectiva para el oportunismo de muchos:

> ...Si no estaría bien parado de nuevo [Florencio]. Ya ve, con este régimen todos engancharon, a nadie se le guardó rencor por nada.
> —Todos menos nosotros, compañero.
> —Ya se nos hará, a ver si con el próximo sexenio... Bueno, le agradezco mucho sus datos, *general*. Ya sabe, *aquí a sus órdenes en el nuevo edificio de la Defensa*.

Es evidente la recurrente "traición" al proceso revolucionario, que en este caso se consigna tanto en el texto histórico como en el microrrelato (r2).

Ideologema

Como ya señalé al comienzo, "La luna descapitada" omite toda alusión al período cardenista, inmediatamente anterior al de Ávila Camacho. Su ausencia es significativa y tiene carácter ideológico. En un momento dado, Cárdenas representa una alternativa histórica distinta. Sin embargo las circunstancias políticas y económicas propician más bien el proceso histórico dominante, sobre el cual se centra el relato.[20]

"La luna decapitada" opone pues a la Revolución iniciada en 1910, este periodo que algunos historiadores han llamado "la revolución escindida" o "la revolución descabezada", cuyas consecuencias proyecta hasta 1944. El texto contrapone así una línea histórica revolucionaria —a la que se alude por algunas marcas textuales (el ataque a la Ciudadela, Cananea, Zapata, Cárdenas)— y el proceso "contrarrevolucionario".

Sobre esta oposición, en cierto modo implícita, *(revolución/"contrarrevolución")* actúa una función degradante en el texto que resuelve la oposición en favor del *proceso "contrarrevolucionario"*.

En términos del actante se establece la oposición *historia/mito*. Al iniciar este análisis apunté que en un comienzo coexisten en él ambos términos, pero luego se oponen en la medida en que su con-

---

[20] El proceso histórico, tal como lo plantea el relato, parece corresponder a la valoración que Lorenzo Meyer hace sobre este periodo: "El apoyo a los obreros, la reforma agraria, la creación de las organizaciones populares, el énfasis en una educación de corte socialista basada en el materialismo histórico y otros elementos, contribuyeron a dar por primera vez un contenido real a los *slogans* oficiales, que proclamaban como objetivo de la Revolución la construcción de una democracia de trabajadores. Las metas se redefinieron: México debería evitar los enormes costos sociales que acarrea la industrialización clásica... Exactamente cómo se construiría y funcionaría este sistema económico nunca fue puesto en claro, y el plan mismo nunca llegó muy lejos. Las reformas que llegaron a ejecutarse desaparecieron o terminaron por ser aprovechadas por los regímenes posteriores para construir un sistema más acorde con los lineamientos del capitalismo ortodoxo. Las posibilidades de este "socialismo mexicano", que pretendía constituirse en otra opción al capitalismo tradicional distinta del socialismo soviético y del fascismo, fueron pocos... En 1938, cuando la política cardenista empezó a virar hacia una posición más moderada, la participación de los grupos organizados estaba ya mediatizada por el nuevo partido oficial: el Partido de la Revolución Mexicana" (Meyer 1976-a, 161-162).

ducta deja de ser coherente con la dinámica histórica. Se inicia en el actante un proceso de degradación marcado por su salida de la historia y su entrada en el espacio mítico del Mictlán[21] (para que se repita el castigo por la traición a los suyos, decretado por el mito).

La historia, en tanto traiciona la Revolución, también se degrada. No se niega en el relato la sucesión de acontecimientos, pero sí se afirma la persistencia recurrente de la traición, del oportunismo, de la lucha por el poder político, y en términos del actante, la brecha social existente entre el grupo que representa Florencio y el sector dirigente.

E. *"Civilización y barbarie"*

Tiempo-espacio

1) *Descripción preliminar*

"Civilización y barbarie" está formado por siete partes integradoras de tres microrrelatos, en los que se reproduce la dualidad antagónica que le da título:

r1: es la lucha —televisada— entre apaches y soldados norteamericanos en la época de la colonización de los Estados Unidos.
r2: está constituido, casi en su totalidad, por la carta testimonio de un soldado norteamericano en la lucha invasora contra Vietnam.
r3: tiene como actante principal a un norteamericano "promedio", de edad madura, Mr. Waugh, y a unos negros que se manifiestan en la calle. Ocurre en la época contemporánea en una gran ciudad norteamericana.

Las siete partes están iniciadas sin sangría. De la parte I a la VI constituyen la mitad del relato y la parte VII el resto. Las partes I, II y III corresponden a los microrrelatos 1, 2 y 3, respectivamente;

---

[21] En el México antiguo "los hombres que sufrían una muerte normal, a consecuencia de la vejez o de enfermedades ordinarias, iban al Mictlán o infierno, literalmente el 'lugar de los muertos'... El infierno se asociaba por un lado con el norte —Mictlán es uno de los nombres del norte— y por otro se le consideraba como una serie de inframundos dispuestos en nueve niveles en el más bajo de los cuales residían los dioses del infierno y los muertos... Los muertos vivían en el infierno de manera semejante a como habían vivido en la tierra" (Carrasco 1976, 248-249).

las partes IV, V y VI, a r1, r2 y r3, en ese orden [ver *Esquema (a)*]. Hasta aquí, cada parte se refiere sólo a un microrrelato y, aunque se implica la relación entre éstos, cada uno conserva su propio tiempo y espacio; pueden leerse como historias relativamente independientes. Los espacios en blanco que dividen las partes señalan el paso de un microrrelato a otro. Pero al llegar a la parte VII, el entreveramiento gráfico de los microrrelatos y la desaparición de los espacios en blanco funcionan acelerando el ritmo de la narración y presentando una simultaneidad de los acontecimientos que se integran en un mismo espacio, el de r3, que subordina a r1 y r2.

Como puede verse en el siguiente esquema, en la parte VII se mantiene un orden constante de los microrrelatos (r2-r1-r3) que se altera al final para retomar el orden del principio del relato (r1-r2-r3):

Esquema (a)

Ir1	VIIr2	r2
IIr2	r1	r1
IIIr3	r3	r3
IVr1	r2	r2
Vr2	r1	r1
VIr3	r3	r3
	r2	r2
	r1	r1
	r3	r3
	r2	(Cambio de
	r1	narrador)
	r3	
		r2
		r1
		r3
		r1
		r2
		r3 y r1

2) *Análisis*

Microrrelato 1 (Partes I, IV y VII)

Al confrontar este microrrelato con r3, se infiere, durante el desarrollo de ambos, que se trata de un programa televisado; pero no es sino hasta el final del relato que queda claro. La acción de r1 se ubica en la época de la colonización norteamericana. El principio de r1 presenta una imagen espacial:

> El fuerte era *un punto* a mitad de la pradera cubierta por la sombra de los acantilados amarillos (p. 110).

Así, desde la descripción inicial se plantea, a través del espacio, la oposición "civilización" (fuerte), "barbarie" (pradera).

De acuerdo a la concepción televisada de la historia norteamericana, muchos apaches, que poseen un espacio inconmensurable, cuya geografía conocen perfectamente ("Bajaban de los montes, surgían de las cañadas y los desfiladeros, vadeaban arroyos crecidos...", *id.*), se enfrentan a unos pocos colonizadores que poseen un espacio pequeñísimo, "un punto". Lo que está en juego, en la lucha por el fuerte, es la lucha por el espacio vital. El ataque de los apaches se lleva a cabo mediante el movimiento de *rodear* el fuerte, *cercarlo*:

> Dieron vueltas en torno a la empalizada lanzando flechas incendiarias (p. 113).

A su vez, la defensa de los "uniformados" consiste en clausurar las entradas: "Cerraron las puertas, tomaron los fusiles..." (p. 112). Los apaches van marcando su avance a medida que van venciendo los obstáculos que protegen el fuerte: "... treparon por la empalizada..." (p. 115); en tanto que "Los defensores se replegaron al edificio central" (*id.*).

Parece seguro el avance y triunfo de la "barbarie"; pero en el penúltimo párrafo correspondiente a r1 hay un cambio y los apaches se ven obligados a huir (p. 116). Esto es lo último que acontece dentro de la pantalla, pues los acontecimientos finales de r1 suceden en otro ámbito.

Las partes correspondientes a r1 están en tiempos del pretérito con un uso convencional: imperfecto para las descripciones, indefinido para las acciones; pero ambos con una función casi igual a la del presente sincrónico; es decir, generando la impresión de que los hechos van narrándose a medida que suceden. Los acontecimientos tienen una secuencia lineal cuya duración no se especifica, pero cuyo desenlace se ligará al final del relato con el de r3.

Microrrelato 2 (Partes II, V y VII)

Casi en su totalidad este microrrelato está constituido por el texto de una carta escrita por el hijo de Mr. Waugh.

En la carta, el hijo de Waugh, soldado norteamericano representante de la civilización, relata sus experiencias en la selva vietnamita que simboliza la barbarie.

En r2 predominan los tiempos verbales presente y pretérito. Presente sincrónico del momento de escribir la carta y porque, convencionalmente, presupone la comunicación inmediata con el destinatario: *"Te pido* disculpas por haber tardado tanto en contestarte..." (p. 110); *"estoy* plenamente seguro de que para enero de 1966 tendremos el control absoluto" (p. 112).[22]

En r2 los representantes de la barbarie —los vietnamitas— están en el espacio amplísimo de la selva que perfectamente conocen. Dominan sus terrenos, no sólo en la superficie sino en el nivel subterráneo, como se menciona más de una vez. Se sugiere que por ser primitivos ("habitantes de la edad de piedra", p. 113) están más próximos a la tierra:

> Estamos limpiando toda la zona. Los congs la han llenado de galerías subterráneas: el terreno que pisamos es un inmenso agujero de topos. No sé de dónde salen tantos: matas cincuenta y al otro día ya los reemplazaron doscientos (p. 112).

Los norteamericanos, desde un espacio pequeño, un campamento, pretenden apoderarse del territorio vietnamita; pero el enfrentamiento se decide a favor de la supuesta barbarie. Precisamente es a través de la tierra, de la naturaleza, que los vietnamitas toman venganza del invasor —es entonces que se da el cambio de narrador [ver *Esquema (a)*] de 1a. a 3a. persona:

> [el hijo de Waugh]. Atravesó el campamento en diagonal, rumbo a la enfermería (p. 115).
> De pronto la hojarasca cedió bajo sus pies, y él se hundió con un grito en las afiladas, en las primitivas puntas de bambú de la trampa (p. 116).

Esto es lo último que se sabe del destinador de la carta. La carta está escrita en una sola sesión. La duración de los acontecimientos relatados no se especifica; podría ser aproximadamente de una semana, aunque en el espacio no narrado que se crea entre el último párrafo, en 1a. persona, de r2 y el siguiente, en 3a., es probable que hayan pasado más días; pues la muerte del hijo es simultánea a la lectura de la carta.

Microrrelato 3 (Partes III, VI y VII)

r3 es el microrrelato nuclear en función de su protagonista, Mr.

[22] En la época en que este relato se publica (1969), la guerra de Vietnam continuaba.

Waugh, quien se encuentra en un departamento, ubicado hacia la mitad de un rascacielos en una gran ciudad norteamericana (p. 111). El juego de espacios dentro de espacios (la carta y la televisión dentro del departamento; éste dentro del rascacielos; éste en una ciudad) que asemeja el juego de cajas chinas, es muy frecuente en la estructuración de los relatos de JEP.

La primera imagen que se presenta de Mr. Waugh —símbolo de la civilización— es su acción de cerrar las puertas (*id.*) para protegerse del peligro exterior, de la barbarie, representada por los negros que hacen una manifestación en la calle.

En el desarrollo de este microrrelato se encuentra una identificación armónica entre el actante y su departamento:

> Le gustaba tanto su casa. Había anhelado durante mucho tiempo la soledad segura que encontraba en ella (p. 112).

En el departamento, el ambiente enajenantemente confortable es el impuesto por el desarrollo industrial. Los objetos que conforman ese espacio sustituyen, en la afectividad del actante, a los seres humanos; los objetos, en cierta medida, se humanizan:

> Se reclinó y experimentó un leve placer al sentir que su cuerpo se hundía en el sillón de hulespuma forrado de terciopelo. Encendió el motor y las partes del mueble se dislocaron para darle un masaje estimulante que aceleró la circulación en todo su cuerpo (p. 112).

Con respecto a la importancia cultural de los asientos, Jean Baudrillard ha escrito:

> Toda la ideología de esta civilización, a la vez lejana e inminente en los modelos, se encuentra en estas imágenes de una modernidad tan idílica como las "poltronas" antiguas, en las que el habitante contempla su ambiente desde el fondo suave de su asiento. Habiendo resuelto sus pasiones, sus funciones, sus contradicciones, y no teniendo más que relaciones, un sistema de relaciones cuya estructura encuentra en un sistema de objetos, habiendo hecho nacer el espacio en torno a él y "creado" las múltiples posibilidades de integración de los elementos al conjunto de la habitación, así como de él mismo al conjunto social, y habiendo reconstituido de tal manera un mundo exento de las pulsiones y de las funciones primarias, pero grávido de connotaciones sociales de cálculo y de prestigio, nuestro habitante moderno, fatigado al cabo de este esfuerzo, mecerá su hastío en la cuna de un asiento que abrazará las formas de su cuerpo (Baudrillard 1968, 49).

El sillón, el teléfono, la lata de coca cola, el refrigerador, son índices en que se concretiza la sociedad de consumo que atrapa al actante.

Mediante la acción de mirar Waugh enlaza los tres microrrelatos y neutraliza los tres enfrentamientos, al integrar a sus propias circunstancias diferentes momentos histórico-geográficos. Así:

Esquema (b)

Waugh mira como un espectáculo:

r	a través del espacio de la	el enfrentamiento entre civilización y barbarie	tiempo	espacio
(r1)	televisión	colonizadores/apaches	pasado remoto	mismo territorio
(r2)	carta	norteamericanos/vietnamitas	presente	espacio distante
(r3)	ventana	policías/manifestantes	presente	mismo territorio

3) *Conclusión*

En los tres microrrelatos, los espacios *interiores, cerrados y pequeños*, se asocian a los actantes representativos de la "civilización": estos espacios [fuerte (r1), campamento-enfermería (r2) y departamento de Waugh (r3)] han sido construidos por el hombre civilizado y le sirven de refugio. A su vez, los espacios *exteriores, abiertos y grandes* se asocian con la "barbarie": la pradera (r1), la selva (r2), la calle (r3). En los tres casos los hombres civilizados pretenden apoderarse, por medio de la violencia conquistadora, de un espacio territorial que no les pertenece.

Asimismo en los tres microrrelatos, la vida de los hombres civilizados se ve amenazada por el exterior: en r2, el hijo de Waugh muere a campo abierto, mientras se dirigía al espacio seguro de la enfermería (p. 115). En r1 y r3 se presenta una situación similar: los actantes están cercados desde fuera y se protegen encerrándose (*id.*). Su seguridad peligra cuando las puertas permiten que el exterior penetre a los recintos cerrados.

La apertura o clausura de la puerta implica posesión del espacio disputado, posibilidad de dominio vital, triunfo y poder por parte de uno de los bandos contendientes.

Los microrrelatos, al entreverarse, se desarrollan sincrónicamente [ver *Esquema (a)*], conservando no obstante su propia circunstancia espacio-temporal, aun dentro de casi toda la parte VII. Pero al llegar a la penúltima serie (r2-r1-r3), el cambio de narrador registrado al analizar r2 implica que las dos últimas menciones de r2 están fuera de espacio de la carta. Que ahora un mismo narrador presenta a la vez los tres planos espacio-temporales. La utilización de tiempos del pasado no indica tanto posterioridad de la narración respecto de los acontecimientos, sino distanciamiento de los mismos. Se confirma la simultaneidad que se sugería desde el principio de la parte VII.

La última serie de párrafos explicita quiénes son los vencedores en los tres enfrentamientos.

En r2 vence la barbarie vietnamita, protagonizada por el propio espacio de la selva (p. 116). Este microrrelato se desliga anecdóticamente del escenario central de los hechos (r3).

En r1 los apaches, que iban ganando el fuerte, huyen en la pantalla del televisor para reaparecer en el espacio y tiempo de r3 y acabar con Mr. Waugh (*id.*). El sagrado recinto protector del norteamericano es invadido, no por quienes temía, sino por quienes menos lo hubiera esperado. Paradójicamente, de la TV, símbolo de la tecnología norteamericana y transmisora de su ideología, salen los atacantes, en un movimiento hacia afuera, rompiendo los ámbitos de encierro. Así, r1 y r3 se fusionan y se instaura un nuevo tiempo-espacio. En el cruce entre los microrrelatos se enfrenta al representante de la "civilización" presente con los representantes de la "barbarie" pretérita, desentendiéndose ambos de sus respectivos antagonistas contemporáneos.

Pero la irrupción de los apaches en la época de Waugh no implica tanto la instauración del pasado o su "triunfo" sobre el presente, sino el de los oprimidos sobre los opresores. Al salir del televisor los apaches, el relato lleva a su límite el nivel simbólico en que se ha desarrollado; ahora la oposición presente-pasado queda subordinada a la de opresores-oprimidos. En el desenlace del relato se realiza una venganza histórica de los que han sido oprimidos en diferentes momentos del desarrollo capitalista: r1, fundación del imperio; r2, fase expansionista; r3, presente de opresión dentro de su propio territorio.

A diferencia de lo que ocurre en los cuatro relatos anteriormente analizados, donde predomina la intemporalidad y una especialidad clausurada, que encierra vitalmente a los actantes, en "Civilización y barbarie" se rompe el encierro, reducto de los opresores. Con la simbólica derrota del capitalismo, se implica el "triunfo" de la Historia. Así pues, "Civilización y barbarie" es modelo de una tendencia espacio-temporal que no se había visto en los otros relatos y que podríamos calificar de "lineal" y "abierta", en última instancia.

Red actancial

La red actancial que opera en "Civilización y barbarie" se tratará siguiendo la estructuración de los microrrelatos. A cada microrelato corresponde uno o dos narradores con determinados puntos de vista que pueden puntualizarse de la manera siguiente:

r1: Está a cargo de un narrador en tercera persona (N1) que está fuera del relato y tiene conocimiento de los hechos narrados en los tres microrrelatos.

r2: Presenta dos narradores:
  1) Un Narrador-actante, en primera persona, el hijo de Mr. Waugh (destinador de la carta).
  2) N1 que es exterior a la carta y narra el desenlace del Narrador-actante.

r3: Presenta dos narradores:
  1) Un Narrador-actante, en primera persona, Mr. Waugh, que relata reflexivamente el primer párrafo y parte del cuarto de r3.
  2) N1 que narra el resto de los párrafos de r3.

1) *Microrrelato 1 (Partes I, IV y VII)*

Se inicia r1 con una secuencia clave que presenta a los dos actantes: los *apaches* y el *ejército norteamericano*, ligados al espacio y el tiempo en los cuales se pone en movimiento la oposición civilización/barbarie. En este enfrentamiento en que, como fue explicado en *Tiempo-espacio*, se traduce "la lucha por el espacio vital", se polariza y define el funcionamiento de los actantes.

La destacada oposición pone a la vista el mito moderno de la gran civilización que encarna a los Estados Unidos de Norteamérica. Este mito, en el desenvolvimiento narrativo de todo el relato, se escinde en dos fases de dominio: colonizadora e imperialista. Ambas, como se verá en el avance del análisis, van a particularizar la función actancial.

r1 se centra en la fase colonizadora (se está forjando la nación norteamericana). Los actantes (apaches y ejército) simbolizan, respectivamente, a los bárbaros y a los civilizadores. Mediante un recurso cuantificador se visualiza el enfrentamiento de los actantes:

> *El ejército* (contenido en el fuerte): "un *punto* a mitad de la pradera" (p. 110).
> *Los apaches*: "*toda la Nación* de los Apaches" (*id.*).

La actuación de los actantes de 1r es consecuente con los principios "civilizadores" de los "western" de este periodo (cf. *Intertextualidad*). El desarrollo del enfrentamiento apaches/ejército apunta el triunfo de los primeros: "los apaches abrieron el portón del fuerte. Entraron los jinetes. Las flechas incendiaron las carretas de heno" (p. 115). Pero la pugna se resuelve con el desenlace establecido: dominan los civilizadores ("Se escuchó el clarín de la caballería: los apaches se dieron a la fuga", p. 116).

2) *Microrrelato 2 (Partes II, V y VII)*

r2 está constituido por una carta que establece un circuito de comunicación interno entre actantes de dos microrrelatos diferentes: Mr. Waugh, actante central de r3 y su hijo, Narrador-actante de r2. La carta —tanto en el encabezamiento como en su desarrollo— precisa el funcionamiento de los actantes dentro de ese circuito: Mr. Mortimer Waugh, destinatario con la función implícita de lector y su hijo como destinador del mensaje.

Este microrrelato gira en torno de la misma oposición estructurante de r1: *civilización/barbarie*, pero se desarrolla en la fase imperialista. Concluida la misión civilizadora de los Estados Unidos (el ejército) en el espacio nacional, su poder trasciende sus fronteras para dominar —en nombre de la libertad de los hombres— un espacio distante: Viet-Nam. Precisamente, la carta del Narrador-actante funciona como testimonio de esa lucha neocolonizadora: "No me explico por qué allá —y también aquí en nuestras propias filas— hay protestas contra la guerra. Para mí la cruzada en Asia es consecuencia de nuestro destino histórico" (p. 114). De acuerdo con ese "destino histórico", funcionan los actantes de r2. Ellos reiteran, a pesar del cambio espacio-temporal, la misma función de los actantes de r1 en la lucha por el espacio: *civilizadores/bárbaros*; designados con mayor propiedad, para representar la fase imperialista-expansionista, *neocolonizadores/subdesarrollados*. En la carta en donde se caracteriza a los actantes, el hijo de Waugh encarna al ejército norteamericano neocolonizador y los vietnamitas a los subdesarrollados.

Entre los dos actantes —padre e hijo— se establece, a través de la manifestación directa del destinador (la reacción del destinatario se desconoce, no aparece registrada en ningún momento del texto), una relación de reiteración y continuidad actancial por medio de un paralelismo de funciones: El hijo desempeña en Viet-nam el mismo papel que en la guerra por el espacio representó, en el pasado, el padre en Guadalcanal.

El Narrador-actante desde sus propias reflexiones, experiencias afectivas y primeras impresiones de soldado, se define y define a los vietnamitas. La versión directa de sus convicciones lo presenta como el actante modelado por el sistema civilizador. Es un convencido —se destacó anteriormente— de su papel mesiánico y de allí sus expresiones de manifiesta prepotencia, de devoción por ese mito de técnica y ciencia creado e impuesto por los Estados Unidos para consumo nacional y exterior:

> De cualquier modo nuestra superioridad tecnológica y de toda índole resulta de verdad aplastante (p. 113).

> Y nosotros cada día tenemos mejores armas. ¿Has visto en la tv o has leído algo sobre la bomba que acabamos de estrenar? Es una maravilla, papá (p. 114).

En todo r2 se contrapone la superioridad norteamericana a la inferioridad vietnamita. Desde este contrapunto la primera se magnifica y la segunda se animaliza: "el terreno que pisamos es un inmenso agujero de *topos*" (p. 112) o "ya no les queda sino cavar *ratoneras*" (p. 114).

El Narrador-actante suspende la carta al anunciar al destinatario lo que tiene que hacer. A continuación asume la narración *N1*, quien describe el desenlace del Narrador-actante.

3) *Microrrelato 3 (Partes III, VI y VII)*

El tercer y último microrrelato tiene como actante central a Mr. Waugh. Como r2 y r3, presenta la participación de dos narradores. Se inicia con una aparente tercera persona que narra ("Primero convencerse de que trancas y cerrojos funcionan. Sí, estas puertas de hierro los detendrán. Los negros necesitarían cañones para derribarlas. *Y no tienen que usar cañones contra mí, no*", p. 111). El sintagma presenta los pensamientos y meditaciones del actante; es casi un brevísimo monólogo, de una primera persona que reflexiona con ella misma. Se trata de un Narrador-actante que está dentro del relato. La ambigüedad es resuelta por la última expresión del sintagma: "*Y no tienen que usar cañones contra mí, no.*"

N1, el mismo narrador de r1 y de los últimos párrafos de r2 domina la narración de *r3*. Después de las reflexiones de Waugh, *N1* lo describe en su pasiva función de contemplar todo lo exterior a su casa. Su conducta es consecuencia de un pasado activo que llega por referencia en la carta de su hijo. En ella, asociado con los recuerdos del hijo, aparece Waugh como representante del ejército norteamericano en su función expansionista: "me acordé mucho de lo que me contabas cuando estuviste en Guadalcanal" (p. 111). Waugh cumplió en Guadalcanal su misión colonizadora (la misma que cumple su hijo en Viet-Nam) y se refugia en el presente pacífico, espectante e incomunicado de su casa. El actante concretiza la imagen de un soldado norteamericano promedio, jubilado y encerrado en una paz reglamentada en todos los sentidos: "Ahora cada viernes llamaba por teléfono a una muchacha distinta. No hacía falta más. Tan sencillo como arreglarse con otra mujer para que fuera tres veces por semana a hacer la limpieza" (p. 113).

Entre el actante y el espacio se mantiene un acondicionamiento continuo; el espacio enajenante pone de relieve su incomunicación. Correlativamente con el proceso de humanización de los objetos, analizado en *Tiempo-espacio,* sostiene una relación física-afectiva con ellos. El sillón de hulespuma, que funciona —en cierta medida— como sustituto de la mujer, ejemplifica esa relación.

El actante, a pesar de su pasividad, de su aislamiento y de la seguridad de su casa se siente amenazado. No lo intranquiliza su pasado, ya lejano, sino ese exterior del cual lo protege la ventana de su piso diecinueve. El temor, que no se confiesa, lo denuncia su encierro. Sus actos son repetidos y limitados; a pesar de su aparente satisfacción, está reducido a un espacio confortablemente opresor. Sus movimientos son mecánicos y siempre terminan en la mirada espectante: *ventana*, sillón de hulespuma, refrigerador, *ventana*: "Mr. Waugh se acercó de nuevo a la ventana. La multitud corría envuelta en nubes de gas. De un helicóptero se desprendió sonido de ametralladoras" (p. 114). Waugh abandona su papel de espectador indiferente cuando siente su espacio amenazado ("Tocaron a la puerta" p. 115). Sólo la defensa de su refugio lo obliga a sustituir la actitud de ver por la de hacer: "Mr. Waugh apuntó la ametralladora que había comprado por correo y lanzó varias ráfagas" (p. 116).

Waugh, como se ha venido señalando, funciona estructuralmente como un actante centrípeto. A través de su pupila se comunican el tiempo y los actantes que dinamizan la oposición generadora *civilización/barbarie*. Además de ser estructurante del relato es generador actancial. De él se desprenden las variantes de los actantes civilizadores tanto en la fase colonizadora como en la imperialista. Así, en la guerra continua por el espacio vital él es el ejército de uniformes azules de r1; es él mismo simbolizado por su hijo en r2 y él quien reprime la manifestación de los negros en r3.

El funcionamiento textual de Waugh como generador actancial civilizador se da a través del paralelismo —ya visto— con su hijo. Ahora retomamos el paralelismo pero desde otro ángulo: la conducta de los dos actantes. Waugh y su hijo presentan, en distintas situaciones del relato, reacciones y emociones similares; ejemplar es el placer que ambos experimentan ante la tortura o la destrucción.

PARALELISMO ENTRE WAUGH Y SU HIJO	WAUGH	Las ametralladoras giratorias tiraron contra la multitud. *Mr. Waugh se estremeció de gozo al oír los gritos* (p. 115).
	HIJO DE WAUGH	Por mi parte, *te confieso que no me desagrada achicharrarlos* —todo lo contrario (p. 111).
	WAUGH-HIJO	*Me porté bien en mi bautismo de fuego* y me acordé mucho de lo que contabas de *cuando estuviste en Guadalcanal* (pp. 110-111).

N1 asume la relación final de los tres microrrelatos. En el desenlace simultáneo de los tres microrrelatos se revela plenamente el carácter totalizador de *N1*. Es él quien conoce y narra el desarrollo final de r1, r2 y r3 fundidos en una misma cadena narrativa. Su dominio de la narración no sólo subordina estructuralmente la relación de los Narradores-actantes Waugh y su hijo; sino que impone su marca ideológica a todo el relato (cf. *Ideologema*).

Se indicó anteriormente que los actantes, en sus respectivas funciones, dinamizan los términos de la oposición que da nombre al relato: *civilización/barbarie*. Waugh y su hijo siguen el ya destacado funcionamiento simbólico. Ambos van conformándose desde sus propias reflexiones y actuaciones. Ellos mismos expresan y sostienen tanto su visión de mundo como su responsabilidad histórica. *N1* les cede intencionalmente la narración para que, con voz propia, se definan como representantes colonizadores.

El tono irónico empleado por *N1* al presentarlos y seguirlos está declarando su rechazo y condena hacia lo que aquéllos representan. Al asumir *N1* la narración final de los tres microrrelatos hace suyo el mensaje simbólico que define significativamente a todo "Civilización y barbarie". En los tres, la solución institucionalizada de la oposición *civilización/barbarie* (los civilizadores son los vencedores, los bárbaros los dominados) se invierte: los *bárbaros subdesarrollados* destruyen a los colonizadores. Esta inversión de los papeles de los actantes al mismo tiempo que desmitifica la "civilización" y sus "deberes ante el mundo libre" (pp. 114-115) lleva implícito un nuevo sentido de la historia.

Intertextualidad

En "Civilización y barbarie" la simultaneidad de diversos tiempos históricos se concreta en un espacio caracterizador del presente. Esta coexistencia (¿homologación?) de tiempos históricos diversos permite la orientación de los hechos hacia un acto de justicia histórica que se ejecuta en el actante Waugh, quien tipifica (el hijo es sólo su "heredero") la ideología dominante del "american way of life".

El relato se genera a partir de la oposición *civilización/barbarie* en este caso generadora también del texto histórico que se cuestiona. Cabe decir que, como en "La luna decapitada", ficción e historia tienden a homologarse en una relación dialéctica que se manifiesta en diversos planos tempo-espaciales, y en la cual entran en juego diversos textos y escrituras.

1) *Textos literarios.* a) *Facundo.* El título marca la oposición *civilización/barbarie* y remite ineludiblemente a todo lector de literatura hispanoamericana al texto de Domingo Faustino Sarmiento, *Civilización y barbarie. Vida de Juan Facundo Quiroga* (1845),[23] cuya idea central es similar a la del relato de JEP. Facundo es símbolo —pese a la barbarie— de los valores nacionales más auténticos, y parece oponerse al dictador Rosas que ostenta el poder y la representación política de "la culta Buenos Aires". No obstante —y ésta es la tesis de Sarmiento— la oposición se invalida en tanto Rosas es la manifestación plena de una barbarie en franca oposición con el movimiento civilizador: "Facundo, provinciano, bárbaro, valiente, audaz, fue reemplazado por Rosas, hijo de la culta Buenos Aires, sin serlo él; por Rosas, falso, corazón helado, espíritu calculador, que hace el mal sin pasión y organiza lentamente el despotismo con toda la inteligencia de un Maquiavelo" (Sarmiento 1845, 15-16). El texto de Sarmiento se liga también con el presente histórico porque se hace

[23] En ediciones recientes el título se ha simplificado a *Facundo* (vgr. la edición que utilizo, Sarmiento 1845).

eco de la visión de Estados Unidos como paradigma "civilizado" y "civilizador" para Hispanoamérica.

b) *La ciencia ficción y lo fantástico.* En un nivel superficial de lectura "Civilización y barbarie" parecería corresponder a cierto tipo de relatos de ciencia ficción. Esto es cierto en la medida en que agudiza, llevándolos a los extremos, los efectos del sistema en términos del actante principal. Waugh no importa por su psicología, sino como representante "tipo" de la cosificación, hecho que se manifiesta en el espacio —prolongación de sí mismo— y en los datos, breves y suficientes, que presenta el narrador.

Es evidente que el relato critica una contradicción social de nuestra época —preferida por la ciencia ficción: el hecho de que no hay conquista sin guerra, ni civilización sin sangre.[24] Sin embargo la novela de ciencia ficción suele ser totalizadora[25] y supone una proyección futura y extrema del presente, y en el caso de "Civilización y barbarie" estamos ante un presente en función sólo de un pasado del cual el primero es clara consecuencia. Ahora bien, por el hecho de situarnos ante un representante "tipo" de la cultura norteamericana, extremando sus características, y en un momento límite de su vida (¿límite del sistema?), podríamos aventurar el comentario de que parece "cumplirse" la proyección de un relato de ciencia ficción.

La visión crítica deja en "Civilización y barbarie" un resquicio de salida sugerido por el sector negro ("barbarie" del presente) y simbolizado en el acto reinvindicador del pasado ("barbarie" del pasado) sobre el presente, hecho que también lo aleja de la visión crítica totalizadora que suele caracterizar el relato de ciencia ficción. No obstante este distanciamiento, el recurso de que se vale —los indios que salen de la televisión y transgreden el espacio protegido por el tiempo y por la disposición de espacios dentro de espacios— es característico de relatos de ciencia ficción.[26] Podría pensarse tam-

[24] Sobre estos aspectos, cf. Ferreras 1972.
[25] Según Ferreras (*Ibid.*, 192), "La CF intenta abrazar en su visión la historia entera, no solamente esa parte de la historia que conocemos con el nombre de futuro, sino también la que conocemos con el tiempo de pasado y de presente, porque el relativismo, la desustanciación de toda realidad, determinaba imparablemente la destrucción de toda suerte de límites, de sistemas de referencia de signos explicativos y denunciadores. La historia es así para la CF, un todo o mejor la Totalidad".
[26] Pienso sobre todo en el relato de Ray Bradbury, "The veldt" (Bradbury 1952, 7-19), y en la función vigilante y fiscalizadora de los sistemas televisivos en *1984* de Orwell. En la narrativa mexicana posterior se encuentra un caso análogo (aunque de intención diversa) en el relato "Johnny" de Héctor Manjarrez (Manjarrez 1970, 9-36).

bién en la amplia tradición del espejo, pero no se trata de penetrar "del otro lado del espejo" o de un reflejo de la realidad exterior, sino más bien de la irrupción del pasado en el presente (del interior al exterior) mediante un objeto claramente marcado como representativo de la cultura de *mass media*. En la ciencia ficción, sin embargo, la televisión se erige en símbolo del sistema sociocultural enajenante, mientras que en "Civilización y barbarie" es el medio que posibilita el acto reinvindicador de la historia, invirtiendo así la oposición ya codificada sociológicamente entre desarrollo humano y televisión.

Cabe destacar además que esta escena final remite al lector al ámbito de lo fantástico. La irrupción de lo irreal en medio de la cotidianidad crea la ambigüedad suficiente para hacer pensar en los relatos de esta índole. No obstante, el hecho no desvirtúa la relación del texto con los relatos de ciencia ficción, ya que en éstos es frecuente, tanto la inclusión de lo fantástico como de lo simbólico.

2) *El texto cinematográfico y la historia.* El otro corte histórico se marca en la película que Mr. Waugh ve por el televisor. El acontecimiento televisado no dista mucho cronológicamente del texto sarmientino. Se trata probablemente de un incidente casi único en la guerra india contra los apaches que se efectuó en Yellowstone ("acantilados amarillos", dice el relato) en junio de 1876. La ambición de gloria personal del general Custer (el "Boy General" en la historia) hace que su 7° regimiento de caballería prácticamente sucumba ante los pieles rojas en la defensa de Fort Lincoln (en el relato: "Los apaches abrieron el portón del fuerte. Entraron los jinetes. Las flechas incendiaron las carretas de heno... Los defensores se replegaron al edificio central", p. 115). La inusitada "victoria" indígena se ve sofocada por las columnas de los generales Crook y Terry quienes debían reunirse con Custer ("Terminaron las balas, empuñaron los sables. Se escuchó el clarín de la caballería: los apaches se dieron a la fuga", según el relato). El incidente fue recogido por el famoso creador de westerns, John Ford, en su película *Fort Apache* de 1948. Ford, contrario a otros realizadores, se mantuvo fiel a los hechos históricos y la película, como el incidente que relata, desvirtúa la gran épica de la conquista del oeste tal como se ha consagrado en el género western.[27] El argumento fue tomado a su vez por Ford de *Massacre,* texto de James Warner Bellah.

---

[27] El crítico de cine, J. L. Rieupeyrout, comenta: "Después de *Fort Apache*, John Ford pacta con los militares. ¿El coraje con que trató una cuestión tan delicada... le habría valido algún reproche? Practicar un corte en el renombre del táctico infalible del 'Boy General', exponiendo con toda franqueza las muy personales razones de una aberración de conducta que fue fatal

Históricamente el hecho es significativo y promovió opiniones opuestas en la opinión pública, tal como parecen revelarlo los periódicos de la época:

> En ese fin del año de 1875, el problema indio preocupaba a la opinión pública y a los medios gubernamentales, deseosos de terminar con los Siux, Cheyenes, y Apaches, últimos obstáculos para la colonización de los territorios del noroeste, Montana y Wyoming. Los indios, obligados a encerrarse en sus reservas por las campañas anteriores salían frecuentemente de ellas y las patrullas montadas del 7º de caballería (regimiento de Custer, acantonado en Fort Lincoln, Dakota del Norte) observaban desde hacía algún tiempo una actividad insólita entre los Siux de esa región... La prensa se adueñó de ese asunto, que ponía nuevamente en cuestión no sólo la eventualidad de una reapertura de la guerra india... sino también los derechos recíprocos de blancos e indios sobre los territorios disputados (Rieupeyrout 1957, 95-96).

Se trata del origen de la lucha por el espacio (temática recurrente en la producción de JEP), que impulsa toda la carrera armamentista norteamericana, tanto en su fase colonizadora dentro del propio territorio, como en la fase imperialista posterior.

La película funciona intertextualmente en la medida en que pone en juego la interrelación entre *historia* y *ficción*. El western (la ficción) moviliza la historia, y hace posible la presencia del pasado en el tiempo y espacio presentes (departamento de Waugh), de manera verosímil, a través de un canal televisivo. Además, por su "mensaje", justifica el desenlace del relato.

3) *El texto histórico "omitido"*. La historia imperialista civilizadora del siglo XIX tiene un eco menor en el Imperio de Maximiliano y Carlota en México. A la caída del Imperio suben al poder los liberales cultos que se proponen "modernizar" el país y poner en práctica la Constitución liberal de 1857. La acción civilizadora de la República restaurada cubre la década de 1867 a 1876 con los presidentes Benito Juárez y Lerdo de Tejada. Dentro del objetivo de pacificar y de aculturar el país, el programa liberal se propone "el exterminio de lo indígena" por lo que se suceden las guerras indias en todo el territorio nacional con la sumisión consecuente de los grupos indígenas. El historiador Luis González (González 1976) resume así estas campañas y —dato curioso— destaca una excepción de 1875 en que el grupo indígena triunfa:

para sus hombres y para él mismo, no era trabajar en el sentido de la Historia ni en favor del culto que la posteridad debe a sus grandes jefes militares. ¿Se debió quizá a esa 'anti-epopeya' el hecho de que John Ford debiera exaltar en Río Grande el coraje y las elevadas virtudes del cuerpo de caballería de los Estados Unidos?" (Rieupeyrout 1957, 101).

> Contra las tribus que devastaban los estados de Sonora, Chihuahua, Coahuila y Nuevo León, se organizaron ejercitos rancheros, se puso precio a las cabezas de apaches y comanches y se fundaron treinta colonias militares con el doble propósito de ahuyentar a los bárbaros y de poner en cultivo las inmensas llanuras del norte. Y los logros no fueron despreciables. También se mantuvo a raya, que no se venció, a los mayas rebeldes de Yucatán. En el otro extremo del país, el general Ramón Corona se apuntó una nueva proeza; venció en 1873... no lejos de Guadalajara, al "Tigre de Álica" y a sus coras. *En el noroeste, fueron apagadas las rebeliones de los yaquis habidas en 1867 y 1868, más no la de 1875*, cuando José María Leyva Cajeme, alcalde mayor de aquellos pueblos, hizo una matanza de yoris o blancos, sustrajo del imperio de las autoridades nacionales a su alcaldía y organizó un estado independiente con estatutos e instituciones propias (pp. 184-185).

Evidentemente, y en términos de las culturas indígenas, son análogas la situación del oeste y suroeste de Estados Unidos y la de México durante este período.

4) *Texto antropológico.* Para Jean Baudrillard (Baudrillard 1968), "la configuración del mobiliario es una imagen fiel de las estructuras familiares y sociales de una época" (p. 13), y añade que en el caso de la burguesía es característico un interior de "orden patriarcal" y el espacio tiende a cerrarse "en una unidad que no es tanto espacial como de orden moral" (*loc. cit.*). Los muebles y otros objetos pierden prácticamente su especificidad en este espacio, como los diversos miembros de la familia pierden su autonomía dentro de la sociedad.

Así, en el espacio cerrado y patriarcal de Waugh en "Civilización y barbarie" se establece una relación de inversión entre los objetos y el hombre (hominización de los primeros, cosificación del segundo), proceso ya codificado sociológicamente como característico de la sociedad de consumo . Además los objetos, reducidos en número —ya que todo tiende a una simplificación "eficiente"— representan claramente el orden moral de la burguesía, delimitado en ese espacio pequeño, cerrado y protegido del exterior por "trancas y cerrojos", pero también por un distanciamiento cada vez más acentuado entre el hombre y el ámbito de los afectos. A este orden interno lo caracteriza el confort aparente, la asepsia y los satisfactores de tipo material, en detrimento de las relaciones con los demás hombres, y que difícilmente ocultan la violencia subyacente.

De hecho el relato nos coloca ante una situación límite de los valores establecidos por la burguesía dentro del sistema capitalista. La familia "patriarcal" se ha reducido a la figura del padre, en quien se concentran las características de su clase. La madre se encuentra ausente por divorcio y sustituida por un mecanismo práctico y seguro ajeno a toda relación (p. 113); el hijo, que morirá como el padre, está sólo presente por medio de una carta en el espacio reducido del departamento; como actante se limita a reflejar la ideología paterna que le sirve de modelo.

También se ve afectada la seguridad personal que irónicamente opera como elemento justificador de la conducta individual agresiva, de manera análoga a como se utiliza el criterio de seguridad nacional en la política interna frente a los grupos marginales del sistema, o en la política exterior frente a los países subdesarrollados.

Waugh parece haber adquirido el status medio ideal representado por la ubicación de su departamento: "Allí se tiene la confianza de poseer todas las ventajas de la altura y todos los beneficios de la cercanía" (p. 11). Como parte de los sectores medios, el actante asume la ideología dominante imperialista, desvirtuadora del proceso histórico efectivo (cf. *Red actancial*). Pero, no obstante los índices de confort y seguridad, el hombre vive acorralado en su propio círculo y amenazado por los efectos de su propia violencia.

La analogía entre Waugh y el sistema sociopolítico es evidente. Uno de los indicios textuales más claros de esta identificación es la posesión de las armas de combate que representan el dominio y el poder por la violencia. En el espacio exterior de la lucha imperialista del pasado y del presente, Waugh y su hijo controlan la situación con el lanzallamas, los defoliadores, las bombas como en el exterior del departamento los negros son atacados también por las ametralladoras de la policía. En el espacio interior Waugh, marginado de la realidad histórica, pretende defender su espacio con la ametralladora comprada "por correo", es decir, adquirida mediante una transacción comercial que no requiere de parte suya ningún compromiso efectivo con la Historia que lo rodea e invade finalmente.

5) *Texto sociohistórico (mundos del subdesarrollo/ mundo del desarrollo)*. No hay duda que el relato presenta la oposición entre los Estados Unidos y su ideología y acción imperialistas, y los países o sectores subdesarrollados (Hispanoamérica,[28] Corea, Vietnam en el primer caso; grupos indígenas y negros en el segundo).

Mirados los hechos a partir del sistema generador del relato, la historia se recorta aquí como la lucha de la "civilización" frente a la "barbarie", proceso mitificador que oculta el verdadero sentido de la historia. De ahí que el relato invierta los términos de la oposición y se abra a un posible futuro mediante el proceso desmitificador necesario.

---

[28] La referencia a Hispanoamérica no es textual, pero se alude a ella mediante el título, como se indicó *supra* en *Textos literarios*.

Ideologema

Es evidente que la oposición civilización/ barbarie rige todo el relato, y que los términos invierten su significación tanto en esta oposición rectora, como en la serie que se le subordina.

Del lado de la "civilización" está la cosificación, lo cerrado, el adentro, la mitificación, la tecnología destructiva, el "desarrollo" y afán expansionista. Del lado de la "barbarie": lo humano, lo abierto, el afuera, la historia, la naturaleza, el "subdesarrollo".

Todo parece indicar un doble proceso de aniquilación del sistema capitalista que se manifiesta claramente en el desenlace. Por una parte operan los propios mecanismos del sistema como una fuerza autodestructiva: la cosificación, los mitos de la vida moderna y los actos bélicos cada vez mejor programados para la destrucción. Por otra operan las fuerzas "subdesarrolladas", antagónicas al sistema, capaces de rebelarse y vencer (los negros, los apaches, los vietnamitas).[29]

Este desenmascaramiento del sistema norteamericano adquiere una importancia mayor en tanto el relato lo asocia con Hispanoamérica. La referencia explícita a la Argentina de Sarmiento con sus contradicciones internas, que privilegia como modelo "civilizador" a Estados Unidos, y la alusión implícita a las contradicciones del gobierno liberal de Juárez en México, que reproduce la misma problemática de opresión del gobierno norteamericano sobre los sectores indígenas, claramente hacen de "Civilización y barbarie" un relato desmitificador del modelo desarrollista para nuestros países. Es evidente, además, que el contexto en que se manifiesta este hecho corresponde a periodos complejos históricamente. En el caso de Sarmiento cabe hablar de una conciencia progresista que entraría en contradicción con el modelo socioeconómico que destaca; en el caso del gobierno liberal de Juárez cabría hacer un comentario análogo. Su política "indigenista" entra en franca contradicción con el programa nacionalista de la Reforma.

---

[29] En México, Carlos Monsiváis consigna una ideología de este tipo en el movimiento muralista de los años treinta y en la política educativa de Vasconcelos en el mismo período. Ambos se constituyeron como los "primeros utopistas del siglo mexicano y del latinoamericano. No enfrentaron, drásticamente, a la civilización con la "barbarie". De manera quizás deshilvanada pero genuina, decidieron hacer de lo que entonces se llamaba 'barbarie' la materia prima de una civilización heroica" (Monsiváis 1976, 354).

F. *"El castillo en la aguja"*

Tiempo-espacio

1) *Descripción preliminar*

Este relato consta de 6 partes: las tres primeras funcionan como un marco informativo de la vida y costumbres del actante principal, Pablo. En la IV se inicia linealmente el desarrollo de la anécdota central, que continúa en la V y a VI. Esta parte es la más extensa: comprende una crisis en la vida y costumbres del actante adolescente que señala el fin de una etapa de crecimiento.

2) *Análisis*

La cotidianidad del actante, desarrollada en las partes I, II y III, se presenta mediante la descripción (en imperfecto de indicativo, principalmente) de determinadas escenas significativas (introducidas por ubicaciones temporales: "otras noches", "al comenzar la tarde", etc.).

Una característica constante en este relato es que el espacio, y en menor medida el tiempo, están descritos a través de la percepción del actante. La presencia continua de la naturaleza, por ejemplo, asume el estado anímico del adolescente.

La habitualidad de Pablo se desenvuelve en dos espacios principalmente: el internado y su casa. El internado, asociado con el tiempo de clases escolares, se indentifica como un espacio opresivo y hostil. Desde allí, el actante comunica al paisaje marino que observa, sus sentimientos angustiosos:

> Las ventanas del corredor daban al mar. Cuando la última clase terminaba y los internos iban al dormitorio a disponerse para la cena, Pablo se demoraba ante el cristal y observaba el tormento del mar, el oscuro roerse, la inquietud (p. 46).

En contrapunto afectivo con el internado, la casa es un espacio de refugio,[30] asociada con el tiempo de vacaciones:

> Otras noches, antes de quedarse dormido, escuchaba el galope del viento sobre el campo de espigas... Desde el muro que los aislaba de la noche y el campo miraba la carretera y se divertía contando los vehículos que transitaban en una u otra dirección (*id.*).

---

[30] "Puede la casa sentirse como réplica, prolongación o antagonista del personaje, como algo que lo explica y se explica por su relación con él" (Gullón 1974, 12).

Cuando Pablo va del internado a su casa en autobús, a medida que se aproxima a ésta, el paisaje se embellece: "Pronto desaparecerían las ciénagas, surgirían en la llanura el campo de espigas y la casa..." (*id.*). La descripción de la casa, desde el interior del actante, es el sintagma generador del relato: "Allí estaba otra vez su casa, la casa ajena, el castillo en la aguja" (*id.*). En la posesión o desposesión de la casa radica la posibilidad del actante de tener o no identidad. Entre la contradicción "su casa"/"la casa ajena", la casa queda en un equilibrio tan precario como si se cimentara sobre una aguja.

Como se indicó, en "El castillo en la aguja" las partes I, II y III sirven para enmarcar un día de una experiencia crucial para el actante, situada en las partes IV, V y VI. La experiencia es la construcción y desmoronamiento de un "castillo en el aire" —simbolizado por "el castillo en la aguja": tener identidad (cf. *Red actancial*) y relacionarse con gente de una esfera social más elevada (pp. 48-49), gente poseedora de espacios.

Así, en la parte IV se incia la anécdota central, ubicada un domingo:

> Pablo conoció a Yolanda el primer domingo en que Gilberto se atrevió a invitarlo a su casa (p. 48).

Aunque en esta parte el tiempo gramatical dominante es el pretérito de indefinido, constituye, con respecto al resto del relato, un presente en que se dará principio a los acontecimientos que se desarrollarán de manera consecutiva, en V y VI.

La construcción del "castillo en el aire" —cuyos cimientos se han puesto a lo largo de toda la vida de Pablo— llega a su límite en la descripción de la casa que corresponde a un momento de máxima felicidad:

> Construida a imitación de un castillo del Rin al centro de las vegetaciones pantanosas del trópico, oculta a medias por los árboles de la huerta, la veleta y el pararrayos, la casa sobresalía con el fulgor del sol en los cristales y paredes encaladas (pp. 49-50).

Y a continuación viene el desmoronamiento, la "desposesión"[31] de la casa, el choque con el mundo real que hace entrar en crisis al adolescente.

---

[31] Gastón Bachelard relaciona la protección que puedan brindar determinados espacios a la posesión de los mismos, cuando aspira "a determinar el valor humano de los espacios de posesión, de los espacios defendidos contra las fuerzas adversarias, de los espacios amados" (Bachelard 1957, 29).

En "un instante" con el que finaliza el relato, se desmorona toda la vida del actante. En oposición a la temporalidad habitual, rutinaria (partes I, II y III), el domingo de la anécdota (partes IV V y VI) concentra en unas horas una gran intensidad afectiva en la vida del actante. Y, de ese día, hay un instante más acelerado, más concentrado aún:

> En ese instante
> el viento del norte empieza a correr sobre el campo y dobla y quiebra las espigas. Levanta de la orilla del mar arenas que vibran entre las hojas de los cocoteros. Deja un surco en el agua de las acequias y hace caer flores moradas al pantano. Las ventanas se abren y el viento y la arena entran en la casa y se adueñan de todo y lo destruyen (p. 51).

El viento que al principio del relato galopaba sobre las espigas (p. 46) asociándose a la felicidad de Pablo, ahora —convertido en sujeto destructor— las quiebra y las dobla. El espacio gráfico en blanco que se observa en el ejemplo, equivale a un momento sin palabras. Este momento precede a la descripción de un contorno espacial —la naturaleza—, totalmente subjetivizado: al abrirse las ventanas y dejar que penetren los elementos, *todo* en la casa-refugio es destruido, como lo es el espacio interior del adolescente.

3) *Conclusión*

La anécdota ocurre un domingo. Como en otros relatos de JEP, este día se asocia con la desolación no con la felicidad o el descanso. El aire libre, la naturaleza, también se asocian con la angustia. Asimismo, como es una constante en este autor, el choque con el espacio de la realidad social es frustrante.

Red actancial

"El castillo en la aguja" es relatado por un narrador en tercera persona que, objetivamente, narra el conflicto existencial de Pablo, actante central del relato.

El narrador proporciona, en las cuatro primeras partes, una información biográfica sobre la cotidianidad y el origen del actante. Su cotidianidad gira entre dos planos espaciales, el internado y la casa, que enmarcan dos manifestaciones —diferentes y complementarias— de su habitualidad: la vida escolar y la vida familiar. En ellas Pabo actúa y sus diversas actuaciones constituyen hábitos definidores tanto de su carácter como de su niñez. En los sintagmas, que a continuación se presentan, pueden distinguirse tres clases de hábitos:

1) *Hábitos reveladores de la relación del actante con la naturaleza*: A través de la contemplación del paisaje nocturno, desde el internado o la casa, aflora la sensibilidad de Pablo en un contraste afectivo determinado por los planos espaciales (cf. *Tiempo-espacio*).

2) *Hábitos familiares*: Se precisan a través de las costumbres del actante (horas de dormir y despertarse, comidas, etc.) y apuntan a la relación madre-hijo.

3) *Hábitos correspondientes a las vacaciones*: Se dan dentro del periodo de ocio del actante; sus juegos y entretenimientos pintan una etapa de la infancia que tenía "alguna semejanza con la felicidad" (p. 47).

El origen de Pablo se describe de manera retrospectiva en la parte III: "... Catalina, la muchacha que había servido a los Aragón desde su infancia y que en un mal momento resultó embarazada —nunca se supo por quién— y tuvo a Pablo. Matrimonio sin hijos, los Aragón se habían compadecido del niño y desde los cinco años le pagaban el internado en el puerto" (pp. 47-48).

En el anterior fragmento abundan los elementos significativos que precisan los antecedentes del actante y fijan su condición social: su madre es criada de los Aragón, su padre es un desconocido, los señores Aragón pagan su internado por compasión. Ligado al origen de Pablo se indica la posición de los otros actantes: Los Aragón, señores ricos y "compasivos", propietarios de la casa de campo. Los criados Felipe, Matilde y Catalina, cuidadores de la casa.

Las partes IV-V-VI presentan las relaciones amistosas creadas por el medio escolar entre Pablo, Gilberto Benavides, y su hermana Yolanda. Los Benavides se mueven en el mismo nivel social de los Aragón. El primer encuentro con Yolanda, que ocurre en la parte IV, está marcado por la atracción afectiva: "Cuando Gilberto los presentó, Yolanda retuvo por un instante la mano de Pablo" (p. 48). Sobre esta relación, cuyo desenlace está ligado al del conflicto del actante, insistiremos más adelante.

La amistad con los Benavides culmina con la invitación de Pablo a conocer su casa. De ahí que en la parte VI la casa funciona como un espacio de convergencia actancial.

La correspondencia afectiva entre Pablo y Yolanda se desarrolla y progresa, estimulada por el paisaje y la presencia de la casa (cf. *Tiempo-espacio*). Durante el recorrido en el automóvil "Pablo se aproximó imperceptiblemente a Yolanda que no rehusó la cercanía. Sus manos se enlazaron por un segundo" (p. 49). La llegada a la casa desencadena el conflicto de Pablo. La señora Aragón recibe a los Benavides a quienes ya conocía. Con sus gestos significativos: ("apareció en el vestíbulo y saludó sin reparar en Pablo", p. 50) y sus órdenes ("Dile por favorcito a tu mamá que nos prepare café y sirva helado de guanábana para los niños", *id.*), despeja las dudas sobre la propiedad de la casa y relega a Pablo a su puesto de hijo de la criada. La desposesión de la casa es para el actante una experiencia dolorosa que destruye no sólo su afirmación social, sino la incipiente comunicación afectiva con Yolanda. La aproximación que se dio entre los dos cuando ella lo creía dueño de la casa, se transforma en distanciamiento y rechazo silencioso al descubrir su verdadera condición: "Pablo trató de hallar los ojos de Yolanda que desvió la mirada, enrojeció, fingió interesarse en los pavos reales" (*id.*).

El relato finaliza con el actante sumido en una crisis existencial. Doblemente frustrado: pérdida de la casa y de la relación afectiva con Yolanda, se siente destruido, "rompió a llorar. Se asomó al pozo y *no halló su cara en la superficie concéntrica y remota*" (pp. 50-51). La pérdida de la casa lleva implícita la de su identidad.

Los actantes de "El castillo en la aguja", de acuerdo con las marcas textuales, están ubicados en sus respectivos sectores sociales. Entre ellos se establecen, muy claramente, dos tipos de relaciones: una dominante, de servidumbre, entre patrones y criados (los Aragón/Catalina, Felipe Matilde) y otra transitoria, de aparente nivelación social, entre estudiantes procedentes de diversos sectores sociales (Pablo, hijo de la criada Catalina/Gilberto hijo del ingeniero Benavides). Pablo vive la aparente movilidad proporcionada por la escuela (cf. *Ideologema*). Su conflicto gravita en torno de la posesión y desposesión de la casa. Como poseedor de la casa es "alguien"; tiene seguridad social y afectiva. Desposeída de ella es "nadie"; queda marginado y destruido. Ante su verdadera posición social el actante vive una realidad frustrante que le impide realizarse y lo obliga —lo que ya es una constante definidora de los actantes niños y adolescentes de JEP— a crecer desgarrándose.

Intertextualidad

Ya el título ("El castillo en la aguja") y el epígrafe de este relato marcan la dualidad que lo genera. El título alude a un dicho popular: "Hacer castillos en el aire", que equivale a hacerse ilusiones con poco o ningún fundamento. Opone, pues, la imaginación a la realidad. El epígrafe de Orwell análogamente contrapone la imagen positiva que se puede tener de uno mismo y la realidad de toda vida en su interior: "una serie de fracasos". En ambos la oposición se resuelve por la afirmación de la realidad, que se define como dolorosa: "castillo en la aguja"; "serie de fracasos".

1) *Texto lingüístico*. Claramente el narrador contrapone mediante el lenguaje al actante Pablo y a las dos familias burguesas con las que entra en contacto. Se repite —igual que en otros relatos— la marginalidad marcada por la ausencia de nombre, en este caso de apellido: Pablo (sin apellido) / los Benavides; los Aragón (cf. "Tarde de agosto").

Aunque el narrador mantiene su enunciado en tercera persona, a base de indicios lingüísticos diversos caracteriza a los actantes y, al mismo tiempo, muestra su punto de vista:

Lenguaje poético. Con Pablo se asocia siempre la naturaleza, y relacionado con él el enunciado adquiere carácter poético (p, 46). El hecho es notable en el segmento que concluye el relato. En él se concentra el animismo que hace del viento el vengador de la injusticia. La imagen visual producida tiene un gran dinamismo, gracias a la reiteración de verbos en presente colocados en el comienzo de las frases, lo cual da a la secuencia un ritmo acumulativo acorde con la intensificación del sentido.

Lenguaje de "mass media" y otras marcas lingüísticas. A diferencia de lo que se hace con el actante Pablo, al caracterizar a los Benavides el narrador remite a elementos de *mass media* fácilmente identificables por el lenguaje estereotipado, propio de la divulgación, y francamente inscrito dentro de la ideología dominante para los sectores medios: Gilberto lee las tiras cómicas de aventuras del mago Mandrake; la madre "estaba absorta en la página de sociales"; el padre oye la radio. El segmento donde se nos precisan estos detalles termina estableciendo el contraste, mediante el lenguaje, entre la familia y el contexto de la naturaleza, que sabemos identificada con Pablo: "El viento doblegaba las palmeras. Inclinado también, verde brillante, apareció el campo de espigas" (p. 49).

Otro modo de caracterizar a ambas familias (los Benavides y los Aragón) es por su modo de hablar. Los ejemplos son breves, pero significativos, en tanto sugieren una procedencia de clase. Deliberadamente se eluden referencias afectivas y el lenguaje se especifica por los formulismos, el prejuicio y la superficialidad. Baste citar uno que se refiere a "la señora Aragón" (cf. también la escena de los Benavides en el restaurante, pp. 48-49).

La señora Aragón apareció... y saludó sin reparar en Pablo:
—Ingeniero, Conchita, qué milagro; no saben cuánto gusto me da verlos por aquí; pasen por favor que esta es su casa (p. 50).

2) *Texto social*. Una vez más en la producción de JEP el relato cuestiona los valores codificados de la familia de los sectores medios (sector medio alto en el relato), y se indica la marginalidad por la falta de participación efectiva en una estructura familiar (el caso de Pablo).

Varios indicios apuntan a los códigos de clase. Anteriormente me referí a los *mass media* (radio, tiras cómicas, página de sociales). También se alude a rituales relacionados con este tipo de familias: tener al hijo en el internado (aunque los padres viven en la ciudad); el domingo como día consagrado a la familia con su ritual particular (ir a misa juntos; comer en un restaurante a las afueras de la ciudad); la niña que baila "muy bien" (en "el teatro, en el festival de la escuela"), pero que no debe bailar en el restaurante del "pueblo a orillas de la laguna" porque "el lugar resultaba inadecuado, había gente que no era de su clase" (pp. 48-49). Así también los Aragón emigran a la capital, pero "de todas sus propiedades sólo conservaron la casa de campo en que solían pasar las vacaciones" (p. 47).

La oposición dominante en el relato, idealización/realidad, se concreta en una problemática social específica que puede verse como movilidad social/marginalidad, y que opera en términos de Pablo. El actante parece haber adquirido una posición en la estructura social: estudia con los Benavides; vive en casa de los Aragón. El relato muestra precisamente, en todos sus niveles, la falsedad de este supuesto. En contrapunto con los datos enmascaradores, a lo largo de todo el relato se van dando indicios de la marginalidad efectiva de Pablo. El prejucio está agudizado en el mundo de los adultos, a cuya ideología se integran finalmente los niños (cf. en el relato las instancias de la relación entre Yolanda y Pablo, que opera como una secuencia-índice a través de casi todo el texto).

Ideologema

La oposición generadora del relato, *idealización/realidad*, se resuelve con el predominio de la *realidad*, mediante un proceso de degradación que sufre el actante principal, Pablo. El mecanismo operatorio actúa en todos los estratos textuales. Por eso la oposición actancial *movilidad social/marginalidad* se define en función del segundo término.

También indican lo mismo las marcas espaciales. En un momento dado del relato se oscila entre "su casa" (de Pablo) y "la casa ajena", ambigüedad implícita en el título, que se repite en el texto mismo (p. 47). Pero no hay duda de que al final el actante queda despojado y marginado totalmente, pues "su casa" es "su casa" de los Aragón y de sus amigos. En definitiva el espacio y tiempo protectores, donde de algún modo se es "alguien", devienen espacio y tiempo ajenos. De ahí que la marginalidad se identifique con un problema de identidad (pp. 50-51).

G. *"Jericó"*

Tiempo-espacio

1) *Descripción preliminar*

"Jericó" está integrado por un bloque narrativo continuo iniciado sin sangría. El narrador, en 3a. persona, relata dos momentos de una misma destrucción.

2) *Análisis*

El relato se inicia con la descripción del tiempo y el espacio del actante principal:

> Al caminar por un sendero del otoño H pisa hojas que se rompen sobre el polvo. Brilla la luz del mediodía en los árboles (p. 137).

El actante está en una estación que precede al invierno, final del año; se rompen las hojas que entonces desaparecerán; el sol en su punto más alto presagia el calor del fuego que llevará a cabo la destrucción final. H se detiene "A mitad del bosque"; parece tratarse de un apacible paseo normal, pero se proporcionan indicios de algo extraordinario: "Las nubes hacen y deshacen formas heráldicas." Además hay una sequía que va avanzando:

> A mitad del bosque H encuentra un sitio no alcanzado por la sequía. Tendido en ese manto de frescura mira el cielo, prende un cigarro, fuma, escucha el silencio del bosque. Nada interrumpe la serenidad. El orden se ha adueñado del mundo (*id.*).

La insistencia en ese momento de estatismo subraya su carácter premonitorio; el actante se encuentra en un sitio fresco dentro de la sequía y en un ambiente sereno, haciendo una pausa antes de la furiosa destrucción que hará de un hormiguero.

Las hormigas cuyo carácter es simbólico, tienen una "ciudad subterránea" (*id.*) que es un espacio menor dentro del espacio mayor que es la ciudad de los hombres.

Como anticipando la ruptura del orden que parece haberse instaurado en su propio mundo, H produce en el de las hormigas "el pánico y el desorden" (p. 138). Principia a destruir la caravana de hormigas *"con la brasa del cigarro"*, con el fuego; después procede a una minuciosa aniquilación:

> Calcina a las que tratan de ocultarse o buscan la oscuridad del hormiguero. Y cuando ningún insecto vivo queda en la superficie, aparta los tenues muros de arena y excava en busca de las galerías secretas, las salas y depósitos en que un pueblo entero sucumbe bajo el frenesí de la destrucción (*id.*).

Esta destrucción de las hormigas bajo una fuerza superior [H], sugiere simbólicamente la destrucción de los hombres bajo una fuerza asimismo superior ["el hongo de humo", *id.*]. Los "pasadizos" de los insectos son tan inútiles como los refugios subterráneos construidos por los hombres. Si el aniquilamiento de las hormigas dura "una hora y media" (*id.*), el humano durará "un segundo" (*id.*). Después de acabar con las hormigas, H desde "las montañas que dominan la ciudad", observa la destrucción de su mundo:

> Antes que la corriente negra lo devore, *en un segundo*, de pie sobre el acantilado puede ver la confusión, las llamas que todo lo destruyen, los muros incendiados, el fuego que baja del cielo, el hongo de humo y escombros que se levanta hacia el sol fijo en el espacio (*id.*).

3) *Conclusión*

En este relato los acontecimientos se desenvuelven de manera lineal y el transcurso del tiempo es progresivo. Sin embargo, pese a este carácter lineal y a la existencia de espacios abiertos, éste es un relato cuyo simbolismo niega toda salida existencial a los actantes. La oposición entre espacios abiertos y cerrados, entre superficie y subterráneo, aquí queda subordinada a la destrucción total.

"Jericó" lleva a su límite los relatos que en *El viento distante* tienen una estructura lineal: no finaliza en una crisis irresuelta (como "El castillo en la aguja") ni en la destrucción vindicatoria de una facción por otra (como "Civilización y barbarie"), sino en una aniquilación total, ante la que los hombres son tan impotentes como lo fueron los habitantes de la ciudad bíblica que le da título.

Red actancial

"Jericó" es un breve relato simbólico narrado por una tercera
persona que, desde fuera del relato, como observador objetivo,
presenta de manera consecutiva los hechos que conoce.

El nombre de la ciudad bíblica que lo titula marca el carácter y
el funcionamiento de los actantes, estableciéndose una correspondencia significativa entre los segundos y la primera. Así, tanto las
funciones particulares como las interrelaciones de los actantes están
implícitas en el contenido simbólico de "Jericó".

En la narración operan dos actantes: *H*, eje de la acción y *las
hormigas*, catalizadoras de la acción de aquél. Ambos, como a continuación tratamos, son descritos de acuerdo con su funcionamiento.

El narrador pormenoriza las acciones de H quien camina y a continuación descansa. Se parte de la posición de reposo del actante
y se destacan sus actos mecánicos: prende un cigarro, fuma...,
para fijarlo en una actitud expectante "mira el cielo..., escucha el
silencio del bosque" (p. 137), en consonancia con el ordenado estatismo que lo circunda.

Las hormigas también son detalladas dentro de sus actividades por
la mirada observadora de H: "Una caravana de hormigas se obstina
en *llevar* hasta la ciudad subterránea el cuerpo de un escarabajo.
Otras, cerca de allí, *arrastran* leves cargas vegetales..." (*id.*). La
visión de las hormigas es dinámica. En el fragmento destacado se
percibe una actividad incesante que contrasta con el estatismo del
observador. Este contraste es subrayado por los verbos que rigen
los actos de los actantes: *H escucha, mira/las hormigas llevan,
arrastran*. El activismo de las hormigas genera la laboriosidad como
rasgo fundamental que las define.

En "Jericó" se distinguen muy claramente siete unidades significativas, definidas por la actuación de H, que se pueden esquematizar de la manera siguiente:

1) *H contempla su poder, "el orden del mundo"*: "El orden se ha
adueñado del mundo, H vuelve los ojos y mira los senderos en la
hierba" (*id.*).

2) *H observa y admira a las hormigas:* "H admira la unidad del
esfuerzo, la disciplina de mando, la energía solidaria. Pueden llevar
horas o siglos en la tarea de abastecer el hormiguero" (*id.*).

3) *Irrupción de la fuerza destructora de H:* "Absortas en su afán
las hormigas no se ocupan de H... Pero él, llevado de un impulso
invencible, toma una hormiga entre los dedos, la tritura con la uña
del pulgar" (pp. 137-138).

4) *El placer destructor de H*: "El pánico y el desorden provocan placer en H" (p. 138).

5) *La furia destructora de H*: "Y cuando ningún insecto vivo queda en la superficie, aparta los tenues muros de arena y excava en busca de las galerías secretas... en que un pueblo entero sucumbe bajo el frenesí de la destrucción" (*id.*).

6) *H incendia las ruinas*: "Antes de retirarse H junta la yerba seca y prende fuego a las ruinas. El aire se impregna de olor fórmico, arrastra cuerpos, fragmentos, cenizas" (*id.*).

7) *H es devorado por su fuerza destructora*: "Antes de que la corriente negra lo devore, en un segundo, de pie sobre el acantilado puede ver la confusión, las llamas que todo lo destruyen, los muros incendiados,... el hongo de humo y escombros..." (*id.*).

A través de las citadas unidades, por medio de las acciones de H, se puede seguir el desarrollo gradual del relato. Sus acciones se desenvuelven en una línea de intensidad ascendente que va de la observación a la destrucción. A las primeras unidades corresponde la observación de H. Su acción destructora irrumpe y se acelera a partir de la unidad tres, culmina en las unidades cinco y seis, y decrece en la siete con el desenlace. El tránsito de la observación inicial a la destrucción final es marcado, en las respectivas unidades uno y siete, por el contraste luz/humo; la luz del mediodía que preside la unidad inicial es sustituida por el "hongo de humo" (*id.*), con el cual se cierra el relato. En el tránsito indicado se revelan, con nitidez, las relaciones funcionales entre los actantes que de inmediato abordamos.

Ya ha sido señalado el carácter simbólico de los actantes; sobre él es necesario volver para precisar sus funciones particulares e interrelacionadas. De los actantes no figuran, en ningún momento del relato, rasgos físicos; su singularización está a cargo de las acciones que determinan su funcionamiento narrativo. La designación del actante central por una *H* corresponde a un nivel de abstracción, inherente a la naturaleza simbólica, y tiene una doble referencia: 1) Genéricamente representa a los hombres en función del poder opresor. 2) Por los efectos destructivos del poder se relaciona directamente con la acción aniquiladora de la bomba atómica; correspondencia materializada en la imagen *"hongo de humo"*. Asimismo la H se refiere (relación lograda por la mayúscula y el poder destructor) a la bomba de Hidrógeno (la famosa bomba H). El poder destructor de *H* se sensibiliza por la suma de los verbos caracterizadores de sus actuaciones *(tritura, hiere, calcina, mata)* que dan una totalidad semántica de aniquilación. Y la *H* que lo designa opera como índice gráfico de las referencias expresas e implícitas en el texto: *h*ombre, *h*idrógeno, *h*ongo, *h*umo.

Las hormigas se identifican con pueblo y trabajo. El primer sentido está explícito en el texto: "excava en busca de las galerías secretas, las salas y depósitos en que *un pueblo* entero sucumbe" (*id.*); y el segundo, anteriormente señalado, está implícito en las actividades que ejecutan las hormigas. Las cualidades de laboriosas, tenaces, solidarias, con las cuales se les califica generalmente, son reiteradas por la admiración de *H*: "admira la unidad del esfuerzo, la disciplina de mando, la energía solidaria" (p. 137). Entre *H* y las hormigas se revela una funcionalidad antitética que de acuerdo con el carácter simbólico de los dos actantes, concretiza la oposición *poder/pueblo*. Ésta se percibe reiteradamente en el empleo de los siguientes recursos: 1) El empleo gráfico de la *H* mayúscula para el actante central y minúscula inicial para las hormigas. Se establece así una jerarquización, una relación de subordinación entre los actantes. 2) La distancia que media entre *H* y las hormigas subraya la jerarquización indicada en el punto 1. *H* siempre se encuentra colocado a cierta altura con respecto a las hormigas: "un sitio no alcanzado por la sequía" (*id.*), o "de pie sobre el acantilado" (p. 138) que impone separación y superioridad. Desde esa distancia jerarquizante "mira los senderos de las hormigas en la hierba" (p. 137). A ellas les corresponde el suelo y el subsuelo. 3) La visualización de los actantes contrapone sus tamaños; frente a la dimensión corporal de *H* está la pequeñez de las hormigas: *"toma una hormiga entre los dedos, la tritura con la uña del pulgar"* (p. 138). Se materializa con gran efecto óptico, la oposición *poder/pueblo;* una uña, un dedo de *H* son suficientes para destruir el hormiguero. El contraste visual culmina en las acciones de los actantes. Así, en tanto que *H asesina, incendia, destruye,* las hormigas *trabajan, construyen,* "arrastran leves cargas vegetales... acumulan partículas de arena" (p. 137). No obstante, la función dominante es la de *H*. Su poder omnímodo arrasa hormigas y hormigueros. Con la extinción de los dos se insiste en la identificación hormigas-pueblo, esta vez subrayada por el hormiguero que remite a los refugios subterráneos usados por los hombres durante las contiendas bélicas y destruidos muchas veces por las bombas. Pero aunque el poder de *H* es lo dominante ("El orden se ha adueñado del mundo" *id.*), en la culminación de su poder destructor (cuando "prende fuego a las ruinas", p. 138), mediante un desenlace de autofagia, es devorado por la corriente poderosa y destructora generada por él.

Intertextualidad

El estrato simbólico de "Jericó" permite, dentro de su brevedad, relacionarlo con diversos aspectos fundamentales de la producción de Pacheco. Este carácter sintetizador de "Jericó" lo hace significativo en lo concerniente a la visión histórica dominante en dicha producción.[32]

La narración, en presente, manifiesta una visión catastrófica de la historia, vista como un proceso reiterado de oposición entre el poder dominador y el pueblo (hombres dominados y disminuidos). La dinámica histórica generada por la oposición poder/pueblo determina un sistema de relaciones que concretiza la oposición como *dominador/dominado*. El sistema (dominador) permite al dominado, en una primera instancia, cierta dinámica social limitada al espacio marginado y subterráneo. En esta etapa prevalecen las ideas de orden e incluso de solidaridad, pero marginadas del sistema y limitadas por él. Esta situación ambivalente, junto con una serie de indicios textuales iniciales, marcan el paso para la destrucción apocalíptica que concluye el relato.

1) *Texto literario*. Entre el título y la narración breve se establece una relación que da al relato su dimensión parabólica. El suceso de ficción funciona de manera semejante al suceso histórico de la destrucción de Jericó. En ambos se dan además interrelaciones, pues el suceso de ficción incluye la historia (vgr. la alusión al hongo atómico) y en el relato bíblico operan elementos de carácter sobrenatural como la caída de las murallas al sonar las trompetas el séptimo día del asedio a la ciudad.

Esta interrelación, característica de las parábolas, permite establecer la analogía entre el pasado y el presente históricos. La alusión al pasado, Jericó, explica el sentido del presente (presente de la ficción), y el presente muestra la recurrencia significativa del pasado.

En tanto modo de narrar lo parabólico se asocia a su vez con el texto bíblico, tan importante en este relato.

2) *Textos históricos*. La intertextualidad de "Jericó" se centra en la narración bíblica y en la historia contemporánea, a partir de la segunda guerra mundial (cortes análogos a los de *Morirás lejos*).

a) *La biblia*. El texto que incide principalmente en el relato es el de la "Toma de Jericó", que se encuentra en "El libro de Josué".[33]

---

[32] Al hacer el panorama de la relación intratextual de todos los textos de JEP, se confirma esta afirmación, pues reiteradas veces se alude al relato relacionándolo con otros (cf. *Intratextualidad*).

[33] Josué, según la edición de la Biblia de Nácar-Colunga (Nácar-Colunga

Actúa el texto bíblico para marcar el inicio histórico de la lucha por el espacio, con su subsecuente secuela de destrucción, generada por la matriz de oposición entre poder y pueblo que se perfila como oposición entre dominador y dominado.

En efecto, Jericó es la primera conquista del pueblo de Israel en su lucha por dominar el territorio de Canaán. El comentarista bíblico sintetiza así el hecho: "Desde el punto de vista humana, la conquista no se diferencia de las realizadas por tantos pueblos que, careciendo de patria, buscan un territorio donde hacérsela apoyandose en su propia fuerza" (Nácar-Colunga 1950, 272).

La "Toma de Jericó" (Josué 6, 1-27) parece funcionar como modelo de toda la cadena de destrucciones bélicas recogidas en los textos de Pacheco. Una serie de elementos que se corresponden con el pasaje bíblico se repiten en la imagen de la destrucción, tanto en relatos como en poemas:

1. La destrucción masiva de hombres, mujeres y niños.
2. El asedio y el cerco antes de la muerte.
3. Las murallas como lo que se opone inútilmente a la destrucción (murallas que en los textos literarios pueden ser también metafóricamente las defensas internas del hombre).
4. La utilización del fuego para arrasar los últimos vestigios de la ciudad.
5. El sistema estructural enajenante que subyace al proceso destructor (cf. especialmente "Civilización y barbarie" y *Morirás lejos*).

Sobre este último punto conviene referirse a una descripción de Jericó, sacada en parte de *Antigüedades hebraicas* del historiador Josefo y de otros textos bíblicos (*apud* Pérez de Urbel 1966, 490-491), que la muestra como una ciudad muelle, próspera y rica, en constraste con Jerusalén y otras ciudades vecinas.

> ...la ciudad de Jericó, país casi divino, según la expresión de Josefo. Cuando las montañas de Judá se cubren de nieve, los habitantes del oasis visten gasas ligeras. En otro tiempo, aquella tierra había sido estéril y sus aguas mortíferas; pero se cuenta que un día el profeta Eliseo pasó por allí, diciendo: "Que me traigan un vaso lleno de sal." Y, habiendo tomado la sal, derramóla sobre una fuente, y, desde aquel instante, se lee en el libro cuarto de Reyes, las aguas se hicieron fecundas. Desde entonces Jerusalén tiene envidia de Jericó, de sus rosas, de sus fuentes, de sus brisas, de sus estanques y de sus casas de campo, escondidas entre bosques de palmeras y sicómoros, donde llevan una vida fastuosa los cortesanos del palacio de Herodes y las grandes figuras del sacerdocio: donde buscan aventuras y placeres los oficiales de la guarnición romana y donde esconden sus joyas de oro los grandes banqueros israelitas.

1950, 272), fue un capitán "ayudante de Moisés (Éx. 24, 13) y su lugarteniente en las empresas guerreras (Éx. 17, 9). Por eso luego le sucede, con la misión de llevar a cabo la conquista de la tierra prometida" (Canaán).

> Embellecida por Herodes y Arguelas, dotada de un gran anfiteatro, de un hipódromo espacioso, de suntuosos palacios y de rientes piscinas, Jericó... era entonces la segunda ciudad de Palestina.

En el relato apenas se sugiere esta imagen ambivalente de prosperidad y destrucción por las marcas textuales que indican el poder superior de H, y el contraste entre la sequía y su espacio presente, semejante a un oasis. La ambivalencia se apunta inmediatamente antes de la destrucción definitiva.

La mención de Jericó alude indirectamente, a su vez, a otro pasaje bíblico —de clara trascendencia en *Morirás lejos*— la destrucción de Jerusalén (II de Reyes, 25, 1-27). La ciudad del pueblo judío es sitiada, cercada y destruida por el fuego, y cae en poder del rey Nabucodonosor de Babilonia. Es decir, el dominador (en Jericó) es dominado y destruido en un tiempo histórico posterior. No obstante, simbólicamente es más eficaz la imagen de la destrucción de Jericó, por ser la primera en el tiempo y por el carácter definitivo de su destrucción: "la conminación de Josué viene a significar que, si se reedificara Jericó, habría de ser considerado no como reedificación, sino más bien como fundación..." (Nácar-Colunga 1950, 279, en nota).

b) *La historia contemporánea.* Como he señalado (cf. *supra*), el presente del relato se refiere a nuestro presente histórico. El dominador, representado por H, se destruye por efecto de su propio sistema. La imagen visual final de fuego y destrucción claramente remite al hongo atómico y a toda la producción de bombas nucleares de un potencial destructivo mucho mayor que la atómica. La bomba H (como H en el relato) es un buen ejemplo de cómo la técnica, a partir de 1945, ha perfeccionado los productos bélicos de esta especie.

Por la alusión a la bomba atómica es evidente que la crítica es al sistema capitalista norteamericano, sobre todo por su política imperialista y armamentista.

Ideologema

La oposición *dominador/dominado* rige tanto el pasado remoto como el presente de la historia occidental (sistema capitalista). En la medida en que la oposición no se resuelve en una síntesis liberadora del hombre, se anula en un proceso de destrucción total. La razón subyacente a este aniquilamiento en "Jericó" es la actitud pasiva del pueblo disminuido, que no opone resistencia a su aniquilamiento final, y el poder que se destruye a sí mismo por efecto de su propia técnica.

II

El principio del placer

Sobre tu rostro
    crecerá otra cara
de cada surco en que la edad
                madura
y luego se consume y
            te enmascara
y hace que brote
        tu caricatura

JOSÉ EMILIO PACHECO

A. *"El principio del placer"*
Tiempo-espacio

1) *Descripción preliminar*

Este relato consta de 67 partes separadas entre sí por un espacio en blanco y un asterisco.

Desde el principio se explica que el texto es el diario personal de un adolescente, Jorge. El narrador relata acontecimientos que señalan el fin de una etapa de su crecimiento.

La extensión de las partes oscila entre seis líneas y poco más de una página; pero hay algunas partes más extensas que corresponden a los sucesos principales.

Dentro del texto constituido por el diario, el narrador intercala transcripciones de diálogos y otros textos menores como son las cartas de Ana Luisa y sus respectivas respuestas (pp. 19, 20; 24, 25, 26, 29, 45, 46, 47 y 49) y el anónimo enviado a su padre (pp. 42-43). En estos "textos dentro del texto" se hace evidente una deliberada intención del narrador de reproducirlos con fidelidad.

2) *Análisis*

El espacio escritural, generado por el carácter mismo del diario, permite que el actante, al consignar sus acciones, pensamientos, dudas, etc., los racionalice; es decir, que vea objetivizado su propio espacio interior y pueda analizarlo.

> ...un diario enseña a pensar claramente porque redactando ordenamos las cosas y con el tiempo se vuelve interesante ver cómo era uno, qué hacía, qué opinaba, cuánto ha cambiado (p. 12).

Los hechos se van escribiendo a medida que ocurren; así, la cronología del diario es lineal pero con interrupciones a las que corresponden los espacios en blanco. Cada parte corresponde a un rato de escritura y entre una y otra parte transcurren intervalos. De acuerdo a la codificación del género, la periodicidad con que se escribe no es regular; depende del estado de ánimo del narrador. Éste, a su vez, está condicionado por los acontecimientos:

> Días, semanas sin escribir nada en este cuaderno. Para qué, no tiene objeto (p. 51).

> Desde hace tiempo no escribo nada pero ahora me voy a desquitar por todos los días que dejé en blanco. Acaba de pasarme algo terrible (p. 59).

El presente de enunciación del narrador corresponde a su adolescencia y ocasionalmente utiliza este tiempo verbal; pero lo más frecuente es el uso de tiempos del pasado porque escribe a continuación de los hechos. Alguna vez alude a su infancia, pero sólo para confrontarla con su pasado inmediato o con su presente que es lo que es realidad le interesa. La preocupación por el futuro, incierto, es constante: "De aquí a un año ¿en dónde estaré, que habrá pasado? ¿Y dentro de diez?" (p. 27).

La ubicación temporal de los acontecimientos con respecto al momento de ser escritos está casi siempre explícita y con frecuencia situada al principio de cada parte:

> Hoy conocí a Ana Luisa... (p. 14).

> Ayer, en Independencia, Pablo me presentó a un muchacho de lentes (p. 15).

> A cambio de ayer hoy fue un día espantoso (p. 36).

El diario abarca toda la etapa de transición del actante, desde la parte I ("Se supone que nadie va a leer este diario. Me lo regalaron para Navidad y no había querido escribir nada en él", p. 11) hasta la LXVII ("Escribo por última vez en este cuaderno", p. 62). La duración no puede precisarse a partir de los indicios temporales, pero puede inferirse que abarca varios meses que transcurren dentro de un mismo ciclo escolar.

En "El principio del placer" hay un tratamiento temporal *parecido* al de otros relatos de JEP ("Tarde de agosto", "El castillo en la aguja"...): se presenta un lapso amplio para enmarcar un día —o una hora o un momento— significativo. Lo que ocurre ese día significativo es, en este relato, la confrontación entre la idea preconcebida que el actante tiene de "la realidad" y ésta. Tal confrontación asume varias formas y culmina en la oposición espectáculo/vida, hacia el final del relato. En el momento crítico el actante comprende que los límites entre el espacio del espectáculo y el de la vida, la realidad, no son tan precisos. Y esta comprensión es lo fundamental de su experiencia (cf. *Red actancial*).

Los espacios en que se desarrolla la acción son los de la cotidianidad del actante, la escuela y la casa, sobre todo esta última, alternando con los sitios de recreación de la ciudad provinciana: el cine, el zócalo, la playa, etc. La casa y la escuela, los espacios institucionalizados, se presentan como sitios de refugio y seguridad. En oposición a ellos está el exterior, la calle, la playa —que ofrecen la libertad y la aventura— y donde el actante encuentra nuevas experiencias. Antes del enfrentamiento final con la realidad, pero después de su ruptura con Ana Luisa, el actante vuelve a los espacios seguros:

> Pienso que tarde o temprano lo de Ana Luisa tenía que acabarse pues con los años que tengo no me iba a casar con ella ni nada por el estilo. Además desde que no nos vemos todo parece en calma. En la *escuela* ya me hablan, en la *casa* me tratan bien... (p. 53).

El actante vive en la provincia, pero antes vivió en la ciudad; de esta última sólo tiene recuerdos (parte I) o sueños (LVI). No se presenta una oposición entre estos dos espacios geográficos.

En cuanto a la ubicación histórica, el narrador da algunos indicios. Por lo que se refiere al tiempo, poco precisos: menciona que en su infancia llegó a México, por primera vez, la televisión (p. 11); que su padre —General— estuvo en la Revolución (p. 23) y que el padre de un amigo "se hizo millonario en el régimen que está por acabar" (p. 55). A la vez que indicios temporales, estos ejemplos implican una concepción de la historia nacional coincidente con la que se presenta en "La luna decapitada": el padre ejemplifica el ascenso —en este caso militar— de los revolucionarios y en la clase gobernante se generaliza la corrupción (*id.*).

Los indicios espaciales son muchos. En el Distrito Federal: "Regalos Nieto" (p. 11), situado en "la esquina de Juárez y San Juan"; la nevería "La bella Italia" (p. 51); las calles Amsterdam, Álvaro Obregón, Mazatlán (p. 51). En Veracruz: Xalapa (p. 23), cine Díaz Mirón (p. 14), Villa del Mar (p. 62), Mocambo, Boca del Río (p. 23), Independencia (p. 15)... entre otros. Esta deliberada presencia de la realidad histórica geográfica en el texto es una constante en algunos de los relatos de *El viento distante* y en todos los de *El principio del placer*.

3) *Conclusión*

Al igual que en "Tarde de agosto" y en "El castillo en la aguja", en "El principio del placer" encontramos una estructura lineal a través de la que se presenta la narración de un momento crítico en la vida de un adolescente: la experiencia fallida que marca el paso de una edad a la siguiente. Y, al igual que los relatos citados, éste finaliza con la crisis. Pero a diferencia de ellos, aquí el actante no parece quedar traumatizado por la experiencia: se reintegra al tiempo de la cotidianidad y al espacio familiar. La casa conserva su carácter de refugio.

Red actancial

"El principio del placer" es un diario cuya narración en primera persona está marcada por la subjetividad y el estado anímico de Jorge, el Narrador-actante. A través de los hechos que se consignan en el diario, se estructura la cotidianidad de Jorge. Ésta, que se articula entre la escuela y la casa (cf. *Tiempo-espacio*) presenta actividades, inquietudes, gustos y aficiones que, como puede observarse en el siguiente esquema, definen al Narrador-actante como un adolescente lector y escritor.

ACTIVIDADES Y AFICIONES DEL ADOLESCENTE

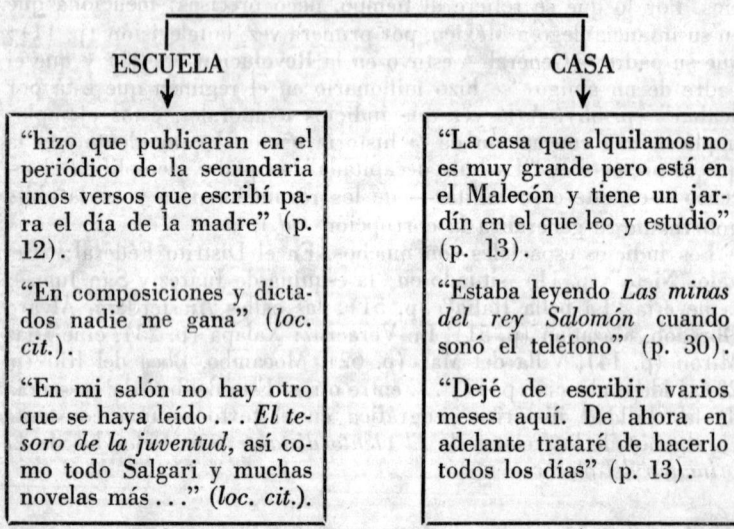

ESCUELA

"hizo que publicaran en el periódico de la secundaria unos versos que escribí para el día de la madre" (p. 12).

"En composiciones y dictados nadie me gana" (*loc. cit.*).

"En mi salón no hay otro que se haya leído... *El tesoro de la juventud*, así como todo Salgari y muchas novelas más..." (*loc. cit.*).

CASA

"La casa que alquilamos no es muy grande pero está en el Malecón y tiene un jardín en el que leo y estudio" (p. 13).

"Estaba leyendo *Las minas del rey Salomón* cuando sonó el teléfono" (p. 30).

"Dejé de escribir varios meses aquí. De ahora en adelante trataré de hacerlo todos los días" (p. 13).

ADOLESCENTE LECTOR ESCRITOR

Los actantes de "El principio del placer" forman parte de la cotidianidad de Jorge. Son vistos por él vinculados a su fracasado romance con Ana Luisa, experiencia decisiva que moviliza su conflicto. Abordaremos los actantes pues, a partir de esa relación. A lo largo de ella, entre Ana Luisa y Jorge predomina una antítesis que precisa la imagen de los dos actantes a través de tres instancias:

1. Sus estudios
2. Sus lecturas
3. Sus cartas

El texto proporciona muchas oposiciones, de las cuales extraemos algunas que ponen en juego las instancias anteriores:

	ANA LUISA	JORGE
ESTUDIOS:	Estudió hasta el cuarto de primaria (p. 38).	Es estudiante de secundaria (p. 12).
LECTURAS:	Sólo lee historietas, se sabe de memoria el Cancionero Picot (*loc. cit.*).	Lector de *El tesoro de la juventud*, de Salgari, Dumas y Julio Verne (*id.*).
CARTAS:	Jorge no lo creo como bas a estar enamorado de mi, asépto que hablémos, nos vemos el domingo a medio día en las siyas de Villadelmar (p. 20).	Estoy perdidamente enamorado de ti. Me urge hablar contigo a solas. Mañana te saludaré como ahora. Déjame tu respuesta en la mano, diciéndome cuándo y dónde podemos vernos, o si prefieres que ya no te moleste (p. 19).

Los otros actantes (padres, hermanas, amigos), como fue indicado, los mira el Narrador-actante desde su perspectiva afectiva y en relación con su noviazgo. Durán, el asistente de su padre, funciona como su iniciador; es su amigo y confidente. Lo instruye tanto en las actividades prácticas como en las amorosas. Sus hermanas y amigos funcionan como opositores de sus amores. La relación con el padre es muy convencional: hay distanciamiento e incomunicación entre ambos, lo que ya es una constante en los actantes adolescentes y niños de JEP: "no sé mucho de mi papá, casi no hablamos" (p. 23). La madre está más cerca de su problemática sentimental, lo comprende: "ella lo sabía y lo permitió para que me sirviera de experiencia" (p. 50).

El contexto familiar del Narrador-actante, formado por el padre, la madre y las dos hermanas (Nena y Maricarmen), presenta marcas sociales (el cargo del padre, sus relaciones amistosas), reveladoras de la posición familiar: "nos cambiamos a Veracruz en donde mi papá es ahora *jefe de la zona militar*" (p. 13). Más adelante la condición es subrayada por los funcionarios amigos de la familia: "Hoy es cumpleaños de mi papá. *Vendrán el gobernador, el presidente municipal* y no sé cuántos más" (p. 54).

Conjuntamente con el contexto familiar operan en el relato dos grupos, el de los amigos del Narrador-actante y el de los criados; por medio de la ocupación y la procedencia de sus miembros se ponen de relieve sus diferencias sociales. Al primero pertenecen Óscar, Adelina, Gilberto, Yolanda, Nena, Maricarmen y el Narrador-actante. Todos son estudiantes y proceden de hogares con recursos económicos: Adelina y Óscar son hijos de un capitán; el padre de Yolanda y Gilberto "se hizo millonario en el régimen que está por acabar" (p. 55); Nena, Maricarmen y Jorge, como se indicó anteriormente, son hijos del jefe de la zona militar de Veracruz. El segundo grupo está formado por los sirvientes. Todos trabajan, sus recursos económicos son limitados; sus estudios, en el caso específico de Ana Luisa (el texto no da informes sobre los otros miembros del grupo), llegó a cuarto de primaria, es hija de una costurera, "trabaja en el Paraíso de las Telas" (p. 14). Candelaria, novia de Durán, "trabaja en la farmacia de los Portales" (p. 16) y Durán trabaja en la casa de Jorge, como asistente de su padre (p. 14).

Entre los dos grupos media una aparente nivelación social que se rompe cuando los muchachos del primer grupo se enamoran "en serio" de las sirvientas.

¿Pero cuál es la experiencia que genera el conflicto de Jorge? A primera vista, en lo explícito textual, esa experiencia parece constituirla la fracasada aventura amorosa con Ana Luisa, en torno de la cual se interrelacionan los actantes. Sin embargo, en el fondo del frustrado romance está presente otra que la absorbe y de la cual el acontecimiento amoroso es una de las manifestaciones más efectivas. Esta experiencia generadora está apuntada, reiteradas veces, en el registro de la cotidianidad que presenta el diario del Narrador-actante. Si seguimos ese registro que plasma su despertar adolescente, su entrada "al principio del placer" (cf. *Intertextualidad*), encontramos un enfrentamiento continuo de Jorge con la realidad que lo rodea. Lo que se contrapone es su concepción del mundo (cómo cree que es la vida) y la "verdadera realidad". A este enfrentamiento, precisamente, responde su experiencia amorosa con Ana Luisa. El conflicto *mundo subjetivizado/realidad* se manifiesta gradualmente en la habitualidad de Jorge y sigue el siguiente desarrollo: se parte de la experiencia concretizada en una imagen real (un suceso, determinada situación) que se encarga de modificar la concepción que el Narrador-actante tiene de ella. Esto le ocurre al ver un muerto: "me pasó una cosa muy impresionante: vi por primera vez a un muerto. Claro, conocía las fotos que salen en "*'La Tarde' pero no es lo mismo, qué va*" (p. 17). Al conocer la causa de un crimen: "Lo más raro es que puedan matarse por una mujer tan vieja y tan fea. *Yo creía que sólo la gente muy joven se enamoraba*" (*id.*). Ante la preparación de la comida para el cumpleaños de su padre: "No voy a probar nada. Creo que no volveré a comer nunca. Soy un bruto que *a mi edad no había relacionado los platillos con la muerte y el sufrimiento que los hacen posibles. Vi al cocinero matando a los animales y quedé horrorizado*" (p. 54).

Ante las nuevas experiencias y su revalorización de las cosas, el Narrador-actante está en un permanente cuestionamiento tanto de sus actos y reacciones como de los de aquellos que lo rodean. Jorge pasa de la interrogación a la perplejidad y a la imposibilidad de comprenderse: "No entiendo cómo es uno. El otro día sentí piedad viendo a los animales que mataba el cocinero y hoy me divertí pisando cangrejos en la playa" (p. 56). La incomprensión de sus contradicciones sentimentales y de sus actuaciones la hace extensiva a toda la existencia: "No entiendo por qué la vida es como es. Tampoco alcanzo a imaginar cómo podría ser de otra manera" (p. 54). El contraste entre la visión subjetivizada del mundo y lo que es la realidad asume la condición de un espectáculo, de una representación en la cual va a ser espectador del conflicto que vive. La confrontación que ha venido dándose cotidianamente culmina en dos escenas sucesivas: *a*) Ver a los luchadores Bill Montenegro, a quien defendió de su opositor, y el Verdugo Rojo, los enemigos encarnizados del ring, divirtiéndose amigablemente. *b*) Ver a Ana Luisa —su novia— y a Durán —su confidente— haciéndose el amor en la playa. La contemplación de las dos escenas condensa los enfrentamientos menores y sume a Jorge en una crisis emocional: "Me parecía el final de una mala película o de una pesadilla. Porque en la tierra no pueden pasar tantas cosas o cuando menos no pueden suceder al mismo tiempo" (p. 64). En medio de la frustración y el desengaño profundiza su cuestionamiento reflexivo: "¿Cómo sentirme traicionado por ella, por Durán, por Montenegro? Ana Luisa no me pidió que la enamorara ni Montenegro que lo 'defendiera' del Verdugo Rojo. *Nadie tiene la culpa de que yo ignorara que todo es una farsa y un teatrito*" (pp. 64-65). La reflexión subrayada resume la enseñanza de la experiencia vivida. Se corresponde con el antagonismo entre su visión subjetivizada de la vida y la realidad ("teatrito") como una farsa continua. Se cierra el relato con uno de los tantos interrogantes que se formula en este periodo de transición existencial: "Si, en opinión de mi mamá, esta que vivo es 'la etapa más feliz de la vida', cómo estarán las otras, carajo" (p. 66).

"El principio del placer" resume los problemas que afrontan los actantes niños y adolescentes de José Emilio Pacheco en ese tránsito de la infancia a la adolescencia que deja sus huellas en el futuro de los actantes. Aquí, con ligeras diferencias, se entrecruzan el fracaso de los sueños, las frustraciones amorosas, el derrumbe del mundo idealizado, en fin, se impone el "crecer dolorosamente" ya destacado en algunos cuentos de *El viento distante*, como "El castillo en la aguja" y "Tarde de agosto". De manera que el diario de Jorge funciona como el espacio textual en el cual convergen los actantes de aquellos relatos: Pablo, Óscar, Adelina, Yolanda, Gilberto, quienes con sus respectivas preocupaciones conviven y comparten con Jorge "el principio del placer".

Intertextualidad

De modo semejante a otros relatos de JEP sobre niños y adolescentes ("El castillo en la aguja" "Tarde de agosto", "La reina"), en este texto el *principio de la realidad* se opone al *principio del placer* y en la interrelación de ambos, marcada como una secuencia de placer/displacer, se da el proceso de crecimiento y de paso a la vida adulta (cf. *Ideologema*). El relato aborda el problema de la integración del *yo* (de la identidad); gira en torno a la estructura familiar dentro del marco de la vida cotidiana, y subordina otros problemas del contexto privilegiados por Pacheco en el resto de su producción.

Este énfasis en el desarrollo de la identidad determina el tipo y modo de incorporación de otros textos en el nuevo texto.

1) *Textos literarios y otros textos culturales. a) Diario y forma epistolar*. Todo el relato está redactado en forma de diario. Con la técnica característica de JEP —de textos dentro del texto— el diario, como se ha dicho, incluyen cartas de la pareja de adolescentes y una variante de esta forma, el anónimo.

Tanto el diario como la forma epistolar cuentan con una amplia tradición literaria en la cultura occidental, y específicamente en México es frecuente su uso entre los narradores anteriores a Pacheco (Juan José Arreola, Carlos Fuentes).

Acorde con el sistema generador de "El principio del placer", el diario es una modalidad de la escritura que se sustenta en la forma básica del diálogo, pero funciona mucho más próxima al *yo* que otras formas dialógicas. Las cartas suponen una concreción mayor de la presencia del *otro* a quien van dirigidas. No obstante, en el relato se incluyen dentro del enunciado del *yo,* lo cual refuerza el sentido global que le hemos adscrito al texto.

b) *Lecturas.* En "El principio del placer" se citan varios textos —sobre todo literarios— que funcionan como caracterizadores actanciales y conllevan marcas sociológicas significativas. Es claro por eso el contraste entre las lecturas de Jorge y las de Ana Luisa su novia.

Dentro de las limitaciones del marco sociocultural en que se mueven ambos, las lecturas que se asocian a Jorge indican su mayor acceso a la cultura. Se trata —por oposición a Ana Luisa— de un adolescente "culto" representante de un sector medio alto en provincia (procedente de la ciudad de México). Ha leído *El tesoro de la juventud* (enciclopedia en español para jóvenes y niños) y novelas de Salgari, Dumas y Julio Verne. En el transcurso del relato lee textos más complejos: un *Compendio de filosofía, Las minas del rey Salomón* y antes de concluir el texto, *La hora veinticinco.*

Salvo el *Compendio de filosofía,* que proyecta al actante un poco más allá de lo que correspondería a su edad (el texto es de su hermana mayor) y *La hora veinticinco,* que comentaré después, son textos clásicos de aventuras que todo lector identifica como característicos de la pre-adolescencia. De hecho son de los más conocidos en nuestro medio sociocultural y ciertamente lo fueron en los años a que se refiere el relato.

Las lecturas de Ana Luisa, en cambio, la ubican dentro de un sector medio bajo, que en el propio relato se explica por su marginación del sistema educativo (sólo pudo llegar a cuarto año de primaria). Ella lee historietas y sabe "de memoria" el *Cancionero Picot.*

c) *Otros textos de JEP.* "El principio del placer" es posterior a *El viento distante y otros relatos* y a la primera edición de *Morirás lejos.* Sin arriesgarnos a afirmar que sea autobiográfico, puede decirse que su carácter biográfico, y el referirse a una etapa decisiva en la formación del adulto, se presta —como de hecho ocurre— para dar ciertas pistas de experiencias que condicionan la intertextualidad. Sobre todo es cierto en lo que concierne a ideas e imágenes rectoras de la visión de mundo predominante en la producción de JEP.

En este sentido destaco *La hora veinticinco* de C. Virgil Gheorghiu (Gheorghiu [1957]). Se trata de un libro muy divulgado después de la segunda guerra mundial, importante en la intertextualidad de Pacheco, sobre todo en *Morirás lejos.* Es por eso tal vez que en el relato aparece como la última lectura que hace el actante, justo cuando se clausura la etapa anterior y se abre al futuro. El libro presenta una visión pesimista de la historia y la cultura occidental, víctima de su propio desarrollo tecnológico, deshumanizada en tanto la tecnología deja de estar al servicio del hombre y termina por suplantarlo. A partir de aquí se explica la lucha por el poder y el espacio concentrada en el nazismo y la segunda guerra mundial, pero rebasándolos. Según el texto, el problema se ha originado en Occidente (incluido Estados Unidos) y contamina también a Rusia. Sólo se apunta una posibilidad de futuro mediante la cultura oriental (excepción hecha de Rusia).

El relato de Gheorghiu entra en la obra de JEP transformado ideológicamente, pero es obvio que marca su producción a nivel de la escritura y a nivel de su significación, como se especificará en la intertextualidad de *Morirás lejos*.

Bastan estos apuntes para percibir el interés de esta lectura, perfectamente situada en "El principio del placer", justo en el momento en que verosímilmente pudo haberse leído. Se trata de un libro de ficción, de carácter sociohistórico, en cierto modo análogo a los de ciencia-ficción, sin la proyección hacia el futuro que éstos representan.

En "El principio del placer" se alude también a una experiencia que podría ser el germen de otro aspecto temático y retórico de muchos relatos o poemas anteriores. Es la relación entre los hombres y los animales menores, disminuidos y oprimidos (p. ej. en "Jericó" las hormigas; en *Morirás lejos* los gusanos e implícitamente en "Civilización y barbarie" los vietnamitas reducidos a la vida subterránea). El pasaje de "El principio del placer" contiene innegablemente los elementos fundamentales que se repiten en otros relatos:

> El otro día sentí piedad viendo a los animales que mataba el cocinero y hoy me divertí pisando cangrejos en la playa. No l s enormes de las rocas sino los pequeños y grises de la arena. Corrían desesperadamente en busca de su cueva y yo los aplastaba con furia y a la vez divertido. Luego pensé que en cierta forma todos somos como ellos y cuando menos se espera alguien o algo viene a aplastarnos (p. 56).

d) *Mass media*. Otros medios de comunicación actúan con la misma función diferenciadora que las lecturas. El adolescente "culto" conoce la televisión antes de ésta llegar a la provincia y de hecho justo en sus comienzos en México,[1] cuando sólo pasaban documentales extranjeros. Lee el periódico y va al cine a ver también películas norteamericanas (*Sinfonía de París, Cantando bajo la lluvia, Ambiciones que matan, Quo vadis?*).

---

[1] La televisión comercial se inició en México en 1950 (Meyer 1976-b, 107).

A pesar de que ya en 1943 "el cine mexicano logra una dimensión internacional" (Meyer, 1976 b, 103), la preferencia por el cine norteamericano en el actante tiene claras referencias idológicas, lo cual se refuerza con la visión desvalorizada de la producción nacional que delatan sus comentarios (cuando recibe el anónimo comenta: "creí que sólo existían en las películas mexicanas", p. 43; o al referirse despectivamente a otro actante: "—se apresuró a comentar Durán con voz de cine mexicano", p. 31).

No sorprende entonces que Ana Luisa (sector medio bajo) se caracterice por su preferencia del cine nacional o hispanoamericano (Pedro Infante y Libertad Lamarque), ya que no tiene acceso a la comprensión de las películas extranjeras ("pues no le da tiempo de leer los títulos en español", p. 38). Además es aficionada a las novelas de radio.

e) *El lenguaje*. El relato —a través del Narrador-actante— destaca las formas de habla y las formas escritas caracterizadoras de la procedencia y edad de los actantes. Es claro en los casos de Ana Luisa y de Jorge.

La ortografía es la marca diferenciadora a nivel de la lengua escrita (cf. pp. 24-25; 45-46). De manera quizás demasiado obvia las cartas de Ana Luisa están torpemente escritas en contraste con las de Jorge (que incluso revelan —por las correcciones— su conciencia de la lengua escrita como una modalidad codificada de manera distinta a la lengua oral).

Lenguaje del adolescente en el contexto sociocultural del relato. Tanto el *lenguaje oral* (el de los incisos de diálogo, p. ej., el que Jorge sostiene con Durán, p. 33), como el *lenguaje escrito* del actante adolescente muestran un claro contraste en su manejo de los códigos. Así en el propio diario contrasta su cuidado y conciencia crítica de la escritura (que es lo dominante) con su uso de un lenguaje de tipo disfemístico para narrar situaciones en que el adulto lo humilla y lo disminuye. El enfrentamiento con esta realidad produce un alto grado de displacer que se cataliza mediante el lenguaje. El contraste es claro en el siguiente pasaje:

> Humillación total. El director me mandó llamar. Dijo que mis calificaciones iban para abajo en picada y mi conducta dentro y fuera de la escuela era ya escandalosa. Si no me corrijo inmediatamente, hablará con mi padre y le recomendará que me interne en una escuela militar. El maldito sapo capado me echó un sermón... ¿Pensará el muy hijo de su chingada madre que no le he visto cuando para el ojo que le bizquea mirándoles las piernas a las muchachas? Tuve que aguantar el manguerazo con la mirada al suelo y diciéndole a todo como al auténtico pendejo que soy: —Sí señor director, le prometo que no se repetirá, señor director. —Para terminar la joda me dio de palmaditas con su mano sebosa... (pp. 39-40).

2) *Texto psicoanalítico*. El título del relato y su sistema generador (cf. primera parte de este comentario) aluden directamente al texto de Freud, "Más allá del principio del placer" (Freud [1974]), del que tomé las denominaciones *principio de la realidad* opuesto a *principio del placer*, y la continua dinámica entre placer y displacer que condiciona la vida anímica y que tan claramente actúa en las bases mismas de este relato particular.

Se incluye también en el texto —hecho inusitado en la producción de JEP— un sueño sintomático que el actante mismo califica como "muy triste pero absolutamente claro" (pp. 51-52). En la medida en que el sueño lo enfrenta a su problemática psíquica tiene una función catártica que ayuda —como la distanciación de la pareja— a superar la crisis, en beneficio del *instinto de conservación del yo*.

3) *Texto histórico y geográfico*. Señalé al comienzo de este análisis que la problemática subjetiva del adolescente absorbe casi todo el espacio textual. Esta concentración subjetiva es propia de la etapa de desarrollo en que se encuentra el Narrador-actante.

Dentro de este proceso hay cierta marginación del contexto histórico. Éste importa en tanto medio próximo proveedor de cierto margen de seguridad y de alternativas que propicien las aventuras y experiencias necesarias al *yo*. Por eso, como se señaló en *Tiempo-espacio*, los indicios espaciales son muchos, pero todos corresponden a las experiencias inmediatas del adolescente. Lo que entra en el selector de preferencias son las marcas geográficas y topográficas que sitúan al actante familiarmente en la ciudad de Veracruz: la casa con jardín en el Malecón; los puntos de reunión: el cine Díaz Mirón, el café "La parroquia", la Farmacia de los Portales, el Zócalo, la nevería Yucatán; los paseos a las afueras de la ciudad: Antón Luzardo, la carretera a Alvarado, el camino desde Villa del Mar hasta Mocambo y desde Mocambo hasta Boca del Río; rutas como la del tranvía "Villa del Mar por Bravo" y lugares como el Fraccionamiento Reforma y el Cuartel La Boticaria.

El mismo tipo de referencias —aunque sean escasas— son las que se refieren a la ciudad de México (punto de partida en la "realidad" y punto de llegada en el sueño): el único lugar donde se podía ver televisión (la tienda Regalos Nieto en la esquina de Juárez y San Juan de Letrán); un punto de reunión (la nevería de La Bella Italia), y las calles de la colonia Roma (Amsterdam, Álvaro Obregón, Mazatlán).

Por la misma problemática adolescente de centralización en el *yo* las alusiones al contexto histórico nacional llegan sólo relacionadas con la figura del padre, quien peleó desde joven en la Revolución y en el presente del relato es jefe de la zona militar de Veracruz. De él se sabe que debe afrontar problemas con los campesinos que se niegan a desocupar sus tierras, en las cuales se construirá otra "presa del sistema hidroeléctrico".

Todo parece indicar que el relato se ubica en la época del alemanismo (1946-1952), ya que apenas se ha iniciado la televisión con documentales, y sabemos que la televisión comercial llega a México en 1950 (cf. *supra*, nota 1).

La apreciación del régimen se hace desde el Narrador-actante, a base de los índices que, por cercanos, son para él significativos:

> ... También a Gilberto lo mandan de interno a una academia militarizada de Illinois. Su padre se hizo millonario en el régimen que está por acabar. A muchos que conocemos les pasó lo mismo. Si en México la mayoría de la gente es tan pobre ¿de dónde sacarán, cómo le harán algunos para robar en tales cantidades? (p. 55).

Este apunte sobre la corrupción dentro del gobierno reaparecerá en "La fiesta brava" y en la segunda edición de *Morirás lejos*.

4) *Texto social*. Como en los relatos afines, "El principio del placer" se conjuga en la familia perteneciente a un sector privilegiado de la burguesía. A partir de sus valores (por oposición o por identificación) se establecen los roles sociales y se determinan las relaciones (cf. "El castillo en la aguja").

En la medida en que el Narrador-actante sufre las experiencias del crecimiento, pasa de la idealización de las relaciones a la objetivación de la realidad que le permite su edad y su contexto socioconómico. Así, de una mentalidad no clasista (por ajeno al contexto, no por decisión consciente), pasa a la realidad, en su caso frustrante, de la percepción de las marcas de clase. Es revelador en este sentido el comentario de la madre recogido por el actante en su diario: "En vez de regañarme, dijo que no me preocupara... pronto encontraré una muchacha que sea de mi clase y verdaderamente pueda ser mi novia y no tenga tan mala fama como Ana Luisa" (p. 50).

Pero sobre todo se percibe el enfrentamiento de Durán y Ana Luisa, actantes que aparentemente han logrado cierta movilidad social, en la medida en que llegan a relacionarse con la familia, ya que ésta funciona como el modelo prestigiado.

En el momento en que puede darse una relación real Ana Luisa pasa de compañera de las hermanas a "gata", según ellas mismas. Y Durán, el "iniciador", pasa a traidor y de traidor a "gato", en este caso objetivado por la Candelaria (actante también subvalorado, pero que funciona desde los postulados ideológicos de la familia). A través de ella se revela, además, la versión invertida del modelo familiar, que se atribuye a Durán en el texto:

> Mi hijito, piensa que después de todo Durán es tu gato, tu-ga-to. Además crees que es muy tu amigo pero no tienes ni idea de lo que dice de ti y de tu familia; de que eres un niñito muy consentido y más bien tontito; de que tu papá es un tirano y un ladrón que hace negocio hasta con los frijoles de la tropa y de que todo se lo gasta en viejas; y de lo resbalosas que son tus hermanas... (p. 45).

Ideologema

Un primer nivel de lectura muestra que "El principio del placer" pone en juego la oposición *subjetividad/realidad*. Por las particularidades del relato (cf. primera parte de este análisis), marcamos la oposición en términos psicoanalíticos: *principio del placer/principio de la realidad* (cf. *Texto psicoanalítico*). Ahora bien, el trabajo textual manifiesta el predominio gradual del *principio de la realidad*. La primacía de este principio es ambigua. Si bien disminuye en cierto grado la tensión que producen las expectativas del contexto, esto se logra dolorosamente (displacer) mediante una serie de frustraciones (cf. la parte final, pp. 65-66).

Aceptar la "realidad" equivale en el relato a afirmar el sentido de la vida como "una farsa y un teatrito" (p. 65), idea constante en la producción de JEP, y las relaciones como hechos ritualizados y codificados por los valores de clase, lo cual finalmente revierte también sobre la vida: "Aunque pensándolo bien y fijándose en la gente que uno conoce o de la que sabe algo, la vida de todo mundo siempre es horrible" (p. 53).

B. *"La fiesta brava"*

Tiempo-espacio

1) *Descripción preliminar*

Este relato consta de tres partes (I, II y III), de las cuales la II y la III se subdividen en segmentos. Las tres partes integran dos microrrelatos, a la vez independientes y complementarios:

r1 (Partes I y III): la narración de la desaparición de Andrés Quintana, escritor mexicano.

r2 (Parte II): la narración —escrita por Andrés Quintana— sobre un turista norteamericano que desaparece en México.

En ambos microrrelatos es de gran importancia el funcionamiento de los recursos gráficos en el espacio textual. En r1, la parte I está constituida en su totalidad por un anuncio colocado dentro de un marco y que ocupa la parte superior de la página; el resto de la misma está en blanco. En IIIr1 el recurso gráfico principal es el uso de espacios en blanco con las siguientes funciones:

a) Señalar los principales cortes de espacio y tiempo exteriores. Esto determina la división de III en cuatro segmentos iniciados sin sangría, seguida en el análisis.
b) Introducir el espacio interior de Quintana: monólogos, recuerdos, etc.
c) Enmarcar la introducción de otros textos que el actante Andrés Quintana lee, escribe o escucha.

r2 (Parte II) está impreso con un tipo de letra diferente de r1, similar a la mecanográfica. Consta de 24 segmentos divididos por espacios en blanco e iniciados sin sangría. Todos los segmentos, a excepción del primero, se inician con minúsculas. Todos, menos el último, finalizan con comas, ya sea que el segmento siguiente pase a una acción inmediata o muy posterior. Lo dominante es la continuidad de las acciones.

La parte III, posterior en la escritura, en la cronología de los acontecimientos es anterior a la parte I. Ésta establece un presente de enunciación y III es un pasado que explica ese presente. En medio de I y III se encuentra IIr2, narración de temporalidad aparentemente cronológica-lineal.

2) *Análisis*

Microrrelato 1 (Partes I y III)

Ir1:

Esta parte está constituida por un anuncio, probablemente publicado en algún periódico, sobre la desaparición de Andrés Quintana: "extraviado el *martes 5*, en el trayecto de la Avenida Juárez a las calles de Tonalá en la Colonia Roma hacia las 23.30 horas..." (p. 78).

La fecha y la hora, ubicación temporal, funcionan para establecer la relación con la parte III y seguir la cronología de los acontecimientos. Esta ubicación, junto con la espacial, indican un nivel de "realidad", la histórica, de la que el actante ha desaparecido. Este nivel entra en juego con el de "ficción" al que pertenece r2.

IIIr1:

La tercera parte remite a 24 horas aproximadamente antes de la desaparición del actante. La narración sigue una cronología progresiva, con interrupciones señaladas por los espacios en blanco. Sin romper la continuidad en las acciones del actante, paralelamente a ellas, se presentan momentos de recuerdos y reflexiones. A excepción de los diálogos —en presente—, en la narración predominan el indefinido y el imperfecto.

Como se dijo en la descripción preliminar, de acuerdo a los principales cortes espacio-temporales, IIIr1 está dividida en 4 segmentos:

Segmento primero (pp. 91-96)

Este segmento dura unas horas, desde las cuatro de la tarde (p. 91) hasta la noche del lunes. Presenta la cotidianidad del actante en su espacio vital.

El departamento de Quintana, es reducido, insatisfactorio y frustrante. Se vuelve sobre sí mismo al carecer de vista a la calle; su ventana da sobre "un lúgubre patio interior" (*id.*). Se proporcionan además varios elementos que caracterizan la ambientación de la vivienda como impregnada de colonialismo cultural:

—*los objetos*: por ejemplo, la máquina de escribir Smith-Corona.
—*los "textos" que Andrés escucha y que provienen del exterior.* Uno, de la TV del departamento contiguo: "Ef, Bi, Ai: arriba las manos, no se mueva—" (*id.*). Otro, del departamento de enfrente, una canción de rock interpretada por vecinos jóvenes: "Where's your momma gone..." (*id.*). Estas "voces" no sólo revelan el modesto status de la vivienda de Andrés —carente de toda posibilidad de aislamiento— sino señalan que el exterior, el espacio nacional, está invadido por la penetración ideológica norteamericana.
—*la traducción que hace Andrés* del libro *The Population Bomb*, publicación asociada con la Alianza para el Progreso. El fragmento transcrito, una vez en inglés y otra en una tentativa traducción al español (p. 92), es de orientación anticomunista. Este texto ofrece al actante la apertura de un posible espacio de reflexión; pero Quintana, preocupado sólo por la sintaxis y el vocabulario, no penetra en él.

La cotidianidad del actante es interrumpida por una llamada telefónica. Un antiguo amigo lo invita a escribir un cuento para una revista nueva, con patrocinio norteamericano:

> Se trata de hacer una especie de *Esquire* norteamericano. Mejor dicho, una mezcla de *Esquire, Playboy, Penthouse, The New Yorker,* pero con una proyección latina (p. 94).

Los títulos de estas bien conocidas publicaciones, algunas "adaptadas al medio latino", configuran con más nitidez aún el universo del colonialismo cultural que invade el espacio nacional; un nivel al que Quintana no ha tenido acceso. Acceder a ese nivel —publicar en la revista— significa para el actante salir del estrecho espacio de sus actividades rutinarias y penetrar a un espacio de realización personal, recuperando su frustrada vocación de escritor (p. 99).

Después de la llamada, Andrés lee en un periódico el siguiente texto: "Hay que fortalecer el sitio privilegiado que México tiene dentro del turismo mundial" (p. 95). Se asocia la posibilidad que tiene el actante de *ser*, con la del país: *ser* fortaleciendo su lugar dentro del turismo; aun cuando este fortalecimiento vaya en contra de su autonomía.

Segmento segundo (pp. 96-100)

Temporalmente es consecutivo del anterior. Abarca toda la noche, desde que Andrés se sienta a escribir su relato LA FIESTA BRAVA, hasta que lo termina, a las cinco de la mañana (p. 100). Sin embargo, apenas se alude a esa escena. Más bien se abre el espacio interior de Andrés, en una evocación de su vida anterior. El pasado de Quintana se asocia con espacios de realización: colaborar en una revista antimperialista, *Trinchera* (p. 97); publicar su único libro, *Fabulaciones* (p. 98). Como contrapunto su presente se asocia con espacios, ya se ha dicho, frustrantes. Su decadencia (familiar y profesional) se señala por el paso de una colonia a otra de nivel inferior y a un espacio más reducido:

> ...salieron de la casita de Coyoacán para alquilar un sombrío departamento interior en las calles de Tonalá (p. 98).

La entreveración de los sucesos del pasado del actante con la Historia aparenta ser casual; como si se tratara de un marco no directamente vinculado a su vida:

> Andrés no olvidaría nunca esa tarde del 28 de marzo de 1959 en que Hilda aceptó su oferta de matrimonio, Demetrio Vallejo fue aprehendido y el ejército y la policía iniciaron la ocupación de los locales ferrocarrileros (p. 97).

Segmento tercero (pp. 100-111)

La acción de este segmento es inmediata a la del anterior. Su duración es de 12 horas, aproximadamente. Principia el martes, desde que Andrés se levanta, a las once y cuarto de la mañana (p. 100); trabaja todo el día en la corrección de su cuento y a las *cinco de la tarde* inicia la versión final en la máquina. A las *ocho treinta* se dirige a la oficina de Arbeláez; entrega el relato poco después; espera *más de dos horas* (p. 106) y, al enterarse del rechazo de LA FIESTA BRAVA, platica brevemente con su amigo y se despide.

Cuando se dirige a la oficina de Arbeláez, y en el lapso de espera, continúa la corriente de recuerdos desencadenada por la llamada telefónica: el despliegue del espacio interior de Andrés. Ahora es posible precisar la fecha del presente del actante: 1971 ("Habían transcurrido más de 12 años desde el 28 de marzo de 1959..." p. 101).

En esas últimas horas Quintana ha modificado sus actividades habituales, y espacialmente, ir a la oficina de su amigo también implica un recorrido inhabitual: "A las ocho y media Andrés subió al metro en la estación *Insurgentes*. Trasbordó en *Balderas* y descendió en *Juárez*" (*id.*).

Estos indicios, además de subrayar la presencia constante de la ciudad, establecen un paralelismo entre el desplazamiento de Quintana —que ocurre en el espacio de "su realidad", r1— y el de Keller, personaje creado por Andrés, protagonista de LA FIESTA BRAVA —que sucede en el espacio de la "ficción" literaria, r2.

Si el espacio de Andrés era un departamento sombrío (p. 98) cuya perspectiva visual era un "lúgubre patio interior" (p. 91); el de Ricardo Arbeláez es un "despacho excesivamente iluminado" (p. 101), cuyas panorámicas ventanas dominan la ciudad (p. 102). El despacho de Arbeláez es como un reducto cultural norteamericano en México. El entorno de ambos actantes está colonizado, pero hay una diferencia de grado que se vuelve cualitativa. Si la penetración cultural norteamericana invade el recinto de Quintana, en el caso del despacho de Arbeláez es mucho más que eso: la penetración irradia de ahí. La absorción de lo prehispánico, lo "nacional", por el imperialismo se evidencia en el anuncio de un hotel, en una revista que Andrés lee en el despacho de Arbeláez. Se trata de un hotel en Acapulco del cual se dice —en inglés— que aúna las más modernas comodidades a una construcción que semeja las ruinas aztecas y mayas "like an Aztec pyramid... Mayan sculpture", pp. 103-104). Este anuncio establece una secuencia progresiva con el del fortalecimiento del turismo en México que estaba en la casa de Andrés (p. 95).

En el despacho de Arbeláez coexiste la imagen de la ciudad en el pasado, a través de litografías que sirven de decoración, con su imagen presente, por las ventanas ["(ventanas sobre la Alameda, paredes cubiertas de fotomurales que amplificaban viejas litografías de la ciudad)", p. 102]. La contemplación de ambas imágenes suscita en Andrés Quintana diferentes reacciones. Ante la ciudad del pasado:

> ... contempló las litografías amplificadas. Sintió una imposible nostalgia por aquel México muerto décadas antes de que él naciera (p. 104).

Pero ante la ciudad "real", del presente, lo que siente es incomprensión: "miró la honda ciudad, sus luces *indescifrables*", id.).

La nostalgia del pasado y la imposibilidad de comprender el presente, son indicios de una concepción de la historia nacional que rige al actante. Su fracaso vital es —para él— causado por el país, cuya presencia concreta es la ciudad:

> ¿tan terrible es el país, tan terrible es el mundo, que en él todas las cosas son corruptas o corruptoras y nadie puede salvarse? (p. 105).

Segmento cuarto (pp. 111-113)

La acción es consecutiva a la del segmento tercero. Dura aproximadamente una hora y media, desde que Andrés sale de la oficina de Arbeláez, alrededor de las 11, hasta las 12 de la noche, cuando pasa el último vagón del metro y finaliza el día.

Para salir del mundo norteamericanizado y lleno de luz de Arbeláez e ir a su medio habitual, Quintana inicia un movimiento de *descenso*: desde un piso alto va por el elevador ("jaula ofensivamente luminosa", p. 111) a la calle ("Andrés regresó a la noche de México", *id.*); y posteriormente a un nivel subterráneo ("caminó hasta la estación Juárez y descendió al andén desierto", *id.*). El andén vacío, y el calor son elementos que van creando una atmósfera especial, que prepara el desenlace.

Posteriormente el actante sube al metro. Cambia de vagón en el cruce de Balderas (p. 112) y desciende "en Insurgentes cuando los magnavoces anunciaban que era *la última corrida* y las puertas de la estación iban a cerrarse" (*id.*). En ese momento límite, Andrés lee un letrero, raspado sobre un anuncio de *Raleigh* en la pared del metro: "ASESINOS, NO OLVIDAMOS / TLATELOLCO Y SAN COSME" (p. 113).

Este texto, en que la denuncia de la represión se ha impuesto sobre un anuncio de cigarros norteamericanos, caracteriza la relación entre el actante y la Historia. Si 1959 le recuerda el principio de su decadencia, el letrero del metro le sugiere solamente un comentario sobre el uso de las conjunciones; parece estar totalmente marginado de su historia presente. Las fechas implícitas en el letrero (1968 y 1971), se complementan con la antes citada, 1959. Las tres aluden a tres de los más graves momentos represivos del México posrevolucionario.

Desde el arribo de Quintana a la estación Insurgentes se produce el cruce entre r1 y r2; la "ficción literaria" irrumpe en la realidad de Andrés al repetirse para él las mismas circunstancias de la desaparición de su personaje. El posterior secuestro y la desaparición de Andrés sugieren que le ocurrirá lo mismo que a Keller.

Microrrelato 2 (Parte II)

Como se indicó, la parte II, situada entre Ir1 y IIIr1, constituye el microrrelato 2. Titulado LA FIESTA BRAVA, al igual que el relato total, r2 es un "relato dentro del relato". Como se trata de un cuento escrito por el actante Andrés Quintana, r2 está en un plano de ficción literaria respecto a la "realidad" de r1. La diferencia de niveles de "realidad" se subraya mediante los tiempos verbales: en contraposición con el predominio del pretérito indefinido —el tiempo histórico por excelencia (Bourneuf-Ouellet 1972, pp. 108-109)— que existe en r1 y que se caracteriza por transmitir una impresión de "objetividad", en r2 predominan el presente y el futuro. Esto, aunado al uso de la 2a. persona, comunica a la narración un aire oracular, profético, fatal, acorde con su carácter mítico.

Los espacios en blanco que dividen los 24 segmentos de r2 no corresponden necesariamente a cortes de tiempo o espacio. Dentro de la continuidad sólo hay una interrupción entre los dos primeros segmentos y los demás. Los dos primeros se sitúan en una aldea vietnamita, en el espacio del recuerdo del actante Keller. Los restantes se ubican en México, tiempo después.

Desde los segmentos iniciales se establece como generadora de r2 —y de todo el relato— la contradicción *dominadores/dominados*, en base a la cual es posible homologar distintos momentos históricos: los dominados del pasado (los pueblos prehispánicos mexicanos) son paralelos a otros dominados del presente (los vietnamitas), y adquieren un carácter simbólico de todos los dominados. Frente a ellos encontramos implícitos a los dominadores del pasado (los colonialistas españoles) homólogos a los del presente (los representantes —como Keller— de imperialismo norteamericano). Éstos simbolizan a todos los dominadores.

Desde el segmento 3 hasta el último la acción es consecutiva y dura alrededor de una semana.

Keller es un norteamericano jubilado. Instalado en su confortable habitación del Holiday Inn (p. 89) planea conocer el México turístico: Xochimilco, Puebla, Teotihuacan (pp. 82-83). Pero solamente visita dos lugares particularmente significativos: el *Museo de Antropología* que congela las civilizaciones prehispánicas (para Keller la "barbarie" del pasado), y la *"excursión Fiesta brava"*, que da título al relato (la barbarie del presente).

La asistencia a la corrida es un domingo. Keller sale antes de que termine el espectáculo y vuelve al museo, que está a punto de ser cerrado. A la salida un vendedor de helados, en la orilla del lago de Chapultepec, cita a Keller para el siguiente *martes*, en el "último metro", estación Insurgentes ("el tren se parará entre Isabel la Católica y Pino Suárez, baje usted y camine por el túnel hacia el oriente hasta encontrar una luz verde", p. 84). El vendedor de helados promete al turista "algo que no olvidará nunca" (*id.*).

El martes, Keller sigue las instrucciones del hombre. El metro es el enlace entre la ciudad visible en la superficie y su parte subterránea; entre el presente y el pasado prehispánico. El norteamericano baja del vagón en la parte indicada, "a la mitad del túnel"; avanza por una "galería de piedra" y siente "el olor a cieno en el lecho del lago muerto sobre el cual se levanta la ciudad" (p. 85). Si la "civilización" norteamericana está significada en este relato por la luz eléctrica, el nivel subterráneo, recinto de pasadas civilizaciones de pueblos dominados, se alumbra con hachones de ocote (p. 86). Allí el turista encuentra "ruinas, fragmentos de aloratorios y moradas aztecas que se emplearon hace cuatro siglos como base y relleno de la nueva capital española" (p. 87). Y allí será sacrificado como alimento al sol que "ya brilla, ya renace en México-Tenochtitlán, eterno, invicto entre los dos volcanes" (p. 90).

En el presente —2a. mitad del siglo XX— de Keller irrumpe el mundo prehispánico mexicano. En la "realidad" —dentro de la "ficción" de r2— del norteamericano se instaura un ámbito mítico: *subterráneo* y *eterno*. Así en "La fiesta brava", r2, la temporalidad lineal que se desarrolla a lo largo de la narración, queda rota por la irrupción del pasado en el presente; se entra en un nivel de ficción (en la ficción) donde ya no importa tanto la cronología sino el carácter simbólico de la situación: el opresor muere a manos de los oprimidos.

3) Conclusión

Al darse el "cruce" entre r1 y r2, la "ficción literaria" de r2 irrumpe en la "realidad" de r1 —la de Andrés Quintana, situada en México, Distrito Federal, en el año de 1971— y condena a este actante a sufrir la misma suerte que Keller.

El ámbito espacio-temporal que instaura la irrupción de r2 es el que se había impuesto en el desenlace de éste: la espacialidad subterránea y el tiempo del pasado prehispánico que deviene una atemporalidad mítica. El mito domina la historia porque la historia —nacional— es una realidad decepcionante (corruptora, p. 105)[2] para estos actantes. A este predominio de la espacialidad subterránea y de la atemporalidad mítica corresponde la circularidad estructural de r1, en que el final remite al principio.

Sin embargo, las oposiciones superficie/subterráneo, presente/pasado, historia/mito, están subordinadas a una oposición más importante: *dominadores/dominados*. El mito, el pasado, lo subterráneo, no importa en cuanto tales, sino en tanto su carácter simbólico de ámbito de los oprimidos, colonizados, dominados. Lo que se impone es el tiempo y el espacio que simboliza lo nacional, lo no invadido por la colonización.

En el sentido último del relato, el pasado prehispánico —históricamente vencido— toma venganza no sólo del norteamericano opresor sino del mexicano que colabora a su propia opresión. Para este mexicano, los que en la superficie, en el presente, se oponen a la dominación, están reducidos a una mención en un diminuto reducto espacial: el letrero que alude a Tlatelolco y San Cosme. Así, en "La fiesta brava", al margen de los actantes, se trasluce el curso de la Historia.

Red actancial

Las tres partes integradoras de los dos microrrelatos de "La fiesta brava" son relatadas por distintos narradores que se corresponden con la oposición "realidad"/"ficción". r1 (I y III), "realidad", es relatado por un narrador en tercera persona *N1*; y r2 (II), "ficción", por un narrador en segunda persona *N2*.

---

[2] De los años 1958-1968 se ha escrito: "La corrupción deviene lazo institucional, con un final efecto desmoralizador: todos son corruptos porque las reglas del juego sólo autorizan esa salida... El contexto: represión del movimiento ferrocarrilero: 1959. Prisión de Siqueiros y el periodista Filomeno Mata: 1960..." (Monsivais 1976, 423).

1) *Microrrelato 1 (Partes I y III)*

Ir1:

El anuncio sobre la desaparición de Andrés Quintana tiene la presentación establecida para estos documentos. Está escrito en tercera persona impersonal: "Se gratificará" (p. 78) y se dirige al taxista o a cualquier lector.

IIIr1:

IIIr1 es relatada por *N1*, narrador exterior a los acontecimientos, que conoce, domina e informa sobre las veinticuatro horas que preceden a la desaparición de Andrés Quintana. La rigurosa objetividad de *N1*, no emite juicios ni reflexiones, emparenta su relación con la narración histórica; modo de narrar que se aviene con el término "realidad" de la oposición "realidad"/"ficción".

Andrés Quintana es el actante central de este microrrelato. *N1* lo presenta en el segmento 1, dentro de dos situaciones claves: *su cotidianidad y la ruptura de esa cotidianidad.*

La cotidianidad del actante transcurre entre la rutina del trabajo y el espacio de su departamento. Cotidianidad y actante son vistos desde tres posiciones: la de *N1*, la de Hilda (su esposa) y la del mismo actante. *N1* lo describe en su diaria labor de traductor de libros en inglés (libros de la Alianza para el Progreso). Su trabajo, como el espacio que habita, está saturado de señales denunciadoras de la penetración cultural norteamericana. Más adelante, en el segmento 2, se redondea la imagen de la penetración cultural cuando *N1* subraya los hábitos del actante: "Se había *fumado una cajetilla de Viceroy* y *bebido cuatro cocacolas*" (p. 100).

La descripción de *N1* establece una correspondencia continua entre el actante y su cotidianidad. Correspondencia que contiene las relaciones del actante con el tiempo y el espacio, y pone a la vista el funcionamiento de la oposición *dominador/dominado* generadora del relato.

Hilda describe a su esposo, a través de *N1*: "Su mujer se asombró al no hallarlo *quejumbroso y desesperado como de costumbre*" (p. 96). Del sintagma se desprenden dos rasgos, *quejumbrosos y desesperado*, que son extensivos a la cotidianidad del actante. Por último, Andrés se autodescribe en sus reflexiones y al hacerlo, con calificaciones precisas *(rancia, desolada, mal humor, humillación)*, define tanto su cotidianidad como su presente: "las dificultades conyugales, *la rancia y desolada convivencia, el mal humor del fracasado, la humillación* de checar tarjeta en Obras Públicas, la prosa cada vez más inepta de sus traducciones" (p. 106). Desde la visión plural de las tres posiciones descriptivas se conforma una cotidianidad vacía, sin alternativas; y un actante frustrado, colonizado.

La segunda situación clave del segmento 1, la ruptura de la cotidianidad del actante, corresponde a la llamada telefónica de su amigo Ricardo Arbeláez. La llamada es considerada por Andrés un "milagro". Le ofrece, por un lado, tanto la oportunidad de romper con "traducciones y prosas burocráticas" (p. 96), como la de realizar sus viejas aspiraciones literarias. Por otro lado, le brinda una inesperada ayuda económica ("iba a recibir seis mil pesos por un cuento: lo que ganaba en meses... traduciendo", p. 99). La llamada telefónica, que opera como catalizador narrativo, moviliza el pasado de Andrés. Su recuento suministra datos sobre su niñez y adolescencia para centrarse en la época adulta: su actividad universitaria, su matrimonio. Todas las etapas de la vida de Andrés, como lo ejemplifican los siguientes fragmentos textuales, están regidas por el propósito de convertirse en un escritor de cuentos: "De niño Andrés halló su vocación de cuentista" (p. 96); su adolescencia está entregada al estudio de ese género: "Adolescente, su biblioteca estaba formada en su mayor parte de colecciones de cuentos" (*id.*); y de adulto, casado con Hilda, a pesar de todas las dificultades económicas, seguía escribiendo: "En los primeros años de su matrimonio Andrés publicó su único libro: *Fabulaciones*" (p. 98). El pasado, que explica su presente "quejumbroso y desesperado", presenta el conflicto continuo entre sus aspiraciones de ser escritor de cuentos y el fracaso de esas aspiraciones. Sigamos algunos pasajes que lo ilustran:

a) Decidió ser escritor y entregarse a un solo género; su padre quería heredarle su despacho y lo obligó a estudiar arquitectura (p. 96).

b) Trató de abrirse paso como guionista del cine nacional y colaborador literario en los periódicos. Poco después las revistas mexicanas dejaron de publicar cuentos (p. 98).

c) En los primeros años de su matrimonio publicó su único libro: *Fabulaciones*; vendió 127 ejemplares —la edición era de 2000— y obtuvo una sola reseña (favorable) escrita por Ricardo (*id.*).

d) A fines de 1960 el proyecto de vivir de su pluma había fracasado; consiguió empleo de traductor en una casa especializada en libros que fomentaran el panamericanismo y la Alianza para el Progreso (*id.*).

En los ejemplos se evidencia un enfrentamiento entre lo que el actante quiere o ha querido ser y lo que es. Asimismo, se establece una relación consecuencial entre su pasado y su presente. Al respecto, cabe aclarar que en el caso de Andrés, a pesar de su cotidianidad frustrante, los términos del enfrentamiento no son radicalmente opuestos; el uno está latente en el otro, lo que puede apreciarse en sus insistentes justificaciones: "Al fin y al cabo las traducciones, los folletos y aun los oficios burocráticos pueden estar tan bien escritos como un cuento ¿verdad?" (p. 99). La coexistencia de los términos opuestos genera un rasgo fundamental en el funcionamiento del actante: *la ambigüedad*. Este rasgo, sobre el cual se insistirá después, se manifiesta como una indefinición o divergencia entre las reflexiones del actante y sus actuaciones.

Ahora bien, en la medida en que las aspiraciones del actante concluyen en el fracaso, un proceso de reducción —que se puede seguir en los pasajes destacados anteriormente— se genera en él. Este proceso se concretiza en una disminución gradual tanto del espacio literario (realizador), como del espacio físico. Por su pertinencia con el proceso reductivo que se viene señalando, destacamos el rasgo de la mano derecha paralizada del actante: "Entró a tiempo a la oficina... Andrés sintió verguenza... *su pequeñez, su mano tullida*" (p. 101). A la mano paralizada se suma la pequeñez, con lo cual se marcan dos reducciones complementarias, la física y la subjetiva (anímica), que sufre Andrés al entrar en la oficina de Ricardo. La reducción del actante es paralela con el proceso reductivo que padece el espacio nacional (México).

Los actantes de *r1*, están íntimamente ligados con la problemática del actante central. Hilda su mujer, como la mayoría de los actantes femeninos de JEP, está apenas esbozada. En ningún momento se expresa directamente sino a través de *N1*. Aparece esporádicamente en el relato con la función de aportar, como ya se dijo, rasgos definidores del actante central y complementar la imagen de su reducción: "Hilda había perdido a su primer y único hijo" (p. 98).

El actante Ricardo es introducido en el relato por medio de la llamada telefónica que hace a Andrés. Está vinculado al pasado de su amigo. Entre los dos actantes se da un contrapunto de afinidades y diferencias perceptibles en sus actuaciones del pasado y el presente. Esto se ve muy bien en el recuento del actante central: Los dos eran estudiantes universitarios y colaboraban en la revista *Trinchera*; pero en tanto que Andrés escribía cuentos, Ricardo escribía editoriales políticos. A ambos les gustaba Hilda; ésta se casa con Andrés.

El funcionamiento de Ricardo responde a una antinomia entre lo que fue y lo que es; oposición que en el nivel temporal se vincula a la del pasado y presente del actante. Veamos cómo opera en el texto:

> A diferencia de Andrés, Ricardo escribía poco: su obra se limitaba a editoriales en defensa del Movimiento ferrocarrilero y la Revolución cubana y reseñas virulentas contra los libros de moda. No obstante, proyectaba una "gran novela" que, en sus propias palabras, sería para los burgueses de México lo que *A la recherche du temps perdu* fue para los de Francia (p. 97).

La cita describe a Ricardo en su pasado universitario. De los editoriales que escribía para *Trinchera* se pueden extraer los siguientes rasgos que lo definen: defensor de las luchas *populares, antiburgués y antimperialista.* Doce años después, cuando irrumpe en la cotidianidad de Andrés, su posición ha cambiado, los rasgos definidores se han invertido: solicita la colaboración de Andrés para una revista que se publicará con patrocinio norteamericano. Tanto los nombres de las revistas como su discurso plagado de expresiones inglesas, no sólo descubren su presente colonizado sino que subrayan la oposición entre *lo que fue y lo que es,* entre *su pasado y su presente.* El cambio radical de Ricardo es confirmado por las reflexiones de Andrés en el segmento 3: "Él ha cambiado/ yo también/nadie hizo lo que iba a hacer/ ambos nos jodimos pero a quién le fue peor" (p. 102).

En el presente de Andrés y Ricardo persiste el contrapunto de afinidades y diferencias. Los dos, desde sus respectivas posiciones, están colonizados. Sin embargo, existen matices diferenciadores en la condición colonizada de los dos amigos. Ricardo colabora activamente con el colonizador. Su cooperación se traduce tanto en beneficio económico como en admiración por el modelo norteamericano y subestimación por lo nacional ("ya que la revista se hace aquí en Mexiquito, tiene ese defecto", p. 94). Andrés, en cambio, es un colonizado pasivo. Su empleo de traductor de libros de la Alianza para el Progreso apenas le permite subsistir, está mediatizado por su situación económica. Como su amigo subestima lo nacional, desprecia a los escritores mexicanos ("no quiero competir con los escritorzuelos mexicanos inflados por la publicidad; noveluchas como ésas yo podría hacerlas de a diez por año", p. 99); pero su desvalorización no es producto del ponderar el modelo colonizador, sino de sus frustraciones.

Entre los actantes de r1 existe una doble relación de dependencia: la cultural (ya destacada) y la económica. ¿Cómo opera esta relación? Andrés está subordinado a Ricardo por la necesidad económica. Ricardo, prácticamente, lo compra: "Aquí tienes... Son mil pesos nada más pero algo es algo... Ándale, no te sientas mal aceptándolos. Así se acostumbra en Estados Unidos y nadie se ofende" (p. 110). La dependencia se hace extensiva a Hilda. Ella también, a través de Andrés, es comprada por Ricardo. Esta subordinación indirecta, que asume la forma de ayuda, motiva los interrogantes de Andrés ("los seis mil pesos pagaban su talento... o eran una forma de ayudar a Hilda", p. 105). A su vez, Ricardo está supeditado al poder que patrocina la revista. Este poder, que simboliza el dominio político-cultural norteamericano, está encarnado en Mr. Hardwick, y Ricardo funciona como su intermediario.

En el segmento 3, en la oficina de Ricardo, se acelera la disminución de Andrés. En el contraste de los trajes se hacen visibles las respectivas posiciones económicas: el triste saco de pana de Andrés se opone al azul turquesa de Ricardo. De acuerdo con los espacios, todo lo que rodea a Ricardo connota prosperidad, éxito; como es lúgubre, sombrío, de fracaso el marco de Andrés. Finalmente, Mr. Hardwick rechaza el cuento por "antiyanqui y tercermundista" (p. 109).

Junto a Andrés y Ricardo, se esboza la imagen de otros actantes que se les oponen y sostienen las posiciones que aquéllos compartieron en el pasado. Estos son unos *actantes subyacentes;* no afloran a la superficie textual pero están latentes y simbolizan una fuerza de reserva, independiente del dominador. Ellos son aludidos por Ricardo: "los acelerados de la Universidad", es decir los estudiantes universitarios.

En el segmento 4, la ambigüedad de Andrés se reitera. Llega al metro y destruye la copia de "La fiesta brava". La destrucción del cuento, acto recurrente en las obras de JEP para simbolizar la clausura de una época, una edad o un ciclo, conlleva la destrucción de su última oportunidad de salir de su presente vacío. La toma del metro está saturada de índices anunciadores del fin del actante: última corrida y puertas que se cierran se ligan con la clausura de su última oportunidad de realizarse. En este momento límite se recalca su deserción del presente y de la Historia por medio de la reflexión que le merece el letrero: "ASESINOS, NO OLVIDAMOS TLATELOLCO Y SAN COSME" (p. 113). Junto a la marginación histórica de Andrés, el letrero saca a la luz la imagen de los actantes subyacentes (los estudiantes universitarios) que reafirman su inserción en el presente y la Historia. rl concluye con una inversión de "realidad"-"ficción". Andrés reconoce en el último vagón del metro al capitán Keller de su cuento, "cuando lo capturaron los tres hombres que estaban al acecho" (*id.*) y desaparece en el subsuelo de su país.

La ambigüedad que rige al actante aparece en su funcionamiento dentro de la "realidad" (su cotidianidad) y la "ficción" (el cuento que crea). En tanto que en la primera es un desertor histórico (colonizado y sumiso); en la segunda no sólo se identifica, sino parece compartir el deber que cumplen los hombres ajusticiadores de Keller, símbolo del poder dominador del espacio nacional.

2) *Microrrelato 2 (Parte II)*

Esta parte corresponde a LA FIESTA BRAVA, cuento escrito por Andrés Quintana, actante del primer microrrelato. Es relatado por un narrador en segunda persona (*N2*) y la narración, como en r1, gira en torno de un actante central, el capitán Keller. En los segmentos 1 a 3, el narrador describe al actante central desde dos niveles temporales: pasado y presente que remite a la oposición destacada en el funcionamiento de los actantes de r1. El pasado del capitán Keller tiene como centro su función activa de soldado norteamericano: "el helicóptero aterriza verticalmente... y usted, *metralleta en mano, salta, dispara y ordena disparar* contra todo... y cuando vuelven a los helicópteros, usted, capitán Keller, siente la paz del deber cumplido" (p. 79). La cita describe al actante en su función destructora (salta, dispara, ordena disparar) y pone de relieve un antagonismo fundamental entre Keller invasor, representante del poder dominador norteamericano y la aldea vietnamita destruida por él. Este antagonismo se vincula directamente con la oposición dominador/dominado destacada en r1 como productora del relato. El presente de Keller, en cambio, corresponde a la de un soldado pasivo, que disfruta de su jubilación en México: "qué lejos se halla ahora de todo eso capitán Keller, cuando, pensión de veterano, camisa verde, Rolleiflex, pipa de espuma de mar, usted atiende a las explicaciones de la muchacha... usted se encuentra en la Sala Maya en el Museo de Antropología, a miles de kilómetros de aquel infierno que usted contribuyó a desatar para que envenenara al mundo entero" (p. 80). El pasaje transcrito, al describir el presente del actante, marca un distanciamiento temporal y anímico entre Keller capitán activo y Keller capitán jubilado, contemplador indiferente del Museo de Antropología. Sin embargo, el persistente tono acusador de *N2* impide que el distanciamiento y la presencia pacífica del Keller turista, borre la imagen del destructor de pueblos. Con este propósito, en el recorrido del actante por el Museo, se repite la asociación tácita entre el imperio norteamericano representado por Keller y el extinto imperio español. En el segmento 4, *N2* explicita la identificación: "no le producen mayor emoción los vestigios de un mundo aniquilado a manos de un imperio que fue tan poderoso como el suyo, capitán Keller" (p. 81).

La escultura de la Coatlicue vence la indiferencia del actante ("usted se queda imantado por ella", p. 82). La atracción que ejerce la diosa sobre el actante tiene reminiscencias míticas. Entre actante y diosa parece entablarse una lucha silenciosa pero visualizada en la atracción: la Coatlicue atrae a Keller; Keller se resiste (p. 83), pero finalmente regresa al museo (*id.*) En relación con el actante es necesario señalar que, en el segmento 8, la oposición dominador/dominado se presenta a través de una variante: civilización (Keller)/salvajes (mexicanos). La variante se articula sobre actitudes y reacciones de Keller. Como capitán activo "siente la paz del deber cumplido, arden entre las *ruinas cadáveres de ancianos, niños, mujeres violadas, torturadas*" (pp. 79-80); pero ante la función taurina "se horroriza del *espectáculo, salvajes mexicanos*, cómo se puede torturar así a los animales, qué país, esto explica su atraso, su miseria, su servilismo" (p. 83).

En el segmento II, se desarrolla un paralelismo de situaciones entre los actantes centrales de r1 y r2: Andrés tiene cita con Ricardo el martes en la noche; Keller con el vendedor de helados ese mismo día y esa misma noche; para los dos actantes se trata de una cita que cambiará el curso de sus vidas. El paralelismo —igualmente— se marca entre Keller y Ricardo. No obstante, en este caso, como lo registran los siguientes fragmentos, más que de paralelismo conviene hablar de indentificación entre colonizador y colonizado:

KELLER	RICARDO
salvajes mexicanos, como se puede torturar así a los animales (p. 83).	esta revista *no trabaja a la mexicana*: lo que se encarga se paga (p. 110).
comprende, anoche no debió haber cenado *esa atroz comida mexicana* (p. 88).	ya que la revista se hace aquí en *Mexiquito*, tiene ese defecto (p. 94).

Los ejemplos son elocuentes. Reiteran, una vez más, la asimilación del actante al poder colonizador. El tono despectivo de Ricardo, concentrado en el diminutivo "Mexiquito", se confunde con el empleado por Keller al referirse a lo mexicano desde su perspectiva de dominador-civilizador.

El paralelismo Andrés-Keller culmina en el último párrafo de r1, con el cruce de los dos actantes en la estación del metro de Insurgentes. Cada actante sigue su rumbo. Keller "bajará a la mitad del túnel... caminará hacia la única luz... la luz verde, la camisa amarilla brillando fantasmal" (p. 85). El actante se mueve en una atmósfera, expresamente fantasmal, muy parecida a la que rodea al actante de r1. Otra vez, la oposición generadora opera con un nuevo contraste: Keller/"ojos oblicuos". En estos ojos que conducen al actante por la cámara de piedra, se confunden Vietnam y América Latina, pueblos oprimidos por el colonizador norteamericano. En los últimos segmentos Keller se mueve entre "realidad" y sueño (como el actante de r1 entre "realidad" y "ficción"), cree que ha soñado con los "vietnamitas que salen de las tumbas" (p. 89), cuando entran "los hombres que lo llevarán a la gran piedra circular acanalada en uno de los templos gemelos" (*id.*). En el desenlace de Keller se resuelve la oposición dominador/dominado con el ajusticiamiento del dominador. Como en "La luna decapitada", el fin del actante se caracteriza por el cruce de planos mito-realidad, pasado-presente; y como Florencio, el ciclo de Keller se cierra con su entrada en lo prehispánico, el ritual del sacrificio lo confirma: "le arrancarán el corazón... para ofrecerlo como alimento sagrado al dios-jaguar" (pp. 89-90). Sin embargo, hay una diferencia que es preciso consignar entre el desenlace de Florencio y el de Keller. En tanto que el primero entra en el espacio mítico (en las nueve llanuras del Mictlán); el segundo es ajusticiado por hombres anónimos del presente, muy similares a los capturadores de Andrés. Con este desenlace culmina el paralelismo funcional entre los actantes centrales de r1 y r2. Andrés es capturado por tres hombres (como de acuerdo con la estructura del relato el desenlace de Keller ocurre primero, se sugiere la posibilidad de que el de Andrés sea semejante) y desaparece en el subsuelo de su país, espacio no contaminado por el colonizador, identificado con lo prehispánico como símbolo de vigencia de lo nacional y defensa de la superficie colonizada. Al desaparecer, Andrés Quintana expía su deserción del presente y de la Historia, así como su pasividad cómplice con el colonizador. Keller que (como Waugh, actante central de "Civilización y barbarie") representa el poder colonizador, es ajusticiado por el pasado prehispánico, de la misma forma que Waugh lo fue por los apaches.

Intertextualidad

"La fiesta brava" pone en juego, en un primer nivel, la oposición entre "historia" y "ficción", determinante en varios relatos de JEP. Como en *Morirás lejos* y "Civilización y barbarie", se entrecruzan e invierten los opuestos, en función del nuevo sentido que se instaura y define en el acto final reivindicador (cf. *Ideologema*).

En realidad se trata de una ficción dentro de otra ficción, donde una opera como el nivel de "realidad creíble", en contraste con el cual se define el otro texto como "ficción". La intertextualidad cobra, por éste y por otros rasgos textuales, una importancia explícita en tanto sistema estructurante del relato: "Ya todo se ha escrito. Cada cuento sale de otro cuento" (p. 108); "como siempre, pensó que el cuento no era suyo, lo había escrito alguien, lo acababa de leer en alguna parte" (p. 104).

1) *Textos literarios y otros textos culturales. Literarios.* El actante escritor ("autor" del microrrelato de ficción) menciona específicamente un texto literario: "La noche boca arriba" de Julio Cortázar (Cortázar 1964, 169), y Arbeláez menciona a "Huitzilopochtli" de Rubén Darío (Darío 1915, 301). Son relatos ambos que aluden a la Guerra florida y a los sacrificios aztecas como una realidad de índole distinta, pero fusionada con la realidad cotidiana o histórica del presente (un pasado vigente todavía; un tiempo dentro de otro tiempo).

El relato de Cortázar opone el sueño a la realidad en el lapso que media entre la vida y la muerte. La oposición desaparece en la medida en que el actante muere, y prevalece como realidad la muerte (antes el sueño), concretizada en el ritual del sacrificio azteca. El paralelismo es claro con el proceso que se opera en Keller, el actante del microrrelato de la ficción en "La fiesta brava". No obstante la similitud, la muerte tiene en el relato de Pacheco un carácter ideológico que no tiene en el de Cortázar, pero que sí sugiere el de Darío, aunque de éste también se distancia ideológicamente, en la medida en que sugiere la viabilidad de la Historia frente a la visión mítica de la historia.

En "La noche boca arriba" lo que se percibe es otra realidad que irrumpe en la dimensión aceptada como real, cotidiana y presente. El actante penetra en esa nueva realidad (prehispánica) invirtiéndose los planos de sueño y vida.

Darío, en cambio, vincula el rito con el contexto de la Revolución mexicana. Sitúa el relato en la frontera con Estados Unidos en territorio dependiente de Pancho Villa. El ajusticiado es el actante norteamericano ("periodista al servicio de diarios yanquis") y el ritual aparece presidido por "un enorme ídolo de piedra... Dos cabezas de serpiente... se juntaban en la parte superior, sobre una especie de inmensa testa descarnada" (p. 305; ¿Huitzilopochtli o la Coatlicue su madre?).

La muerte invierte la oposición dominador/dominado, claramente definida en el texto de Pacheco (sólo apuntada en el de Darío), como oposición entre el Imperialismo norteamericano y los países del Tercer Mundo (Vietnam, México).

Arbeláez, lector ideologizado de "La fiesta brava" (microrrelato de ficción) también vincula el texto con Carlos Fuentes por el tema del "sustrato prehispánico enterrado pero vivo" e incluso por el uso de la segunda persona. El actante-escritor niega la relación al mismo tiempo que niega su contexto histórico-cultural. La referencia queda, sin embargo, y remite particularmente a uno de los primeros relatos de Fuentes, "Por boca de los dioses", anterior al de Cortázar (Fuentes 1954, 59). En este relato el actante Oliverio se margina también de su contexto histórico y entra en la ambigüedad de un espacio ritual prehispánico en el presente. Por su marginación de la realidad, Andrés ("autor" del microrrelato de ficción en "La fiesta brava") recuerda a Oliverio de "Por boca de los dioses". Así como, previo al desenlace, Oliverio deberá descender en el ascensor al espacio mítico mexicano, Andrés baja en ascensor para regresar "a la noche de México".

Otros textos culturales. a) *Mass media.* En el microrrelato de la "realidad" se presentan varios textos de *mass media*. Entre éstos destacan *los anuncios*. El primero de ellos constituye la primera parte del relato y revierte sobre el desenlace. Este texto dentro del texto está redactado en la forma codificada para este tipo de escritura (generalmente periodística) e incluso con las marcas gráficas características.[3]

Los otros dos anuncios son publicitarios y se conforman a la ideología de la sociedad de consumo norteamericana. El primero es de carácter general. Opera como un *spot* comercial y llama la atención en el periódico sobre la importancia de México dentro del turismo mundial. El segundo (en una revista) describe detalladamente, en inglés, el Hotel Princess de Acapulco. Tanto la redacción del texto como el hotel mismo están hechos en función del turismo norteamericano e implican una situación cultural híbrida. Ésta se representa en la amalgama de la arquitectura contemporánea (en función del confort y del lujo) con la arquitectura azteca. Es sobre todo contrastante el gran templo azteca del hotel ("temple with sunlight and moonlight") y el reducto subterráneo al que ha sido relegada simbólicamente la mexicanidad en el microrrelato de la ficción.

La clave del predominio final de la cultura dominada (la mexicana) sobre la cultura dominadora (la norteamericana) la da la inscripción "grabada a punta de compás o de clavo sobre un anun-

---

[3] El periódico es indudablemente un marco de referencia privilegiado por JEP en su producción.

cio de *Raleigh*": "ASESINOS, NO OLVIDAMOS / TLATELOLCO Y SAN COSME" (p. 113).

Las revistas. La idea de hacer una revista en México cataliza la acción narrativa. Intertextualmente importa destacar dos niveles de interacción. Se trata de lanzar una revista para Hispanoamérica de clara ideología norteamericana. Una suerte de *collage* entre "*Esquire, Play boy, Penthouse, The New Yorker.*[4] Son todas revistas comerciales de cierto nivel, que pretenden abarcar diversos aspectos de la cultura, con un alto costo de impresión y gran despliegue gráfico (incluyen casi siempre desnudos). Van dirigidas sobre todo al hombre y se basan en la imagen masculina prestigiada por la ideología dominante.

Significativamente "Mr. Hardwick, el *editor-in-chief*" de la revista proyectada, ha trabajado en *Time Magazine,* conocido semanario que proyecta la ideología dominante norteamericana, con amplia distribución en toda Hispanoamérica.[5] El hecho es importante en tanto Mr. Hardwick representa en el microrrelato de la "historia" la política neocolonialista de los Estados Unidos para América Latina (oculto parcialmente, emite el juicio definitivo de signo ideológico sobre el escrito). Su función es complementaria a la de Mr. Keller en el microrrelato de la "ficción", quien representa la política imperialista de signo bélico.

En términos del pasado, la revista así concebida y organizada se opone ideológicamente (como se oponen pasado y presente en el actante Arbeláez) a la revista universitaria *Trinchera,* dirigida por Arbeláez en sus años de estudiante. *Trinchera* se elabora a partir de una actitud positiva de signo nacionalista: "México será la tumba del imperialismo yanqui, como un siglo atrás sepultó las ambiciones de Napoleón Tercero" (p. 109).

La televisión y la música. El texto alude también a un programa televisivo de las series policiacas norteamericanas. Probablemente es *FBI*, por la referencia textual: "—Ef, Bi, Ai: arriba las manos, no se mueva", p. 91). Son sucesos reales de los archivos de la FBI llevados a la pantalla de televisión y doblados en español para el

---

[4] En "Parque de diversiones" el narrador se refiere a *Life en español*. Aunque se trata de otro tipo de revista, ideológicamente cumple una función similar.

[5] La revista incluye: *World* (política internacional); *United States* (política interna) y un panorama de la sociedad norteamericana "con proyección internacional", que se distribuye en las secciones: *Economy and Business, Religion, Show Business, Sport, Law, Music, Cinema, Medicine, Books.* A esto se añaden secciones menores como la de *Letters* (cartas del público a los editores de la revista) y *Essay* (ensayos de interés general).

público hispanohablante. Hasta la fecha se trasmite por uno de los canales de la televisión nacional.

El narrador, además, cita la estrofa de un Rock and Roll, tocado por un conjunto de rock de "muchachos" que practican (¿obsesivamente?) toda la tarde el mismo texto.

b) *Los objetos.* De manera análoga a "Civilización y barbarie" (relato muy cercano a "La fiesta brava"), aunque en menor escala, los objetos cobran importancia en tanto connotadores culturales.

En el contexto de Andrés se destacan sus elementos de trabajo manufacturados por compañías norteamericanas: la máquina de escribir Smith-Corona; el papel bond de Kimberley Clark; el texto que traduce del inglés (*The population bomb*, del cual habaré más adelante); el texto que consulta: *New World, English/Spanish* y la cajetilla de *Viceroy* (que consume mientras escribe). Arbeláez, como signos de su status actual, lleva anteojos *Schumann*, fuma cigarrillos *Benson and Hedges* y lee una revista de divulgación en inglés.

c) *El lenguaje.* En el microrrelato de ficción (narrado en segunda persona) el lenguaje se mantiene dentro de los parámetros de la norma culta correspondiente a un escritor de los sectores medios (en este caso el actante-escritor del microrrelato de la "historia"). Esta misma modalidad del lenguaje la mantiene el narrador en tercera persona del microrrelato de la "historia", tanto en la parte del enunciado que adscribimos directamente a él, como cuando se refiere al actante escritor.

En los incisos de diálogo se maneja un lenguaje coloquial que se matiza con formas populares (*quihubole* 'cómo estás') e incluso con disfemismos relacionados con hechos afectivamente importantes ("ambos nos *jodimos*"; "deseos de ... chingarte a los gringos").

Pero, sobre todo, el lenguaje se matiza significativamente con anglicismos léxicos en el caso de Arbeláez, mostrando así el proceso de transculturación que lo caracteriza ("muy *bookish*"; "muy de *american magazine*"; "tu *historia* 'story'; "*you know*"; "*who knows*"; "*office-boy*"). Frente a él el Narrador actante tiene una actitud mucho menos asimilista (traduce del inglés, pero no lo habla). No obstante se trata más bien de una actitud intelectualizada, ya que no se traduce en acciones concretas. En el momento del relato lo vemos próximo a una marginación total del contexto (apenas mantiene cierta capacidad crítica).

Se perciben también formas lingüísticas que revelan trazos de los textos bíblicos sobre la destrucción de Jerusalén (caso obvio: "no quedará bambú sobre bambú", cf. *Libro de Jeremías* y *Libro de San Mateo*). Esta analogía entre la destrucción total de la humanidad en el presente y la de las ciudades bíblicas es constante en los relatos de Pacheco.

2) *Texto histórico y mítico*. En el actante Andrés están prácticamente escindidas la vida personal y la dimensión histórica. Esta marginación de la historia define su función actancial y explica el desenlace. A nivel de la escritura el hecho se destaca por la presencia constante, en contrapunto, de incisos alusivos al proceso histórico.

Es evidente que ambos microrrelatos (el de la ficción y el de la realidad histórica) se ubican principalmente en la ciudad de México con marcas textuales específicas, como se vio en el desarrollo de *Tiempo-espacio*.

El contexto histórico del relato corresponde al México contemporáneo de las dos últimas décadas aproximadamente. Una pluralidad de indicios textuales que he ido apuntando destacan en este periodo el problema de la penetración norteamericana en lo económico y en lo cultural (con la referencia próxima de la guerra de Vietnam en el contexto internacional).

El texto se sitúa, sin lugar a dudas, en una coyuntura histórica decisiva para Hispanoamérica y específicamente para México. Las marcas textuales cronológicas retroceden a 1959, año de la aprehensión de Demetrio Vallejo, líder del Movimiento ferrocarrilero iniciado en 1958, y año de la toma del poder de Fidel Castro en Cuba, al frente del Movimiento 26 de julio (hechos a los cuales se alude en el relato). El presente del texto se ubica doce años después (1971), reciente todavía el Jueves de Corpus (10 de junio de 1971), en que murieron varios estudiantes, y tres años más tarde del Movimiento estudiantil de 1968 y de la matanza de Tlatelolco. El periodo abarca el sexenio de Gustavo Díaz Ordaz (1964-1970) y el inicio del gobierno de Luis Echeverría (1971-1977).

Son tiempos de autocuestionamiento y definiciones. De ahí tal vez que la escritura cuestione su propia función y la del escritor en la figura de Andrés Quintana. Marginarse de la historia en el presente implica en el texto un proceso da autodestrucción.

Presencia del mito. La Coatlicue "madre de los dioses" es una monstruosa "expresión consustancial de lo animal y lo humano" (O'Gorman 1960, 54). Signo dual (vida-muerte) permite instaurar en el microrrelato de la ficción el espacio y el tiempo característicos del mito prehispánico claramente identificado como el del mundo azteca. Esta incursión en el pasado sugiere una visión de la historia como un proceso marcado por la lucha entre vencedores y vencidos (dominadores/dominados):

la Piedra Pintada, la más grande escultura azteca... usted será el primer blanco que la vea desde que los españoles la sepultaron en el lodo para que no recordara a *los vencidos* su grandeza, para que se sometieran mejor... para que perdieran la memoria, el orgullo por su tierra, el respeto hacia ellos mismos (p. 86).

La oposición se concreta en el microrrelato de la ficción como la oposición entre España y el mundo prehispánico, modelo especular para el presente histórico (microrrelato de la "historia") en que se pone en juego la oposición entre el imperialismo norteamericano y México.

La homologación anterior se establece mediante un proceso similar intermedio, ya que se dan indicios textuales suficientes que permiten homologar la guerra de Vietnam (escenario bélico de la lucha imperialista de los Estados Unidos, intensificada en 1964) y el contexto sociocultural mexicano del presente (escenario de la política neocolonialista norteamericana).

Este sistema de homologación espaciotemporal hace posible el establecimiento de un paralelismo entre el actante Keller y Andrés Quintana. Es evidente que en el relato ambos actantes se marginan de la historia por caminos distintos, pero al fin y al cabo homologables ideológicamente. La mentalidad de Keller (norteamericano promedio) está regida por la ideología imperialista encubridora del verdadero proceso histórico. Andrés Quintana, a su vez, se refugia en la literatura, fetichizándola (p. 96). No obstante, en la medida en que, a pesar de su actitud, está inmerso en su contexto sociohistórico y en una tradición literaria, el cuento que escribe revela la contradicción existente entre la ahistoricidad de su conducta y la práctica de su escritura. Así se explica claramente el desenlace. El mito prehispánico representa en el relato la Historia, el origen. De ahí que simbólicamente ejecute el acto de justicia final.

El texto pone pues en tela de juicio tanto al dominado como al opresor. Y, al hacer aflorar la historia como un proceso marcado por la oposición dialéctica entre dominación y sumisión, permite solucionar el conflicto simbólicamente, en favor del segundo término y en el ámbito de la ficción (de manera análoga a lo que ocurre en *Morirás lejos,* y sobre todo en "Civilización y barbarie").

En el microrrelato de la "historia" el problema queda abierto, pero hay un indicio claro de una nueva alternativa histórica, destacada gráficamente en el texto:

    ASESINOS, NO OLVIDAMOS
    TLATELOLCO Y SAN COSME

La inscripción está grabada "sobre un anuncio de *Raleigh*" (p. 113), representativo de la dependencia económica y cultural. También el anuncio inicial —pese a su ambigüedad y al distanciamiento mayor que toma respecto a él el narrador— sugiere que algo ha ocurrido de hecho (a Andrés Quintana y lo que él representa) próximo al acto vindicador que se ha operado en el microrrelato de la ficción.

3) *Texto sociológico.* a) *The population bomb.* El relato cita un fragmento del texto *The population bomb.* Es un libro de divulgación científica sobre el problema de la explosión demográfica mundial, escrito por el doctor en biología Paul R. Ehrlich. En cierto modo el texto corresponde al tipo de literatura de *1984* de Orwell, aunque sus proyecciones históricosociales son mucho más cercanas en el tiempo.

El texto de Ehrlich opera en muchas direcciones dentro de "La fiesta brava". Representa para el actante una evidencia inmediata de la problemática estructural en que vive (llevada a sus máximas consecuencias). La indiferencia de éste ante el texto (salvo por el reto que le supone como traductor) subraya su indiferencia históricosocial y su inmersión en la problemática subjetiva y personal. De otra parte es un texto claramente representativo de la ideología dominante norteamericana, imperialista y expansionista (enmascarado muchas veces, como en este texto, por una política paternalista). Ideología que prevalece aun cuando el texto predice la destrucción acelerada y total del ser humano y de su mundo. La catástrofe mundial a todos los niveles se atribuye, en última instancia y demasiado superficialmente, sólo a la explosión demográfica mundial, cuyo índice de crecimiento varía a la inversa del desarrollo de los diversos países. Es decir, que a un desarrollo socioeconómico menor le corresponde un crecimiento demográfico mayor y viceversa.

La situación parece justificar las guerras y todos los sistemas de intervención norteamericana en los demás países. Ambiguamente el texto muestra cómo se desarrolla una política antinorteamericana y aumenta la intervención de los países comunistas —en particular de China comunista— en Hispanoamérica. La crisis es totalizadora, pues Estados Unidos no se libra de ella y se advierten problemas de signo catastrófico en toda su estructura. La situación concluye con la destrucción total del hombre y de su medio, por los efectos de su propia técnica y la falta de una planeación adecuada de su crecimiento demográfico.

El trozo que cita el relato es uno de los *scenarios* (el segundo; una proyección para 1979) que incluye el texto. Se refiere a México y a sus relaciones con Estados Unidos y con China. El propio autor define el término *scenario* (el actante vacila al traducirlo):

"hypothetical sequences of events used as an aid in thinking about the future, especially in identifying possible decision points" (p. 72). Una vez más (como en *Morirás lejos*) el texto de ficción opera como una propuesta de alternativas que pone en juego la ideología y toma de posición del lector.

b) *La problemática de clases.* La oposición *dominador/dominado* se concretiza en el relato de manera preponderante sobre el problema de la penetración cultural norteamericana y alude a la económica de manera indirecta (cf. p. ej. *Los objetos*, de este trabajo).[6]

Sobre esta base se explica, en parte, que el problema a nivel actancial se concentre en actantes de los sectores medios cultos. Éstos presentan limitadamente el problema de la definición del intelectual (en este caso el escritor) y de su compromiso con el contexto históricosocial. El proceso en ambos (Andrés y Arbeláez) es diverso, pero a la larga desemboca en el fracaso mutuo (p. 102).

La posibilidad de acción efectiva se reduce a los sectores marginados del sistema y al sector estudiantil (el heladero y sus compañeros; los estudiantes universitarios). Los grupos operan, sin embargo, en dos niveles (incluso dos espacios) distintos de acción (el subterráneo, dominado aún por el mito; el histórico: la calle la ciudad).[7]

Ideologema

"La fiesta brava" pone en juego una serie de planos y niveles característicos de toda la producción de JEP.

La interrelación entre "realidad" y ficción (claramente vinculada con la de historia-mito) constituye uno de esos niveles operatorios. Como señalé, en el proceso dialéctico textual los opuestos se homologan y se invierten al final (p. 113).

Este nivel anterior dinamiza la oposición significativa principal, *dominador/dominado*, que explica tanto el estrato retórico (tiempo, espacio, narrador y actantes) como la intertextualidad.

---

[6] Los indicios son característicos del neocolonialismo. El texto se refiere además a la Alianza para el progreso y a la ideología del panamericanismo (p. 98).

[7] Los sucesos de 1968 se identifican sobre todo con los sectores medios y son paralelos a movimientos similares en París, Estados Unidos y Alemania: "A mediados de año se desarrolla un gran movimiento de protesta antigubernamental en la ciudad de México y otras ciudades del interior. La base del movimiento es de clase media, particularmente estudiantil. Culmina con la masacre de Tlatelolco del 2 de octubre" (Meyer 1976-b, 114).

La oposición (igual que en "Civilización y barbarie" y *Morirás lejos*) se resuelve en el nivel de la ficción (y ambiguamente en el de la "realidad" con el anuncio de la desaparición del actante-escritor), con el dominio del segundo sobre el primero, mediante un proceso de inversión. A nivel actancial éste se manifiesta en la acción específica de sectores marginados y simbólicamente se especifica con la preeminencia del espacio originario nacional y la irrupción del "tiempo mexicano". Es decir, el predominio no implica una salida todavía porque aún domina en el espacio nacional una visión mitificada de la historia (cf. *Texto histórico y mito*).

III

Morirás lejos

"Tembloroso chacal, señor de ruinas,
dueño de Babilonia y sus escombros:
tu poder será el moho y el salitre,
tu oscuridad de pátina y descenso.
Serás polvo llevado por el mundo.
En tanto que nosotros duraremos."

JOSÉ EMILIO PACHECO

Morirás lejos

Tiempo-espacio

1) *Descripción preliminar*

El tratamiento del espacio y el tiempo que definen la estructura de esta novela, sólo puede entenderse en su dinamismo: *Morirás lejos* se desarrolla mediante un continuo deshacerse y rehacerse, explicitando su propio proceso de producción. En una especie de "modelo para armar", el autor a partir de una serie limitada de materiales, abre la novela a la participación activa del lector.

La novela está dividida en tres grandes partes (I, II y III), que corresponden a dos microrrelatos:

Microrrelato 1: "de la ficción" (partes I, II y III)

Este microrrelato corresponde al presente de los actantes de la historia relatada: un nazi, 20 años después de la segunda guerra mundial, refugiado en México, Distrito Federal, es vigilado constantemente por otro hombre. La especificidad de r1 es que problematiza el argumento fusionándolo con el proceso de producción de la novela.

Microrrelato 2: "de la Historia" (parte II)

Respecto de r1, este microrrelato corresponde al pasado de los actantes. r2 presenta, de acuerdo a una secuencia temporal progresiva, lineal en última instancia, algunos momentos históricos de la persecución del pueblo judío.

Toda novela es ficción y se relaciona inevitablemente con la Historia, pero la peculiaridad de *Morirás lejos* es que hace intervenir, de manera deliberada en su desarrollo, al discurso de la Historia y que devela el proceso productivo de la ficción literaria. Historia y Ficción están presentes en la totalidad de la novela, pero los títulos convencionales asignados a los microrrelatos derivan de la clara diferenciación que éstos tienen en el texto —si bien acaban por fusionarse— así como de la especificidad de su funcionamiento, que será desarrollada en el análisis.

Las partes agrupan siete segmentos, cada una de los cuales se identifica mediante un ideograma y un subtítulo: *Salónica, Diáspora, Grossaktion, Totenbuch, Götterdämmerung, Desenlace* y *Apéndi-*

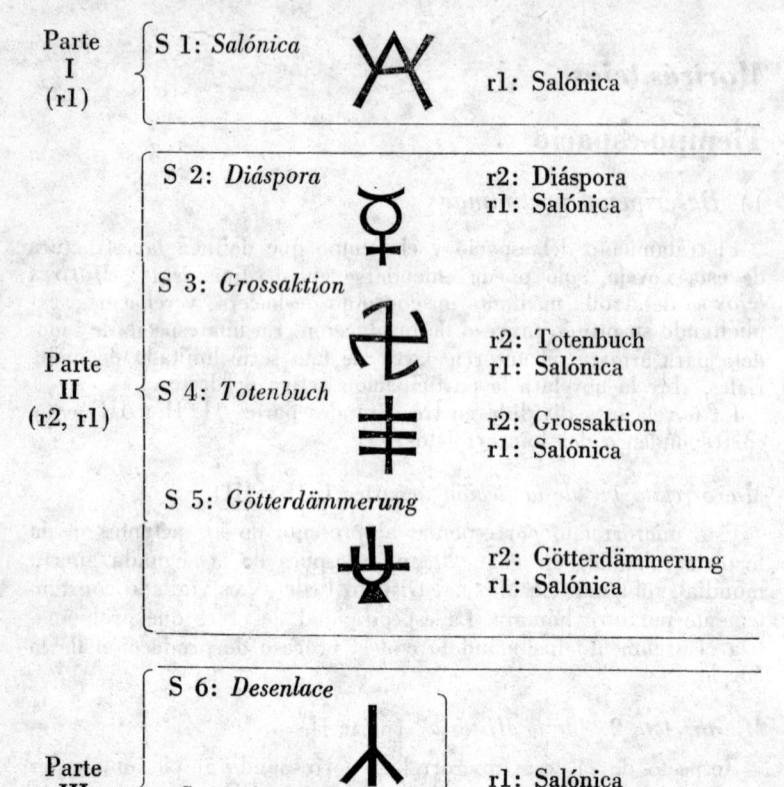

Parte	Segmento		Relato
Parte I (r1)	S 1: *Salónica*		r1: Salónica
Parte II (r2, r1)	S 2: *Diáspora*		r2: Diáspora r1: Salónica
	S 3: *Grossaktion*		
	S 4: *Totenbuch*		r2: Totenbuch r1: Salónica
			r2: Grossaktion r1: Salónica
	S 5: *Götterdämmerung*		r2: Götterdämmerung r1: Salónica
Parte III (r1)	S 6: *Desenlace* S 7: *Apéndice*		r1: Salónica (implícitamente)

ce. Como podrá observarse en el esquema, la división formal de esta novela es similar a la de algunos de los relatos de JEP.[1]

Como se ve en el esquema, las partes I y III se refieren al microrrelato de la ficción, en I bajo el nombre de *Salónica* y en III bajo los de *Desenlace* y *Apéndice*.

La parte II, en sus cuatro segmentos, entrevera *fragmentos* de la narración correspondiente al microrrelato de la Historia, r2, con fragmentos de la correspondiente a r1. Cada fragmento de r2 lleva el subtítulo del segmento a que corresponde *(Diáspora, Grossaktion, Totenbuch* y *Gottërdämmerung)*; los fragmentos de r1 llevan el subtítulo constante de *Salónica*. Si bien en esta parte II se conserva la separación formal —mediante los subtítulos mencionados y espacios en blanco— y la alternancia de r1 y r2, a medida que r2 avanza en la progresión temporal histórica y se aproxima a r1 (presente de los actantes), ambos microrrelatos se van fusionando. La convergencia es evidente a partir de *Totenbuch* que por esta razón además de su colocación (es el centro de los siete segmentos) puede ser considerado nuclear en la estructura de *Morirás lejos*.

r1 abre (I) y cierra (III) la novela; permanece siempre como un eje horizontal que se cruza con el eje vertical de la Historia.

En esta novela tiene gran importancia el funcionamiento de los recursos tipográficos en el espacio textual. Los principales son los siguientes:

a) Uso de números y letras de diversos tipos para subdividir aún más la división fundamental en las partes y segmentos mencionados. Así, por lo que respecta a r1 encontramos que: en el segmento 1 *(Salónica)* de la parte I, se inicia, para los fragmentos correspondientes, con el inciso [a], una enumeración sobre la identidad posible del actante. Alguien, que continúa en la parte II, en los segmentos *Diáspora* —de la [b] a la [q]— y *Grossaktion* —de la [r] a la [z]. Por lo general cada letra corresponde a un fragmento, salvo la *e* y la *f* que se encuentran en uno solo, y la *x* y la *y* que se encuentran igual. A partir de *Totenbuch* dejan de estar numerados los fragmentos de r1 para volver a estarlo en el segmento *Apéndice* (parte III) donde se utilizan números arábigos para titular los seis posibles desenlaces.

A su vez, r2 (II) está subdividido: en el segmento *Diáspora*, en 16 fragmentos están repartidos números romanos, del I al L, para relatar la guerra entre judíos y romanos en el año 70. En *Grossaktion*, sobre la destrucción del gueto de Varsovia, en seis fragmentos

---

[1] "El viento distante" y "La luna decapitada" están divididos en tres partes, pero responden a una estructura circular, lo que no ocurre con *Morirás lejos*.

se encuentran repartidos cinco testimonios, numerados con arábigos y con un subtítulo que indica su procedencia. En *Totenbuch*, en 18 fragmentos, hay una subdivisión interna que responde a hipótesis sobre la identidad del actante eme, numeradas en alemán, del 1 al 11; y dentro del primer número (*eins*) una subdivisión más, del uno al 10 en latín para enumerar los experimentos científico-alquímicos de eme.

b) Cambios en el tipo de letra a cursiva. Estos tienen la función de introducir citas de otros textos en la narración.

c) Espacios en blanco, de diversos tamaños (en forma de margen u horizontales, etc.) que tiene la función de dividir y de introducir diálogos con supuestos lectores.

d) Puntuación, Ausencia de ella o usos diferentes al normal; uso de diversos paréntesis y guiones (—, ///). La función es modificar el ritmo de la prosa.

La combinación de estos recursos contribuye a producir en *Morirás lejos* diferentes tipos de escritura: narrativa, poética, dramática, cinematográfica, etc.

Una clave en la estructuración de esta novela es la *duplicación interior*, recurso generador que determina los procedimientos narrativos principales.

La expresión más literal de la duplicación interior es la *historia dentro de la historia*, a la que se ha dado también el nombre de *puesta en abismo*.[2] Esta estructuración que concretiza en el texto la idea de "cajas chinas" —relacionada con la imagen del laberinto (cf. *Intertextualidad*)— es, como hemos visto al analizar los relatos, muy característica de la narrativa de José Emilio Pacheco.

En *Morirás lejos* hay dos "puestas en abismo" significativas: la obra de teatro, escrita por un actante —"el dramaturgo frustrado" (p. 56)— titulada "Salónica" y la posible obra que aspira a escribir otro actante, el "escritor aficionado" (p. 63). A través de estos dos

---

[2] Leon Livingstone la denomina "trama dentro de la trama" y cita como ejemplos representativos *Los monederos falsos* de André Gide y *Contrapunto* de Aldous Huxley. Define esta forma de duplicación interior como una "combinación simultánea de creación y reflexión sobre el origen y la manera de crear" (Livingstone 1974, 169-170). También Enrique Anderson Imbert ha estudiado esta forma y la llama "desdoblamiento interior": "Así como hay cuadros de interiores en los que un espejo refleja al pintor en el acto de pintar otro cuadro significativamente relacionado con éste que estábamos mirando, y de este modo el espacio se nos abre *como un abismo* en el que se multiplican las imágenes, hay también novelas dentro de novelas, situaciones dentro de situaciones, personajes dentro de personajes" (Anderson Imbert 1961, 160). Sobre el mismo tema, consultar *Lectura política de la novela* (Leenhardt 1973, 30).

"relatos dentro del relato" se explicita el proceso de la producción literaria de la novela, así como su problemática ideológica.

El procedimiento de "relato dentro del relato" es llevado en esta novela a su máximo desarrollo. Además de los microrrelatos principales, "de la ficción" y "de la Historia", cada uno de los segmentos de la parte II, en los fragmentos correspondientes a r2, posee cierta autonomía significativa (por ejemplo, el relato de la guerra entre los romanos y los judíos, en *Diáspora*, y el del gueto de Varsovia en *Grossaktion*). Dentro de estos segmentos, a veces se localizan también relatos menores, como alguno de los que corresponden a las hipótesis sobre la identidad del actante Alguien, enumerados alfabéticamente. Dos de estas hipótesis están bien dearrolladas y adquieren relevancia particular: son los casos mencionados del narrador y el dramaturgo; las restantes constituyen narraciones apenas sugeridas, virtuales.[3]

Relacionado con la duplicación interior está también el recurso del *paralelismo*. El escritor aficionado de una de las hipótesis habla de escribir:

> un relato que por el viejo sistema paralelístico enfrente dos acciones concomitantes —una olvidada, la otra a punto de olvidarse...
> (p. 66).

De manera similar en *Morirás lejos* se "enfrentan" r1 y r2. El paralelismo es puesto en movimiento por medio de la *alternancia*, consistente en "contar las dos historias simultáneamente, interrumpiendo ahora una, después la otra y prosiguiéndolas después de cada interrupción, lo que en el cine equivaldría al montaje paralelo (Bourneuf-Ouellet 1972, 85).

En el análisis veremos que *Morirás lejos* es una novela más "espacializada" que "temporalizada" y ello se debe precisamente a la semejanza de su estructura con el montaje paralelo cinematográfico, uno de cuyos efectos es espacializar al tiempo.[4]

---

[3] "No hay ninguna historia, como hemos visto, en la que no afloren otras historias. Un paréntesis de algunas líneas sobre el destino de un personaje secundario, una digresión explicativa constituyen ya una narración dentro de la narración, presente en las obras narrativas más antiguas..." (Bourneuf-Ouellet 1972, 85).

[4] "La real espacialización del tiempo en el cine no ocurre, sin embargo, hasta que no se pone en ejecución la simultaneidad de tramas paralelas... Es la simultaneidad y cercanía de las cosas —su mutua cercanía en el tiempo y su mutuo alejamiento en el espacio lo que constituye el elemento espaciotemporal, la bidimensionalidad del tiempo, que es el medio real del cine y la categoría básica de su imagen de mundo" (Hanser 1951, 292). Si bien en esta novela lo que se presenta es simultaneidad *en el texto* de tiempos y espacios diferentes. Hauser sostiene que las categorías temporales del arte

Además de estar tan presente en la estructura de la novela, el paralelismo, ya no necesariamente dinamizado por la alternancia, se encuentra en otros niveles del texto: situaciones, espacios, etc.

Como último comentario sobre la duplicación interior, cito a Livingstone, quien afirma que este procedimiento no es nunca un simple recurso, y tiene connotaciones ideológicas puesto que implica una concepción que en su más amplio sentido cuestiona "los límites entre la realidad y la idealidad") Livingstone 1974, 164).

2) *Análisis*

Microrrelato 1: "de la ficción" (Partes I, II y III).

Como se indicó, r1 es un eje que atraviesa el espacio textual de *Morirás lejos*: abre y cierra la novela (I y III) y en el centro alterna con r2 (II).

El enlace entre ambos microrrelatos son los actantes, principalmente *eme*: r1 fusiona un argumento narrativo que corresponde al presente del actante eme (en r2 se presenta, entre otros alementos, su pasado) con el proceso de producción de la novela. En el funcionamiento de r1, el tiempo y el espacio que corresponden a los actantes —al presente de eme como nazi refugiado en México— quedan subordinados al tiempo y al espacio del proceso de la producción literaria explícita: un presente de enunciación que aparenta ser intemporal en tanto se afirma y niega el paso del tiempo, dando una impresión de estatismo, pero que de hecho va avanzando paulatinamente, y un espacio intangible en el que se cruzan las voces de posibles narradores y supuestos lectores afirmando, cuestionando, negando los acontecimientos —escasos por cierto— de la historia de eme. En la dinámica de *Morirás lejos*, ambas dimensiones tempo-espaciales (de los actantes y de la generación de la novela) son inseparables; sin embargo, de manera arbitraria a los fines del análisis, se hará abstracción del tiempo-espacio de los actantes, para partir de allí al de los procedimientos productivos.

moderno tienen su origen en los métodos técnicos del cine: "*la técnica artística del tratamiento intermitente de una doble trama y el montaje alternativo de cada una de las fases del tal trama ... se fue desenvolviendo poco a poco...*" (*ibid.*, 292). Christian Metz dice que el montaje paralelo "en el código cinematográfico se define por el acercamiento directamente connotativo de acontecimientos alejados en el tiempo y/o el espacio de la literalidad ficcional" (Metz 1973, 144).

Espacio (r1)

El espacio de los actantes en todo el microrrelato "de la ficción" es siempre el mismo: un parque y sus alrededores, particularmente la casa donde habita eme. Desde el primer fragmento de r1 (Segmento *Salónica*) que es también el primero de la novela, se describen los elementos del parque a través de la mirada de eme quien no sólo está limitado en su capacidad de desplazamiento, encerrado en su cuarto, sino en su visión, enmarcada por la apertura de dos hojas de la persiana: "Con los dedos anular e índice entreabre la persiana metálica" (p. 11) y mira:

> en el *parque* donde hay *un pozo cubierto por una torre de mampostería*, el mismo *hombre* de ayer está sentado en la misma *banca*, leyendo la misma sección "El aviso oportuno" del mismo *periódico*: *El Universal*. Juegan futbol algunos *niños*. El *cuidador* del parque habla con un *barrendero*. Todo huele a *vinagre* (*id.*).

Desde este primer fragmento se plantea en el escenario, la situación que será central en la novela (si bien asumirá variaciones): un hombre —eme— encerrado en el *interior* de su cuarto es vigilado y cercado por otro desde el *exterior*, en una banca del parque:

> Pero acaso eme intenta resolver otro problema: ¿el hombre sentado en la banca del parque ¿es un perseguidor? Si no lo fuere eme quedaría absuelto. ¿Será víctima entonces de una paranoia que exacerba el encierro apenas quebrantado en ocasión de ciertos viajes interrumpidos —hay que decirlo— en los primeros meses de 1960? (p. 12).

En r1, la habitación de eme, su espacio, está signado por la idea de encierro, reiterada con frecuencia (se dice cárcel, cubil, etc.). Está también signado por la idea de extrañamiento: eme vive en un país que no es el suyo, en una casa que no le pertenece:

> ...en el segundo piso de la casa propiedad de su hermana... Patio interior sin plantas de ninguna especie. Escalera de caracol. Azotea prensada entre los nuevos edificios. Cuarto que debió ser de criados (p. 11).

Del interior propiamente dicho apenas se dan detalles: los periódicos viejos apilados (p. 14); las paredes deterioradas ("manchas de humedad, grietas, salitre" p. 119); el baño con un botiquín (citado una sola vez, p. 144); el escritorio donde eme guarda su pistola Luger (p. 150); el piso de parquet (p. 153). Un elemento significativo es la reproducción del cuadro *La torre de Babel* de Pieter Bruegel, que se analizará posteriormente.

Más que en lo que se encuentra dentro del cuarto, se insiste en los lugares que son nexos entre éste y el exterior: la ventana y la semiterraza. La ventana, con las persianas semiabiertas, a veces cerradas totalmente, es un elemento constante en r1; de hecho, eme vive junto a la ventana. De la "semiterraza de losetas rectangulares" se dice que es el sitio "donde caen las hojas de los pinos y en ciertos meses aquellos gusanos torturables que los niños llaman "azotadores" y que eme, nostálgico, primero vivisecciona con una hoja de afeitar luego aplasta, o bien arroja al boiler" (p. 15).

La oposición *interior* (representada por eme) *exterior* (representada por el perseguidor), queda subsumida por un espacio mayor, cerrado, que engloba a ambos: la ciudad, cercada por montañas. En esta novela se lleva a cabo una caracterización de la ciudad que se ha apuntado también en los relatos de JEP. Una propiedad de esta ciudad, el Distrito Federal, es la transformación; cambia constantemente su fisonomía:

> En alguna casa de la fila que eme podría ver entre las persianas hay una fábrica de vinagre. No es la vecindad de apartamentos simétricos ni la quinta de ladrillos blancos edificada *sesenta años atrás*, cuando el terreno en que están el pozo en forma de torre, el hombre que lee sentado en una banca y quien lo vigila tras la persiana entreabierta, *era el barrio de un pueblo que la ciudad asimiló*.
> Tampoco puede ser el edificio levantado hacia *1950* que agrupa a la tienda, la ferretería, el salón de belleza, la cocina económica (p. 11).

El crecimiento de la ciudad no es en absoluto beneficioso; su apariencia se va deteriorando cada vez más; esto se sintetiza en el parque:

> La banca de cemento en que trataron de imitarse vetas y nudos de madera tiene el respaldo *roto* y deja ver en su interior ladrillos y una armazón metálica *oxidada*. Hay en cada arriate varias flores *deshechas*. Surcan el sendero de tierra guijarros que generaciones de pasos han ido *limando*. Filas dispares de losetas con la inscripción DDF se alzan en el prado casi amarillo. Tres gorriones picotean los claros que deja la hierba. Y enfrente
> la acera. Fue reconstruida no hace mucho y ya han vuelto a *desnivelarla el hundimiento de la ciudad y los temblores*... (p. 76).

Entre las montañas que *cercan* la ciudad, calificadas de "tenebrosas", destaca el Ajusco, constantemente mencionado en la novela. Debido al *cerco*, la ciudad es un espacio de encierro y debido al aire tóxico que este cerco guarda, resulta un espacio opresivo:

> Lejanía también, por momentos la barrera de smog y polvo salitroso

de los lagos ya muertos permite ver... las escarpaciones y contrafuertes del Ajusco. Radiante a veces, pocas veces, y por lo general sombría, tan lúgubre que con sólo mirarlo se explicarían.

el pesimismo de quienes habitan la ciudad;
su irritación en carne viva tras la cortesía quebradiza;
el escozor en la región bronquial, la certeza de que las montañas impedirán la salida o la fuga (p. 19).

El aire envenenado corroe y desgasta todo, las sustancias tóxicas flotan sobre la ciudad. Las montañas impiden su salida. Los bosques fueron talados. Ya no hay en la cuenca ponzoñosa vegetación que pueda destruir el anhídrido carbónico. Y ahora la semineblina, la antepenumbra, el humo y los desechos industriales, el veneno que excretan camiones, autobuses, automóviles, motocicletas, el polvo salitroso del lago muerto, han velado las escarpaciones y contrafuertes del Ajusco (p. 81).

En el ámbito de los actantes hay un juego de espacios dentro de espacios, de cajas chinas: dentro del cerco de montañas está la ciudad; dentro de ésta, el parque y en él la casa de eme. Dentro del parque está también el actante Alguien y dentro de su casa, eme y cada uno de ellos, a su vez está encerrado dentro de su propio espacio interior, que conlleva la huella de su vida pasada. Pero de todo este juego espacial destacan dos sitios, la *ciudad* y en su interior el *parque;* entre los dos se establecen *paralelismos*, como si el parque fuera una síntesis de la ciudad:

Como se puede observar en los ejemplos, ambos espacios son continuamente transformados con el paso del tiempo y dicho cambio no es positivo sino desfavorable, deteriorante, destructivo.

El aire de la ciudad está envenenado por el smog en tanto que el del parque lo está por el ácido olor a vinagre.

Se insiste en la aridez, la casi esterilidad de ambos espacios.

La ciudad está rodeada de montañas opresivas que impiden la salida; el parque está cercado de edificios y los actantes no salen —salvo al final—; se encuentran retenidos en ese ámbito, por su problemática.

En el mundo de los insectos del parque, que se inicia en la superficie de la tierra y termina bajo la misma, se reproducen características similares a las de la ciudad. En el mundo de los insectos del parque se habla de "hierbas altísimas —escarpaciones, contrafuertes" (p. 54). Respecto a la ciudad, se menciona que a veces el smog permite ver "las escarpaciones y contrafuertes del Ajusco" (p. 19).

Se indicó que el espacio de los actantes, que acabamos de ver, está subordinado al de la producción literaria.

A los elementos mencionados en la primera descripción (p. 11):

parque, pozo en forma de torre, hombre leyendo el periódico, banca, niños, cuidador, barrendero olor a vinagre, casa, cuarto, ventana, persianas, hombre que observa tras ellas, etc., se agregan el "chopo ahito de inscripciones a unos catorce o quince metros del pozo" (p. 14), las construcciones alrededor del parque (variables), la semiterraza del cuarto de eme. La torre y el olor a vinagre poseen un carácter simbólico. En el transcurso del microrrelato "de la ficción" algunos de estos elementos desaparecen, a veces se omiten, otras se niega explícitamente su existencia. Así, el escenario, dentro de un marco más o menos fijo —el parque—, adquiere un carácter mutante. El detonador de estas mutaciones es la idea de enigma o adivinanza: eme se plantea la identidad del hombre del parque y, para responder, abre una serie de hipótesis correspondientes a las letras del abecedario. Las hipótesis abarcan casi la mitad de la novela; principian, como se dijo en la descripción preliminar, en la parte I, Segmento 1, *Salónica*, con la letra [a]; continúan y finalizan en la parte II, segmentos *Diáspora* y *Grossaktion*, con la [z] (en esta parte alternan con los fragmentos correspondientes a r2). Las proposiciones de la [a] a la [z] son de tres tipos: las que dan lugar a posibles nuevos microrrelatos; las que cuestionan la existencia de algunos de los elementos del escenario y las que se refieren explícitamente a la estructura de la novela.

Las proposiciones que dan lugar a posibles microrrelatos, basadas en la identidad del hombre del parque, están en los siguientes incisos: *a, b, c, d, e, g, q, s, u, v*.

En todas estas hipótesis, iniciadas en presente sincrónico ("es") se acepta la existencia del hombre del parque; en ellas es constante la presencia del periódico *El Universal*, sección "El aviso oportuno", que a veces sirve de parapeto al hombre de la banca y a veces abre un espacio que comunica a este hombre con su ciudad, proporcionando marcas de época:

> [el hombre] lee uno tras otro sin omitir palabra los anuncios clasificados que nutren ocho páginas de *El Universal*, incluso aquellas que evocan lejanías nunca a su alcance: residencias en Acapulco, casas de una manzana entera en Las Lomas, condominios en Insurgentes (p. 19).

De estas hipótesis hay dos particularmente importantes, a través de las cuales se proporcionan las claves de la estructuración de la novela: el hombre del parque es *"un dramaturgo frustrado"* ([u]) y es *"un escritor aficionado"* ([v]). Ambas hipótesis presentan nuevos relatos dentro del relato de r1, como el juego de cajas chinas, y se sitúan en un nivel de "ficción" respecto de la "realidad" del presente de eme. El dramaturgo frustrado y el escritor aficionado son producto de la imaginación de un actante y el proceso de producción de sus respectivas obras es totalmente aplicable no sólo a r1 sino a toda *Morirás lejos;* se establece así un paralelismo entre las producciones menores y la mayor.

El dramaturgo frustrado [u] "piensa en una obrita en un acto, *no muy ambiciosa ni original,* que podría llamarse por el lugar donde se desarrolla "Salónica" (p. 56).

De ahí el título de r1, *Salónica,* lugar de mucha significación en la novela. Este sitio simboliza el "morir lejos", con lo que establece un paralelismo entre los destinos de los actantes de "Salónica" y los de la novela toda. En la obra de teatro, Salónica tiene que ver con la expulsión de los judíos de España a fines del siglo xv. Así, en la secuencia histórica que caracteriza a r2, funciona como un eslabón temporal; un nexo entre la expulsión de los judíos por los romanos en el año 70 y su expulsión por los nazis en el siglo xx. En Salónica, en la segunda guerra mundial hubo un campo de concentración y exterminio de los judíos. Salónica fue también, en la Antigüedad, uno de los centros de la cábala y la alquimia (cf. *Intertextualidad*). Esta última connotación remite a lo que hemos llamado espacio alquímico.

Otro paralelismo importante entre la obra de teatro "Salónica" y la novela *Morirás lejos* es la dinámica del cerco: perseguidor-perseguido (cf. *Red actancial*).

Pero el paralelismo más importante es el estructural: como *Morirás lejos,* la obrita *Salónica* se deshace y rehace en la representación misma; se confunde el ensayo con la escenificación; se diluyen los límites entre la escena y la "realidad":

> La obra comienza, se supone, una tarde hacia 1617... [Isaac Bar Simón reconoce en un compañero de exilio a su antiguo torturador] Isaac esperó durante años. No tenía la certeza de que su amigo fuera el torturador. Sin embargo decidió aventurarse y acorralarlo hasta que admitiese la verdad. Y lo lleva a rastras hacia otra habitación cuando alguien más sube a escena: el director.
> El director hace algunos comentarios y pide que repitan el ensayo. *La obra recomienza idéntica.* La consternación del monje va en aumento. El director vuelve al escenario y ayudado por Isaac incrimina al farsante. Se trata en realidad de quien sospechaban. La escenificación fue una trampa, la obra una celada. Los actores que representaban al director y al judío de Toledo llevan al monje hacia otros cuartos, adonde nadie sabe qué pasará con él... Teatro dentro del teatro... (pp. 60-61).

Si el dramaturgo frustrado quiere escribir una obra "no muy ambiciosa ni original", el escritor aficionado [v] quiere escribir sobre:

> una guerra lejana que sin embargo extendía su pavor *a través de letras negreantes en el periódico, fotos, voces en la radio y sobre todo imágenes cinematográficas* miradas con aparente impunidad pero cuya violencia dejó en nosotros invisibles señales, holladuras, estigmas (p. 64).

La idea de escribir una obra no muy original se complementa con la voluntad, implícita en la cita sobre el escritor aficionado, de incluir en el texto muchas de las fuentes consultadas. En *Morirás lejos* hay evidencias de lecturas periodísticas, además de la presencia constante de un periódico; descripción de fotografías; transcripción de voces y un lenguaje que intenta traducir el cinematográfico, hasta donde esto es posible en prosa escrita. Estas fuentes sumadas a otras, de la tradición literaria, bíblicas y míticas, o de las ciencias sociales, presentadas en una especie de montaje, dan a esta novela su peculiaridad textual: la fragmentación, la división en partes y segmentos, las diferentes dimensiones espaciales, que se tratarán posteriormente.

La problemática ideológica que se le plantea al escritor aficionado para presentar, por medio de dos momentos históricos no contemporáneos a él, los problemas de su situación contemporánea, de su presente (en el mundo y en México) es perfectamente aplicable al narrador de *Morirás lejos*. De la intención de utilizar dos momentos históricos deriva la necesidad del recurso del *paralelismo*, común a la obra del escritor aficionado y a *Morirás lejos*, como se dijo en la descripción preliminar.

Para el escritor aficionado trabajar con la historia de Flavio Josefo y con la segunda guerra mundial tiene un sentido porque en su presente:

> las matanzas se repiten, bacterias y gases emponzoñados hacen su efecto, bambas arrasan hospitales y leprosarios (p. 67).

> porque el odio es igual, el desprecio es el mismo, la ambición es idéntica, el sueño de conquista planetaria sigue invariable (p. 68).

Las hipótesis [u] y [v] son, pues, relatos dentro del relato, forma de duplicación interior cuyo sentido más amplio es el cuestionar los límites entre la ficción y la realidad.

En el segundo grupo de proposiciones se encuentran las que cuestionan, omiten o niegan, la existencia de algunos elementos del escenario confiriéndole su carácter mutante; corresponden a las letras *f, h, i, j, k, l, ñ, o, x*. Algunos ejemplos:

[f] "Es una alucinación: no hay nadie en el parque" (p. 28).
[k] "El pozo no existe el parque no existe la ciudad no existe" (p. 36).

[1] "Las hipótesis anteriores son falsas. El olor a vinagre flota en el parque. El pozo en forma de torre, el chopo ahíto de inscripciones, poblado de gusanos, existen: cualquiera puede verlos. En cambio las persianas de la casa 1939 no están entreabiertas" (p. 37).

Alain Robbe Grillet (Robbe Grillet 1963) afirma que la función de la descripción en la novela tradicional era *hacer ver las cosas* (reproducir una realidad preexistente) en tanto que la nueva novela, mediante la descripción, parece querer *destruir las cosas*:

> como si su empeño en discurrir sobre ellas no tuviera otro objeto que embarullar sus líneas, hacerlas incomprensibles, hacerlas desaparecer totalmente (p. 165).

> ...cuando la descripción acaba se da uno cuenta de que no ha dejado tras de sí nada en pie: se ha realizado en un doble movimiento de creación y aglutinamiento, que encontramos por otra parte en el libro a todos los niveles y en particular en su estructura global: de ahí la decepción inherente a las obras de hoy (p. 166).

Así, la construcción y desrealización del espacio básico en r1, que ejemplifican las hipótesis de este grupo, son expresión de un cuestionamiento del concepto de "realidad". Esto se ratifica aún con la exagerada precisión de los elementos, por ejemplo el chopo "a unos catorce o quince metros del pozo".
Continúa Robbe Grillet:

> El afán de precisión rayano o veces en el delirio (esas nociones tan poco visuales de "derecha" e "izquierda", esos recuentos, esas medidas, esas referencias geométricas) no consigue impedir al mundo ser movedizo hasta en sus más materiales aspectos, incluso en el seno de su aparente inmovilidad. No se trata ya de tiempo que transcurre ya que, paradójicamente, los gestos sólo vienen dados fijos en el instante. La materia misma es a la vez sólida e inestable, a la vez presente y soñada, extraña al hombre e inventándose sin cesar en la mente del hombre (*id.*).

El tercer tipo de proposiciones son las que se refieren a la estructura de la novela. Corresponden a las letras *m, n, p, r, t, y, z*. Por medio de ellas, la novela "autoexplica" las claves de su producción, como se percibe en estos ejemplos:

[n] "Lo que aquí se consigna es verdadero: no se ha alterado ningún hecho" (p. 40).
[r] "los incisos comprendidos entre la m y la p son un disparate, una chocarrería, mero prurito de complicar lo que es tan

diáfano y evidente... Y eme como se dijo, preferiría continuar indefinidamente jugando con las posibilidades de un hecho muy simple: *A* vigila sentado en la banca del parque, *B* lo observa tras las persianas" (pp. 48-49).

[t] La situación inicial se restablece. Tras las digresiones —que no vienen al caso excepto como una forma de rehuir momentánea e inútilmente el justo final de una subhistoria que pertenece a otra mucho más vasta y lamentable, tanto que mejor sería no hubiese ocurrido para que las cosas no llegaran al presente extremo y por añadidura ni siquiera se formulasen estas acotaciones conjeturales— la situación inicial se restablece (pp. 53-54).

La enumeración de la *a* a la *z* parece derivar de una voluntad de codificar estrictamente la "ficción" como se codifica la Historia; pero, al llegar a la *z*, se reconoce la imposibilidad de esta empresa y se renuncia a ella: "Terminación de las conjeturas posibles en este momento: las hipótesis pueden no tener fin. El alfabeto no da para más..." (p. 71).

Así, el tratamiento del espacio literario que se ha detallado de la *a* a la *z* y que abarca el segmento *Salónica* de la parte I y los segmentos *Diáspora* y *Grossaktion* de la parte II, continúa en toda esta parte con las mismas características, pero ya sin enumeración, haciendo hipótesis sobre la identidad de los actantes —ahora de eme—; variaciones sobre los elementos espaciales y comentarios sobre la elaboración novelística.

Hemos mencionado las dos dimensiones principales entre las que se da la dinámica de r1: la dimensión del *espacio de los actantes*, ubicado explícitamente en la Historia contextual —México, Distrito Federal, alrededor de 1965— y que constituye el futuro de r2 y la dimensión del *espacio de la producción literaria*, que opera sobre el primer espacio, transmitiéndole la calidad de mutante que se ejemplifica en las hipótesis. Pero la producción literaria, además de esta operación transformadora del espacio actancial, lo profundiza y hace complejo; le confiere un carácter simbólico mediante determinados símiles o metáforas que instauran sobre él dimensiones: *poéticas, dramáticas, cinematográficas, pictóricas, alquímicas* y *míticas*.

Aun cuando por razones del análisis, se hará abstracción de cada una de ellas, en la novela a veces se presentan mezcladas (por ejemplo, la poética incide sobre las restantes dimensiones).

Estas espacializaciones se instauran en el texto en ocasiones mediante formas específicas, codificadas, de escritura (por ejemplo, el espacio poético o el dramático); en otras, a través de la referencia explícita o implícita a textos culturales (por ejemplo, el espacio mítico o el alquímico). En algunos casos por medio de ambos recursos (como en el del espacio cinematográfico).

Todo este tipo de espacialización pertenece al microrrelato "de la ficción" (r1), por tratarse de transformaciones correspondientes a la producción literaria. Sin embargo, será inevitable hacer, en esta parte del análisis, algunas referencias a r2, ya que, como se dijo en la descripción preliminar, a partir del segmento *Totenbuch* empiezan los cruces entre r1 y r2. La pérdida de los límites argumentales implica que la espacialización antes mencionada se instaura en ambos microrrelatos, en los segmentos *Totenbuch* y *Götterdämmerung*, de manera casi indistinta. Esto no ocurre en *Diáspora* y *Grossaktion* donde, casi sin excepción, los juegos espaciales se ubican en r1.

Espacio poético

El espacio textual asume formas tanto de poesía concreta como de prosa poética en ocasiones de gran intensidad afectiva, asociadas o bien con situaciones de encierro o bien con momentos relacionados con la muerte. A veces ambas cosas, pues el encierro en general tiene una connotación negativa, fácilmente identificable con la muerte:

[en las cámaras de gas]

Conforme al instructivo sobre el empleo de gases letales, eme contempla el espectáculo desde arriba, tras la hermética ventana o portilla color verde, y filma algunas escenas en dieciséis milímetros.

Luego da la orden. Se apaga la luz en el interior de la cámara. Los cristales de ácido prúsico descienden por las columnas. El *Zyklon B* emana por las hendiduras del piso y las paredes.

Entonces la confusión el azoro el terror la búsqueda de aire y los gritos

sobre todo los gritos

la inútil pugna por alejarse de los sitios en que brota el gas venenoso (p. 91).

Antes del segmento *Totenbuch* (II), el espacio poético se ubica en r1, salvo una excepción sobre el fin de la Grossaktion (destrucción del gueto de Varsovia) y que constituye el último fragmento del segmento del mismo nombre:

La *Grossaktion* terminó el 16 de mayo de 1943... Entonces Jürgen Stroop pudo informar a Himmler:

>   el
>   antiguo
>   barrio
>   judío
>   de
>   Varsovia
>   dejó
>   de
>   existir
>   El
>   número
>   de
>   judíos
>   ejecutados
>   o
>   detenidos
>   asciende a 56 065 (pp. 69-70).

Espacio dramático

Este espacio se expresa de diferentes formas. En rl, segmento *Grossaktion*, encontramos la obra de teatro *Salónica* que escribiría el escritor frustrado. En este caso la obra no se escenifica: se describe el argumento y uno de los ensayos y se deja ver su proceso de producción:

> Insatisfecho con el esquema, el dramaturgo repasa los detalles, enriquece los diálogos, mitiga las referencias, sustituye términos actuales por hebraísmos que suenan mejor en boca de sus personajes (p. 61).

En el segmento *Totenbuch*, en uno de los fragmentos de r2, sí se presenta el texto de una escenificación, es decir, el diálogo y las acotaciones de un supuesto juicio a eme en la posguerra; es necesario subrayar que el texto se refiere a las actividades de eme en 1943, al deportar a los judíos de Salónica, estableciendo así un nexo histórico-geográfico con la obrita del ejemplo anterior:

> FISCAL.— ... Díganos ahora qué procedimiento siguió usted para la deportación de los concentrados en Salónica. Nombre asimismo su destino final.
> EME.— Diariamente, a partir de febrero, enviaba yo un tren con dos mil o dos mil quinientos infelices a bordo. A mediados de abril todo había concluido en Salónica y ya no quedaban judíos en la Grecia continental ni en las islas griegas.

FISCAL.— ¿Y entonces?
EME.— Entonces como recompensa a mi eficacia me hicieron comandante del campo y me trasladé a Polonia en el último convoy... (*Pausa, Eme se levanta un poco del asiento, mira en torno suyo y sonríe*) ... en un vagón aparte, por supuesto (p. 113).

Otro caso es cuando, al final del segmento *Götterdämmerung*, la novela misma asume forma de teatro (cf. *Götterdämmerung*).

Estos son los ejemplos más significativos, pero encontramos también vestigios teatrales en los diálogos entre narrador (es) y lector (es) que se ubican en el intangible espacio de la producción literaria.

En *Morirás lejos* la presencia del espacio dramático es muy importante: existe el juego de teatro dentro del teatro que, como se ha dicho, apunta a cuestionar los límites de la ficción; y existe también una metáfora totalizadora de la obra literaria como teatro, entendiendo por éste el lugar de la máscara y la transformación.

Espacio cinematográfico

Morirás lejos está estructurada mediante una técnica cinematográfica, el montaje paralelo, como se explicó en la descripción preliminar; de ahí la simultaneidad de tiempos y espacios diferentes. No considero necesario insistir sobre esto, pero sí hacer notar que, además de esta espacialización cinematográfica estructurante, la presencia del cine se introduce en el espacio textual de diferentes formas:

Haciendo que la escritura asuma una semejanza con lo cinematográfico y produzca imágenes visuales:

> antes de que eme pueda saber qué pasa/ aproximarse al escritorio/ sacar la Luger/ defenderse/ cerradura volada/ golpe embrutecedor/ descenso con eme en peso/ subida al automóvil/ (p. 150)

Subrayando la importancia del material cinematográfico en la construcción de *Morirás lejos* o en la obra del escritor aficionado (p. 64).

Citando el título de alguna película, por ejemplo *"M, el vampiro de Düsseldorf"* (p. 132).

Espacio pictórico

He llamado así al espacio que se establece por el símil entre el cuadro *La torre de Babel* de Pieter Bruegel y el espacio del parque, en primera instancia y con la novela toda en última. La torre que cubre al pozo es uno de los elementos constantes en el parque y se explicita su carácter simbólico:

> La torre, parodia (¿involuntaria?) de Bruegel, no tiene aspecto de obra pública. La construyó la familia de este hombre que sentado en una banca del parque lee "El aviso oportuno", *cuando tenían unas mismas palabras, antes de ser esparcidos por la ciudad y no entender el habla familiar de los otros.*
> O esa torre es un símbolo, una referencia tan inmediata que se vuelve indescifrable, un augurio, una recordación, una amenaza, un amparo. La torre amarilla sobre el pozo que nadie ha visto nunca —puertas condenadas, cerrojos—, extraña y diáfana en su persistencia, como por otra parte el olor a vinagre (pp. 26-27).

La torre amarilla, junto con el olor a vinagre y la insistencia en la aridez del parque, las hojas "trasminadas de ácido acético" (p. 158) sugieren una visión del parque en tonalidades ocre-amarillentas; en el último desenlace se dirá que a la hora crepuscular el aire parece de cobre (*id.*).

Dentro del escenario del parque, parodia del cuadro de Bruegel, se encuentra una reproducción del mismo cuadro, en el interior de la habitación de eme —espacio dentro de espacio—; una reproducción barata, desprendida de una revista en la que se acentúa el parecido con el parque "empieza a amarillear pues, cuando están abiertas las persianas, el sol baña el muro entre once de la mañana y dos de la tarde" (p. 119).

Un fragmento completo de r1 se dedica —mediante un diálogo— a explicar las posibilidades simbólicas del cuadro (r1, segmento *Totenbuch*); así que es posible esclarecerlas por medio de citas textuales. Estas posibilidades simbólicas abren nuevas dimensiones espaciales. Se establece un símil entre la torre y los campos de concentración, tanto en lo relativo a la multiplicidad de lenguajes como en cuanto a que sus pobladores fueron expulsados y esparcidos sobre la tierra; es decir, en cuanto a una "diáspora" del siglo XX que se asocia con la primera expulsión del pueblo judío (cf. Segmento *Diáspora*, r2) y remite al título de la novela:

> [para eme, la reproducción de Bruegel] tal vez sea una forma inconsciente de recordar los campos. En ellos se hablaron todas las lenguas y sus habitantes mayoritarios fueron a su vez esparcidos sobre la tierra (p. 119).

La torre es también un símbolo del Tercer Reich; el narrador la menciona lo mismo en relación a las intenciones de sus constructores ("la torre de un imperio milenario") que a la imagen del Reichstag en el momento de la derrota (1945):

> O es quizá una metáfora para significar que el Tercer Reich pretendió erigir en todo el planeta la torre de un imperio milenario, como aquellos sobrevivientes del Diluvio llegados a la vega de Shinar. Pero en vez de ladrillo a cambio de piedra y betún en lugar de mezcla emplearon la sangre y el terror (*id.*).
>
> En la espiral de la torre babilónica, en el ziggurat que anacrónicamente descansa sobre arcos romanos... ¿no hay una reminiscencia, aunque sea vaga, del aspecto que presentaba el Reichstag el 30 de abril de 1945 cuando los soviéticos ondearon sobre él su bandera? (p. 120).

En las tres citas mencionadas observamos que el espacio funciona dualmente, simbolizando tanto a los campos, espacio de los oprimidos, como al poder de los opresores.

En dos aspectos principales el cuadro de Bruegel es un símbolo de la novela toda; uno es la intención política (*id.*). El otro aspecto es el juego mismo de ficción o irrealidad que repetidas veces hemos citado como central en esta novela: "Así en el cuadro como fuera del cuadro prevalece la irrealidad" (p. 119). En el último desenlace de la novela se habla de "atardecer irreal" (p. 157).

Espacio alquímico

La alquimia significa la transformación de la realidad; de ahí su carácter simbólico con respecto al microrrelato "de la ficción"; ambas —la alquimia y la ficción— se proponen transmutar lo real. En el microrrelato "de la ficción" hay un elemento espacial que asume funciones "alquímicas", es decir, integradoras y transformadoras; es el olor a vinagre. Este olor está casi siempre presente en r1 y cuando no está, el espacio se desrealiza y los acontecimientos mismos se ponen en cuestión:

> *no hay olor a vinagre* en este momento. La escena anterior no ha ocurrido pero sucederá dentro de quince minutos, una hora, dos horas, seguramente con numerosas variantes al texto que se esbozó con anterioridad.
> Lo innegable es el hecho de las persianas entreabiertas, los diálogos interiores, las contestaciones, réplicas, hipótesis, historias. Todo lo que recuerdo o imagino mientras, sentado en un árido parque *con olor a vinagre*... (pp. 150-151).

Si consideramos toda la novela como un espacio de transformación, el narrador totalizador sería un alquimista. Simbólicamente, al actante eme se le compara con un alquimista (Cf. *Red actancial*).

La novela es el espacio de la transformación. Por eso, en una de sus duplicaciones interiores —la obra de teatro "Salónica" del dramaturgo frustrado— la acción se centra en la región de Salónica que, como dijimos, fue un centro de la cábala y la alquimia en la Antigüedad.

A veces este espacio se instaura explícitamente, mediante alusiones a textos alquímicos o citas —en letra cursiva— intercaladas en la escritura que están, presumiblemente, tomadas de dichos textos (Cf. *Intertextualidad*).

Espacio mítico

Esta espacialización deriva del símil entre el fenómeno nazi y la epopeya germánica. Se encuentra tanto en el microrrelato de la ficción como en el de la Historia, porque la épica germánica funcionó como uno de los refuerzos ideológicos del nazismo en la segunda guerra mundial.

Este espacio subyace a lo largo de casi toda la novela, pero en algunas partes se concretiza explícitamente. A veces se instaura mediante la reiteración de determinadas frases, por ejemplo: "Las ocas salvajes vuelan en la noche" (p. 114).

El espacio mítico se encuentra en el segmento *Totenbuch* (en los fragmentos correspondientes a r1) y en casi todo el segmento *Götterdämmerung* (en los fragmentos correspondientes a r2). Aun cuando en el orden segmental de la novela *Totenbuch* es anterior a *Götterdämmerung* —dado que en términos generales, por lo que se refiere al tiempo de los actantes, r2 presenta un pasado de lo que será presente en r1— la instauración del espacio mítico en *Götterdämmerung* es temporalmente (históricamente) anterior a la instauración del mismo en *Totenbuch*. Así, en *Götterdämmerung* se presenta la muerte de Hitler y en el espacio ocurre un proceso de mitificación-desmitificación; en tanto que en *Totenbuch*, el espacio mítico se instaura 20 años después de la muerte de Hitler, como una posibilidad de que el mito nazi retorne y actúe como una visión del presente, ya que en el presente se encuentran elementos propicios a este retorno.

En *Götterdämmerung*, como se dijo, el espacio mítico surge a partir de la muerte del Führer:

Adolf, Eva.. Berlín rodeado por un muro de llamas. Esta vez Sigfrid sólo ganó la espada Balmung, no la capa que torna invisible a quien la lleva. Los nibelungos son los muertos. El tesoro es la muerte. El funeral, la muerte, el tesoro, la espada, los cuerpos, el muro de llamas, los muertos, los muertos, la mancha de grasa, el Valhala sometido por el fuego y el hielo (p. 133).

Götterdämmerung es el crepúsculo de los dioses. No se describe a Hitler en acción, como un dios, sino a la hora de la muerte, con la que se inicia la destrucción del mito: sus hombres pierden todo respeto al Führer muerto y el cadáver se descompone (Cf. *Red actancial*).

En *Totenbuch*, la apertura del espacio mítico se plantea en relación a eme y su deseo de que el nazismo renazca:

> Largos años de encierro y angustia porque el Cuarto Reich aún no incendia a Europa y las ocas salvajes vuelan en la noche, pero aún no son bastantes, carecen del vigor de su bella época (p. 114).

En el presente, el peligro nazi no se ha conjurado todavía:

> Las ocas salvajes vuelan en la noche. ¿En cuántas noches de cuántas ciudades resuena el coro de quienes aguardan que el profeta despierte, baje del Valhala y encabece la nueva cruzada? Camisas pardas, negros pantalones, la cruz gamada siempre. Cohortes, falanges que sueñan con extender sobre la Tierra el imperio del fuego, pugnan por el renacimiento del orden ario, anhelan que los judíos, los comunistas, sus aliados y sus dfensores mueran en las cámaras y los otros pueblos queden como bestias de carga y de labor al servicio del Cuarto Reich invencible.
>
> Los ejércitos fueron quebrantados. Los nibelungos no, porque los nibelungos son los muertos y predican la muerte (p. 115).

Hay una extensa descripción de las amenazas de retorno de una realidad semejante al mito nórdico en el presente. 20 años después de la muerte de Hitler, el retorno sería el Cuarto Reich. Sin embargo, al final de *Totenbuch* se insiste en que el espacio mítico no existe más: "¿El Valhala? No. Se acabó. Terminó. 29 o 30 de abril. 1945" (p. 126).

Tiempo - (r1)

Es necesario reiterar que *Morirás lejos* es una novela mucho más "espacializada" que "temporalizada" en tanto que el funcionamiento de los juegos de espacio es, como hemos visto, bastante complejo en relación al de los juegos temporales.

En el tratamiento del tiempo encontramos dos tendencias contrarias que se enfrentan y entremezclan: la tendencia a la intemporalización y la que implica la sucesión temporal. Ambas tendencias están en los dos niveles que hemos distinguido en r1, es decir, están tanto en el tiempo de los actantes como en el de la producción literaria.

Recordemos que el tiempo de los actantes es un presente ubicado aproximadamente 20 años después de la segunda guerra mundial, en México, Distrito Federal; presente con relación al pasado en que se ubica r2. La tendencia a la intemporalización, tratándose de los actantes, se sustenta en una repetición cotidiana de los mismos actos:

> el mismo hombre de ayer está sentado en la misma banca leyendo la misma sección, "El aviso oportuno", del mismo periódico (p. 11).

> ¿por qué [el hombre] está allí a horas fijas, hace siempre lo mismo y se retira cuando oscurece? (p. 12).

La repetición implica casi estatismo y se refuerza con la permanencia —dentro de la mutación— de un espacio básico, el parque.

En lo que se refiere a la temporalidad del proceso de la producción literaria, la tendencia a la intemporalización se concreta en la constante negación de lo afirmado y la consecuente vuelta a afirmar:

> El pozo no existe, el parque no existe, la ciudad no existe (p. 36).

> ...El olor a vinagre flota en el parque. El pozo en forma de torre, el chopo ahíto de inscripciones... existen (p. 37)

También se repite constantemente: "La situación inicial se restablece" (pp. 53-54).

Otra sugerencia de intemporalización es, paradójicamente, la metáfora que establece el reloj de la infancia de eme. Este reloj se caracteriza porque cada veinticuatro horas repite la misma imagen. El símbolo del tiempo indica aquí una continua vuelta a empezar:

> aquel reloj de su infancia en la sala hora tras hora renovaba un instante perpetuaba la ejecución ritual de María Antonieta las tres las seis las doce las figuras cobraban movimiento la reina era tomada de los brazos y conducida hasta la guillotina bajaba la cuchilla los muñecos volvían a su sitio eme se preguntaba si alguna vez el movimiento variaría si la víctima y sus verdugos seguirían cumpliendo esa inerte representación veinticuatro veces al día ocho mil setecientas sesenta veces por año aunque eme se olvidase de darles cuerda (pp. 103-104).

Como ha dicho Baudrillard:

> el reloj es el equivalente en el tiempo, del espejo en el espacio. Tal y como la relación con la imagen del espejo instituye un cierre y una suerte de introyección del espacio, el reloj es paradójicamente, símbolo de permanencia y de introyección del tiempo (p. 23).

La metáfora del reloj es complementaria de la del cuadro de Bruegel ("en ella, a semejanza de lo que ocurre en la vida de eme, está paralizada una inminencia. Las seiscientas u ochocientas figuras pueden permanecer para siempre fijas e inertes en su inmovilidad —o pueden echarse a andar en cualquier momento", p. 121).

Pero la intemporalidad no es lo dominante en la novela. En cuanto al tiempo de los actantes, a la duración de los acontecimientos, dentro de la deliberada confusión producida por los indicios de estatismo y el juego constante de afirmación-negación-reafirmación de los hechos, sí existe un hilo conductor, constituido por la secuencia que comprende al hombre sentado en el parque acechando al que está tras las persianas, y el final de este último —en los desenlaces que implican final— llevado a cabo de varias posibles formas. El transcurrir del tiempo va indicándose a medida que se desarrolla la acción mencionada. La duración se señala por medio de un presente de enunciación que marca un *ahora* en relación a un *antes* (r2). El *ahora* aparece desde el primer fragmento de r1, segmento *Salónica*, y ubica el *antes* inmediato en el día en que el actante eme llegó a la casa:

> Probablemente eme no pueda distraerse con la adivinanza. Sin embargo no se trata de un juego: es más bien un enigma y le preocupa desde que llegó a vivir en el segundo piso de la casa propiedad de su hermana (fecha de construcción: 1939... cuarto que debió ser de criados aunque allí vive eme que *ahora* acecha a un hombre sentado en una banca, pp. 11-12).

A partir de ese *ahora* se inicia el desarrollo de la secuencia como una sucesión de escenas instantáneas. Las hipótesis que eme hace sobre la identidad de Alguien abren nuevas dimensiones tempo-espaciales; se sitúan en un nivel más ficticio que la historia de eme, ya que son producto de su imaginación. Para eme, cada hipótesis dura *sólo un instante*:

> el hombre sentado a unos catorce o quince metros del pozo... comprueba *a cada instante* sus dotes interpretativas y como si respondiera a un director escénico, flexible a sus análisis de personaje a través de los actos de una obra con sentido secreto, se muestra sucesivamente (pp. 70-71).

Todos los indicios de la duración de esta escena se refieren a lapsos brevísimos:

> Alguien, *por un instante,* deja el periódico en la superficie libre
> de la banca, se lleva un cigarro a los labios y se inclina ligeramen-
> te para sacar del bolsillo posterior del pantalón una cajita verde.
> Enciende el cigarro, lo deja entre los dedos de su mano izquierda...
> Aunque el hombre fuma por vez primera ante sus ojos, eme anhela
> que Alguien se levante y vaya a la tienda a comprar cigarros y fós-
> foros, *instante* que eme aprovecharía, como otras veces, para huir
> de la persecución silenciosa y la amenaza nunca declarada (p. 122).

Como en otros relatos de José Emilio Pacheco, los instantes están plenos de significación.

La acción ocurre la tarde de un miércoles, día de Mercurio u Odín (p. 132), poco antes de que oscurezca. Precisamente en el segmento *Götterdämmerung* (El crepúsculo de los dioses), los fragmentos de rl empiezan a anticipar el final del día, el crepúsculo que se asociará con el final de la acción:

> La torre ha dejado de proyectar su sombra, las alteraciones de
> quietud y agitación en las frondas más altas disminuyen. No hay
> viento, se diría. Sólo un airecillo cargado de polvo y desechos indus-
> triales se impregna de olor a vinagre *cuando la antepenumbra co-
> mienza a cercar* el árido parque (pp. 130-131).

> A la sombra de un chopo, bajo el espeso olor a vinagre que se di-
> funde por todas partes, *en las horas finales de una tarde que co-
> mienza a traducirse en antepenumbra o semitiniebla, un miércoles de
> una semana,* un mes, un año imprecisos, hay un hombre que espera
> (p. 134).

> *Última luz crepuscular* y todo se desgarra y todo está en el fuego,
> las imágenes no ajustan las correspondencias se desvanecen... (p.
> 142).

Es evidente por estos ejemplos que la temporalidad del presente de los actantes en rl dura sólo unos minutos.

De manera paralela a este transcurrir se va sucediendo el tiempo —en apariencia intemporal— del proceso de la producción literaria. Se señala la relación entre ambos tiempos aclarando que la función de la producción literaria es alargar el desenlace —inminente— del tiempo de los actantes:

> Fiel a sus monótonas elipsis, a su forma de pasar el tiempo y des-
> hacer la tensión de una inminencia, el narrador propone ahora un
> sistema de posibilidades afines con objeto de que *tú* escojas la que
> creas verdadera: ... (p. 72).

> Terminaron las hipótesis: comenzarán los desenlaces. Por ahora, in-
> termedio y, nueva digresión: (p. 143).

Hacia el final se une la duración de la anécdota de los actantes con el tiempo de la producción literaria:

Aunque han transcurrido *sólo algunos minutos entre el instante en que eme entreabrió un leve sector de la persiana* —es decir, *entre el comienzo de las hipótesis y la inminencia de los desenlaces*— eme ya sabe que algo definitivo se gesta (p. 148).

También el simbólico reloj empieza a presagiar el final —de eme, de la novela— rompiendo su ciclo intemporal (ya unida la metáfora del reloj a la del cuadro *La torre de Babel*):

> Pero al sonar la hora las figuras del cuadro —Nemrod y las ochocientas figuras inmóviles— cobrarán movimiento y, súbditos de una ceremonia mecánica y por ello irreversible e inevitable, darán principio al sacrificio (p. 136).

A continuación de todos los indicios del final, están los desenlaces; de ellos, el *seis* (Segmento *Apéndice,* parte III) es el que mejor establece —por la acción, la concordancia de los tiempos verbales, la insistencia en el elemento del crepúsculo— una continuidad temporal con los fragmentos citados en cuanto a la duración del tiempo de los actantes en r1:

> El sol no se va. Insiste en permanecer y ya es muy tarde. ¿En qué estación del año estamos? La luz color de cobre sostiene en pie un parque metálico (figura inmóvil del reloj, planas siluetas en el cuadro).[5] Atardecer irreal... Hay un pacto que eme no alcanza a desentrañar entre el sol y el hombre que espera mientras el día muere sin ruido y sin sombra... Nunca tardó tanto la noche. ¿En qué estación del año estamos? ¿Y si el sol perdurase en las tinieblas, como la luna llena visible algunos días a las cuatro o cinco de la tarde? Pero el aire no tiene ya, *y ni siquiera transcurrió un minuto,* la rigidez que eme llamó de cobre. Sólo brillan las hojas trasminadas de ácido acético y una mancha de luz se hunde en las paredes del pozo.
> Ahora sobreviene el aire crepuscular...
> De pronto la oscuridad entra en la casa [eme se corta las venas y, desde la ventana, mira que Alguien se va]... mientras el viento de la noche deshoja, arrastra "El aviso oportuno", y el parque entero se desvanece bajo las luces mercuriales que en este instante acaban de encenderse (pp. 157-159).

De esta forma, las luces mercuriales dan fin al crepúsculo, al atardecer irreal en el día de mercurio. Termina un cerco que, de acuerdo con r1, duró 20 años. El tiempo de los actantes de r1 ha durado unos minutos. El proceso de la producción literaria finaliza también. La tendencia a la intemporalidad en la novela queda definitivamente destruida.

[5] En esta escena final se fusiona el parque con la metáfora del reloj y la del cuadro de Bruegel.

Elegí el desenlace *seis,* además de las razones mencionadas, porque está situado al final de la novela; es el que realmente la cierra. Y porque el narrador lo privilegia, ya que, después de presentar varias posibilidades de conclusión, dice "O bien sólo existe un desenlace posible:" (p. 157), y a continuación presenta el *seis.*

Sin embargo, es necesario aclarar que cualquier otro de los desenlaces que la novela propone hubiera sido coherente. Dado el carácter abierto de *Morirás lejos,* al lector se le proporcionan varias posibles formas de finalizar la novela ("el narrador propone ahora un sistema de posibilidades afines con objeto de que *tú* escojas la que creas verdadera", p. 72). Los finales están situados en la parte III de la novela: el segmento titulado *Desenlace* consta de dos posibilidades, y el segmento *Apéndice* de seis, numerados del uno al seis.

En los desenlaces ocurren los mismos juegos de realización-desrealización del espacio y los actantes que han funcionado en toda la novela. Pero el sentido último de proponer ocho finales es que, a fin de cuentas, no importa cuál prevalezca; lo que importa es el gran crimen, implica el narrador (p. 156) y toda la ficción "fue un pobre intento de contribuir a que el gran crimen nunca se repita" (p. 157).

Microrrelato 2: "de la Historia" (Parte II)

Este microrrelato se encuentra en la parte II de la novela (se explicó en la descripción preliminar la alternancia de r1 y r2 en esta parte) que consta de cuatro segmentos: *Diáspora Grossaktion, Totenbuch* y*Götterdämmerung.*

r2 se caracteriza por insertar tangiblemente la Historia en el texto de la novela. De ahí el hecho de intercalar las fuentes directas de información, la voluntad de precisión en los datos y, en general, la coincidencia de los acontecimientos novelísticos con los históricos que se hace evidente en el análisis intertextual. Este microrrelato ofrece, de acuerdo a una secuencia temporal progresiva, lineal en última instancia, la visión de algunos momentos históricos de la persecución del pueblo judío, desde el siglo vi a. c. hasta la segunda guerra mundial.

El momento más lejano se ubica en el año 587 a. c., cuando Jerusalén fue cercada y destruida por los pobladores de Babilonia. Este plano temporal no tiene un apartado específico en la novela; ni siquiera se describe. Sólo se alude ocasionalmente a él, por ejemplo: "El Templo [en el siglo i d. c.] quedó arrasado el mismo día en que siglos atrás fue destruido por los babilonios" (p. 38). Sin embargo, este plano es importante porque ubica el principio de un proceso que se extiende a lo largo de muchos siglos posteriormente: la lucha contra el pueblo judío; el despojo de su territorio, de su espacio vital; las persecuciones, las expulsiones, el "morir lejos".

a) *Diáspora*

En este segmento, la guerra entre judíos y romanos, en el año 70 d. c., es relatada por un judío sobreviviente de la misma. La sublevación de los judíos frente al Imperio romano culmina con la destrucción de Jerusalén y la dispersión —diáspora— de sus habitantes.

Espacio

El hecho determinante en la guerra mencionada era la posesión de Jerusalén. Esta ciudad, como espacio, tiene un gran significado en la novela; es el territorio propio de los judíos, cuya posesión es constantemente amenazada a lo largo de la historia. En este segmento los principales juegos de espacio están en relación a la forma en que los romanos van avanzando sobre el espacio de la ciudad, en tanto que los judíos se repliegan, viéndose reducidos a un sitio cada vez menor.

Para tomar la ciudad, los romanos establecen un *cerco* ("Tito dispuso siete líneas de cerco", p. 20), en el interior del cual están los dominados y en el exterior los dominadores. Esa será una dinámica espacial constante en la novela.

La ciudad de Jesusalén se encuentra rodeada de tres murallas protectoras y se presenta una pormenorizada descripción del avance romano sobre ellas:

> Cinco días más tarde Tito se apoderó de la segunda muralla... Los judíos, en vez de rendirse, avanzaron por calles oblicuas hasta cercar a los romanos y expulsarlos de la ciudad. Pensaron que los invasores no se atreverían a entrar de nuevo en Jerusalén: resistir sin abandonar las murallas iba a darles el triunfo sobre el imperio (p. 23).

> En principio las murallas tienen una función defensiva, pero en determinados momentos de avance de los judíos, se invierte pasajeramente la relación cercadores-cercados y la muralla asume una función distinta: de proteger a los sitiados pasa a encerrarlos (p. 29).

Cuando los romanos pueden atravesar las murallas, los judíos se dedican a proteger otro espacio significativo, *el Templo*. La posesión del Templo definirá el triunfo:

> La espada brilló donde no cabían lanzas ni venablos. Era imposible retroceder o proseguir: tan reducido quedó el espacio del combate... Los rebeldes salvaron el Templo pero la torre Antonia quedó en poder de los romanos (p. 35).

Dado el valor y la resistencia heroica del pueblo judío, sólo incendiando el templo es posible vencerlo. Los sitiadores lo hacen así (p. 38).

Cuando su espacio vital hubo sido dominado por completo los judíos tuvieron que refugiarse bajo la tierra:

> El día siete del mes de Elul derribaron las últimas murallas y pusieron las insignias romanas en las torres. Los hombres de Juan y de Simón se refugiaron en los albañales (p. 42).

> En cloacas y subterráneos descubrieron los cuerpos de dos mil que pactaron darse muerte unos a otros o se suicidaron o se consumieron por hambre (p. 43).

Los invasores llevan a cabo una destrucción total de la ciudad, conscientes de que poseer un espacio unifica y fortalece a los judíos:

> mientras existiera un sitio de reunión para todos ellos los judíos continuarían fraguando sublevaciones contra el imperio (p. 37).

Los mecanismos espaciales que encontramos en *Diáspora* serán constantes en *Morirás lejos* y permitirán establecer paralelismos entre los momentos históricos. El mecanismo principal es el del *cerco*, que implica una dinámica de dominador-dominado, perseguidor-perseguido en una lucha por el espacio. En este caso, como en todo el microrrelato de la Historia, los perseguidos son los judíos; la dinámica se invierte en r1. También se subrayan algunos elementos espaciales significativos: las montañas y dentro de éstas, las murallas que circundan la ciudad (imagen de cajas chinas). Asimismo serán constantes en la novela los espacios subterráneos como reducto de los perseguidos y las torres. En *Diáspora* se mencionan torres para atacar ("de asalto, p. 28) y para defenderse (Torre Hípicos, de las Mujeres, Fasael, p. 20; Torre Antonia, p. 22; etc.).

Cuando los romanos toman la ciudad y la destruyen dejan en pie, simbólicamente, torres y fragmentos de murallas:

> Tito dispuso que únicamente dejaran sin demoler dos de las más altas torres y el lienzo amurallado de occidente para que acampase una guarnición y viera la posteridad qué fortificaciones sometió el poder de Roma. Derribaron y allanaron la ciudad. Esparcieron sal y de Jerusalén no quedó piedra sobre piedra (pp. 43-44).

Tiempo

En este segmento el tiempo verbal prevaleciente es el indefinido o aoristo, considerado tiempo histórico por excelencia. El uso del indefinido se complementa con indicadores que van marcando el transcurrir del tiempo:

> *A los quince días* de iniciado el sitio los arietes demolieron la primera muralla (p. 22).

Se señala así la duración del sitio de Jerusalén, que abarca aproximadamente tres meses: Tamuz (p. 28), Ab (p. 37) y Elul (p. 42):

> El día siete del mes de Elul derribaron las últimas murallas ... Hacia el crepúsculo terminó la matanza; Jerusalén ardió toda la noche (*id.*).

Después de tomada y destruida Jerusalén, se menciona que una parte de la población mantuvo la resistencia durante tres años más (p. 44).

La única interrupción a la linealidad temporal es un retroceso que introduce un plano del pasado, aproximadamente tres años y medio antes del sitio, para reseñar los augurios religiosos de la destrucción de la ciudad:

> Años antes de que la guerra comenzara aparecieron las señales del fin. Brotaron en el firmamento una estrella en forma de espada y un cometa que se mantuvo un año sobre Jerusalén. Una noche, mientras el pueblo celebraba la fiesta de los Acimos, una luz deslumbrante brilló media hora cerca del Altar... El vigésimo primer día del mes de Iyar, antes del crepúsculo, flotaron en las nubes formas que semejaban carros y soldados... (p. 39).

Desde los primeros presagios hasta el día del sitio, hay un enlace, el actante Jesús:

> Así, clamando con mayor fuerza durante las celebraciones, Jesús, hijo de Anán, *reiteró su profecía por espacio de tres años y cinco meses*; obstinado, sin enmudecer, hasta que, ya sitiada Jerusalén, subió a las murallas y corrió por los adarves gritando... (p. 40).

Después de este intermedio, se continúa con la descripción de la derrota de los judíos.

En conclusión, la temporalidad dominante en *Diáspora* es la progresión lineal.

b) *Grossaktion*

Grossaktion significa "la gran acción"; es el nombre dado por los nazis a la operación de terminar con el gueto de Varsovia y enviar a sus habitantes al campo de concentración de Treblinka. Este segmento proporciona una visión estereocópica de los acontecimientos insertando cinco testimonios, repartidos en una numeración del 1 al 7: 1. *Testimonio de Ludwig Hirshfeld;* 2. *Anotación en el diario de Hans Frank, gobernador general;* 3. *Informe de un sobreviviente;* 4. *Orden de Heinrich Himmler, Reichsführer de las SS;* 5. *Continúa el informe de un sobreviviente;* 6. *Relato de un testigo presencial;* 7. *Continúa la narración del testigo.*

Después de los testimonios, con el número 8, está el *Epílogo*, que finaliza con un informe de Jürgen Stroop a Himmler sobre el éxito de la operación.

Espacio

A través de los testimonios mencionados se conforma una visión del espacio de los actantes. El gueto de Varsovia es el espacio cerrado a que han sido reducidos los judíos, cercado por alambradas:

> El gueto de Varsovia se ha instituido para acabar con los judíos como se exterminó a los perros de Constantinopla: encerrarlos hasta que se devoren unos a otros o mueran de hambre, piojos y suciedad... Separados de Varsovia por muros y alambradas... (p. 46).

Tanto el espacio exterior como el interior del gueto están totalmente dominados por los alemanes nazis. Sin embargo, a pesar de que el interior del gueto es un espacio oprimido por la dominación extranjera, así como por el hambre y las enfermedades, los judíos desarrollan una resistencia heroica por conservarlo. A semejanza de los romanos en el segmento anterior, los dominadores comprenden que la posesión de un espacio está ligada a la supervivencia de los judíos y contribuye a su combatividad:

> [Orden de Heinrich Himmler] Por razones de seguridad ordeno destruir el gueto de Varsovia en cuanto sus pobladores se hallen concentrados en Treblinka. Demoler el gueto e instalar el campo son medidas indispensables para la pacificación de Varsovia. Este foco de criminalidad no podrá extinguirse mientras subsista el gueto... Por lo que se refiere a la ciudad de Varsovia —conglomerado de más de un millón de habitantes y foco de continuas disgregaciones y revueltas— es preciso asignarle un espacio mucho más reducido (p. 52).

La destrucción del gueto se realiza mediante el cerco: "El lunes 19 de abril de 1943 Jürgen Stroop ordenó *rodear* el gueto de Varsovia" (pp. 54-55). A pesar de que los sitiados se encontraban débiles, enfermos y desarmados casi, fue tal el valor que desplegaron que —como en la época del imperio romano— sólo pudieron vencerlos el incendio y el bombardeo:

> Stroop comprendió que la resistencia estaba preparada contra todo excepto contra el fuego —e hizo que ardiera cada pared del gueto (p. 62).

Y al igual que lo habían hecho veinte siglos antes al ser derrotados por los romanos, ahora los judíos, al ver invadido su espacio vital y perderlo, se refugian en las profundidades terrestres:

> El mismo 16 de febrero de 1943 en que se expidió la orden secreta de Himmler comenzamos a cavar un gueto debajo del gueto: una red subterránea de fortificaciones, arsenales, refugios, comunicados entre sí mediante el Kánal: el laberinto de las cloacas (p. 53).

Si en la época del imperio romano la toma de Jerusalén culmina con el incendio del templo, "La *Grossaktion* terminó el 16 de mayo de 1943 con la voladura de la Gran Sinagoga de Varsovia" (p. 69). Como los romanos, los nazis realizan una destrucción total del espacio para señalar su dominación:

> Las piedras calcinadas humeaban, el agua de las cloacas hervía, cuando llegaron contingentes de Auschwitz para que hasta los escombros fueran arrasados y del gueto de Varsovia no perdurasen sino púas, ceniza, polvo, huesos, astillas (p. 69).

Tiempo

En cada uno de los documentos insertos existe una temporalidad. En el *Testimonio de Ludwig Hirshfeld* predomina el presente habitual para dar un panorama de la vida en el gueto:

> En las aceras los desperdicios forman montañas. Es difícil avanzar por calles repletas de gente. Todos van vestidos de andrajos. Algunos no tienen ni siquiera camisa. A diario llegan refugiados (p. 46).

La brevísima *Anotación en el diario de Hans Frank*... se sitúa en un implícito presente de enunciación, en relación al cual se refiere a hechos recientes en el pasado y previsiones futuras:

> Esta guerra no terminará sin que los hayamos exterminado a todos (p. 49).

En la *Orden de Heinrich Himmler*... prevalece el presente imperativo: "Por razones de seguridad ordeno demoler el gueto de Varsovia" (p. 52).

En el *Informe de un sobreviviente,* en el *Relato de un testigo presencial* y en el *epílogo* predomina el indefinido, el tiempo de la Historia y, de manera complementaria, el imperfecto:

> Y pese a todo la resistencia continuó. Los nazis peleaban contra fantasmas errantes entre escombros, dispuestos a morir... (p. 68).

Solamente en estos tres textos citados se precisan fechas que indican la duración de la Grossaktion; en primer lugar sus antecedentes:

> *A fines de julio de 1942* el Concejo judío recibió la orden de seleccionar a seis mil niños, mujeres, enfermos y ancianos para los "batallones de trabajo". Dos días más tarde —el nueve del mes de Av, aniversario de la destrucción del Templo por las legiones romanas— salieron hacia Treblinka los deportados (pp. 50-51).

Se menciona que *el 16 de febrero de 1943* se expidió la orden secreta de Himmler para destruir el gueto (p. 53); *el 19 de abril* del mismo año (p. 54), Stroop ordenó rodearlo y finalmente "La *Grossaktion* terminó el 16 de mayo de 1943" (p. 69).

En síntesis, la acción duró alrededor de un año. Aun a través de la presentación poliédrica, polidimensional de los acontecimientos, es fácil seguir en su desarrollo una linealidad temporal.

c) *Totenbuch*

Se ha señalado varias veces el carácter nuclear del segmento *Totenbuch,* a partir del cual empiezan a fusionarse el microrrelato "de la Historia" y el "de la Ficción". Este cruce se hace explícito al final del tercer fragmento correspondiente a r2 (subtitulado *Totenbuch*) y al principio del fragmento correspondiente a r1 (subtitulado *Salónica*) que se encuentra a continuación:

Totenbuch

> ...
> [en el pasado de eme] imposible llamar cirujano al matarife que realizaba histerectomías en cinco minutos y con las torturas que él imaginaba castigos encubría su debilidad y creía herir en cuerpos sin culpa a todos aquellos que le causaron daño en su vida anterior.
>
> basta una leve actitud de firmeza o persistencia para que tanta ferocidad se desmorone observen cómo tiemblan ligeramente las varillas de la persiana y al estremecimiento de su mano izquierda se suma la actividad febril de los dedos índice y anular (también)

de la mano derecha dedos y uñas que trazan incisiones en el yeso de la pared

Salónica

... cada rasgo en la pared, cada incisión o círculo en el yeso tiene un sentido y cobrará un significado. Parecería que con jaulas o rejas muy estilizadas eme intenta dibujar el navío legendario en que la Mulata de Córdoba huyó de la Inquisición. Pero la magia terminó en 1945. Ningún exorcismo podrá librar a eme de lo que ocurre. No obstante las rayas poseen alguna simetría (pp. 82-83).

Como puede verse, en *Totenbuch* a un párrafo sobre el pasado de eme, sigue uno sobre su presente y este último es parte del que inicia *Salónica*. Desde este cruce, en toda la parte II se desdibujan los límites entre r1 y r2, si bien siempre se conserva la separación formal y la alternancia. El último ejemplo tiene un contenido simbólico, cada incisión, cada señal en la novela "tiene un sentido y cobrará un significado".

Como se dijo en la descripción preliminar, en *Totenbuch* se abre una serie numerada en alemán (del uno al doce) con hipótesis sobre la identidad del actante eme. Dentro del número 1 (Eins), se abre otra serie, numerada en Latín (del uno al diez) sobre las características posibles de un experimento de eme: congelar a los hombres para descongelarlos después. La numeración en Latín obedece a que eme redactó en esa lengua un informe sobre sus experimentos y teorías (p. 79).

Se presentan en este segmento muchas escenas ocurridas ya durante el transcurso de la segunda guerra, ya en las etapas inmediatamente anteriores o posteriores sobre las torturas al pueblo judío y los experimentos de eme; sobre la vida en los campos de concentración y la muerte en las cámaras de gas; sobre un juicio a eme, por sus crímenes, etc. Estas escenas, aparentemente desvinculadas entre sí, se relacionan a través del eje constituido por las hipótesis sobre quién es eme y del eje representado por el elemento *muerte;* de ahí el título del segmento: *Totenbuch,* el libro de los muertos. También se llamaba "libro de los muertos" al que, en los campos de concentración, se utilizaba para apuntar las cantidades de hombres que, de maneras diversas, morían.

Espacio

La transmutación del espacio escritural de *Totenbuch* en alquímico, poético, dramático y mítico se ha adelantado ya, al tratar de estos tipos de espacialización en r1.

En este segmento se insiste en el planteamiento nazi de que la lucha contra el pueblo judío era una lucha *por el espacio vital*:

> [en 1941 Hitler ordena acabar con el problema judío] confinamiento y expatriación no bastaban para limpiar el *"espacio vital"* reclamado por Alemania: era preciso exterminar a todos los *jüdischen untermenschentum* (p. 84).

El ideal nazi era la dominación total del espacio: "sueño de un nuevo mundo enteramente dominado por ellos" (p. 77).

En *Totenbuch* pueden citarse muchos ejemplos de escenas que ocurren en sitios cerrados. Los "refrigeradores" donde eme congelaría a sus víctimas (pp. 73-76); el "universo concentracionario": los campos de trabajo que luego se convertirían en campos de exterminio (pp. 83-85); dentro de estos campos las barracas (pp. 95-97), y por supuesto, las cámaras de gas (pp. 89-94); los vagones donde se transportaba a los detenidos (pp. 86-88), etc. En todos se nota el procedimiento de quitar a los presos cada vez más espacio y, repetimos, el encierro, se asocia a la muerte:

> la algarabía no es un inconveniente menor dentro del vagón para transporte de ganado, parte de un convoy interminable que atraviesa la Europa central; pero es más atroz el calor o la sed o la dificultad de respirar o la pululación de insectos en los cuerpos; llega un momento en que es preciso orinar y cagar en el suelo y a la vista de todos; en *seguida comienza la disputa por una franja de espacio una rendija que permita aspirar el aire libre...*
>
> viajar seis días *en un féretro irrespirable...* (p. 87).

Siguiendo las posibilidades de identidad de eme, en *Totenbuch* se mencionan los campos de concentración de Auschwitz-Birkenau, Belzec, Chelmno, Majdanek, Sobibór, Treblinka (p. 83), Salónica (p. 113). También se alude a varios lugares de Europa: Polonia, URSS (p. 84), Grecia (p. 113), Rotterdam, París, Bucarest, Praga Viena (pp. 116-117), Leipzig (p. 121), Ginebra, Lausana (p. 125). De manera indirecta se menciona a México; en la confortable oficina de eme, en un campo de concentración, se encuentra una calavera de azúcar (p. 100).

Tiempo

En *Totenbuch* se observa un tiempo presente de enunciación en el que coinciden el presente de los actantes (especialmente eme) y el de la producción literaria. Es decir, todo el juego temporal característico de r1 se ha trasladado al segmento. En este presente las

voces de narradores y lectores discuten sobre la personalidad de
eme. En relación con el presente hay un pasado (con uso predominante del indefinido), o más bien, varios pasados constituidos por las hipótesis sobre eme y sus actividades antes, en, y después de la guerra.

También se utiliza en ocasiones un presente de costumbre, que es también presente histórico, para dar un panorama de la vida en el "universo concentracionario", cuyos horrores fueron tales que impedían percibir el paso del tiempo: "No existe el tiempo en esa noche constante sin edad ni memoria ni porvenir" (p. 97).

Se dijo ya que este segmento abarca un lapso no precisado con exactitud dada la multiplicidad de temporalidades menores que corresponden a las diversas escenas, pero se habla de un *antes*, un *en* y un *después* de la segunda guerra mundial. Se citan algunas fechas: el *verano de 1941*, cuando Himmler informó que era el momento de la "solución final" al problema judío (p. 84). Se afirma que en *febrero de 1943* eme deportaba judíos en Salónica (p. 112). Aceptando que eme fuera el destructor del gueto de Varsovia, se dice que el *"primero de septiembre de 1939* fue el primer oficial de alta graduación que cruzó la frontera polaca" y *en el verano de 1940* estaba en Atenas o tal vez en Salónica (p. 124). También se habla de haber encontrado el cadáver de eme en el lago Leman *el sábado 13 de septiembre de 1947* (p. 125).

Pero la fecha más significativa, que no depende de quién fuera eme, es el año de 1945, cuando un telegrama de Himmler revela la inminente derrota y se suicida Adolfo Hitler.

Si la última fecha mencionada en el segmento anterior (*Grossaktion*) era 1943, *Totenbuch*, al citar ya el final de la guerra, establece una progresión histórica con respecto a *Grossaktion*; si bien no se trata de una linealidad simple sino complicada con todos los mecanismos temporales analizados.

En *Totenbuch* se inicia de manera explícita la temporalidad mítica que continuará en *Götterdämmerung*, como se afirmó al analizar en r1 el espacio mítico

d) *Götterdämmerung*

Götterdämmerung significa el ocaso o crepúsculo de los dioses. El crepúsculo es el momento de transición entre el día y la noche, el momento previo al final del día. En la novela, además de la referencia a la mitología germana, el crepúsculo de los dioses es el fin del nazismo, en la segunda guerra mundial. En la ordenación de los segmentos, *Götterdämmerung* es el previo a los desenlaces, el precursor del final de la novela. En los fragmentos que se refieren al microrrelato de la ficción (r1), se empieza a hablar del crepúsculo del día en que Alguien cerca a eme; se habla de antepenumbra o semitiniebla... (p. 134). Debido a este carácter de anticipar el final, en *Götterdämmerung* se sintetizan y fusionan varias dimensiones espaciales, así como se alternan y unen varios planos temporales.

Espacio

En este segmento, el espacio de la ficción, del proceso de la producción literaria, el sitio donde se cruzan las voces de narrador(es) y lector(es) —cf. *Red actancial*— se ha instalado, aun en los fragmentos correspondientes al microrrelato de la Historia. Los acontecimientos son discutidos o comentados por los lectores. Dentro de este marco es que ocurren todos los demás juegos espaciales. Uno de los principales juegos espaciales aquí es el de la dimensión *mítica*, derivada de la comparación del nazismo con el poema de los nibelungos y de Hitler con un héroe o casi dios. Sin embargo, puesto que se ha adelantado ya cómo funciona el mecanismo de mitificación-desmitificación entre éste y el anterior segmento —*Totenbuch*— considero innecesario repetirlo (cf. *espacio mítico*, r1).

Otra importante dimensión espacial es la *dramática*, que también ha sido ya en parte analizada (cf. *espacio dramático*, r1). Se ha dicho ya que la presencia del espacio dramático en *Morirás lejos* implica una metáfora de la obra literaria como lugar de transformación. En *Götterdämmerung* la novela misma funciona, en cierto sentido, como teatro: si en este segmento —como en todos los de la parte II, r2— se ha conservado la alternancia de un fragmento correspondiente al microrrelato histórico (subtitulado, en este caso, *Götterdämmerung*) con un fragmento correspondiente al microrrelato de la ficción (subtitulado siempre *Salónica*), hacia el final del segmento hay una modificación. Ahora se presenta la siguiente alternancia: *Salónica, Pantomima* (p. 143); *Zwischenakt* [entreacto] (p. 145); *Salónica* (p. 147), final del segmento.

En *Zwischenakt* se plantea un símil del hitlerismo con una obra teatral, específicamente una ópera, que termina con la muerte del Führer (este símil se conjunta con el del mito):

> pobre Adolf traicionado por todos abandonado por todos el funeral vikingo los cuerpos como antorchas entre las llamas del *gran finale* el gran incendio de Berlín el telón cae en la ópera el público aplaude de pie el *gran finale* el gran incendio de Berlín dispersión de la tribu leyendas nórdicas *consejas y consignas iniciáticas* sobre la inmortalidad del sumo sacerdote muerto en cenizas como es innega-

ble ambición inmediata de *los nibelungos* por restaurar el fuego (p. 145).

Unida a estas dimensiones espaciales se encuentra la estrictamente histórica. Se cita el lugar del nacimiento de Hitler: "Branau-am-Inn frente a Baviera" (p. 128); en una síntesis de la trayectoria de eme se mencionan los siguientes lugares: Varsovia, París, Roma, Austria, Londres, Guernica, Unión Soviética, Salónica (p. 133). En relación con el fin de la guerra se citan: Berlín, el Oder, Baviera, el río Elba, Hamburgo, el alto Danubio, el Cáucaso, Stalingrado, el Don, Libia, Túnez (p. 135).

Tiempo

En este segmento funciona la misma temporalidad que en *Totenbuch*: el presente —a la vez de los actantes y de la producción literaria. Es el tiempo dominante con respecto al cual se introducen planos del pasado. El plano más próximo es el que se refiere al final de la guerra (20 años atrás). La diferencia en relación a *Totenbuch* es que en *Götterdämmerung* no importa el avance cronológico sino la profundización (la multidimensionalidad) del nazismo a propósito de esta etapa final de la guerra. Este final es también el de la ópera y el del poema épico ("¿El Valhala? No. Se acabó. Terminó. 29 o 30 de abril. 1945", p. 126). La conclusión de la guerra se sitúa en 1945, si bien se afirma que estaba perdida para Hitler desde 1943 (p. 135). Se hace una reseña de las actividades de eme entre 1940 y 1943 (p. 133).

Un plano anterior, que aparece por única vez en este segmento, es la escena del engendramiento y nacimiento de Hitler, "entre el martes 24 de julio y el domingo 5 de agosto de 1888" (p. 128) el primero y "el sábado 20 de abril de 1889" (*id.*) el segundo.

3) *Conclusión*

En el nivel espacial, subsiste en *Morirás lejos* un predominio de los espacios cerrados, asfixiantes; espacios complicados con la imagen laberíntica de cajas chinas, tan frecuente en José Emilio Pacheco.

El parque es metáfora de la sociedad en tanto espacio donde se realiza la dinámica del cerco; dinámica en la que la inversión de los papeles de perseguidor-perseguido implica la responsabilidad histórica de la que todos son participantes. Sin embargo, en la escena final, uno de los actantes sale del parque; sugerencia esperanzada de que existe una posible salida de ese espacio opresivo; de esa relación perseguidor-perseguido que es una de las traducciones de la oposición dominador-dominado.

Temporalmente, la técnica del montaje paralelo que estructura la novela, permite no solamente la simultaneidad de espacios y tiempos distintos, sino la instauración dominante del presente.[6] Se logra una intención —del narrador, sea quien fuere— explícita en la novela: usar dos historias del pasado para revelar una problemática del presente. Esta problemática es la de la dominación, extensiva a todo el sistema capitalista, del cual el nazismo es sólo una fase. Particularizando, en lo referente a México, la insistencia en la imagen de una ciudad deteriorada, sugiere un sistema social asimismo en descomposición.

Se explico repetidas veces la relación entre el microrrelato "de la ficción" (r1) y el "de la Historia" (r2). Se dijo que el microrrelato "de la ficción" convertía a *Morirás lejos* en una novela abierta a la participación del lector. Sin embargo, es preciso aclarar que la "apertura" de la novela es limitada. Esto es evidente, por ejemplo, en el caso de los desenlaces: cualquira que sea la alternativa elegida no hay ninguna posibilidad de que eme escape a la persecución; es decir, los marcos de elección del lector están determinados por una posición ideológica.

En conclusión, el microrrelato "de la ficción" se subordina al "de la Historia"; dicho de otra forma: todos los recursos de la ficción son una forma de develar la Historia.

Red actancial

1) *Descripción general de los narradores*

Morirás lejos, como se explicó en *tiempo-espacio,* está compuesta por dos microrrelatos en los cuales se dinamizan los términos de la oposición "ficción"/"realidad". A cada uno de ellos, r1 "de la ficción" y r2 "de la historia", le corresponde un juego de narradores que podemos esquematizar así:

> r1 "*de la ficción*": es relatado por un narrador en tercera persona (*N1*) que totaliza la narración y crea las siguientes instancias:
>
> • Narrador-omnividente

[6] El cine "ha creado una nueva clase de relato cuya particularidad más notable consiste en que su sintaxis, por la fuerza de las cosas, no utiliza más que un modo y un tiempo: el presente de indicativo. La imagen está, efectivamente, presente y únicamente presente. Atrae necesariamente al presente el pasado y el futuro, en el que no existen imágenes *en futuro,* ni imágenes *en pasado*" (Bloch-Michel 1967, 106).

- Narrador-lector
- Narrador-actante

r2 "de la historia": es relatado por varios narradores testimoniales:

- Flavio Josefo (en primera persona)
- Otros narradores testimoniales (en primera y tercera persona):
    1. Testimonio de Ludwig Hirshfeld.
    2. Anotaciones en el diario de Hans Frank, gobernador general.
    3. Informe de un sobreviviente.
    4. Orden de Heinrich Himmler, Reichsführer de las SS.
    5. Relato de un testigo presencial.

- *N1* asume la narración como historiador (a partir de *Totenbuch*).

2) *Microrrelato 1: "de la ficción" (Partes I, II y III)*

La relación de r1 está a cargo de *N1*. Este es un narrador totalizador y centrípeto; en él convergen y se funden las dos líneas narrativas (r1 y r2) de la novela. De esta manera su funcionamiento se ajusta al del narrador omnisciente detallado por Robbe Grillet: "omnipresente, que se sitúa en todas partes a la vez, que ve al mismo tiempo el anverso y reverso de las cosas, que sigue a la vez los movimientos del rostro y los de la conciencia, que conoce a un tiempo el presente, el pasado y el futuro de toda aventura" (Robbe Grillet 1963, 155). Efectivamente, la relación de *N1* está marcada por los citados atributos. Él conoce, experimenta, modela, domina la enunciación. Es, a un mismo tiempo, contemplador, investigador, relator de hechos y actantes (eme y el hombre sentado en el parque). A los últimos los conoce tanto en su mundo exterior como en sus pensamientos y emociones; de allí que proporcione una información con carácter de diagnóstico o radiografía:

eme
{ Ningún exorcismo podrá librar a eme de lo que ocurre. No obstante, las rayas poseen alguna simetría:
simetría de la ansiedad, sangre que recorre el cuerpo buscando la herida en que rompiendo su prisión ha de verterse. En eme ya no existen la confianza ni el júbilo. Sólo hay tristeza, abatimiento, miedo — miedo de que hoy y siempre todo acabará mal para él y para los suyos (p. 83). }

hombre sentado en el parque
{ En el hombre, antes sereno, aparecen ahora tics, movimientos de lamentación o protección inconsciente. Un día, al abrir los ojos, ya no era joven. Y allí está: condenado a pasar frente a eme todos los días de todos los años que le faltan de vida (p. 14). }

N1 asume la perspectiva de la tercera persona; pero ésta oscila entre el narrador que refiere los hechos desde el exterior ("con los dedos anular e índice entreabre la persiana metálica", p. 11) y un deslizamiento hacia la primera persona plural (nosotros) que lo sitúa en el interior del relato, como partícipe de los acontecimientos ("Si aun en su delirio perduran la lucidez, el espíritu inquisidor, la capacidad deductiva... que caracterizaron, para desgracia nuestra, al eme que todos conocimos...", p. 12). Estos dos modos de narrar, en los cuales insistiremos más adelante, son particularizadores del funcionamiento de *N1*. La exterioridad de la tercera persona desde la cual opera es aparente, pues la transgrede con sus continuas intrusiones en la relación de los acontecimientos.[7] No sólo organiza el material; sino que, desde dentro de los hechos, imagina, conjetura, deduce y rechaza a través de las instancias que crea y sobre las cuales descansa la pluriperspectiva de su narración. La dinámica narrativa gravita sobre la pregunta *¿quién narra de quién?* y *¿a quién?*, formuladas en el texto a propósito del cuadro de la *Torre de Babel* de Bruegel:

> Aún no hemos mencionado cierto problema: ¿desde los ojos de quién mira el pintor el paisaje del cuadro? ¿Con qué derecho se atreve a pintar algo que jamás observó? o dicho en otros términos, trasladado a otro campo: ¿quién contempla *La torre de Babel*? ¿Quién nos cuenta la historia del acoso de eme? (p. 121).

Las preguntas planteadas siguen un desarrollo paralelo al de la búsqueda de identidad que singulariza el funcionamiento actancial. La semejanza funcional responde al mismo principio de duplicación interior, estudiado en *tiempo-espacio*, como estructurante de la novela. En el nivel que nos ocupa, este principio se concretiza en el recurso de narrador dentro de narrador, y opera con una dinámica de afirmación y negación de la identidad de quien narra.[8]

---

[7] Las intrusiones de *N1* son marcadas —gráficamente— por sus notas a pie de página, citas, paréntesis de diversas clases y continuas acotaciones.

[8] La dinámica de afirmación-negación (hacer y deshacer continuo) que caracteriza a *Morirás lejos*, la entronca —directamente— con la modalidad productora de "la nueva novela" detallada por Robbe-Grillet: "parece nacer de un diminuto fragmento sin importancia —lo más parecido a un punto— a partir del cual va inventando unas líneas, unos planos, una arquitectura; y se tiene tanto más la impresión cuanto que de pronto se contradice, se repite, se reanuda, se bifurca, etc. Sin embargo, empieza a vislumbrarse algo, y cree uno que ese algo va a precisarse. Pero las líneas del dibujo se acumulan, se sobrecargan, se niegan, se desplazan, hasta tal punto que se pone en duda la imagen a medida que va construyéndose" (Robbe-Grillet 1963, 165-166).

[9] Omnividente está empleado en el texto con el mismo sentido de omnisciente. Su caracterización corresponde a la del narrador-Dios: todo lo sabe

A esto, precisamente, obedecen las instancias narradoras creadas por *N1*. El juego de narradores produce el efecto "de diferentes voces que el narrador modula a través de la suya como en un sutil juego de espejos" (Tacca 1973, 32).

La primera instancia creada por *N1* corresponde al narrador omnividente.[9] ¿Cómo funciona? Se trata de un narrador que posee facultades creadoras similares a las de *N1*, pero en ningún momento asume la relación. Es un narrador silencioso; se sabe de su presencia por medio de la voz de *N1*. Él lo caracteriza, de manera fragmentada, como puede apreciarse a continuación:

> murmullos que no se escuchan pero que *inventa o contempla un narrador omnividente* (p. 51).
> O simple arbitrariedad del personaje no identificado, el narrador omnividente (p. 56).
> Se acaban las hipótesis o el *narrador omnividente, extenuado a fuerza de mentir y ocultar*, prefiere no detener ya más el sórdido fin de la sórdida historia (p. 148).

N1, en los anteriores fragmentos, define al omnividente como inventor, contemplador, mentiroso y arbitrario en el manejo de los elementos productores de la novela. Su funcionamiento responde a dos necesidades: a la dinámica de la estructura propuesta y a un distanciamiento crítico de *N1*. En el primer caso, por un lado se reitera entre omnividente y *N1* una búsqueda de identidad paralela a las de los actantes y, por otro, se hace efectivo el principio de duplicación interior (narrador dentro del narrador). Ambas funciones están explícitas en la siguiente nota de *N1* situadas a pie de página:

> *¿Quién es el narrador omnividente? Uno de dos: eme o el hombre sentado a unos catorce o quince metros del pozo con "El aviso oportuno" entre las manos (p. 51).

En el segundo caso *N1* se separa de su objeto y crea un distanciamiento crítico que le permite enjuiciar, desde el narrador omnividente, el ejercicio de la escritura y la omnividencia expresos en los fragmentos textuales:

> En los labios del hombre sentado al que llamaremos Alguien, podrá leer quien tenga el entrenamiento necesario murmullos que

(todo lo ve), domina el mundo interior y exterior de los actantes. Al respecto, Óscar Tacca confirma: "en la visión omnisciente, lo fundamental es el don de penetración, de videncia; mientras que en la visión estereoscópica lo es el don de la ubicuidad" (Tacca 1973, 96-97).

no se escuchan pero que inventa o contempla el narrador omnividente (*id.*).

Más adelante las interrogaciones atacan —directamente— la práctica y los recursos escriturales:

> ...todo tan difícil y las complicaciones ¿son necesarias? ¿Por qué no decir llanamente quién es eme, quién es Alguien, qué busca uno del otro, si algo busca? ¿Con qué objeto trazar esta escritura llena de recovecos y digresiones* en vez de ir directamente al asunto: comienzo y fin de una historia ya mil veces narrada? (p. 105).

En las citas destacadas *N1* no sólo cuestiona al narrador omnividente sino que autocuestiona su escritura. Al respecto Noé Jitrik dice:

> Pero "el autocuestionamiento" no es sólo un núcleo productor que desaparece en la forma que produce: también lo recuperamos en ella y en todos los momentos en que aparece nos introduce a una doble perspectiva, la de un mundo cuyo conocimiento se hace dudoso y, por otra parte, la de un autor que transmite correlativamente similares dudas acerca de su propia capacidad de conocer (Jitrik 1972, 221).

Efectivamente, el autocuestionamiento constante de *N1* se entrelaza con el juego productor de las identidades de los actantes y, al mismo tiempo, pone en la superficie las incongruencias de la omnisciencia. Tanto su distanciamiento como su actitud crítica es obvia. Se aleja para cuestionar su escritura y la del omnividente. *N1* no se identifica con él, ataca en todo momento "a sus monótonas elipsis, a su forma de pasar el tiempo y deshacer la tensión de una "inminencia" (p. 72). Los defectos que marca a la narración del omnividente llevan implícito su antagonismo por esa forma de narrar. Sigamos la expresión de ese rechazo en algunos pasajes del texto:

> Falla entre otras innumerables: el narrador ha dicho quién puede ser el hombre sentado, pero no tenemos sino vaguísimas referencias a eme" (pp. 71-72).

Y en una nota esclarecedora a pie de página afirma:

> [La escritura] inepta desde un punto de vista testimonial y literariamente inválida porque no hay personajes y los que pudiera haber son juzgados por una voz fuera de cuadro, no viven ante nosotros, no son reales (p. 105).

Posteriormente, casi al finalizar la novela, subraya:

Se acaban las hipótesis o el narrador omnividente, extenuado a fuerza de mentir y ocultar, prefiere no detener ya más el sórdido fin de la sórdida historia de eme (p. 148).

Los pasajes anteriores son muy claros; *N1*, al responsabilizar al omnividente de las fallas estructurales de la obra, está condenando el modo operativo de la ominividencia. No obstante, como ya lo apuntamos, el omnividente nunca asume la voz, no es hablante. Es *N1* quien enuncia sus actividades de inventor, contemplador y mentiroso. Circunstancia que nos lleva a concluir que en el distanciamiento y en la relación de *N1* y el omnividente se genera un doble cuestionamiento: de autocrítica y de crítica al otro. En otras palabras, *N1* informa cómo ve su ejercicio de la escritura y cómo percibe el del omnividente.

Narrador-lector

A lo largo de *Morirás lejos* se entretejen las voces de diferentes lectores que complejizan el juego narrativo. En esta forma el lector interviene como un actante más con un doble funcionamiento: 1. abre una nueva perspectiva que utiliza *N1* para sostener la ambigüedad de quien narra y 2. es un participante activo —su intervención continua en la relación establece un contraste con el silencio (casi permanente) de los actantes centrales— que en la medida en que somete a juicio el trabajo de la escritura de *N1*, asume la condición de evaluador crítico. Con la participación de los lectores en el desarrollo de la obra se establece un diálogo continuo, de corte dramático, entre aquéllos y el narrador. Es en este presente del diálogo que se enjuicia el trabajo escritural. En el contrapunto narrador-lector, como puede observarse en los siguientes ejemplos, el primero expone y el segundo refuta, asiente, interroga y contradice. Así, *N1* somete a consideración del lector su trabajo:

— ¿Es correcto el diagnóstico?
— En varios puntos. Otros son discutibles y aun contradictorios.
— Desde luego. Se aventuran hipótesis.
Nada pretende ser definitivo (p. 99).

El lector evalúa la función de los elementos de la narración:

— El reloj ¿tiene importancia ese reloj?
— Sí, me parece que la tiene.
— ¿En dónde está el reloj?
— Se perdió entre las ruinas de la casa

> familiar, destruida por el raid del 7
> de octubre de 1944 (p. 104).

y emplaza al narrador:

> — No filosofe, no poetice. Díganos de una
> vez por todas quién es eme, qué pasará con
> eme, quién es usted, qué está haciendo en
> el parque...
> — Bien, es hora de continuar, el momento
> se acerca, entonces: (p. 116).

Esta participación activa y crítica de los lectores enfatiza la relación indisoluble entre el ejercicio de la escritura y la lectura.[10] Es precisamente esta relación dialéctica la que subyace en los reiterados enjuiciamientos de la escritura; ella puede seguirse en el texto:

> ...todo tan difícil y las complicaciones ¿son necesarias? ¿Por qué no decir llanamente quién es eme, quién es Alguien, qué busca uno del otro, si algo busca? ¿Con qué objeto trazar esta escritura llena de recovecos y digresiones en vez de ir directamente al asunto... (p. 105).

Se cuestionan los hechos narrados: "—Divagación. No continúe. Olvide tantas imbecilidades. Adolf Hitler por sí solo no explica el nazismo. Usted ignora la historia, la economía, el apoyo del capital financiero" (pp. 128-129). Y se ponen en evidencia las limitaciones de la omnisciencia de $N1$: "Pierde el tiempo. Si trata de horrorizarnos pierde el tiempo. Nosotros estuvimos allí. Usted se enteró de lejos: por lecturas, películas, referencias" (pp. 88-89).

Como lo demuestran las anteriores intervenciones de los lectores, $N1$ parece tener menos información de los hechos relatados que los primeros, circunstancia que subraya la crítica tanto de su veracidad como de su saber ilimitado.

Los lectores que intervienen en el desarrollo de la novela son alemanes, judíos y mexicanos. Su distinción es indicada, de manera insistente, por las palabras correspondientes a las respectivas len-

---

[10] La relación escritura (obra-lector que plantea el texto apunta directamente a la posición que sobre este aspecto sostiene Sartre: "La lectura, en efecto, parece la síntesis de la percepción y la creación; plantea a la vez la esencialidad del sujeto y la del objeto; el objeto es esencial porque es rigurosamente trascendente, impone sus estructuras propias y reclama que se le espere y se le observe; pero el sujeto es esencial también porque es necesario no sólo para revelar el objeto —es decir para que haya un objeto— sino más bien para hacer que este objeto sea absolutamente —es decir, sea producido. En pocas palabras, el lector tiene conciencia de revelar y crear a la vez" (Sartre 1948, 68-69).

guas o por referencias a su contexto. Así resulta inconfundible, por ejemplo, el lector alemán:

> — *Unmöglich*. Eme no puede ser un "científico". En este caso lo hubieran ejecutado o bien, pasada la tormenta, no tendría por qué ocultarse: ejercería tranquilamente la medicina en su país o en cualquier ciudad de América (p. 80).

El reconocimiento del lector mexicano está ligado a la ubicación presente del actante eme en la ciudad de México. De ella se da un marco físico: "la barrera del smog y polvo salitroso de los lagos ya muertos permite ver al entreabrirse una de las persianas superiores las escarpaciones y contrafuertes del Ajusco" (p. 19). Este lector —precisamente— interroga sobre la casa del actante:

> *¿Qué puede verse en las paredes?* Manchas de humedad, grietas, salitre, una reproducción de *La torre de Babel* de Pieter Bruegel (p. 119).

También, como indicador de la nacionalidad, se especifica el momento socioeconómico del país (p. 14, cf. también *Intertextualidad*). Con mayor énfasis se proyecta la imagen del lector mexicano cuando el escritor aficionado expresa los propósitos que lo impulsan a escribir su obra

> simpatía quejumbrosa hacia Hitler... jóvenes envueltos en la suástica como amparados en un signo heroico... el espectáculo de éstas y tantas otras cosas a la vista le indujo a escribir (p. 64).

La nacionalidad del lector judío se deduce (el texto no la presenta directamente) de los enunciados que asume como participante de los hechos narrados por *N1*: "Si trata de horrorizarnos pierde el tiempo. *Nosotros estuvimos allí*. Usted se enteró de lejos" (p. 88).

La relación entre *N1* y los lectores genera un doble circuito de comunicación: uno en el interior del texto, sostenido entre *N1* y los lectores alemanes, judíos o mexicanos. El otro, externo al texto, se efectúa entre *N1* y un lector virtual (tú). La red comunicativa que se establece explícitamente en el texto sigue el esquema de Jakobson: emisor (destinador), mensaje y receptor (destinatario). *N1* funciona como destinador del mensaje. Éste está constituido por la suma informativa de las operaciones narrativas y el destinatario está representado por los lectores internos o virtuales de la obra. En el interior del texto se describe el siguiente circuito:

N1 (destinador)⟶ mensaje⟶ lectores (destinatarios)
                                                          internos o
                                                          virtuales

En el primer circuito, como se explicó anteriormente, se cuestiona el proceso de la escritura y la omnividencia. El segundo funciona paralelamente al primero y se desarrolla en el tiempo de lectura de los lectores virtuales. El siguiente fragmento revela su funcionamiento:

> Fiel a sus monótonas elipsis, a su forma de pasar el tiempo y deshacer la tensión de una inminencia, el narrador propone ahora un sistema de posibilidades afines con el objeto de que *tú* escojas la que creas verdadera (pp. 71-72).

Aquí se establece la comunicación entre *N1* y un *tú* (lector virtual). El primero dirige al segundo "un sistema de posibilidades afines" (hipótesis sobre la identidad de eme). El *tú*-lector, a medida que recibe "las posibilidades" (el mensaje), debe escoger la "verdadera". La selección del tú implica, en última instancia, una recepción crítica del mensaje que lleva implícita una definición ideológica por parte del lector (cf. *Ideologema*).

Narrador-actante

La búsqueda de identidad del narrador se complejiza, en el desarrollo narrativo, mediante la reversión continua de quien narra. *N1* moviliza el juego a través del narrador omnividente. En la ya citada nota a pie de página, que retomamos aquí por ser ilustradora de las posibles permutaciones entre narrador y actantes, se ve —muy claramente— cómo se crea la ambigüedad sobre la identidad del narrador:

> *¿Quién es el narrador omnividente? Uno de dos: eme o el hombre sentado a unos catorce o quince metros del pozo con "El aviso oportuno" entre las manos (p. 51).

De acuerdo con esta nota, la identidad de los narradores fluctúa entre la adopción del punto de vista de uno de los actantes (eme) o del otro (el hombre sentado en el parque). La identificación con uno de los dos está determinada tanto por la práctica de la producción de la novela como por motivos ideológicos. Cuando *N1* pone en movimiento su capacidad de hacer (construir) y deshacer (destruir) la identidad de los actantes, asume el punto de vista de eme. Hay que tener presente que este actante no habla; es *N1* quien penetra en sus pensamientos y revela las hipótesis que, sobre la personalidad del hombre sentado en la banca del parque, se formula mentalmente. *N1* dice: "él [eme] debe de hacerse las siguientes reflexiones cuya obviedad se justifica tomando en cuenta la situación descrita en un principio" (p. 12).

La identificación entre *N1* y Alguien se pone en evidencia cuando el segundo, en primera persona, asume la narración:

> Lo innegable es el hecho de las persianas entreabiertas, los diálogos interiores, las contestaciones, réplicas, hipótesis, historias. Todo lo que recuerdo o imagino mientras, sentado en un árido parque con olor a vinagre bajo un chopo ahíto de inscripciones a unos catorce o quince metros del pozo frente a la casa 1939, finjo leer la misma sección: "El aviso oportuno" del mismo periódico: *El Universal* (p. 151).

En la cita *N1* ha cedido la voz al actante, pero al mismo tiempo, en la relación, se confunde con él. Ambos coinciden en la manera de describir y aludir al actante eme y su situación presente: "las persianas entreabiertas, los diálogos interiores, las contestaciones, réplicas, hipótesis, historias". Pero lo que ahora nos interesa destacar en la identificación de *N1* y Alguien, por su coordinación con el fin, es el nexo ideológico. Alguien es el actante perseguido, torturado (víctima), representante de todos los hombres víctimas del poder absoluto. En este sentido son idénticos los propósitos de *N1* y los del escritor aficionado (una de las posibles identidades de Alguien):

> Tiene una deuda y quiere pagarla con el modesto expediente de escribir. ¿Escribir sobre qué? Sobre un tema único que le atañe y le afecta como si fuera culpable de haber sobrevivido a una guerra lejana (pp. 63-64).

Los actantes

Los actantes de *Morirás lejos* son tratados siguiendo la estructura de la novela. Se parte de sus respectivas funciones en los microrrelatos y se llega a su interrelación, de acuerdo con la unidad de r1 y r2, en un todo narrativo. Se inicia la obra con la ubicación espacio-temporal de los actantes, en una escena en la cual se fijan los respectivos papeles:

> Con los dedos anular e índice entreabre la persiana metálica: en el parque donde hay un pozo cubierto por una torre de mampostería, el mismo hombre de ayer está sentado en la misma banca leyendo la misma sección, "El aviso oportuno", del mismo periódico: *El Universal* (p. 11).

Dos son los actantes que presenta la escena; ambos son centro del desarrollo narrativo:

1. Un actante que vigila tras las persianas entreabiertas (eme).
2. Un hombre que lee sentado en la banca del parque (Alguien).

Dentro de la escena se marcan las funciones invariables de los actantes, mirar, acechar; éstas se reducen a una relación de recíproca vigilancia ("*A* [Alguien] vigila sentado en la banca de un parque, *B* [eme] lo observa tras las persianas", pp. 48-49) que, al mismo tiempo, se vincula con la dinámica de cerco y acoso del nivel espacial.

Se desconoce la identidad de los actantes. La referencia a ellos está despersonificada —eme, un hombre— lo que permite una apertura hacia múltiples identidades y prepara sus posibles permutaciones. El último comentario nos conduce —directamente— a la indagación que, bajo la forma de enigma, los pone en movimiento: "acaso eme intenta resolver otro problema: el hombre sentado en la banca del parque ¿es un perseguidor?" (p. 12). La cita plantea como centro operatorio, a nivel de los actantes, una búsqueda de identidad de reconocible sustrato borgiano.[11] Ésta sigue en el texto el ya indicado movimiento continuo de afirmación y negación que interrelaciona a los actantes con los otros niveles de la novela, muy especialmente con el espacio. Ellos están inmersos en un presente estatificado (cf. *Tiempo-espacio*). Los dos permanecen encerrados en sus respectivos actos y posiciones (mirar, imaginar, acechar; dentro de un mismo espacio: cuarto, banca del parque) que los define como actantes espacializados. Entre ellos y el espacio media una común dinámica de hacerse y deshacerse que se ajusta a la búsqueda de la identidad. El tratamiento de los actantes responde a un procedimiento de aproximación y distanciamiento. *N1* primero los acerca y fija en el presente; posteriormente los aleja, mediante regresiones al pasado, para identificarlos.

A partir de la pregunta clave: ¿quién es el hombre sentado en el parque? ("¿por qué está allí a horas fijas, hace siempre lo mismo y se retira cuando oscurece?", p. 12), el actante eme formula a través de *N1* las posibles identidades del hombre (Alguien) que constituyen el centro de las operaciones productoras de r1. Ya se indicó

---

[11] Jorge Luis Borges ha hecho de la búsqueda de la identidad una especie de modelo para construir cuentos. Sobre este aspecto Noé Jitrik en su estudio "Escritura y significación en *Ficciones* de Jorge Luis Borges", al tratar los cuentos 'Almotásin', 'La forma de la espada', 'El tema del traidor y el héroe', describe un procedimiento similar al de los actantes de *Morirás lejos*: "Ese ser soñado llega a ser por un momento *A* pero en seguida es igual a *B*, o mejor dicho, forman un conjunto denominado *AB* o *BA*, indistintamente. De aquí se saca que previamente hay dos instancias: 1a. una mirada exterior que atribuye (¿lo necesita?) identidad; 2a. una refutación al concepto mismo de identidad que debe ser reemplazado por otro que resulte de la fusión de todas las categorías, vaga zona donde no hay tiempo ni espacio" (Jitrik 1971, 143-144).

en *Tiempo-espacio* que éste es el microrrelato "de la ficción" y se explicó también de qué manera el presente de los actantes se entreteje con el proceso productor de la novela, tanto en r1 como en r2. Ahora, ajustándonos a nuestro tema, seguimos el funcionamiento de los actantes en r1. El desarrollo de este microrrelato gira en torno de la mutua vigilancia, que lleva implícita la persecución, entre eme y Alguien. Ambos, actantes centrales, funcionan como términos inseparables de la oposición productora dominador/dominado puesta en movimiento por las ya indicadas preguntas clave: *¿quién es Alguien? ¿quién es eme? ¿qué busca uno del otro?*

En el desarrollo de Ir1, primero se dan las hipótesis correspondientes a Alguien y, al concluirlas, se abre la indagación sobre eme. La parte se inicia con el procedimiento de aproximación y distanciamiento ya indicado. Se parte de la aproximación: *N1* acerca a los actantes eme y Alguien y los inmoviliza en el escenario (eme, arriba, en su cuarto; Alguien, abajo, sentado en la banca del parque). Conjuntamente con la ubicación se apuntan sus actos rutinarios: *mirar*, ya sea como acecho o como lectura aparente. Tanto la reiteración de los actos, como la inmovilidad de las posiciones, pone a la vista el rasgo que por excelencia los define: *la estatificación*. Este rasgo se vincula con el procedimiento de aproximación: se les inmoviliza como símbolos para dinamizar la historia. Desde este punto de operatividad fluye la corriente de reversiones y transformaciones predominante en r1.

Las posibles identidades del hombre sentado en la banca del parque (Alguien) son presentadas alfabéticamente. Las abreviamos a continuación, destacando las funciones variables y los rasgos anímicos del actante.

FUNCIONES DE ALGUIEN
a) Obrero calificado (p. 12).
b) Delincuente sexual (p. 18).
c) Padre que ha perdido a su hijo (p. 21).
d) Amante de una mujer que cruzará por el parque (p. 23).
e) Nostálgico que en los alrededores de este sitio pasó los primeros años de su vida (p. 26).
g) Detective privado contratado para elaborar un informe sobre las actividades de alguna persona (pp. 29-30).
u) Dramaturgo frustrado (pp. 56-61).
v) Escritor aficionado (pp. 63-68).

RASGOS ANÍMICOS
[se muestra sucesivamente]
resignado ante la injusticia, dolorido ante las dificultades cronológicas y tecnológicas para hallar trabajo (en *a*).
astuto, severo, paciente (en *b* y *g*).
amargado, abatido, molesto (en *d*).
nostálgico pero con la soberbia de quien lo perdió todo (en *e*).
implacable (en *s*).
taciturno y contemplativo (en *u* y *v*) (p. 71).

Alguien, de acuerdo con el proceso de permutación que mueve a los actantes, tiene una función bivalente: es todos y es uno. Por un lado, en un nivel de abstracción, es un símbolo de los torturados. A la vez, por otro lado, asume la particularización de cualquiera de las anteriores alternativas sobre su identidad. Dentro de ellas es también un actante mexicano. Su concreción se logra, en primer lugar, por la enumeración de sus posibles personalidades con las letras del alfabeto español (índice de la lengua del actante). Y en segundo lugar, como en el caso del lector, por el entorno correspondiente. Así, el parque en donde está fijado el actante es típico del México de los años cuarenta: "La banca de cemento en que trataron de imitarse vetas y nudos de madera" (p. 76). También precisa la condición mexicana del actante la caracterización socioeconómica del país, cuyas consecuencias (víctima del progreso) vive. Y en la hipótesis[d] se expresa directamente la nacionalidad: "leyendo en la banca 'El Aviso oportuno' para entretener o exacerbar su desesperación, aguarda el momento en que su historia recomenzará o reterminará —*marido mexicano, honor empañado, ritual de noviembre*— *nutrirá la sexta columna de la página roja*" (p. 25).

Hay que señalar (cf. *Ideologema*) que algunas de las ocupaciones definidoras de la plural identidad de Alguien (escritor, dramaturgo, detective) lo inscriben en los sectores medios. En cuanto a la enumeración de sus estados anímicos, siempre en correspondencia con las hipotéticas identidades, conforman la imagen de un actante frustrado: "técnico a quien nuestra época sentenció a la desesperación" (p. 19).

Se destacó, anteriormente, el estatismo como rasgo común y persistente de los actantes. En el caso de Alguien se nota un cierto dinamismo proporcionado por los cambios continuos de identidad. Esto no invalida la persistencia del rasgo. Se trata de una movilidad aparente, encerrada en el desarrollo mental de las hipótesis formuladas por eme. El actante Alguien permanece inalterable, sentado en la banca del parque, en la recurrencia de sus limitadísimos actos ("Alguien se divierte imaginando. Alguien pasa las horas de espera imaginando" p. 45), hasta en los desenlaces. Al tratarlos retomamos ese rasgo del actante.

Es necesario detenernos, por la síntesis que hace del funcionamiento de los actantes, en la hipótesis [u]. Aquí —se explicó en *Tiempo-espacio* que se proporcionan las claves estructurales de la novela— Alguien representa a un dramaturgo frustrado "que piensa una obrita... que podría llamarse por el lugar donde se desarrolla 'Salónica'" (p. 56).

La obra se refiere a un personaje de doble identidad, el sefardí Isaac Bar Simón o Pedro Farías de Villalobos. Acusado de judaizante es encarcelado y torturado, durante cinco años, por la Inquisición. Se le conmuta la cárcel perpetua por el exilio en Salónica. Simón o Pedro Farías esperó veinte años para hallar y vengarse del inquisidor toledano. Al encontrarlo lo cerca. Durante el ensayo de la obra ("La escenificación fue una trampa, la obra una celada", p. 60) el hombre confiesa ser el fraile torturador.

Se entrevé, en el argumento esbozado, un paralelismo de tema, función y situación entre los actantes de *"Salónica"* y los de *Morirás lejos*:

a) Los actantes dinamizan la oposición dominador/dominado (con las respectivas variantes perseguidor/perseguido, torturador/torturado, víctima/verdugo): "Al hablar del inquisidor que los atormentaba, Isaac dice que tarde o temprano se vengará" (*id.*).

b) Opera la permutación de identidad de los actantes: "Trata de un personaje, Isaac Bar Simón o Pedro Farías de Villalobos" (p. 57).

c) Predomina la dinámica del cerco: "Isaac esperó durante años. No tenía la certeza de que su amigo fuera el torturador. Sin embargo, decidió aventurarse y acorralarlo hasta que admitiese la verdad" (p. 60).

d) Sentido ético de la culpa: "Y qué difícil todo: cómo justificar veinte años de acecho en Salónica, tanta paciencia, tal habilidad para fingir ante el inquisidor" (p. 61).

Al concluirse las conjeturas —abarcan de la *a* a la *z*— sobre Alguien, se continúa —en esta primera parte de Salónica— con las posibles identidades del actante eme. De manera semejante a la de Alguien, desde el inicio de rl, se fija simbólicamente su función en el espacio y se abre —como variantes de un mismo tema— la indagación sobre el hombre que acecha (eme) tras las persianas entreabiertas. Aunque las alternativas sobre él se sistematizan en r2, ya en las hipótesis sobre Alguien se deslizan algunas referencias biográficas de eme: llegó a vivir con su hermana en México, en 1946 o 1947 (pp. 11-12). Se apuntan sus actos invariables: "*vigila* tras la persiana entreabierta" (p. 11); "eme nostálgico, primero *vivisecciona* [los gusanos] con una hoja de afeitar y luego [los] aplasta, o bien arroja al bóiler" (p. 15); "lo examina caviloso mientras sus *dedos anular e índice entreabren la persiana metálica*" (p. 28). Dentro de estos actos el de vigilar (mirar), destacado al inicio de este comentario como inherente a los dos actantes (vigilar y ser vigilado sostiene una relación de recíproca inversión entre ellos), se traduce en acoso. Eme al sentirse vigilado por Alguien vive un acorralamiento interminable. Esta situación se expresa en el texto por el recurrente pasaje alegórico de las hormigas y el gorgojo (cf. *Intertextualidad*). El pasaje se desarrolla gradual y paralelamente al acoso del actante:

> las hormigas acosan a un gorgojo, la huida es imposible: está solo, sitiado entre las hierbas altísimas —escarpaciones, contrafuertes—; las hormigas lo llevarán al centro de la tierra por galerías interminables, lo arrastrarán a sus depósitos o salas de tortura; por ahora, sin comprenderlo (los gorgojos no piensan: ¿los gorgojos no piensan?), el gorgojo está solo, cercado por la tribu solidaria (p. 54).

El fragmento no sólo reproduce el acoso de eme (tribu solidaria *vs.* gorgojo; Alguien *vs.* eme); sino que el escenario de las hormigas es una réplica del espacio de aquél (cf. *Tiempo-espacio*, pp. 12-13). Posteriormente, casi al finalizar la novela, como se verá al tratar esa parte, se prosigue el desarrollo del pasaje siguiendo los desenlaces de eme.

También se precisa desde r1, reiteradas veces, el estado mental del actante:

> eme ha de ser entonces un paranoico, un hombre a quien ciertos desarrollos de la historia moderna afectaron al punto de *hacerlo enloquecer* porque otro hombre inofensivo —inofensivo al menos para él— lleva muchos días sentado a las mismas horas en la misma banca del mismo parque (*id.*).

Los rasgos subrayados se repiten y vinculan con otros nuevos que funcionan como nexos recíprocos entre el presente reducido del actante (r1) y el pasado (r2). Precisamente en *Totenbuch*, segmento nuclear, se abren las alternativas de su identidad. A continuación se puntualizan (en el cuadro de la página siguiente) rasgos físicos, estados anímicos y actos de eme.

De dicho cuadro se desprende la imagen de un actante petrificado en un presente de encierro, marginado del afecto familiar, estatificado en el círculo rutinario de actos y gestos (acecha, imagina, traza inscripciones con la uña del dedo izquierdo) repetitivos e inútiles. Antes de proseguir conviene destacar que el paralelismo no es sólo inherente al funcionamiento actancial, sino que preside todos los niveles de *Morirás lejos*. Así, sus dos líneas narrativas (microrre-

MORIRÁS LEJOS

RASGOS FÍSICOS, ACTOS RUTINARIOS

"[inscripciones] que traza eme con la uña del índice izquierdo en la pared de yeso" (p. 71).
"Por el gesto de oprimirse la sien derecha con los dedos medio y anular de la mano izquierda se infiere que eme sufre constantes dolores, cefalalgias" (p. 101).
"Paracelso, Bruegel y Wagner fueron desde su adolescencia las grandes admiraciones de eme" (p. 103).
"Tal vez eme heredó de la alquimia el arte de transfigurarse. Por eso no sabemos quién es eme — dueño del poder demoniaco de las transformaciones" (pp. 111-112).
"Alguna vez pensó en consagrar tanta inmovilidad a escribir sus memorias" (p. 138).

ESTADOS ANÍMICOS

"En eme ya no existen la confianza ni el júbilo. Sólo hay tristeza, abatimiento, miedo — miedo de que hoy y siempre todo acabará mal para él y para los suyos" (p. 83).
"anciano lleno de rencores y al parecer... de temores" (p. 113).
"eme estaba seguro de que sus parientes lo odiaban" (p. 139).
"En los últimos años la casa se volvió infernal para eme. Su hermana y su sobrino lo esquivaban y a menudo reñían con él" (p. 138).
"Durante veinte años eme ha purgado la pena de prisión que voluntaria o resignadamente o por cobardía se impuso" (p. 106).

lato "de la ficción" y microrrelato "de la historia") desarrollan la misma dinámica de cerco de los actantes y se fusionan en el desenlace. Ahora bien, si las alternativas de Alguien se dan en *r1*, las de eme figuran —aunque algunas son señaladas con anterioridad—, en *r2*, en el segmento *Totenbuch*. A partir de aquí, el juego de identidades, como en el caso de Alguien, gravita en torno de ser todos y ser uno. Éste opera en tres planos que se trenzan y complementan: eme como doctor nazi; el o los significados de su nombre y su presente de encierro. El primero presenta una serie de doce hipótesis sobre su posible identidad.

[Eins] eme es el apóstol de la medicina futura... Gracias a eme algunos de nuestros contemporáneos serán inmortales; no en sentido figurado sino en el sentido físico (p. 73).

[Zwei] el doctor eme modesto cirujano antes de la guerra practicó en su decurso unas dos mil intervenciones radiación de genitales masculinos y femeninos (p. 81).

[Drei] eme es el "técnico" de la "solución final", perfeccionado como genocida en el castillo de Hartheim. eme dirigió alguno de estos campos de exterminio: Auschwitz-Birkenau, Belzec, Chelmno, Majdanek, Sobibór o Treblinka (p. 83).

[Vier] eme es un oficial de la *Geheime Staatpolizei*, es decir, la Gestapo (p. 116).

[Fünf] eme capitaneó la escuadrilla de la Luftwaffe especializada en arrasar poblaciones enteras —y con sus habitantes (p. 123).

[Sechs] Es el sobreviviente, el Führer Adolf Hitler (*id.*).

[Sieben] Pero es, sea como fuere, un criminal: un criminal de guerra nazi(*id.*).

[Acht] El comandante de los Schutztaffel en Rumania (*id.*).

[Neun] El escriba de Hitler, el redactor de sus libros, textos, cartas, comunicados, discursos, folletos (*id.*).

[Zeun] El destructor del gueto de Varsovia (*id*).

[Elf] eme es un soldado alemán ciertamente; pero jamás dio muerte a nadie fuera del campo de batalla, no se manchó con actos criminales. Nada tuvo que ver con la SS ni con la Gestapo (*id.*).

[Zwölf] eme sí dirigió un campo de exterminio pero en el motín que siguió a la liberación, Alguien y otros internos lo arrojaron vivo a un horno crematorio (*id.*).

Eme, en todas las alternativas, es un doctor y soldado alemán, nazi activo y militante. Identificación que se vincula con su simbolización como el dominador, el verdugo, el poder absoluto.

En el segundo plano, el significado plural del nombre del actante introduce nuevas posibilidades de transmutar su personalidad:

> eme entre otras cosas puede ser: mal, muerte, *mauet, meurtrier, macabre, malediction, menace, mis á mort, mischung, mancherlei, meuchelrond, maskenazung, märchen, messerheld, minaccia, miragio, macello, masacro;*
> eme, la letra que cada uno lleva impresa en las manos;
> eme, como Melmoth, el hombre errante;
> eme, porque así (M) llama Paracelso al principio que conserva y calienta el aire...
> eme, porque cuanto aquí se narra sucede en algunos minutos de un miércoles —*Dies Mercurii*—: el día consagrado a Mercurio o Hermes...
> eme es un nombre iniciático; es decir, personal y genérico: el nombre de un individuo y también de una casta (pp. 131-132).

Desde este plano, las identidades del actante presentan, como denominador común, un rasgo definidor: el alquímico, con el cual se trenza el mítico. Es el eme experimentador de la "resurrección mediante electroterapia... [que] aspiraba a formar con sus notas en prosa latina un tratado clásico de la vivisección humana y la metamorfosis de hombres y mujeres... una obra equiparable... a lo que fue la *Tabula Smaragdina*" (p. 80). La identidad alquímica del actante se corresponde con la actividad experimentadora que lo impulsa como doctor nazi. Pero también está implícita, a lo largo de r1 en la función transformadora del vinagre. Bajo su efecto, al iniciarse la novela, afloran los interrogantes planteados por eme sobre el hombre sentado en la banca del parque: "se trata de un enigma iniciado un mediodía de 1946 o 1947, cuando al bajar del taxi eme sintió en el parque el olor a vinagre" (p. 12). El poder de este olor, que funciona como agente de creación y destrucción, también influye en la identidad de Alguien: "Porque al desaparecer el olor a vinagre pierdo la referencia, extravío mi identidad, ignoro quién soy entre todos los personajes que he representado bajo el chopo ahíto de inscripciones" (p. 153). Su función alquímica se asocia textualmente con Paracelso. Ambos coinciden en los propósitos de trasmutar la materia. Y los dos, desde el laboratorio experimental, intentan crear el hombre nuevo (cf. *Intertextualidad*). Resulta consecuente que, en reiteradas ocasiones, eme manifiesta su admiración por él y sea "su fervoroso lector" (p. 111). Por eso, en sus notas en prosa latina, es percibe la influencia de Paracelso: "eme explicaría los principios básicos y alquímicos del nuevo método humano-experimental la *Permutatio* la *Transplantatio* la *Transmutatio*" (p. 80).

El presente de encierro, tercer plano del juego de identidades del actante eme, funciona como coordinador de lo que fue (el famoso doctor nazi) y lo que espera ser (renacimiento del nazismo).

La parte III de *Salónica*, correspondiente a los desenlaces, es relatada por dos narradores: Alguien, en primera persona, inicia la relación y funciona como Narrador-Actante: "Lo hemos rodeado durante veinte años y cuando la resurrección del movimiento descansa en buena parte sobre el inconjeturable eme, eme recibirá su merecido" (p. 149). El otro narrador es *N1*, el totalizador, con cuya relación finalizan los desenlaces y la novela:

> Ahora sobreviene el aire crepuscular, el resplandor que se mitiga y anula a medida que el sol invisible se oculta a la derecha de eme con el último brillo que hiere oblicuamente los ojos de Alguien (p. 158).

En el último desenlace (el sexto), la narración se complejiza. Este desenlace está formado por seis párrafos relatados alternativamente por Alguien y *N1*: 1) Alguien, 2) *N1*, 3) Alguien, 4 y 5) *N1*. Dentro de los párrafos se pasa, sin transición, de la primera a la tercera persona relatora:

> ¿En qué estación del año estamos? ¿Y si el sol perdurase en las tinieblas, como la luna llena visible algunos días a las cuatro o cinco de la tarde? Pero el aire no tiene ya, y ni siquiera transcurrió un minuto, la rigidez que eme llamó de cobre. Sólo brillan las hojas trasminadas de ácido acético y una mancha de luz se hunde en las paredes del pozo (*id.*).

La cita marca la oscilación entre *N1* y Alguien; se han diluido los límites entre los dos narradores y la narración adquiere el tono de un monólogo. Por esta vía se reitera la búsqueda de identidad que moviliza a los actantes.

En IIIr3 tanto en el *Desenlace* como en el *Apéndice: otros de los posibles desenlaces,* culminan y se sistematizan —a pesar del continuo rehacerse— las posibilidades productoras de la novela. La sistematización tiene como centro la operatividad de los actantes por medio de las siguientes vías:

a) *Continuidad y desarrollo de la dinámica de afirmación y negación*: Ahora, en función de la pregunta ¿Cuál es el fin de eme? se prosigue el juego abierto de la producción. Así, los desenlaces del actante se desarrollan mediante un construirse y destruirse sucesivo: "La captura fue un triunfo" (149); y su inmediata negación, "La escena anterior no ha ocurrido pero sucederá dentro de quince minutos" (p. 150).

b) *Se reitera la búsqueda de identidad de los actantes*: Este punto está muy ligado con el anterior. Se retoma el enigma señalado como centro productor de la novela: ¿Quién es eme, quién es Alguien? En este sentido, la interrogación sobre el mismo asunto persiste y reabre el juego: "Pero eme ¿quién es en realidad?" (p. 153). Y el mismo Alguien se dice: "O no soy nadie. Tal vez no hay nadie en la banca del parque. O quizá hay seis millones de fantasmas sin rostro" (*id.*).

c) *Muertes de eme en el presente y en el pasado*: En las muertes del presente (r1) y el pasado (r2) culmina la técnica paralelística de la narración. Ambas muertes no se oponen; se identifican y responden a una justicia de la escritura, en la medida en que se resuelve la oposición dominador/dominado:

MUERTES DE EME EN EL PRESENTE	1) "llegar al cuarto y encontrarte... en el piso de parquet desangrándote, sin posibilidad de salvación porque te disparaste en la boca" (*id.*). 2) "eme deja su puesto de observación, toma una hoja de afeitar, hiende las venas del antebrazo izquierdo. Cuando la sangre baña todo su cuerpo y él siente la somnolencia de la muerte, se arrastra a la ventana" (p. 158).
MUERTES DE EME EN EL PASADO	1) "eme jamás estuvo allí, jamás conoció la ciudad al pie de las sombrías montañas. eme murió en Stalingrado o lo arrojaron vivo a un crematorio o lo ahorcaron en las ruinas del gueto de Varsovia" (p. 155). 2) "Alguien debe haberlo reconocido pues lo fusilaron y recibió el tiro de gracia — como lo testimonia la incrustación metálica en el parietal izquierdo" (p. 111).

d) *Destrucción de la ficción; predominio de la historia:* Al negarse la existencia de los actantes, en el desenlace cinco, se niega y destruye "la ficción" que encarnan: "La mano busca el arma pero el arma no existe. Nadie espía tras la ventana porque Alguien no existe y si Alguien no existe tampoco existe eme ni el parque con el pozo en forma de torre bajo el olor a vinagre" (p. 156). Los malabarismos escriturales de "la ficción" han sido sólo un medio para rescatar la historia del olvido. El predominio de ésta sobre el ejercicio literario se marca insistentemente en el texto: "Sólo existe el gran crimen —y todo lo demás: papel febrilmente manchado para que todo aquello (si alguien lo recuerda; si alguien, aparte de quienes lo vivieron, lo recuerda) no se olvide *(loc. cit.).* Y más adelante se subraya el funcionamiento ancilar de la "ficción" para destacar la "historia": "Nada sucedió como se indica. Hechos y sitios se deformaron por el empeño de tocar la verdad mediante una ficción, una mentira" (p. 157).

e) *Se resuelve la oposición dominador/dominado:* Es evidente que esta oposición, como las variantes que la reiteran significativamente en el funcionamiento actancial (víctima/verdugo; torturador/torturado; poder absoluto/oprimidos), se resuelve en los desenlaces con la destrucción de eme, como se explica al final del análisis.

Por su pertinencia con los desenlaces y su relación con el punto *e*, nos detendremos en el paralelismo que desarrolla el texto entre *La torre de Babel* y los actantes. Se explicó en *Tiempo-espacio* la asociación simbólica entre ella ("desaforado mausoleo, una tumba para el rey", p. 120) y el estatismo de eme (cf. *Espacio pictórico*, r1). Aquí abordamos el paralelismo que se establece entre las figuras de la torre y el desenlace de eme. Desde este ángulo, detrás de la "multitud de siluetas bajo la ominosa placidez otoñal constelada de augurios del desastre" (p. 121), percibimos la presencia colectiva del actante Alguien, símbolo de perseguidos y oprimidos. La pista de esta identificación es puesta a la vista por el narrador (*N1*): "no hay que olvidarse de otro aspecto: muchos cuadros de Bruegel son pintura política" (p. 120). Con su advertencia resulta consecuente el paralelismo funcional que nos ocupa. Veamos el proceso textual: "Las seiscientas y ochocientas figuras pueden permanecer para siempre fijas e inertes en su inmovilidad —o pueden echarse a andar en cualquier momento" (p. 121). De la misma manera Alguien aguarda, "en la banca de siempre espera que llegue con las tinieblas el rayo, el carro envuelto en fuego, la espada sobre la tierra" (p. 156). La multitud del cuadro rompe la inercia con un movimiento vengativo que coincide con el que inicia el hombre sentado en el parque (Alguien): "—Nemrod y las ochocientas proyecciones inmóviles— cobrarán movimiento y, súbditos de una ceremonia mecánica y por ello irreversible e inevitable, darán principio al sacrificio" (p. 136). Alguien también sale de su estatismo, da la señal y "Seis hombres, ya ninguno es joven, cumplen diferentes misiones: apuntar con metralleta desde las alturas que dominan la semiterraza/ subir por eme/mantener encendidos los motores..." (p. 149). Tanto las figuras como Alguien, al unísono, "darán principio al sacrificio" el mismo día que predice el fin de eme: "En un miércoles, Dies Mercurii, último día que miraron los ojos mortales de un hombre muerto que no ha muerto" (p. 136). El paralelismo entre las figuras de la torre y el actante Alguien está contenido en los hombres que capturan y posiblemente ajustician a eme en el Ajusco. Ellos, es decir Alguien, son:

> siete víctimas no solo ashkenazim y sefardíes de Salónica/ también posiblemente checos polacos húngaros serviocroatas ucranianos/ o quizá franceses ingleses holandeses belgas españoles y aun alemanes (p. 150).

El desenlace que lleva implícito el de la oposición dominador-dominado, se vincula, obviamente, con la intención política advertida por el narrador en el cuadro de Bruegel.

3) *Microrrelato 2: "de la historia"* (Parte II)

r2 es el microrrelato de "la historia". Lo integran, descripción hecha en *Tiempo-espacio*, cuatro segmentos (*Diáspora, Grossaktion, Totenbuch* y *Götterdämmerung*) que se alternan con Salónica. Estos constituyen una crónica del pueblo judío y su lucha por el espacio vital, desde la destrucción de Jesusalén por Tito Flavio, hasta el genocidio decretado por Adolfo Hitler durante la segunda guerra mundial.

La relación de r2 está a cargo de narradores testimoniales. A cada segmento corresponde un narrador distinto. *Diáspora* es relatada en primera persona, por Flavio Josefo, quien asume la narración de manera directa:

> Yo, Josefo, hebreo de nacimiento, natural de Jerusalén, sacerdote, de los primeros en combatir a los romanos, forzado después de mi rendición y cautiverio a presenciar cuanto sucedía, me propuse referir esta historia (p. 16).

En *Grossaktion* figuran varios narradores, en primera y tercera persona, introducidos por *N1*. *Totenbuch*, espacio textual en donde se fusionan los dos microrrelatos, es relatado por *N1*; él mismo narra *Götterdämmerung*.

En r2 se ve nítidamente el funcionamiento de la oposición dominador/dominado, puesta en movimiento por los actantes que sostienen la lucha por el espacio vital. Ellos, en este sentido, trascienden la situación histórica y asumen un carácter simbólico. Van a ser, funcionamiento paralelo al de los actantes de r1, todos y uno. En consecuencia, se singularizan en Flavio Josefo, Simón de Gerasa, Juan de Giscala, Tito Flavio, Heinrich Himmler, Hans Frank o Adolfo Hitler. Pero, al mismo tiempo, encarnan a los pueblos enfrentados en los determinados momentos históricos que registra r2, Así, en *Diáspora* por ejemplo, se hallan los actantes polarizados en romanos/judíos. En Grossaktion el antagonismo se presenta entre alemanes/judíos. Pero ambos enfrentamientos son subsumidos significativamente por la oposición dominador/dominado. En este nivel simbólico romanos y alemanes se identifican con el poder absoluto: dominador y verdugo. En tanto que los judíos representan a todos los dominados, víctimas de ese poder. Ahora sigamos su operatividad en el texto.

a) *Diáspora*

Este segmento, como se indicó anteriormente, es narrado por Flavio Josefo quien funciona como testigo y cronista de los acontecimientos.

El funcionamiento de los actantes se centra en la lucha por el espacio representado por Jerusalén (cf. *Tiempo-espacio*). En esta pugna los dominadores son los romanos encabezados por Tito Flavio y los dominados los judíos, dirigidos por Juan de Giscala y Simón de Gerasa. El enfrentamiento de los actantes está precedido por la técnica del cerco y asedio —ahora redondeado con el ataque continuo— destacada en el funcionamiento de los actantes de rl. Los judíos, a pesar de su heroica resistencia ("eran crucificados ante las murallas con el objeto de amedrentar a los rebeldes", p. 26), son reducidos y derrotados: Simón de Gerasa es ejecutado en Roma y Juen de Giscala condenado a prisión perpetua. Finalmente, "se consumó su diáspora o dispersión por la faz de la Tierra" (p. 44). Son obligados, mediante un desplazamiento de la tierra original, a morir lejos. Concluye el segmento con escenas que configuran una visión dinámica de la oposición dominador/dominado. Al poder absoluto, Tito Flavio, corresponde la tortura, el exterminio ("Tito ofreció espectáculos en los cuales exterminó a cinco mil prisioneros: comidos por leones, deshechos por gladiadores o quemados en vida", p. 44). En cambio, a los vencidos, corresponde la dignidad y el sacrificio heroico ("Cuando ya fue imposible resistir el asedio de la décima legión, los zelotes destruyeron sus posesiones y antes de suicidarse mataron a sus mujeres y a sus hijos", *loc. cit.*).

Es evidente el paralelismo funcional entre los actantes de "la ficción" y de "la historia". A través del cerco, del encierro y del destino de morir lejos, el pasado conduce al presente reducido de los actantes eme y Alguien.

b) *Grossaktion*

Grossaktion reitera la lucha por el espacio vital. Ahora el enfrentamiento ocurre entre alemanes y judíos. Su relación está a cargo de cinco narradores testimoniales: tres —probablemente— judíos, *Testimonio de Ludwig Hirshfeld, Informe de un sobreviviente, Relato de un testigo presencial*, y dos alemanes: *Anotaciones en el diario de Hans Frank*, gobernador general y *Orden de Heinrich Himmler, Reichsführer de las SS*. Desde las respectivas posiciones de los narradores, que remiten a la oposición dominador/dominado, se conforma una imagen polifacética y contrastada de la defensa y resistencia del gueto de Varsovia por los judíos. Asimismo, en los testimonios, se hace notable la función de los actantes vinculada a la citada oposición. El testimonio de Ludwig Hirshfeld, por ejemplo, describe a los actantes judíos dentro del gueto:

> Cuatrocientos mil seres poblamos el gueto: de cinco a ocho en cada habitación. Recibimos doscientas calorías diarias: una décima parte de lo que el ser humano necesita para vivir (p. 46).

Otra vez, la oposición matriz dominador/dominado está presente en los actos de los actantes. Pero ahora asume las variantes de víctima/verdugo o su equivalente torturador/torturado. En este sentido, el funcionamiento de los actantes —aunque se consignan nombres particulares— encarnan, principalmente, los términos de aquellas oposiciones. En otras palabras, asumen un carácter simbólico. Este tratamiento se pone de relieve en el caso de los judíos, en quienes domina el anonimato de los actantes para destacarlos en su función colectiva (pueblo).

En el gueto, los actantes alemanes (nazis) desarrollan un proceso de animalización contra los oprimidos. En esta deshumanización organizada contra los judíos coinciden los testimonios:

> Hay que despojar a la futura víctima de todos los atributos de la humanidad para conferirle los rasgos de una especie repulsiva: chinches, ratas o piojos (p. 48).

Esta inversión de lo humano, recurso recurrente en la narrativa de JEP, sintetiza de manera elocuente las valorizaciones ideológicas y éticas del dominador:

> Para los alemanes [atravesar el gueto] se trata de una visita al zoológico. Göbbels les ha enseñado qué significa el poder y cómo hay que despreciar a las otras razas (p. 47).

La inversión de valores impuesta por el dominador culmina en el siguiente pasaje dramático del testimonio de Ludwig Hirshfeld: "Pregunto a otra [niña]: —¿Qué quisieras ser?— Me responde: —Un perro, porque a los centinelas les gustan los perros" (p. 47).

El desarrollo de este segmento, como en Diáspora, sigue la dinámica del cerco (cf. *Tiempo-espacio*). Media una conexión funcional y significativa entre el nombre de Grossaktion, "la gran acción" preparada por los alemanes para destruir el gueto y dominar a los judíos, y la táctica del cerco empleada para lograrlo. Frente al sitio toman cuerpo las ya citadas variantes perseguidor/perseguido y víctima/verdugo:

> Con detectores de sonido y perros amaestrados los SS encontraron túneles y refugios. Ponían cargas de dinamita y una vez volado el reducto arrojaban gases a su interior para que nadie sobreviviera. Los perros olfateaban el rastro y podían desgarrar a los fugitivos. Como siempre los SS actuaban sin misericordia y exterminaban niños y mujeres con la misma ferocidad aplicada a los combatientes (p. 68).

Como en el enfrentamiento con los romanos, los actantes judíos son reducidos a cloacas y subterráneos. Sin embargo, desde allí siguen resistiendo según informe de un sobreviviente (p. 50).

El gueto fue bombardeado, por órdenes de Jürgen Stroop,[12] para aplastar la resistencia: "El fuego derribaba los edificios. Sus habitantes corrían por cientos a la calle. Las balas los exterminaban antes de que pudieran encontrar un pasadizo o una alcantarilla para deslizarse en el Kánal. Sus cadáveres quedaban sobre los adoquines" (pp. 62-63). El gueto de Varsovia, igual que Jerusalén, es arrasado por las llamas y la oposición dominador/dominado se resuelve, como en *Diáspora*, con la victoria del dominador nazi.

c) *Totenbuch*

Totenbuch, cuya función ha sido marcada en varias ocasiones, es el espacio textual en el cual confluyen y se integran r1 y r2. Es relatado por *N1* quien totaliza la narración y asume el carácter de historiador.

El segmento, en relación con los actantes, opera como vaso comunicante entre su pasado (r2) y el presente (r1):

> Miembros de la Cruz Roja lo encontraron agonizante y lo condujeron a un hospital de emergencia donde permaneció mucho tiempo. Luego, ignorantes de su identidad, lo dejaron libre (p. 111).

El funcionamiento se vincula con el recurso de aproximación y distanciamiento descrito en r1: fijar el actante en el presente para identificarlo en su pasado (cf. pp. 12-13). En la integración de las dos líneas narrativas el actante eme, muy especialmente, tiene el papel de centro operatorio. Por tal razón, aunque algunos aspectos claves de este segmento fueron apuntados en r1, al iniciarse la indagación sobre la identidad de eme, tendrán que retomarse. La función integradora de *Totenbuch* lo exige; en él se unen todos los hilos sueltos identificadores de eme y Alguien. A partir, pues, de los actantes seguiremos el movimiento de integración textual caracterizador de *Totenbuch*. Para tal efecto, seguimos las marcas vinculadoras de "la historia" (pasado) y "la ficción" (presente) de eme que el texto proporciona. Cómo éstas son abundantes las esquematizamos así:[13]

(1) *Marcas físicas*: Se precisan rasgos corporales que identifican al actante. Así funcionan los ojos. En *Totenbuch* son descritos: "los

---

[12] Este "torvo personaje" funciona como una de las posibles identidades del actante eme.

[13] Una identificación básica, que aquí sólo apuntamos, entre el eme de r1 y r2, es la gráfica. Ella ha sido analizada detalladamente en *Tiempo-espacio*.

ojos de eme la pupila dilatada *en los ojos azules* la fíjeza con que mira el tormento" (p. 92). En *Salónica* se dice "Obsérvese en los ojos azules la anormal dilatación de la pupila: eme es miope" (p. 140). Los dedos del actante cumplen el mismo papel coordinador de los microrrelatos e identificador de eme. Totenbuch, en la PATOLOGÍA DE EME SEGÚN SUS GESTOS, detalla: "Eminencias tenares e hipotenares muy fuertes. *Dedos espatulados*. Pulgares con las falanges terminales bulbosas. Uñas sin lunas" (p. 98). En *Pantomima* (Salónica) se reitera el calificativo de los dedos: "húmedas manchas grises o negruzcas en las yemas del índice, blancura de cal, lividez del yeso que cubre la semicircunferencia superior de la uña (*índice derecho espatulado*, pp. 143-144).

La operación del cerebro de eme también cumple la doble misión de conectar e identificar: "Alguien debe de haberlo reconocido pues lo fusilaron y recibió el tiro de gracia - como lo testimonia la *incrustación metálica en el parietal izquierdo*" (p. 111). Y en *Pantomima* (Salónica) se reitera la incrustación metálica: "extraña depresión parietal en exceso brillante a esta distancia: ¿efecto de los poros que exudan o *incrustación de platino o algún otro metal a consecuencia de ardua lobotomía* o fusilamiento fallido" (p. 144).

(2) *Marcas cronológicas*: Hay fechas claves en la identificación del actante, que definen su presente como consecuencia del pasado. Se destaca 1947 (en *Salónica*) momento de la llegada del actante a la casa de su hermana en México. En *Totenbuch*, al terminarse el fragmento del alegato de eme [texto encontrado por la policía norteamericana], el narrador coloca el siguiente paréntesis explicativo:

> (El resto del borrador fue incinerado en el cuarto de un hotel de Ginebra, donde eme pudo eludir definitivamente el acoso. Sin embargo *La Gazette* de Lausana afirmó que el cadáver putrefacto de eme fue encontrado en la orilla noreste del lago Leman el sábado *13 de septiembre de 1947*) (p. 125).

1947 establece la continuidad entre el actante —supuestamente muerto— de r1 y el de r2, pues enlaza su salida de Ginebra con la llegada a México.

(3) *Marcas objetuales:* Los objetos en la habitación de eme relacionan e identifican al actante con los microrrelatos. Entre éstos figuran la reproducción de *La torre de Babel* de Bruegel y la calavera de azúcar. *Totenbuch* describe los siguientes objetos de la oficina del doctor eme:

> (En cambio las oficinas de eme son inmaculadas. Reproducciones de Bruegel, discos de Wagner, libros de Goethe y Nietzsche, obras científicas en alemán, inglés, francés y latín, *Mein Kampf* autogra-

fiada por el Führer, *Los protocolos de los sabios de Sión* y —como una curiosidad, *obsequio de la hermana que vive en un país de antropoides*— *una calavera de azúcar con el nombre de eme escrito sobre la frente en una banda de papel color guinda* (p. 100).

Y en *Salónica*, en el cuarto que ocupa el actante en la casa de su hermana: "Manchas de humedad, grietas, salitre, *una reproducción de la Torre de Babel* de Pieter Bruegel, lámina corriente desprendida de una revista" (p. 119). Es obvia la función conectora, entre el pasado y el presente, de la reproducción de Bruegel, pintor admirado por eme. En cambio, es más sutil y lleno de connotaciones culturales el papel identificador de la calavera de azúcar. Es conveniente anotar aquí, por su vinculación con los dos microrrelatos, la referencia a la hermana del actante en *Totenbuch*. Es en casa de ella —dato varias veces aludido en *Salónica*— donde el actante permanece encerrado.

(4) *Marcas de gestos, acciones y actos rutinarios:* Dentro de la permutación continua de la identidad de eme y sus desplazamientos espaciales, la reiteración —tanto en "la historia" como en "la ficción"—, de los mismos actos, gestos y acciones no sólo establece el nexo entre los dos microrrelatos, sino que conduce a la identificación del actante. El acto de viviseccionar, por ejemplo, es una recurrencia clave: eme (en *Salónica*) "*vivisecciona* con una hoja de afeitar [a los gusanos] y luego [los] aplasta, o bien arroja al bóiler" (p. 15). En el desarrollo de *Totenbuch* ese acto se repite con frecuencia: "eme *viviseccionó* mujeres y hombres injertó células cancerosas" (p. 78); "el doctor eme aspiraba a formar con sus notas... un tratado clásico de la *vivisección* humana" (p. 80). El mismo acto se repite por medio del equivalente *seccionar*: "[eme] vuelve al cuarto, con un tajo implacable *secciona* las venas que a flor de piel se bifurcan en el antebrazo" (pp. 144-145).

Constante en los dos microrrelatos es el acto de mirar, rasgo tratado —anteriormente— como definidor actancial. La condición de mirón silencioso (que se reitera en los equivalentes: contemplar, observar, acechar, vigilar) ahora enlaza "historia" y "ficción" por medio del actante. *Totenbuch* lo capta, varias veces, en esa postura: "*eme contempla* el espectáculo desde arriba, tras la hermética ventana o portilla color verde, y filma algunas escenas en dieciséis milímetros" (p. 91). Más adelante se insiste en la posición de espectador: "la luz es verde como los cristales como la ventana desde la cual le fue dado a eme *observar* el infierno" (p. 92). A lo largo de *Salónica* el actante mantiene la misma posición: "o en el mejor de los casos será tema del hombre que *acecha* tras las persianas" (p. 25); su imagen de mirón es persistente: "eme que lo *examina caviloso* mientras sus dedos anular e índice entreabren la persiana metálica" (p. 28). Y es la que se fija al concluir la novela: "[eme] siente la somnolencia de la muerte, se arrastra a la ventana, *consigue erguirse y mirar* —última imagen y castigo— cómo el hombre a quien supuso perseguidor se aleja..." (p. 158).

Dentro de estos rasgos es indispensable destacar, como relacionantes e identificadores del actante, los caracteres paranoides[14] marcados insistentemente tanto en el eme de *Totenbuch* (r2) como en el eme de *Salónica* (r1). A continuación, en el cuadro, se puede establecer la identificación de eme en los dos microrrelatos:

EME (r1)

1. Delirio persecutorio (ideas obsesivas).
2. Encierro espacial.
3. Alucinaciones.
4. Transformador mental del hombre sentado en la banca del parque.
5. Mitómano.

EME (r2)

1. Obsesiones políticas y míticas.
2. Encierro experimental.
3. Incapacidad de elucidar entre lo real y lo irreal.
4. Transformador de los cuerpos humanos.
5. Megalómano.

Acabamos de ver cómo, a través del actante eme, se coordinan y conjugan las dos líneas narrativas ("historia", r2 y "ficción", r1) de *Morirás lejos*. Se le identificó como un mismo actante de funcionamiento desdoblado de acuerdo con los respectivos microrrelatos. Ahora, también desde el segmento nuclear, seguimos igual proceso de coordinación y conjugación desde Alguien, el otro actante central. En este caso las marcas textuales identificadoras son muy pocas; se reducen a la condición de concentracionario de Alguien. En *Totenbuch* hallamos al actante ubicado en el campo de concentración:

> altercados y cruces de injurias parecen fomentar un zafarrancho hasta que Alguien logra imponerse restablecer el orden y mordiéndose los labios recuerda los deberes solidarios, la obligación de no perder los rasgos de humanidad que los verdugos pretenden borrar de todos ellos, la necesidad de oponer la entereza contra el ultraje y la abyección a que se pretende someterlos (pp. 86-87).

En un pasaje posterior, se vuelve a presentar a Alguien en su condición concentracionaria: "eme sí dirigió un campo de exterminio pero en el motín que siguió a la liberación, Alguien y otros internos

---

[14] Estos caracteres son presentados como un diagnóstico clínico dentro del texto, en "Patología de eme según sus gestos" (p. 99).

lo arrojaron vivo a un horno crematorio" (p. 123). En el desenlace cuarto, correspondiente a Salónica, se consignan los efectos sicológicos que el campo de concentración ha dejado en el actante: "Alucinación entonces. Desvarío. *Desvarío de un hombre que resiente aún en su estructura psíquica cuanto le hicieron en los campos.* Y el único remedio de su angustia es tramar una emboscada que no existe..." (pp. 155-156). Y en Salónica, en un mismo párrafo se fusionan pasado (r2) y presente (r1) del actante:

> Nadie tiene derecho a censurar lo más humano que hay en Alguien: la desesperación de haber caído sin culpa en todas las regiones del infierno —la esperanza se incluye— *desde el momento en que llegó a los campos hasta el segundo cuando acecha a eme; de la época en que fue torturado y vio morir a los suyos, a la tarde que lo encuentra sentado en la banca de un parque con olor a vinagre,* bajo un chopo ahíto de inscripciones, a unos catorce o quince metros del pozo (pp. 108-109).

d) *Götterdämmerung*

Este segmento se enraiza con el mito germánico de los nibelungos. Asimismo, lleva implícito el desenlace de los actantes. Desde el plano mítico, que se abre en esta parte (cf. *Tiempo-espacio*), Hitler —ya Dios, ya históricamente poder absoluto— es el centro de su desarrollo. Mediante un diálogo entre $N1$ y el lector toma forma la biografía de Hitler desde su gestación: "un óvulo penetrado por un espermatozoide formó un cigoto cavó un reducto en la pared uterina. Y el sábado 20 de abril de 1889 nació un niño como todos: dolorido, tumefacto, semiasfixiado" (p. 128); hasta su incineración: "Y fiel hasta la destrucción eme rocía el mismo combustible de las grandes fosas sobre los tres cuerpos y la mujer el perro el hombrecillo arden como ardieron otros millones de cadáveres (p. 145).

Eme funciona, en este segmento, como prolongación de Hitler; es la pareja subyacente del eme alquímico. Entre los dos actantes se esfuman los límites de las respectivas identidades. Y a través del mito del superhombre ario que los moviliza se hace efectiva su reversión. Simbólica y funcionalmente constituyen un solo actante: *el gran dictador* (el poder absoluto). Así, eme reproduce el ideario del Tercer Reich:

> inflamado por las ideas rectoras del Nationalsozialistische Deutsche Arbeiterpartei odió a quien no fuera alemán pero sobre todo a los judíos, porque el profeta guerrero e instaurador del reino que iba a durar mil años dijo... *al combatir a los judíos cumplo la tarea del Señor* (p. 134).

También se expresa textualmente la identificación de los actantes por una relación de compañía y fidelidad: "[eme] acompañó al Führer en su entrada en Varsovia; visitó con él la tumba de Napoleón en París... en la fortaleza de las montañas austriacas juró a Hitler que en diciembre de 1940 ambos podrían pasearse por las ruinas de Londres" (p. 133). Con la derrota y muerte de Hitler ocurre paralelamente la derrota de eme y su encierro (muerte figurada) en la casa de su hermana; una misma soledad envuelve a los actantes: "... qué triste para eme pobre Adolf pobre Adolf traicionado por todos abandonado por todos..." (p. 145).

Se dijo, al iniciar el comentario de este segmento (y en *Tiempo-espacio*), que en él se instaura una dimensión mítica. Ésta —precisamente— está ligada con la muerte del actante Hitler y con el encierro del actante eme. En el primer caso, las huellas míticas son visibles en la superficie textual; el actante es el "profeta guerrero instaurador del reino que iba a durar mil años" (p. 134); al morir "los tres cuerpos: Adolf, Eva, el perro Blondi, ardieron en el jardín bajo las bombas. *El funeral vikingo. El perro que los guiará en el reino de los muertos*" (p. 133). Sin embargo, aquí se fija la imagen mítica del actante para degradarla. El gran dictador sufre un proceso minimizador[15] que se inicia con la descomposición de su cadáver:

> parece incorporarse, mueve los brazos, se agita como si intentara nacer, comienza a henchirse, hay un murmullo de manantial: la sangre y la mierda bullen por desertarlo... el dios de la guerra se iguala a los que rapaba antes de asfixiar en las cámaras; el superhombre arde a la misma temperatura que los subhombres (p. 142).

El proceso culmina con su reducción a gusano:

> y antes de precipitarse al abismo sin tiempo el emperador del reino milenario se asemeja a los gusanos torturables que los niños llaman azotadores (p. 143).

En cuanto al actante eme, su relación con el mito remite nuevamente a Hitler y al renacer del nazismo. Después de la muerte del Führer, eme sigue siendo su prolongación; es el depositario del sue-

---

[15] La desmitificación de Hitler asume también el tono humorístico-burlón de un espectáculo caricaturesco: "el cadáver de Hitler abre los ojos... el uniforme se deshace, el bigotito y el cabello se esfuman... —avivado por más gasolina, más estopa, más bombas— se traduce en contorsiones cada vez más acrobáticas y obscenas, hasta que el cuerpo se dilate y arqueado parezca echarse a andar en una reversa de cangrejo cuando hierve vivo en el agua..." (p. 142).

ño ario. Por eso se esconde, se aísla temporalmente de la historia y aguarda el advenimiento del Cuarto Reich, "... del que regresará y entre tanto habita un risco de las mitologías nórdicas, una isla en el mar de los Sargazos, una montaña entre la niebla" (p. 126). Es la esperanza mítica del renacer ario la que explica sus veinte años de encierro voluntario, su presente de crisálida:

> Muerte Transfiguración Leyenda. Dormir todo un invierno que ha durado veinte años mientras el propio cuerpo secreta materias viscosas, fabrica alas, colores, nuevas habilidades. Yacer oruga en un parque con olor a vinagre y salir —cuando los hilos se retiren, cuando la nueva edad de fuego cubra al mundo— convertido en alguna mariposa de las que ornaban allá por 1907 o 1908 en Francfort, Munich o Düsseldorf... (p. 126).

Sin embargo, como en el caso de Hitler, continúa el paralelismo funcional entre los actantes. Y el mito también es negado a través de eme. En los desenlaces tratados anteriormente, el actante muere o desaparece. Con su muerte o desaparición se clausura también el "sueño de un nuevo mundo enteramente dominado por ellos con todos los demás pueblos como esclavos" (p. 77). El encierro de eme, su presente de "crisálida" no lo conduce al "renacimiento del orden ario" (p. 115); sino a su liquidación en la escritura. Él, en el desarrollo del paralelismo señalado, también se minimiza: *el poderoso doctor eme* se vuelve vasallo en la convivencia con su hermana ("Así, quien antes se había cobrado tan caro las ofensas vivió sus años finales en tenso vasallaje hacia su hermana", p. 139). Su reducción se visualiza —plenamente— en el simbólico pasaje de las hormigas y el gorgojo, tratado a propósito de su acoso:

> a unos catorce o quince metros del pozo en forma de torre sobre una red de pasadizos y galerías por donde las hormigas arrastran a un gorgojo o llevan con esfuerzo solidario el *cadáver de un gusano deshecho* (p. 158).

El pasaje, que da continuidad y fin al acoso de eme, conjuga en una misma imagen desmitificadora, "el cadáver de un gusano deshecho", y a los actantes Hitler y eme (recuérdese que la condición de gusano fue asumida por el dictador en su reducción final).

4) *Conclusiones*

La red actancial de *Morirás lejos*, podemos concluir, gravita en torno a un sistema de relaciones de subordinación que remite a la oposición dominador/dominado. Es preciso indicar en cuanto a esto último, que el desarrollo de su operatividad no es maniqueo. Por el contrario, al mismo tiempo que enfrenta sus términos, por medio del funcionamiento de los actantes, anula los límites funcionales e invierte significativamente la relación. Es este el proceso seguido tanto por la oposición productora como por sus variantes víctima/ verdugo; perseguidor/perseguido; torturador/torturado. En este sentido la inversión de los actantes nos remite a una problemática ética centrada en la responsabilidad de la culpa, y nos enfrenta a una serie de preguntas subyacentes en el proceso de inversión: ¿Quién es realmente culpable: torturado o torturador, perseguido o perseguidor, víctima o verdugo? ¿Quién puede ser juez y dictar sentencia?

Si en la dinámica de persecución y cerco, dinamizadora de la oposición dominador/dominado, la función de los actantes víctima y verdugo se invierte; si eme, poder absoluto y verdugo del pasado, es la víctima y perseguido del presente, y Alguien, el torturado del pasado se transforma en aquél, poco cuenta la identificación de uno u otro. Es como si el dogma de los "técnicos" nazis —representados por eme— se hubiese erigido en patrón ético del funcionamiento de los actantes: "tratar de que las víctimas se hicieran cómplices de sus propios verdugos, ahora se aplica a eme. eme ya está anudado de tal forma que haga lo que hiciere avanzará siempre en el sentido en que sus enemigos desean" (p. 141).

Entonces, dentro de esta inversión de los actantes, lo que sí es importante y trascendente es la generalización de la culpa. Situación expresada por el texto, varias veces, por medio de eme o de Alguien. El siguiente fragmento plantea el problema muy claramente:

> Los alrededores se encuentran solitarios. eme y un hombre sentado
> —uno es culpable, el otro inocente; los dos culpables; ambos inocentes— se ven, se escrutan
> (los divide
> el olor a vinagre) (p. 81).

Sin embargo, en "la ficción", en la escritura, la oposición dominador/dominado se resuelve mediante un desenlace de justicia. eme, verdugo y poder absoluto, alemán o romano, ya sea que se suicide, ya que lo mate Alguien o sea ajusticiado en el Ajusco por un comando israelí, es finalmente destruido. Esto es lo que ideológicamente tiene trascendencia. En cambio Alguien, judío o pueblo perseguido y dominado, es inextinguible. Sus ojos "de salamandra", vencedores del fuego, imagen simbólica que domina el último desenlace, encarnan al hombre histórico que renace de su destrucción.

Intertextualidad

Los análisis sincrónicos anteriores (*Tiempo-espacio* y *Red actancial*) revelan que *Morirás lejos* se instituye a partir de un principio generador de permutaciones que, en tanto tal, condiciona los niveles todos de la escritura.

Este principio pone en juego la interrelación entre historia y ficción, y cada uno de estos elementos al mismo tiempo se permuta: la historia se entrecruza con el mito; la ficción opera como un proceso en que interaccionan realidad e irrealidad.

La relación dialéctica entre historia y ficción borra los límites de ambos opuestos. Se trata más bien de una síntesis compleja en la que se funda el texto, y no de una simple yuxtaposición de partes. Esta tiene connotaciones ideológicas, ya que se sustenta en una concepción específica del discurso histórico (cf. *Texto histórico*), y permite que se resuelva en el nivel de la ficción el problema histórico planteado (cf. *Ideologema*).

La permutación e interrelación de los elementos textuales se lleva a cabo mediante el sistema paralelístico, de montaje, que opera en todos los estratos, y se identifica en *Morirás lejos* con el proceso de duplicación interior. Ambos procedimientos determinan analogías y correspondencias, pero sobre todo condicionan el carácter simbólico del texto y el principio productor de la intertextualidad, que en esta obra, y en otros relatos de Pacheco, se explicita y adquiere relieve como principio estructurador de la escritura.

El entrecruce de planos y de procedimientos va marcando el proceso de inversión dialéctica que resuelve la oposición *dominador/dominado*, englobadora de todos los niveles de significación (cf. *Ideologema*).

La intertextualidad, como uno de los principios productores, se representa en *Morirás lejos* por el sistema de cajas chinas (teatro dentro de teatro; textos dentro de textos; inclusión de partes del propio texto dentro de otras —sobre todo de *Salónica* y *Totenbuch*), característico de casi toda la producción de JEP. Hay además confluencia de diversos géneros (drama, poesía, narrativa) y de especificaciones parciales de éstos. Al interrelacionarlos, el texto borra sus límites y los cuestiona en tanto unidades independientes (hecho que constituye también una de las constantes en la obra del autor).

Relacionado con lo anterior cabe decir que la escritura de este relato —por su fragmentarismo a base de documentos y textos de diversa índole— corresponde a la escritura de muchos de los textos principales que intervienen en ella, como se verá en el análisis: los

libros de Josefo, el Talmud, los libros de alquimia y de la Cábala, el *Libro de los muertos*; los relatos de Borges, *Drácula* de Stoker.
La importancia que cobra la intertextualidad en *Morirás lejos* se denota además en estratos más superficiales del texto. Es el caso de las referencias continuas a las lecturas o preferencias histórico-culturales de eme, obviamente significativas para marcar su ideología, y por ende la del nazismo. Entre otros ejemplos destaco la descripción de las oficinas del actante, hecha a base de referencias de este tipo:

> Reproducciones de Bruegel, discos de Wagner, libros de Goethe y Nietzsche, obras científicas en alemán, inglés, francés y latín, *Mein Kampf* autografiada por el Führer, *Los protocolos de los sabios de Sión* y —como una curiosidad, obsequio de la hermana que vive en un país de antropoides— una calavera de azúcar con el nombre de eme escrito sobre la frente en una banda de color guinda (p. 100. cf. también pp. 103 y 138).

Es innegable la riqueza intertextual de este relato que no pretendemos ni podemos agotar. Basten ciertos deslindes básicos que nos permiten acercarnos al sistema productor desde esta perspectiva crítica.

1) *Texto lingüístico*. Obviamente los textos que intervienen en el nuevo texto lo hacen mediante el lenguaje. En este sentido todo es texto lingüístico. Sin embargo lo que nos interesa consignar aquí son modos específicos de narrar y modalidades lingüísticas especialmente caracterizadoras del texto que nos ocupa, con relativa independencia de su procedencia textual. Si a éstos los vemos complementariamente con las modalidades lingüísticas que asociamos a textos específicos, se tendrá una idea de conjunto de las modalidades y tendencias narrativas interactuando en términos de los ejes estructurantes del relato.

a) *Lenguaje simbólico*. Lo simbólico adquiere una importancia textual significativa en *Morirás lejos*. Constituye un nivel que atraviesa y dinamiza el texto en su totalidad, pero muy especialmente el microrrelato de la ficción.

Temporalmente el relato se produce en el crepúsculo (fin de la noche cuaternaria dominada por el signo del nazismo; comienzo del día hebreo).[16] En esa temporalidad caracterizadora, además, de los

---

[16] En "La muerte y la brújula" (Borges 1961, 14) Erik Lönrot lee "un pasaje... de la disertación trigésima tercera del *Philologus: Dies Judaiorum incipit a solis occasu usque ad solis occasum diei sequentis*. Esto quiere decir —agregó— *El día hebreo empieza al anochecer y dura hasta el siguiente anochecer*".

actantes, se establece la cadena de interrelaciones entre éstos, generadora de la pluridimensionalidad (temporal y espacial) por medio del ya mencionado principio de duplicación.

Se dan pues los elementos suficientes y necesarios a partir de los cuales se constituyen los símbolos específicos y se determina el carácter simbólico general del relato.

El escenario simbólico. El parque y sus contornos inmediatos (donde confluyen la mirada y el mutuo acecho de eme y de Alguien) dentro de su aparente estatismo sufre una serie de mutaciones condicionadas por la visión mítica y simbólica y por los desplazamientos temporales. Uno de los derivados de esta calidad proteica del espacio es la correlación que se establece entre este ámbito inmediato y el crecimiento y expansión urbanos con sus signos letales, limitantes del espacio vital (¿nuevas imágenes de tortura?);[17] como se evidencia reiteradas veces en el texto (p. ej. en la p. 81).

Dentro de este contexto cambiante por la historia y por la mirada subjetiva que lo transforma, se erigen tres símbolos básicos del relato: la torre y el pozo; eme y Alguien. De éstos limitaré el comentario a la torre, ya que constituye el símbolo más complejo de los tres y el menos discutido con anterioridad en los análisis. Posteriormente señalaré el sentido alegórico de varios pasajes o imágenes y la función del lenguaje iconográfico en el texto. Se trata de dos aspectos de la escritura que no son plenamente simbólicos, pero que sí comparten muchas de las características del símbolo. Tienen, por así decirlo, carácter simbólico.

Aunque el mito, la magia y la alquimia participan también del elemento simbólico, los trataré aparte como texto, ya que se integran más bien en cuanto tal.

La torre. El propio texto (pp. 119-121) abre una serie de sentidos posibles para la torre erigida como centro (espacial y de significación), hecho sobre el que volveremos más adelante en *Texto mítico, alquímico y mágico.* La escritura sugiere, por ejemplo, la asociación entre la torre del pozo en el presente y *La torre de Babel* pintada por Bruegel (p. 120). Al abolirse de este modo la diferencia tempo-espacial se refuerza su cualidad simbólica.

En el símbolo como objeto pictórico (cf. *Texto pictórico*), se superponen una serie de planos: la lámina, reproducción del cuadro (que en tanto reproducción comparte el deterioro de todo el contexto de eme en el presente), que es a su vez reproducción del original (la torre babilónica del origen). El denominador común es el persistente fracaso de toda empresa humana dirigida por la ambición

---

[17] Sobre este punto cf. también *Tiempo-espacio.*

desmedida de poder ("Nemrod, Nabucodonosor, Baltasar, Carlos Quinto, Adolf Hitler", *id.*). El hecho se constata desde los textos referidos a su fundación por Nemrod, quien pretendió erigir un monumento que perpetuara la memoria de su nombre (cf. *Libro del génesis*, 11, 1-9). La otra serie correlativa, asociada a la primera, es la de los monumentos representativos del poder absoluto y del Imperio (la Torre de Babel; el Coliseo romano y el Reichstag, p. 120).

Otra línea de significación se proyecta también al origen: la idea de unidad para ejecutar una empresa común. Pero en el caso de la Torre de Babel la solidaridad opera en función de una ideología del poder absoluto, como tal condenado al fracaso. La escritura en *Morirás lejos* propone, en cambio, la solidaridad para anular el poder absoluto. Todo el proceso textual va tejiendo gradualmente esta imagen (el sentido de lucha y resistencia del pueblo dominado) que culmina en el presente simbólico (¿alegórico?) de la ficción. El escenario del parque y sus alrededores, ubicados en México en el presente, hace posible la confrontación de eme y Alguien y la condena del primero. También aquí se simboliza la lucha en términos de dominio del espacio vital (eme, limitado al espacio interior, pretende rebasarlo ejerciendo su dominio sobre el espacio exterior; Alguien domina el espacio exterior y subsecuentemente a eme).

No menos importante es la analogía que se establece en el texto entre *La torre de Babel* de Bruegel y *Morirás lejos* en tanto producción. Posteriormente se verá la analogía entre autor y pintor (cf. *Texto pictórico*). Ahora baste señalar otras marcas escriturales análogas: la idea de personajes —siluetas; la "placidez otoñal constelada de augurios del desastre" y los "planos que descansan uno sobre otro sin oponerse ni contradecirse..." (p. 121).[18]

Lenguaje alegórico. En la producción de JEP es frecuente la analogía entre hombre y animal. Casi siempre se establece en función de una idea dominante en *Morirás lejos*: la relación de opresión o de dominación entre el poder y el pueblo.

Los textos de Pacheco que ponen en juego la misma problemática (p. ej. "Parque de diversiones", "Jericó") la resuelven de manera distinta. Si bien siempre es censurado el sistema y se atisba una remota posibilidad de salida, sólo en "Civilización y barbarie" y "La fiesta brava" el pueblo asume parcialmente su función libera-

---

[18] No más lejana, aunque no textual, podría ser la analogía con la tradición medieval de "los cruzados que debían atravesar un laberinto para llegar a Israel. Es decir, el laberinto (la Torre de Babel) equivaldría a los dédalos y obstáculos para llegar a la posesión del espacio deseado (García 1978, 52-53).

radora. La solución definitiva se da únicamente en estos relatos y en *Morirás lejos* en el ámbito de la ficción por la vía del símbolo: se invierte la oposición y se resuelve en favor del dominado.

La analogía entre hombre y animal y su correlación con la idea expuesta propicia su canalización en un lenguaje alegórico. Así se conforman algunas imágenes reiteradas en el texto que apuntan a un fragmento importante de sentido. Quizá la más significativa (por englobadora) sea la de la p. 54, en que unas hormigas acosan y cercan a un gorgojo. Precede a la descripción alegórica una intensificación de las características mutantes (¿alquímicas o mágicas?) del parque: el olor a vinagre; la profundización de las inscripciones en la corteza del chopo.

Las analogías establecidas en el pasaje son evidentes: hormigas-tribu solidaria-pueblo; gorgojo-poder torturador sitiado-eme; hierbas-escarpaciones, contrafuertes-el Ajusco (porque con estos dos sustantivos se le describe en el propio texto). También es clara la premonición del desenlace textual: "lo llevarán al centro de la tierra..."

El pasaje, además, recuerda el relato alegórico "Jericó", elaborado a partir de una imagen similar, pero invierte su sentido en la medida en que el dominado (hormigas) destruye al dominador (gorgojo).

Otra imagen de índole similar, a la cual se alude reiteradas veces en momentos clave del relato, es la sugerida por la vivisección que hace eme de los "gusanos torturables", a los que luego aplasta o bien arroja al bóiler. "En él los gusanos evocan, coruscantes y a punto de precipitarse por la rejilla, entre la ceniza aún moteada de fuego, la imaginería católica del infierno" (p. 15). Aquí la alegoría es de segundo grado ya que la alegoría del infierno será por analogía la alegoría de las torturas a los judíos en las cámaras. Colocado al comienzo del relato, el pasaje cobra una dimensión premonitoria.

Clave también en *Morirás lejos* es la imagen alegórica del reloj de la infancia de eme. Su función, como la de las hormigas y el gorgojo, es premonitoria, ya que presagia el desenlace (pp. 103-104).

La figuración alegórica complementa la idea de una inminencia, reiterada en el relato. De hecho la imagen ejecuta metafóricamente lo que la inminencia implica: la destrucción de eme que es, al mismo tiempo, la del poder absoluto (representado en la figura por la reina María Antonieta de Francia). La repetición del hecho ("hora tras hora") lo perpetúa, con lo cual la condena al poder absoluto adquiere carácter totalizador.

Lenguaje iconográfico. Los signos iconográficos que aparecen en *Morirás lejos* conservan su significado convencional y al mismo tiempo adquieren uno nuevo (el que se genera por la correlación entre el contenido del relato y la expresión). Es decir, transcriben las propiedades culturales que se le atribuyen, y mediante éstas transcriben las que le confiere la escritura.

El texto de Pacheco está ordenado en siete partes principales precedidas cada una de ellas por un signo iconográfico y su respectiva designación. La delimitación de cada parte quedó clara en la *Descripción preliminar* al inicio de esta lectura crítica; falta correlacionarlas con la secuencia de signos.

Acorde con la distribución de las partes, en términos de los dos microrrelatos, la secuencia sígnica distingue dos series:

(1) ⋈ SALÓNICA ⋏ DESENLACE ⋈ APÉNDICE: OTROS DE LOS POSIBLES DESENLACES

A manera de *cerco* esta serie, correspondiente al microrrelato de la ficción (r1), delimita la segunda, correspondiente al microrrelato de la historia (r2).

La inicia un signo doble, representativo de la lucha y la división entre hombres, quienes se cruzan inarmónicamente (Koch 1930, 10), bajo la primacía del poder absoluto. El signo representa así al poder absoluto mediante una grafía que corresponde a uno de sus efectos principales; preside el relato y específicamente marca la relación antagónica entre los actantes (eme/Alguien).

La designación de SALÓNICA proyecta el signo en varias direcciones. En Salónica confluyen, como en la cultura occidental, la cultura griega y hebrea. Es además punto de llegada de los judíos sefardíes cuando su expulsión de España por los Reyes Católicos en 1492. Este dato vincula de manera directa la cultura hispánica y la de Salónica y sugiere la del Nuevo Mundo, lo cual facilita los nexos que establece la escritura en *Morirás lejos*. La historia de la comunidad judía de Salónica es una historia de persecuciones y diásporas que se inician en el periodo bizantino y continúan durante el Imperio latino. En el siglo XV es ocupada por los turcos y a partir de entonces y durante el siglo XVI llegan grupos judíos de varias partes de Europa y de África del Norte. Es pues una comunidad hebrea representativa. Sin embargo, la ciudad se ve azotada por plagas y fuegos durante tres momentos distintos del siglo XVI. Fue además un centro muy importante del Torah y de la Cábala y de estudios seculares como medicina, ciencias naturales y astronomía. En el XVII se agudizaron las plagas y los fuegos. En el siglo XX hubo movimientos de organización socialista y sindical. Durante la Primera guerra mundial Salónica fue un centro para los soldados aliados y en 1917 un gran fuego destruyó prácticamente toda la ciudad. Las primeras columnas nazis entraron en Salónica el 9 de abril de 1941. Se inició entonces el periodo del Holocausto. Enviados en convoyes de trenes a los campos de exterminio, los judíos de Salónica fueron exterminados casi en su totalidad en 1493 (*Encyclopaedia Judaica* 1972, 699-708).

El segundo signo iconográfico (⋏) representa la muerte de uno de los hombres (*Ibid.*, 83), en este caso eme,[19] con el resultado subsecuente (APÉNDICE). Esta última parte está representada por el tercer signo, el reloj de arena (⋈). Signo también doble como el primero de la serie (⋈), pero armónico. Desaparecido eme implica un nuevo modo de relación entre los contrarios: fuego-elemento masculino-sabiduría; agua-elemento femenino-búsqueda de la verdad (Cirlot 1969, 207). La relación no anula ninguna de las partes y establece una nueva dinámica de producción.

(2) ☿ DIÁSPORA ⚓ GROSSAKTION ≡ TOTENBUCH ⚱ GÖTTERDÄMMERUNG

Esta segunda serie de cuatro signos constituye el microrrelato de la historia, si bien entreverado con el de la ficción, lo cual incide sobre la concepción de la historia. Corresponden al periodo de exterminio del pueblo (sobre todo judío, pero no exclusivamente).

Es un periodo de lucha entre elementos opuestos que, no obstante el predominio nazi en los comienzos, se resuelve finalmente en términos del pueblo (dominado, sometido). La secuencia iconográfica representa claramente el proceso. Si bien los cuatro signos se refieren principalmente a eme (el nazismo) existen variaciones en las marcas gráficas que permiten trazar el proceso de inversión histórica.

Así los dos primeros visual y convencionalmente remiten a la cultura latina y germana y los dos siguientes recuerdan signos hebreos, no obstante que se designan con conceptos germánicos.

La DIÁSPORA está presidida por el signo de Mercurio (☿). Signo dual, hermafrodita, que da nombre al día miércoles y se identifica con Hermes y Odín, el dios germano de la guerra.

---

[19] El signo se encuentra entre las runas que constituyen el primer alfabeto de origen germano: corresponde a la número quince de las veintiocho runas iniciales reunidas en Inglaterra antes del siglo IX en que aumentaron a treinta y tres (*Encyclopaedia Britannica* 1964, *s. v. rune*). Pero hay también una forma similar en los antecedentes arameos (siglo V a. c.) de *aleph*, primera letra del alfabeto hebreo (*Encyclopaedia Judaica* 1972, *s. v. Alphabet*). Según Koch (Koch 1930, 102) como runa significa "enano".

La analogía con eme es explícita (p. 132) y plural, en tanto Hermes es el "mediador" (como eme lo es para el nazismo) y recibe la misión de conducir las almas de los muertos (como eme conduce al exterminio a sus víctimas).

Para la alquimia Mercurio se asocia con la fluencia y la transformación y con una ilimitada capacidad de penetración. Estas cualidades intervienen en la imagen de eme y su función como médico de los campos. El alquimista del horror experimenta con los hombres amparándose en una ideología racista que los coloca como "subhombres" al servicio del "superhombre" ario.

El signo es tanto lunar como solar (femenino-pasivo; masculino-activo) de modo similar al tipo de nexo entre eme y Hitler, pareja generadora del desastre.

GROSSAKTION 'la gran acción' (destrucción del gueto de Varsovia), se representa gráficamente con la suástica curva (ꍃ). Como tema iconográfico, de ella se ha dicho que su forma mas antigua es tal vez de Transilvania y que "no se ha encontrado nunca en eomarcas semitas" (Cirlot 1969, 209-210). En contraste con esto último, el signo aparece en casi todas las culturas primitivas y antiguas del mundo y fue usado por los cristianos perseguidos ("cruz disimulada").

El signo está regido por el principio activo (solar), lo cual, aunado a su universalidad (excluyente de la cultura semita), es adecuado para representar al nazismo en su fase expansiva.

Gráficamente la suástica curva está formada por dos espirales dobles cruzadas. El signo se vincula con el de Mercurio y con la letra eme del alfabeto hebreo, por su asociación con las aguas: "siendo éstas el elemento de transición, transformación y regeneración, la espiral doble las representa en toda su efectividad simbólica" (Cirlot 1969, 206).

De forma similar al reloj de arena (cf. APÉNDICE, p. 152) la espiral doble simboliza la inversión y la relación entre los contrarios. La diferencia textual entre ambos signos es de carácter ideológico. La suástica supondría el nacimiento del mundo a partir del nazismo. Los dos triángulos que entran en contacto conforman, como dijimos, otro principio de organización.

TOTENBUCH 'el *Libro de los muertos*' se asocia con una grafía compuesta por un elemento horizontal (pasivo y femenino) y un elemento vertical (activo y masculino): ⚏ . El trazo vertical puede entenderse como la cabeza de Dios o el poder que desciende sobre la humanidad desde lo alto. En sentido opuesto representa la búsqueda trascendente de la humanidad. El trazo horizontal representa la Tierra en la que la vida fluye uniformemente y todo se mueve en un mismo plano (Koch 1930, 1). Tres trazos paralelos como los del signo que nos ocupa, representan específicamente el intelecto pasivo (*Ibid.*, 8).

El signo es pues, como los anteriores, hermafrodita. Aunque se refiere a eme, posiblemente se trata de una de las letras del alfabeto hebreo.[20] Se crea así un ámbito de ambigüedad que enriquece el signo en función de la escritura: si bien la acción destructora es ejecutada por eme, el punto de vista de la escritura se concentra en el pueblo hebreo. El signo además recuerda las incisiones de eme en la pared (rejas y jaulas estilizadas, ¿evocación de los campos o del propio encierro?), y es próximo al símbolo oriental para el peregrinaje del alma por la vida (≢): "el alma asciende a través de las cuatro bandas del mundo, o elementos, hacia su purificación y pasa de la oscuridad a la luz" (Koch 1930, 94). En términos del pueblo judío esta última acepción invierte totalmente el sentido de la muerte en vida.

La denominación TOTENBUCH o '*Libro de los muertos*' complementa el sentido del signo iconográfico. Históricamente existieron los *Totenbücher* 'libros de los muertos' en los campos de concentración. En ellos efectivamente se registraban los nombres de los muertos. Pero además el nombre remite al *Libro de los muertos* de los antiguos egipcios.[21] Éste acompañaba a cada difunto y contenía "las declaraciones que debía efectuar el alma al comparecer ante Osiris para el juicio de ultratumba" (García Gascó 1974, 6). Metafóricamente TOTENBUCH en *Morirás lejos* funciona como el *Libro de los muertos* de eme para su juicio ante la historia. En efecto, se constituye a base de las alternativas que identifican a eme, todas ellas relativas a la historia de sus crímenes. Incluye la escena de un juicio (pp. 112-113) y antecede a la caída y desenlace del actante.

GÖTTERDÄMMERUNG 'el crepúsculo de los dioses' está indicado por una grafía que visualmente podría asociarse con un candelabro (⚛), pero que iconográficamente es un signo que representa el *vinagre* en la temprana química (Koch 1930, 70).

La presencia o ausencia de este último elemento en *Morirás lejos* determina las transformaciones tempo-espaciales y condiciona las posibilidades de dominio del actante eme. Su ausencia indica pues su muerte próxima (cf. el segmento *Salónica*, p. 136).

[20] Su designación es *samekh*. Se identifica como la letra número quince y su valor numérico es sesenta. La forma proto canaanita no se ha asegurado, pero en el siglo x a. c., consistía en tres trazos horizontales y uno vertical (*Encyclopaedia Judaica* 1972, *s. v.*).

[21] Curiosamente el texto habla de los hombres como "semillas faraónicas" al iniciar TOTENBUCH (p. 73).

El término GÖTTERDÄMMERUNG se deriva de la mitología germánica y se refiere a la apocalíptica destrucción de toda la tierra debida a las faltas de los dioses. Se narra en el *Voeluspa*, uno de los poemas del *Edda*. La lucha entre dioses y gigantes comienza promovida por Loki, un dios menor. El desastre culmina con el fuego que cubre y devora todo. Lo significativo es que se promete la llegada de un nuevo mundo, ya no presidido por el dios de la guerra (Odín o Thor, Bergua [s.a.], 442-446).

De algún modo se alude también a *El ocaso de los ídolos* de Nietzsche, en cuyo prólogo comenta el autor: "Otra cura... aún más deseada por mí, consiste en sorprender los secretos de los ídolos... Hay en el mundo más ídolo que realidades; ésta es mi 'mala mirada' para este mundo, y también mi 'mal oído'" (Nietzsche 1888, 397).

La letra eme. En los análisis posteriores se relacionará la designación de eme con diversos aspectos: unos intertextuales *(M, el vampiro de Düsseldorf)*; otros derivados de la oposición entre eme y Alguien. A estos niveles posibles de lectura se suma el carácter iconográfico del término.

En la tradición cultural de todos los pueblos las letras han tenido siempre un sentido simbólico así como lo tuvieron en la alquimia. Esta tradición se mantiene vigente sobre todo en el ámbito religioso y en prácticas y rituales mágicos.

Es el caso de las letras del alfabeto hebreo que tienen todas sentido simbólico según el Talmud. En este aspecto es significativo también el modo como se escriben y la forma y estructura alfabética. La literatura mítica de los orígenes hebreos se refiere en gran medida al simbolismo y sentido oculto del alfabeto. Por ejemplo, en la literatura cabalística y talmúdica, y en otras prácticas esotéricas se encuentra la doctrina de la combinación de las letras que implica la posibilidad de crear nuevas criaturas mediante la unión entre éstas.

Siguiendo estos principios generales, se pueden percibir los rasgos pertinentes del actante eme adscritos a su designación y representación gráfica.

Ya hemos señalado el rasgo de estar escrita su designación con minúscula, pero veremos también cómo se integran los significados adscritos tradicionalmente a la letra M con la función de eme en *Morirás lejos*.

Salvo el *aleph*, las demás letras del alfabeto hebreo están constituidas en tres grupos de siete letras de acuerdo con principios sagrados. La eme *(mem)* pertenece al grupo de la *ley de la misericordia* (*Encyclopaedia Judaica* 1972, s. v. *mem*). Este primer señalamiento muestra la inversión irónica que se opera en el texto en la medida en que la escritura ejerce una función desenmascaradora del sistema opresor.

eme (mem) es la decimotercera letra del alfabeto hebreo. Su valor numérico es cuarenta y su signo Escorpión. En las inscripciones protosinaíticas y proto-canaanitas le corresponde una grafía que representa el *agua*, y en la alquimia equivale a la condición andrógina del agua en su origen (como los signos que anteriormente relacionamos con eme). De ahí que tanto entre los arios como entre los semitas la M inicia siempre "las palabras relacionadas con el agua y con el nacimiento de los seres y de los mundos (*mantras, manou, madhava, mahat*, etc., Cirlot, 1969, 286).

Sobre esta modalidad opera transgresoramente la escritura modelando su antitexto. La acumulación de términos antípodas conforman una letanía de la muerte y del terror:

> eme entre otras cosas puede ser: mal, muerte, *mauet, meurtrier, macabre, malediction, menace, mis á mort, mischung, mancherlei, meuchelrond, maskenazung, märchen, messerheld, minaccia, miragio, macello, massacro* (p. 131).

Para la Cábala *mem* significa la posibilidad de *transformación del hombre*, principio subyacente a los experimentos atribuidos a eme, pero que opera también invertido, hasta el límite de lo monstruoso y demoníaco (cf. toda la parte correspondiente a TOTENBUCH, pp. 73 y ss.).

El proceso es claramente desenmascarador. Desmitificado totalmente el nombre en tanto principio creador (reducido como Hitler a lo ínfimo) se revela su sentido oculto por el peso de la ideología racista y nietzscheana. Es decir afloran en la escritura las razones estructurales del nazismo:

> sueño de un nuevo mundo enteramente dominado por ellos con todos los demás pueblos como esclavos la Tierra entera convertida en la supercolonia de los superhombres a sus pies los nativos afanándose como hormigas para la mayor gloria del Reich milenario hasta que se desplomaran bajo la superexplotación y entonces fueran eliminados por medios tecnológicos... (p. 77).

Las runas. Las runas constituyen la forma más antigua de escritura germánica. Aparecieron inicialmente como inscripciones por toda Europa, pero en mayor número en Inglaterra y en Escandinavia. Cada runa tiene su nombre (la que corresponde a M — — se denomina *man* 'ser humano'). Así como las letras de otros alfabetos se usaban para la magia, también se usaron las runas y su uso se prolongó durante mucho tiempo. Muchas grafías corresponden a los alfabetos griego y latino (a, i, b, t, m y n).

Se dice que Odín —dios de la guerra y de la inteligencia, comparable a Mercurio (por asociación relativo a eme) era el "amo de las runas" puesto que éstas "tenían siempre fuerza y significación mágica" (Bergua [s.a.], 408).

Relacionadas con este contexto de la mitología germana (uno de los soportes ideológicos del nazismo) las runas entran en la escritura de *Morirás lejos*. Al referirse a las múltiples alternativas referentes a Alguien, el narrador vincula las [runas], las "inscripciones del chopo" y las incisiones de eme en la pared:

> Podría recurrirse a letras compuestas, a signos prefenicios o anteriores a la escritura —semejantes a las inscripciones en el chopo o las que traza eme con la uña del índice izquierdo en la pared de yeso contigua a la ventana inmediata, por tanto, a su visión ligeramente oblicua del parque (p. 71).

Sutilmente el narrador entrevera también en estos momentos referencias psicoanalíticas reveladoras del estado paranoico de eme (la locura como otro de los ejes constitutivos del nazismo). El entretejido de mito y locura hace verosímil las alucinaciones y la transmutación del espacio y los actantes mediante el conjuro mágico. Pero al mismo tiempo, desde la perspectiva crítica del narrador, queda desvalorizada la perspectiva mítico-mágica: (pp. 82-83; cf. *Texto psicoanalítico*).

Todos los signos gestuales de eme con las manos son de naturaleza simbólica y se corresponden con las runas y otros signos pre-hebraicos. El espacio queda, además, significativamente distribuido en dos planos: el de la derecha (ámbito solar y de los resultados); el de la izquierda (ámbito lunar de origen). Con la derecha hace obsesiva y tenazmente el signo del hombre (afirmación, libertad, signo fálico). Con la izquierda hace incisiones de rejas estilizadas y jaulas evocadoras (¿conjuradoras?) de su propio encierro o de los campos de concentración.

b) *Lenguaje poético*. En el proceso del análisis se ha mencionado reiteradas veces la correspondencia entre un lunguaje poético y momentos de mayor dramatismo o intensidad emotiva en *Morirás lejos*. La concisión de la palabra; el ritmo de la frase y la concreción de la imagen destacada por su espacialización gráfica, son algunas de las pistas evidentes que nos permiten distinguir varios pasajes del relato como especialmente poéticos.

En este nivel explícito es evidente la voluntad del narrador de anular los límites entre narrativa y poesía (lo mismo sucede, como veremos, con el teatro). Pero es más significativo el hecho de que ambas modalidades de la escritura se entreveran en estratos más profundos del texto, ya que el dinamismo constitutivo de todo el microrrelato de ficción (r1) opera principalmente por la vía de la metáfora o del símbolo, reduciendo al mínimo (pero sin anularlos), los caracteres relatantes de la escritura.

c) *Lenguaje técnico o especializado.* La omnisapiencia del narrador y la verosimilitud textual se refuerzan con múltiples detalles de la escritura, uno de los cuales es el empleo frecuente de términos técnicos o especializados en pasajes en que sí funcionan de manera eficaz. El hecho es sobre todo cierto en lo referente al área científica o médica, con lo cual se asocia lo relativo a la alquimia y a la magia, ya que la interrelación de ambos aspectos es constitutiva de la visión del mundo del nazismo. En este sentido valgan como ejemplos las descripciones de los experimentos de eme (vgr. pp. 82-91), o el parte médico y otros pasajes en que se describe o alude a su patología (pp. 98-99).

También intervienen en el microrrelato de la historia términos y conceptos que denotan precisión histórica, ya que en su mayoría son referencias textuales o usos específicos dentro de la organización militar nazi:

> eme es el "técnico" de la "solución final", perfeccionado como genocida en el castillo de Hatheim. eme dirigió alguno de estos campos de exterminio: Auschwitz-Birkenau, Belzec, Chelmno, Majdanek, Sobibór o Treblinka.
> Desde el ascenso de Hitler al poder se establecieron los *Arbeitslager*, campos de trabajo, que más tarde iban a transformarse en *Vernichtungslager*, campos de exterminio... (p. 83).

2) *Textos literarios y otros textos culturales.* a) *De los remedios de cualquiera fortuna.* El título del relato, *Morirás lejos*, es cita textual de un fragmento del libro *De los remedios de cualquiera fortuna* de Séneca, traducido (más bien glosado) por Francisco de Quevedo (Quevedo 1633). El fragmento se titula *Morirás lejos* y contiene, como el resto del libro, el texto de Séneca seguido por el de Quevedo (p. 887). En el epígrafe del relato Pacheco copia dos enunciados de la versión de Quevedo: "*Morirás lejos*. Conmigo llevo la tierra y la muerte" que continúa en el texto: "*Morirás lejos*. El mundo es punto, la vida instante: ¿quién, si no es loco, hallará distancias en un punto? ¿Quién hallará espacios en un momento si es cuerdo? Sólo muere lejos el que en su propia casa se persuade que está lejos su muerte". El texto incide sobre el de Pacheco a muchos niveles. Similar al relato *Morirás lejos* pone en juego la in-

tertextualidad como sistema productor (Quevedo/Séneca/Pacheco) mediante el paralelismo y la entreveración de los textos. Al cuestionar el tiempo y el espacio identifica la vida con la muerte. Morir lejos sólo es posible, pues, cuando el hombre está fuera de sí mismo; está fuera de su muerte. La espera, el cerco; los veinte años enajenadores del único destino posible para eme son su morir lejos, y no tanto el morir en otro país. Esta interpretación queda reforzada por el hecho de que el relato relaciona el nazismo tanto con Europa como con el espacio hispanoamericano del presente de eme (México específicamente). El tiempo y las distancias se reducen, se igualan, en el microrrelato de la ficción (sin negar la historia —r2— o más bien para destacarla) de tal manera que la ficción pueda ser el escenario simbólico del cerco y la condena. Esto es tanto más válido cuanto lo que censura el texto en última instancia es el poder absoluto (de manera ejemplar en el nazismo), en sus manifestaciones históricas del pasado y del presente.

b) *La producción borgiana*. Es evidente la incidencia de textos borgianos en buena parte de la producción de JEP (cf. p. ej. la *Intertextualidad* en "Parque de diversiones" o el capítulo sobre la *Intratextualidad*). Por eso importa deslindar esta interrelación en *Morirás lejos*, ya que el texto es representativo de las tendencias escriturales predominantes en dicha producción.

La crítica ha señalado la cercanía entre relatos como "El jardín de los senderos que se bifurcan" (Noé Jitrik; Margo Glantz) pero a nivel más bien del enigma policial planteado y de la problemática del perseguidor y del perseguido. Mi interés es partir de éste y otros textos borgianos y ver la modalidad particular de su integración en la escritura de JEP, por las connotaciones literarias e ideológicas que esto conlleva. Veamos el problema desde ciertas zonas de convergencia textual en *Morirás lejos*.

La concepción del texto. La permutabilidad y duplicación son para Borges elementos constitutivos de los textos de ficción, como lo son en *Morirás lejos*, hecho que subyace a la estructura de muchos de sus relatos, y que se manifiesta como concepción teórica explícita: "Las cosas se duplican en Tlön" (Borges 1956, 29); "Los [libros] de ficción abarcan un solo argumento, con todas las permutaciones imaginables" (*Ibid.*, p. 27).

Ambos principios suelen asociarse a la intención específica de hacer de la escritura un laberinto formal que dinamiza y entrevera toda una gama de alternativas posibles en torno a un enigma representado por el laberinto, de difícil pero no de imposible solución. En JEP la concepción laberíntica del texto (y de la vida) es frecuente en sus relatos. Sin embargo, tanto en los relatos cortos como en *Morirás lejos*, la visión o la construcción laberíntica se identifica con el sistema opresor del capitalismo y su deshumanización del hombre. Se alude a razones estructurales de las cuales el nazismo es sólo uno de los síntomas, y se plantea el problema en términos de la oposición entre el poder dominador y el dominado. No obstante la complejidad estructural histórica del presente (laberinto), el poder absoluto representado por el nazismo (en todas sus manifestaciones) se condena "absolutamente" en el texto de Pacheco, y el dominado, pese a su situación, se presenta con la fuerza y el potencial de resistencia capaces de invertir la oposición planteada.

La "diferencia" ideológica entre los textos de JEP y los de Borges es clara desde este punto de vista. La lectura detenida de "El jardín de senderos que se bifurcan" (*Ibid.*, 97), precisamente por las múltiples analogías que presenta con *Morirás lejos*, es muy reveladora de lo que señalo. El laberinto en el jardín borgiano permite la identificación y captura del asesino (perseguidor y perseguido) pero su captura paradójicamente implica el triunfo del nazismo. Es también significativo el hecho de que el traidor sea un oriental que por servir al nazismo asesina incluso a un hombre cercano a los suyos y facilita la destrucción de toda una ciudad. El poder absoluto queda pues prácticamente incólume y al margen en el relato borgiano. El espía lleva a sus últimas consecuencias su misión y frente a la magnitud de su crimen apenas muestra "síntomas de contrición y cansancio", pero reducidos a un síntoma subjetivo, individual ("nadie puede saber...", p. 111).

Aclarado este punto, decisivo intertextualmente, es evidente la cercanía de ambos textos en su configuración formal del laberinto. *Morirás lejos* es un laberinto de formas, de procedimientos, de cruces de planos, de diversas escrituras, que pone en juego la problemática ideológica. Dentro de este laberinto de la escritura se encuentra el laberinto simbólico de *La torre de Babel*, claramente significativo para el sentido global del texto, que al mismo tiempo abarca también todas las alternativas de duplicación actanciales y la serie de desenlaces posibles.

El laberinto de T'sui Pèn corresponde a esta construcción, casi puntualmente: 1) El laberinto y el libro son "un solo objeto" (p. 105). 2) Como la Torre de Babel pretende ser infinito. 3) Como en toda ficción "el hombre se enfrenta con diversas alternativas", sólo que en la novela de Ts'ui Pèn "opta —simultáneamente— por todas" (p. 107). Del mismo modo los desenlaces son múltiples y todos posibles, pero se bifurcan y no convergen entre sí. En este último aspecto *Morirás lejos* diverge del texto borgiano pues, como señalé antes, todas las alternativas actanciales y todos los desenlaces convergen en el sentido global del texto. En el primer caso se trata de un principio duplicador de los actantes y las alternativas se integran en términos de la simbología actancial. En el caso de los desenlaces, no obstante las variantes establecidas, todas condenan el poder absoluto representado por eme.

El tiempo. Sin pretender abarcar la problemática temporal borgiana, es evidente su cuestionamiento de la historia, en tanto proceso, en muchos de los textos. El cuestionamiento se establece mediante tiempos paralelos e instantes coincidentes, repetidos ("Nueva refutación del tiempo", en Borges 1961, 55, 56, 64 y también "El milagro secreto", *Ibid.*, p. 179); y en última instancia mediante el principio de la circularidad infinita.[22]

En *Morirás lejos* (como en buena parte de la producción de JEP) se plantea también la idea de tiempos paralelos, coincidentes en la historia (cerco de Jerusalén por los babilonios y los romanos; segunda guerra mundial) y coincidentes en la escritura (microrrelato de la historia, r2, pasado; microrrelato de la ficción, r1, presente).

Sin embargo no se trata evidentemente de una concepción cíclica de la historia. La fijación del presente en el microrrelato de la ficción opera como un cerco necesario para que el desenlace sea posible, es decir para que se transgreda la concreción histórica prevaleciente y el dominado se imponga sobre el dominador, lo cual instaura un proceso histórico dialéctico en que Alguien queda y el poder absoluto se condena y se destruye.

Borges plantea el concepto de circularidad asociado con la idea de presente (*Ibid.*, 65), mientras que en *Morirás lejos* el presente (de ficción) se subordina a la historia: instituye el espacio necesario para que se cumpla el destino histórico.

Concepción actancial. La lectura de textos borgianos presenta una concepción actancial en muchos sentidos análoga a la de *Morirás lejos*. Plantea el problema de la relación entre creador y criatura vinculándolo con la imaginación, el sueño o la magia, como una disyuntiva de interacción o posible inversión de la pareja (¿quién sueña a quién?). Se genera así una cadena de actos creadores (sueños dentro de sueños) que culminan con la máxima negación de la realidad del yo, pues el creador primero (Dios) en tanto es

---

[22] A pesar de que en la escritura de Borges la circularidad, lo cíclico parecería ser lo dominante, el propio autor reconoce su impotencia para negar el proceso histórico: "Negar la sucesión temporal, negar el yo, negar el universo astronómico, son desesperaciones aparentes y consuelos secretos... Nuestro destino... es espantoso porque es irreversible y de hierro... El mundo, desgraciadamente, es real; yo, desgraciadamente, soy Borges" (*Ibid.*, 66).

todos, es nadie. Es también un sueño de otro sueño o "está soñándose y... las formas de su sueño son él" (Borges 1964, 139).

Uno de los relatos que manifiesta mejor esta concepción es "Las ruinas circulares" (Borges 1961, 70). En él el actante-mago se propone el "proyecto mágico" de soñar un hombre (p. 71) de suerte que todas las criaturas, excepto el fuego mismo y el soñador, "lo pensaran un hombre de carne y hueso" (p. 73). El proceso culmina con el hecho revelador de un "incendio concéntrico" en que el mago "comprendió que él también era una apariencia, que otro estaba soñándolo" (p. 75).[23] En toda la producción de Borges se repite con variantes esta misma concepción. En "De Alguien a Nadie" interesa destacar no sólo este concepto (la criatura como "modificaciones de la mente de su inventor", p. 120), sino los conceptos mismos de Alguien y Nadie paralelos a los de Alguien y eme en *Morirás lejos*. La interrelación entre ambos términos se define claramente en "Everything and nothing" (Borges 1961, 117), en que el actante persiste en una alucinación dirigida a jugar a ser otros, hasta enfrentarse a la necesidad de ser alguien y no todos (ya que esto supone la desaparición del yo). En *Morirás lejos* —por el sistema de duplicación interior— se transmutan ambos actantes (eme y Alguien). No obstante, el condenado a desaparecer es eme, símbolo del poder absoluto del nazismo, en toda la pluralidad de sus modalidades (tal vez de ahí eme con minúscula, como *nadie*). Y Alguien, en cambio, se afirma como hombre en su ser uno (de ahí tal vez la mayúscula y el hecho de ser quien permanece). De modo similar a Borges, innegablemente entra en juego también la alusión a la oposición "*dioses*" (eme)/*hombres* (Alguien) sugerida por el título de una de las partes, GÖTTERDÄMMERUNG "el crepúsculo de los dioses". En Borges la cadena anuladora del ser incluye a dioses y hombres. En JEP sin embargo se afirma Alguien y se destruye el poder absoluto.

Una variante de esta problemática —con claro contenido ético— es el hecho de que cada hombre es todos los hombres (Borges 1956, 133). Según Borges éste es uno de los principios de la *Mishnah* y determina la culpa generalizada implícita en todo crimen individual. Este principio subyace al hecho de escritura de que eme y Alguien —actantes símbolo— sean a un mismo tiempo otros hombres: otros sectores de hombres claramente enmarcados dentro de un sistema socio-político.

Podría ampliarse la intertextualidad de los textos borgianos en la

[23] La misma idea se encuentra en los poemas "Ajedrez" (*Ibid.*, pp. 76-77); "El golem" (pp. 78-81), y en el relato "La muerte y la brújula" (pp. 9-20).

producción de JEP a múltiples aspectos de *Morirás lejos*: el empleo de citas y referencias textuales explícitas; el uso de cifras como marca de verosimilitud (notable en la parte de *Diáspora*); ideas eje del relato como el planteamiento de un enigma y su solución; la idea de perseguidor y perseguido o del momento colmado de sentido que se asocia con el principio de identidad, etc.

Sin embargo la cala analítica hecha muestra una clara diferencia ideológica respecto a la producción de Borges. En términos de *Morirás lejos* baste señalar como ejemplo el tratamiento de la problemática judía y del nazismo.

En sus lineamientos generales lo judío entra en la escritura borgiana como un material que por sus características un tanto esotéricas (el gusto por la Cábala y los elementos religiosos de su cultura lo muestran) es propicio al sistema productor borgiano. Un poco opera también como un elemento de erudición ya que el conocimiento a fondo de sus modalidades culturales le permite utilizarlo de manera eficaz en los laberintos racionales e ingeniosos de su escritura. En este sentido un poco se correspondería con el microrrelato de la ficción en *Morirás lejos*.

A nivel de los juegos escriturales JEP mantiene, como hemos visto, muchos de los recursos borgianos, pero para cuestionarlos precisamente en términos de la primacía de la historia sobre la ficción. La inversión ideológica se manifiesta claramente en la visión del pueblo judío. Lo esotérico y exótico, propicio al enigma y a la escritura policial o laberíntica, pasa a un segundo plano en *Morirás lejos* pues adquiere su función en términos de la nueva visión dominante: la de un pueblo perseguido, dominado recurrentemente en la historia (por el poder absoluto), con una capacidad de resistencia que le permite sucesivamente invertir la relación *dominador* (opresor)/*dominado* (oprimido). Se trata pues de una visión reinvindicadora y, en la medida en que *Morirás lejos* amplía la problemática a Europa y América, esta capacidad del pueblo para resistir y triunfar se hace extensiva a otros pueblos.

Vale la pena comentar el poema de Borges "Una llave en Salónica" (Borges 1967, 154) y su relación con la obrita de teatro en un acto que el "dramaturgo frustrado" escribe en *Morirás lejos* (pp. 57-61). Ambos textos se refieren a la diáspora de los judíos españoles en tiempos de los Reyes Católicos y del descubrimiento de América (1492). Coincide también el hecho de que el actante principal en la obra de teatro es Isaac Bar Simón o Pedro Farías de Villalobos que es uno de los apellidos que se menciona en el poema: "Abarbanel, *Farías* o Pinedo." Ambos también puede decirse que censuran la "impía persecución". Pero a partir de aquí se inician las diferencias.

El tono del soneto borgiano es nostálgico, evocador. La víctima (el perseguido) recuerda sin miedo, pero sin esperanza (v. 5); cansado y sufriendo en silencio (v. 8). El texto de JEP (que reproduce en mucho la totalidad de *Morirás lejos*) nos da la visión ya comentada (*supra*) de un judío resistente y vengador; de un destierro que se constituye por su actitud vigilante y pacientemente activa en cerco para su antagonista. En JEP el hecho cobra además una clara dimensión histórica, pues al contenido de la obra en un acto antecede una explicación histórica (paralela a r2 en *Morirás lejos*). Es decir que el texto de ficción, en vez de cerrarse en un sentimiento individual, se abre a la dimensión de la historia (la recuerda; la hace presente). El relato histórico, además, claramente censura la diáspora y la explica por razones estructurales ("La aristocracia dominaba una economía esencialmente agrícola; los sefardíes amenazaban su predominio por ser la fracción más dinámica de las nacientes capas burguesas y la que regía el capital y la actividad económica en las ciudades", p. 57). También establece el nexo con la ambición imperialista que explica la conquista y colonización de América. El drama personal (que sabemos colectivo) cobra dimensiones dramáticas más acentuadas por la concreción del relato en cuanto a los hechos: "fue arrojado de la ciudad: jinete en un asno, dogal al cuello, látigo sobre la espalda desnuda. Muerta su mujer durante el proceso, perdidas sus casas y tierras labrantías, prisionero en Argel...", pp. 59-60).

"Deutches requiem" de Borges (Borges 1946, 7-14) podría servir para establecer paralelismos y diferencias entre eme y el nazi Otto Dietrich zur Linde. Sin embargo lo que importa es ver en conjunto el tratamiento que se le da al nazismo. El relato borgiano es la autobiografía de un nazi condenado a muerte, centrada en los elementos determinantes de su formación. Éstos explican su acción y su actitud, y en última instancia constituyen la ideología nazi, justificatoria, desde el punto de vista actancial, incluso de la derrota de Alemania. En la caracterización de eme entran muchos de estos elementos y actitudes (eme no acepta la derrota; espera el advenimiento del Cuarto Reich), pero el relato se centra en el historial de sus crímenes y en la historia del pueblo judío como modelo de la lucha de los pueblos dominados por el poder absoluto. No cabe duda además de la condena total al nazismo: "—No, el nazismo es el mal absoluto: nadie puede ser nazi e inocente" (p. 125).

c) *Alicia en el país de las maravillas*. La persistencia de la imagen especular en la narrativa de JEP recuerda muchas veces la visión del envés del espejo en el texto de Lewis Carroll. La contraposición paralelística de los microrrelatos en *Morirás lejos*, así como la relación entre eme y Alguien, puesta en acto por la mirada, son afines a las modalidades de este principio estructurante que hemos apuntado en otros relatos del autor.

Pero sobre todo conviene destacar un detalle significativo en *Morirás lejos*. Precisamente antes del *Desenlace* se transcribe un texto que funciona como "réquiem" del nazismo, producto, como el de Borges, del orgullo nazi que no acepta la derrota y se refugia en el reducto ideológico ("WIR KAPITULIEREN NIE" 'no capitularemos nunca', pp. 145-146). El texto concluye:

> *La maldad, la alianza de los intereses judíos,*
> *las mostruosidades del bolchevismo*
> *y los errores de los cristianos*
> *impidieron realizar el mundo nuevo*
> *por el que luchamos desde 1933.*

(Gebeben zu Berlin, Den 29 April 1945)

Inmediatamente después aparecen confundidas las palabras (babel de la escritura) y se destaca una afirmación eje del sentido:

> 3391 edsed somahcul euq le rop oveun
> odnum lam led adaila noicilaoc *los nibelungos*
> *son los muertos horror que yace al fondo del poder absoluto*

El acertijo constituye una suerte de verdad al revés. Su desciframiento[24] revela un mecanismo inicial de inversión de las palabras en sí misma; después de dos en dos, y finalmente una sustitución de la frase del principio por la del final:

> Coalición aliada del mal, mundo nuevo por el que luchamos desde 1933.

La frase corresponde al comienzo y al final del texto citado; funciona como su antitexto porque invierte su sentido, y remite al eje ideológico de *Morirás lejos*.

Como ocurre con los libros de escritura invertida en "la casa del espejo" de *Alicia en el país de las maravillas*, la jerga enigmática

---

[24] Estos juegos de la escritura, reveladores del sentido oculto, son también característicos de textos hebreos como la *Cábala* y otros textos considerados "mágicos". Borges se vale de ellos frecuentemente en sus relatos. Sobre su vindicación de la Cábala afirma: "ni es la primera vez que se intenta ni será la última que falla... no quiero vindicar la doctrina, sino los procedimientos hermenéuticos o criptográficos que a ella conducen..." (Borges 1964, 55).

no es de fácil desciframiento, ni aun ante el cristal, donde "las palabras recobrarán el buen sentido" (p. 188). Por eso después de la primera inversión siguen siendo enigmáticos, y Alicia afirma: "De lo que estoy segura es de que *alguien* mató alguna *cosa*" (p. 190).

En el texto de Carroll, y en los pasajes de gran dramatismo e intensidad en *Morirás lejos,* se encuentran figuraciones gráficas textuales que corresponden al sentido. Un ejemplo claro (similar al de *Morirás lejos* para "informar" la destrucción definitiva del gueto de Varsovia, pp. 69-70) es el pasaje de la historia del ratón (Carroll 1865, 52-53) en el que se ha establecido la relación *poder supremo* (rey)/*pueblo sumiso,* y en que precisamente se oponen un perrazo y un ratón (dominador/dominado). El primero actúa como juez y testigo y afirma amenazante:

```
      . . . . .
          Examinaré
        Toda la
          causa
       y te
          conde
            na
              ré a
                mu
                  e
                   r
                   t
                   e.
```

También está presente en *Alicia en el país de las maravillas* la idea del hombre como criatura soñada por su creador. Idea que incide en el relato de JEP y que remitimos anteriormente a Borges (*supra*). El propio Borges cita el texto de Carroll en su *Antología de la literatura fantástica*:

> —Ahora está soñando. ¿Con quién sueña? ¿Lo sabes?
> —Nadie lo sabe.
> —Sueña contigo. Y si dejara de soñar, ¿qué sería de ti?
> —No lo sé.
> —Desaparecerías. Eres una figura de su sueño. Si se despertara ese Rey te apagarías como una vela (*apud* Borges 1940, 225).

d) *La nueva novela.* La mirada, lo visual, es un elemento determinante en la visión de mundo que se manifiesta en *Morirás lejos.*

De ahí la importancia de la descripción, con primacía sobre el diálogo y otras formas narrativas.

Es inevitable pensar en la confluencia en el texto de tendencias narrativas procedentes del *nouveau roman*, específicamente de *La celosía* (1957) de Alain Robbe-Grillet. Un ejemplo clave de este tipo de escritura en *Morirás lejos* es la descripción inicial de eme observando a través de la persiana (p. 11).

Refiriéndose a la percepción y representación del mundo en *La celosía*, Jacques Leenhardt señala que "Mirar y ser mirado [es] pareja dialéctica tan esencial en la obra de Robbe-Grillet como en *El ser y la nada* de Sartre... Ver o ser visto, observar o ser acosado, tales son los dos polos entre los cuales oscila la significación de la casa. El lugar donde se materializa esta significación ambivalente es la celosía. Si está abierta, entreabierta, cerrada, la vida de la casa cambia" (Leenhardt 1973, 62). Del mismo modo rigen ambos polos entre Alguien y eme en *Morirás lejos*, y observar y acoso se identifican en la espera de veinte años de cerco. Se destaca la casa de eme que establece la espacialización *jardín* (afuera) / *casa* (adentro), así como en *La celosía* se oponen el afuera del balcón y las plantaciones y el adentro del cuarto desde el que se observa.

En esta dialéctica se debate para Leenhardt el problema del poder colonial frente al colonizado, y *La celosía* precisamente se instaura en el momento de la decadencia de ese poder. El espacio pues de la visión es fragmentado y limitado; es una "apariencia del mundo" condicionada por la mirada escrutadora y vigilante. También el contexto de la ciudad en *Morirás lejos* está reducido a la visión del parque, fragmentada por el ángulo de visión creado mediante la presión de los dedos anular e índice de eme sobre la persiana. A esta noción se superpone la del narrador (N1) que amplía el ámbito durante un breve lapso (marco o telón de fondo del escenario simbólico), y que transmuta el espacio poniendo el mínimo de elementos presentes en una combinatoria de efectos desrrealizadores y realizadores.

Al mismo tiempo en *La celosía* la oposición *colonizador/colonizado* se determina por la luz y por la vista, "símbolos del dominio que los blancos ejercen sobre los negros" (p. 73). Según el crítico, en la novela "debe verse la antítesis de todo cuanto simboliza el poderío colonial; *es el crepúsculo de los blancos*..." (p. 75).

Planteado así, estamos frente a un universo que revela un ideologema próximo al de *Morirás lejos*, lo cual se manifiesta —como hemos visto— en sus patrones de significación. Ambos textos se inician con la constitución de este escenario casi fijo, que en *Morirás lejos* se modifica por el sistema de duplicación y los retrocesos temporales.

e) *Relatos terroríficos*. La imagen sostenida del terror como elemento constitutivo del proceso histórico determinado por el poder absoluto es evidente en el microrrelato de la historia. Tanto en el caso del cerco romano, como en las torturas y persecución del pueblo —sobre todo judío— durante la segunda guerra mundial, el poder opresor se representa en la figura de sus líderes (Tito Flavio Vespasiano, Hitler), quienes cobran una dimensión mítica, o por lo menos simbólica, ya que entre otras cosas constituyen el soporte ideológico del sistema.

En *Morirás lejos* eme representa ambiguamente la presencia y el ocaso de ese poder. Sentenciado desde todos los reductos posibles —la escritura uno de ellos— entronca con los relatos de terror y con grandes mitos de la novela negra del siglo XIX como Drácula y Melmoth.[25]

Melmoth el hombre errante. Entre las alternativas de identidad de eme —a partir del nombre— el narrador nos dice: "eme, como Melmoth, el hombre errante" (p. 131). La alusión es a *Melmoth the wanderer* (1820) de Charles Robert Maturin, uno de los mejores relatos de misterio y de terror publicados en Inglaterra a comienzos del siglo pasado. El texto elabora el tema clásico del pacto con el diablo (Goethe), quien a cambio de su alma consigue la prolongación de la vida. Sólo le es dado abolir la condena si encuentra quien comparta su destino. El primer pacto registrado en el texto es del siglo XVII. La obra consiste en una serie de relatos menores, los más importantes de los cuales son aquellos en que Melmoth es rechazado, entre otros, por Stanton, prisionero en un manicomio (como Renfield en *Drácula*); por una víctima de la Inquisición y por su propia mujer. Finalmente muere en su castillo arrebatado por los diablos.

Es justamente en tanto símbolo del terror (emanado en parte de una fuerza sobrenatural que necesita para sustentarse de la secuencia de víctimas), que caben las aproximaciones entre *Morirás lejos* y el relato de Maturin. Ambos participan de una estructura fragmentada, y predominan en ellos las escenas gráficas y visuales, pese a lo inverosímil del ambiente en *Melmoth el hombre errante*.

No obstante eme rebasa las dimensiones del terror que proviene de este tipo de escritura (de ahí la acumulación de referencias que todas juntas caben como alternativas significativas de eme, y a las

---

[25] También se relaciona con la cinematografía de este tipo, como se verá en *Textos cinematográficos*. Además, por lo menos *Drácula* y otros textos sucedáneos suyos han sido filmados en diversas versiones.

que implícitamente podrían sumarse otras). La razón subyacente reside en la magnitud histórica del actante y subsecuentemente en el hecho de que el crimen histórico rebasa los límites de toda ficción.

Drácula. Aunque en *Morirás lejos* no se cita ni se alude directamente al texto de Bram Stoker (Stoker 1897), es evidente (como lo ha apuntado Margo Glantz en una serie de artículos periodísticos) que *Drácula* incide en el texto de JEP de manera mucho más precisa que el texto de *Melmoth el hombre errante* comentado antes. La incidencia se da principalmente a dos niveles: en la configuración del actante y en la distribución interna del relato.

Como *Morirás lejos*, *Drácula* está escrito fragmentariamente: Se transcriben diarios (en taquigrafía, grabados en fonógrafos y en escritura normal); se reproducen noticias periodísticas, testimonios, telegramas, cartas, informes médicos.

Por su carácter visual y la trama misma, el relato de Stoker ha sido ampliamente filmado, en multitud de versiones, para cine y para televisión. No es arriesgado pensar que maneja recursos y sentimientos afines a un gran público, lo cual es significativo ideológicamente.

Pienso que tanto Drácula como el demente Renfield, quien finalmente se le resiste, dinamizan una serie de funciones y características afines a las de eme.

Drácula se erige como un ente mitológico; una fuerza maligna sobrenatural que, sin embargo, comparte una naturaleza humana y necesita destruir para revitalizarse. Al mismo tiempo —como ocurre con el nazismo— mediante un proceso de mutación crea herederos suyos que garantizan su subsistencia.

Como el poder absoluto, Drácula se identifica con todos (p. 50). Y como el nazismo, se define por su naturaleza bélica y su mentalidad expansionista cuya genealogía remonta a los dioses germanos de la guerra (Thor y Wodin), en cruce con brujas y diablos (p. 50). De la tribu que recibió "la espada ensangrentada" nació el "Voivode" (Drácula), que "cruzó el Danubio y batió a los turcos en su propia tierra" (p. 51).

Drácula fue, paralelo a eme, "soldado, estadista y alquimista". Se valía de la nigromancia, y en tanto alquimista llegó a poseer conocimientos de los más desarrollados para su época. Verosímilmente había adquirido las posibilidades ilimitadas de mutación y el dominio sobre muchas especies de animales. Recuerda también a Hitler pues suele acompañarlo un perro. Estaba llamado a ser el "padre o el continuador de seres de un nuevo orden, cuyos caminos conducen a través de la muerte, no de la vida" (p. 420).

El paralelismo con eme llega incluso a ciertos detalles simbólicamente significativos: p. ej., ambos mueren en otoño (octubre), antes de la caída de la noche (Stoker 1897, 429).

Renfield, en cambio, plantea una problemática ética: la pretendida justificación filosófica, científica e incluso bíblica de sus experimentos con seres vivos a los fines de "prolongar la vida indefinidamente" (p. 234). Es evidente la analogía con la ideología nazi en este sentido. Tanto más cuanto se afirma en el texto su "desprecio por todas las formas inferiores de vida..." (p. 277).

En el relato de *Drácula* es clara la censura a esta ideología ya que Renfield está recluido como demente por sus ideas (aunque finalmente recobre la lucidez al enfrentarse a Drácula como el mal superior, cosa que no ocurre con eme frente a Hitler). De Renfield, como de eme, conocemos el expediente clínico (pp. 92-93). No obstante, en *Morirás lejos* el texto psicoanalítico es sólo explicativo y no justificativo de la conducta del actante.

El juicio ético definitivo en el texto de Stoker parte de otro actante: precisamente de Mina, una de las víctimas de Drácula. En *Morirás lejos* la escritura propone al lector una serie de alternativas que sólo se resuelven en el microrrelato de la ficción (desenlaces), ya que el texto es claro en el sentido de que la proyección del nazismo (y del poder absoluto) persiste en el presente histórico.

La posibilidad de sentir lástima ante Drácula (o ante eme) se suscita en ambos textos, pero queda censurada explícitamente.

> [Mina] Supongo que es preciso tener lástima de alguien que es tan perseguido como el conde. Solamente que... esa cosa no es humana... No es ni siquiera una bestia. Leer el relato del doctor Seward... y todo lo que siguió, es suficiente para ahogar todos los sentimientos de conmiseración (Stoker 1897, 317).

> [N1] Durante veinte años eme ha purgado la pena de prisión que voluntaria o resignadamente o por cobardía se impuso...
> —Vamos al diablo: no lo compadezca.
> (Pacheco 1977, 106)

Tal parece que esta escritura de la novela negra del siglo XIX es premonitoria en múltiples aspectos del fenómeno complejo del nazismo, lo cual apunta a sus bases históricosociales. Ni histórica, ni literariamente cabe hablar de hechos aislados. Se trata de un proceso multifacético, renovado, que tiene aún proyecciones en el presente, y que encuentra su razón de ser en el pasado.

f) *Textos dramáticos y cinematográficos*. El análisis sincrónico reveló que en el microrrelato de la ficción se instaura un tiempo y espacio escénicos que permiten hacer presente el sentido del proceso histórico determinado por el poder absoluto, mediante el juego dialéctico entre dos entidades (más bien simbólicas que caracterológicas: eme y Alguien). Los principios de duplicación y de retrospección y el entreveramiento del microrrelato de la historia con el de la ficción, característicos más bien del código cinematográfico, establecen la dinámica necesaria, sin menoscabo de la fijación escénica.

El carácter dramático del texto se refuerza en los incisos significativos de diálogo (narrador-lector; actante-fiscal), y sobre todo en el juego de teatro dentro de teatro en que se revela la estructura dominante y la problemática planteada por el texto (cf. sobre estos aspectos el *Espacio dramático* en *Tiempo-espacio*).

Paralelo al hecho de que *Morirás lejos* hace coincidir complementariamente en su configuración el texto dramático y el cinematográfico, también moviliza otros textos que participan de cualidades análogas y que se producen en ambas modalidades (*Los secuestrados de Altona*, por ejemplo). Sin embargo, a los fines de cierta claridad en el análisis distinguiré unos de otros en la medida de lo posible.

Textos dramáticos: Seis personajes en busca de autor (1921). En la historia del teatro Pirandello invierte el escenario del realismo moderno y de este modo lo libera y prepara para la imaginación poética de otros dramaturgos posteriores. No se trata cronológicamente del primero en intentar estos cambios —de hecho es un poco volver a elementos griegos— pero simbólicamente él prepara el camino para hacerlo dentro del teatro moderno. Ésta es quizás la transformación más notable de sus *Seis personajes en busca de autor*, y no tanto la historia (romántica e incluso melodramática a veces) de los actantes.

Se establece una situación explícitamente admitida como ficción, pero lo suficientemente firme y clara como para permitir el libre juego de las escenas (cómicas, filosóficas, violentas), sin que caiga en la confusión el espectador (lector).[26]

En cierto modo éste es el principio que rige el texto de JEP, en lo que se refiere específicamente al microrrelato de la ficción. Sólo que en *Morirás lejos* la transmutación opera de manera significativa también sobre los actantes, que se liberan de su "forma" tradicional (se duplican, se oponen, se confunden e invierten sus funciones).

La oposición *Alguien/nadie* en la obra pirandelliana remite a la de *personajes/hombres*. El personaje tiene una "realidad" fija, inmu-

[26] Sobre éste y otros aspectos del teatro de Pirandello, cf. Fergusson 1949, 198-206.

table; en tanto que el hombre es cambiante, mutable y "puede no ser 'nadie'" (Pirandello 1921, 130). Sobre este punto difiere el texto de Pacheco, ya que Alguien sería el hombre, y "nadie" sería eme: el poder absoluto (todos y ninguno).

Central es también en ambos textos el juego dialéctico entre ficción y realidad. Pero en *Seis personajes en busca de autor* se afirma la "realidad" de la ficción, y en cambio la realidad (la historia) se cuestiona y descubre como ilusión (p. 131). En el caso de *Morirás lejos,* si bien se interrelacionan ambas instancias y se borran sus límites, se afirma finalmente el predominio de la historia, en función de la cual se produce la ficción.

Quizás la intertextualidad con el texto de Pirandello es más evidente en el principio de escritura que ya sabemos característico de la producción de Pacheco, y básico en *Morirás lejos:* el teatro dentro del teatro. El ejemplo más claro es la obrita en un acto, *Salónica,* que pone en abismo el texto y en buena medida lo duplica; y que al mismo tiempo es representada una y otra vez. No se trata sin embargo de un juego de formas. El principio, especular, amplía efectivamente las perspectivas espacio-temporales del texto (cf. *Tiempo-espacio*) y de su problemática. Vincula a Salónica (tierra griega y de judíos sefardíes) a España y a América; sitúa con esta proyección las bases estructurales socioeconómicas del poder dominador: la expansión colonialista y la lucha de clases como explicativa de la expulsión de los judíos.

La mulata de Córdoba. La antigua leyenda mexicana fue transformada por Xavier Villaurrutia en una ópera en un acto y tres cuadros, en colaboración con Agustín Lazo y con música de J. Pablo Moncayo. Se estrenó en 1939 (comienzo de la segunda guerra mundial). Se reescribió en una nueva versión para un "Escenario cinematográfico" en 1945 (terminación de la guerra), y se publicó finalmente en 1948 (Villaurrutia 1953, 191-226; 227-249).

Todos son detalles pertinentes en el juego intertextual de *Morirás lejos*. Se trata de un núcleo generador (la leyenda) que sufre una serie de permutaciones y que dinamizan una pluralidad de escrituras. El guión para ópera sitúa la acción en la "víspera de la Guerra de Independencia" (p. 227), y la versión para cine en el año de 1910, comienzo de la Revolución. Es pues un tipo de literatura que enmascara el mensaje de época sin encubrirlo del todo. La escritura se mueve en un doble plano comunicativo, descifrable para los espectadores cómplices de la problemática contextual (una función similar tuvo el cine terrorífico en la Alemania pre-nazi y películas como *M, el vampiro de Düsseldorf,* que comentaré posteriormente).

En ambas versiones de Villaurrutia hay un intento fallido de conjurar la fuerza demoníaca que representa la Mulata de Córdoba (Sara, Soledad), quien finalmente domina, en la medida en que escapa al cerco y al exorcismo inquisitorial. No obstante, de las dos versiones la que incide directamente en *Morirás lejos* es el guión para ópera. A él se alude textualmente de manera tal que se analogan ambos textos y al mismo tiempo se escinden ideológicamente:

> Parecería que con jaulas o rejas muy estilizadas eme intenta dibujar el navío legendario en que la Mulata de Córdoba huyó de la Inquisición. Pero la magia terminó en 1945. Ningún exorcismo podrá librar a eme de lo que ocurre (pp. 82-83).[27]

Es decir, el juicio de la historia frente al poder dominador parece impostergable en 1966 ó 1967.

Otros indicios textuales establecen nexos específicos entre la escritura de Pacheco y la de Villaurrutia: El marco espacio-temporal ("Plaza pública. A la derecha la casa de la Mulata, con un portal practicable en el que hay un brasero. Es la hora del crepúsculo vespertino", p. 227). El cerco de hombres y mujeres que desde la plaza cuestionan el encierro del actante. La capacidad de transformación de la Mulata, que incluso aparece y desaparece rodeando su identidad con un hálito de misterio: "espejismo"; "sombra" (p. 253). Además, para los seducidos por el poder demoníaco "La calle es un laberinto" (p. 252), pero el poder (la Mulata) es sólo refejo de un poder mayor: imagen de una imagen. Esta imagen rectora se identifica tanto en el texto de Pacheco como en el de Villaurrutia con la imagen paterna (también en *Los secuestrados de Altona* de Sartre, cf. *infra*): eme-Hitler; Mulata-Satán; Satán: Hitler; eme: Mulata).

Los secuestrados de Altona. La obra de Sartre es uno de esos textos dramáticos determinantes en la intertextualidad de *Morirás lejos*, que se ha producido también como película, y en ambas modalidades incide sobre el texto de JEP:[28] La obra, de cinco actos, fue puesta en escena en septiembre de 1959 y publicada en 1960 (Sartre 1959,

---

[27] El texto de Villaurrutia concluye: "Ella parece obedecer, pero en lugar de escribir algo, dibuja una embarcación cuyo trazo se vuelve incandescencia. Mientras los Inquisidores y el Coro, sorprendidos, inefables, contemplan la obra de arte inesperada. Fray Anselmo se ha esfumado; la Mulata de Córdoba sube al bajel y, navegando, desaparece" (p. 249).

[28] La película se titula *The condemned of Altona*. El guión, basado en el texto de Sartre, fue escrito por Abby Mann. La dirigió Vittorio de Sica y participan en ella artistas de diversas nacionalidades: Sophia Loren, italiana, como Johanna; Maximilian Schell, alemán, como Franz; Frederick March, norteamericano, como el padre (Crowther 1970, 3421).

72). La producción cinematográfica se estrenó el 31 de octubre de 1963.

Precisamente por la importancia del texto sartreano en *Morirás lejos* es interesante percibir, no obstante la cercanía de ambos, su transformación en términos del ideologema del nuevo texto.

Existen paralelismos y tangencias a varios niveles entre *Los secuestrados de Altona* y el texto de JEP:

(1) Los escenarios son similares en sus dos elementos básicos: el cuarto del actante en un rellano al que conduce una escalera interior y los ventanales que dan a un parque arbolado (parque al que llega un rabino escapado de los campos de concentración en *Los condenados de Altona*, y en que está Alguien en *Morirás lejos*).

(2) La espera y el asedio es el móvil que dinamiza los relatos: Espera del juicio y de la sentencia del presente histórico (espera y asedio que asume el padre de Franz, en el texto sartreano, Sartre 1959, 193).

En *Los secuestrados de Altona* el suicidio al que se condenan padre e hijo es voluntario y puede considerarse como una solución individual (a pesar de la identificación de Franz como "testigo" del mundo, que posteriormente da paso a su imagen de torturador). No obstante, en *Morirás lejos* la condena es más general; la muerte del actante es un acto de justicia histórica mediante la escritura, y explícitamente eme es símbolo plural del nazismo.

Pero las semejanzas y diferencias más significativas se dan a nivel actancial, tanto en los rasgos caracterológicos como en aspectos más externos, conductuales, que derivan de los primeros:[29]

(1) En el texto sartreano se establece una relación padre-hijo en que el segundo (criatura) es reflejo del primero (creador) a tal punto que se crea la ambigüedad de quién ha creado a quién (p. 131). La problemática constituye uno de los ejes del enigma establecido en *Morirás lejos* entre Alguien, eme y el narrador.

(2) En ambos relatos la "*imago* paterna", como dice el texto de Pacheco, se confunde con la de Hitler ("o la *imago* de un jefe muy poderoso, temido y admirado", p. 99), lo cual explica una dependencia y proyección, del tipo señalado antes, con el representante del poder absoluto y del sistema. De ahí que se marque textualmente la identificación. En el caso de *Los secuestrados de Altona* explícitamente se alude a una relación de pareja, implícita en *Morirás lejos* por las referencias a la alquimia (unión de la pareja para la transmutación):

---

[29] Son coincidentes incluso las fechas del autoencierro de eme y Franz: "1946 o 1947".

Franz.— ...Lo odiaba... Pero aquel día me sentí poseído por él. Dos jefes deben matarse el uno al otro, o que uno se vuelva la mujer del otro. Yo fui la mujer de Hitler... Tengo el poder Supremo. Hitler me hizo otro, implacable y sagrado: me hizo él mismo. Yo soy Hitler y me superaré... (p. 192).

(3) La ambición ilimitada de poder hasta llegar a la tortura y al crimen pretende explicarse (en su dimensión psicoanalítica) por una experiencia traumatizante de vergüenza e impotencia. En *Los secuestrados de Altona* los nazis degüellan ante Franz a un rabino polaco exconcentracionario que Franz había escondido en su cuarto al verlo sentado en la banca del parque. El mediador (denunciador) es su propio padre. Recordando los hechos, dice Franz: "Nunca volveré a caer en abyecta impotencia... Todavía el horror permanece encadenado... Si alguien lo desencadena ese alguien he de ser yo. Reivindicaré el mal, pondré en evidencia mi poder por un acto singular e inolvidable..." (p. 192). En *Morirás lejos* la experiencia de esta índole se marca respecto a Hitler ("cabo impotente") quien debe presenciar de niño la relación de su madre con su amante —tendero judío y posible padre del niño. Es decir que a nivel actancial ocurre en ambos textos una transmutación de *testigo* a *torturador* que subyace en la raíz de todo el proceso aniquilador.

(4) La inversión *perseguidor* (asediador)/*perseguido* (asediado) se efectúa tanto en eme (*Morirás lejos*) como en Franz *(Los secuestrados de Altona)*, puesta en acto sobre todo por la suspensión del juicio definitivo (los años de encierro). En los dos textos, por ejemplo, se relaciona el encierro con la evasión de los juicios de Nuremberg.

(5) *Los secuestrados de Altona* plantea, como *Morirás lejos* (y notablemente Borges), la oposición entre *nadie* y *alguien*. No obstante existen modalidades diferenciadoras básicas en el modo como se manifiestan los tres tipos de escritura.

Franz *(Los secuestrados de Altona)* se debate entre dos alternativas. El riesgo de ser *nadie* por no ser juzgado (hombre sin sanción) o por no haber cumplido a cabalidad con su función histórica (hombre que no hace nada). Para afirmarse se identifica en su locura enmascaradora como *testigo de su tiempo* (el Hombre); pero finalmente deberá enfrentarse a la identidad que lo define como *torturador*.

Para Borges, como vimos antes, Dios o el creador, en tanto es todos, paradójicamente es *nadie* o ninguno. De ahí su necesidad de ser *alguien* (uno; el hombre; la criatura).

En *Morirás lejos* JEP parte de esta problemática pero la incorpora al ideologema que rige su escritura. *Nadie* (es decir eme) equivale al poder absoluto condenado a desaparecer: sin nombre, sin marcas gráficas significativas; sólo definido por todas las posibles alternativas del mal y de la muerte. Alguien, en cambio, con mayúsculas, representa al dominado que resiste y permanece por su capacidad solidaria.

(6) El patrón de conducta de Franz presenta también ciertas analogías más bien externas con el de eme. Enajenados, ambos suelen ponerse su uniforme nazi; tienen el cuarto en desorden y con marcas evidentes de deterioro; guardan una pistola en un cajón del escritorio; Franz tiene una foto del Führer, eme de *La torre de Babel* de Bruegel. Pero sobre todo Franz traza obsesivamente dibujos de cangrejos en la pared, como eme hace incisiones obsesivas de rejas y jaulas estilizadas. Cada quien remite a zonas figurativas dominantes en su estructura psíquica. En eme pueden ser evocaciones de los encierros masivos de sus víctimas o una suerte de conjuro mágico para cercar a Alguien. En Franz claramente se trata de la imagen representativa de la culpa, disminuidora del hombre (hombres cangrejos-dominados); pero también él disminuido, culpable: un cangrejo más.

(7) El sentido de la culpa en *Los secuestrados de Altona* se elabora más como culpa individual que como crimen colectivo. De hecho se alude a las razones estructurales amplias que explican el nazismo y los móviles económicos de Alemania en la segunda guerra mundial e incluso se proyecta el fenómeno a otros países y naciones (p. ej. la referencia a Hiroshima), pero estas alusiones se manejan a través del padre como una medida pretendidamente justificativa de la culpa individual del hijo(y de sí mismo). Si acaso lo que se percibe es una justificación de la derrota política del nazismo en beneficio de su poderío económico. Es importante también señalar que no hay una condena explícita de los otros hacia el actante. El "juicio" queda dentro de los límites de la familia y el suicidio final es un autocastigo.

En cambio en *Morirás lejos* eme importa más como símbolo del poder absoluto (específicamente del nazismo), ya que aun los detalles más marcadamente individuales remiten a la génesis ideológica o estructural del sistema. Los múltiples desenlaces, al condenar a eme, sugieren la condena total del poder dominador que éste representa.

Las analogías y diferencias podrían extenderse a otros detalles textuales, muchos de los cuales recuerdan también otros textos de JEP. Valga como ejemplo la idea de un vidrio que lo envuelve todo sobre el cual se graba la historia, y que define la vida como una suerte de cinematógrafo. Una idea similar (vida, "cinito impune") es frecuente en poemas y relatos de Pacheco, como se verá al hacer el recorrido de su intratextualidad. El espectáculo, según el actante Franz, reunirá ante los cangrejos (hombres) a "Roma que arde y a Nerón que baila" y a Hitler (es decir, a los tiranos del pasado y del presente, Sartre 1959, p. 120).

Otra idea frecuente en la producción de Pacheco es la disminución del hombre (dominado, asediado) frente al poder opresor. La asociación se establece en ambos textos con animales menores (cangrejos, gusanos). Así en *Los secuestrados de Altona* Franz (como eme vivisecciona y quema los "gusanos torturables") postula la ideología nazi al afirmar: "Reivindicaré el mal, pondré en evidencia mi poder por un acto singular... Cambiar el hombre vivo en gusano... El poder es un abismo al que yo le veo el fondo..." (p. 192).

No obstante las tangencias, ideológicamente los textos se bifurcan respecto al actante que parece ser similar en ambos: Franz en *Los condenados de Altona*; eme en *Morirás lejos*. Si bien el primero se debate en el laberinto de su culpa (lo cual explica su enajenación y su encierro), el segundo no muestra señales de arrepentimiento y persiste fiel y expectante en la espera de la llegada del Cuarto Reich.

La resistible ascensión de Arturo Ui (1941). En la versión cinematográfica de *Los secuestrados de Altona* el reconocimiento del actante como torturador se produce en parte con su entrada a una representación del drama brechtiano *La resistible ascensión de Arturo Ui*. Esto equivale en *Morirás lejos* a los segmentos en que el narrador introduce la génesis y caída del nazismo mediante la historia y muerte de Hitler (recorrido que va del anonimato a la representación del super-hombre, y de éste a los niveles ínfimos de la materia: "Cenizas y lo que es peor: una mancha de grasa", p. 127).

Brecht se propuso explicar en esta obra la ascensión de Hitler al poder. Sitúa la acción en un medio de gangsters en Chicago, con lo cual se vinculan los Estados Unidos y el nazismo, y se ironiza el gran mito haciéndolo más accesible a la comprensión (y en consecuencia, vulnerable). De modo e intención análogos en *Morirás lejos* se elaboran secuencias características de este tipo de películas (vgr. el *Desenlace*, pp. 149-150).

En *Arturo Ui* y en *Morirás lejos* se interrelacionan historia y ficción, de tal manera que la ficción muestra la historia y la historia se identifica con la ficción: "Todo se ajusta al texto de la verdad histórica... ¡triste drama de gangsters que ha vivido la gente!" (p. 119). Dos historias corren paralelas y se complementan y entrecruzan: la ascensión de Ui al poder y el proceso histórico correspondiente al ascenso de Hitler. Si en *Morirás lejos* este procedimiento se establece por medio del juego de dos microrrelatos (el de la historia y el de la ficción), en el drama brechtiano pasan cartelones entre las escenas con los hechos históricos correspondientes.

El epílogo de *Arturo Ui* explicita la proyección del nazismo en el presente, hecho evidente también en el relato de Pacheco:

> Los pueblos consiguieron vencer; pero nadie
> debe cantar victoria antes de tiempo...
> ¡aún es fecundo el vientre del que salió lo
> inmundo! (Brecht 1941, 234).

Textos cinematográficos: La presencia del texto cinematográfico parece ser constante en la producción de JEP. Contribuye a destacar la función de la mirada en la visión de mundo que se manifiesta en el texto con toda su significación ideológica.[30]

En *Morirás lejos* el lenguaje cinematográfico constituye todo un eje determinante de la escritura (técnica paralelística del montaje; principio de duplicación interior...). Cabe referirse como ejemplo a la escena paralela a la inicial del relato: la de eme contemplando "desde arriba, tras la hermética ventana" las cámaras de gas, y filmando "algunas escenas en dieciséis milímetros". A la consignación del hecho le sigue una descripción que por su distribución y ritmo bien puede corresponder a la secuencia de las tomas de la cámara cinematográfica. Se da incluso la yuxtaposición entre secuencias, lo cual dinamiza de manera especial el segmento (pp. 91-94):[31]

> Luego da la orden. Se apaga la luz en el interior de la cámara. Los cristales de ácido prúsico descienden por las columnas. El *Zyklon B* emana por las hendiduras del piso y las paredes.
> ...
> Las mujeres quedaron frente a la pared de mosaicos
> las envuelve una penumbra grisácea
> claman piedad para sus hijos y tratan de cubrirlos
> pero el *Zyklon B* ha entrado en los pulmones e impregna cada milímetro de piel
> los más fuertes tratan de escalar a los otros intentan
> abrir la puerta para siempre cerrada
> abajo yacen las mujeres los niños los viejos
> todos se golpean se arañan se magullan
> lacerados por una invencible opresión en la garganta
> ... (pp. 91-92).

---

[30] Sobre la importancia del espacio cinematográfico, cf. *Tiempo-espacio*.

[31] Esta interpretación —apoyada hasta en la distribución gráfica— no invalida el carácter poético del pasaje, ya mencionado en los análisis anteriores.

Hay también una clara confluencia de textos cinematográficos específicos que se integran mediante el sistema estructurador del nuevo texto. Muchos de ellos, como indiqué antes, son originalmente textos literarios a partir de los cuales se ha elaborado su versión cinematográfica. Otros son originalmente textos cinematográficos. De los primeros ya he discutido algunos (*Drácula; Los secuestrados de Altona*) en su sección correspondiente, como textos literarios. De los segundos destacaré el cine clásico de terror (preeminentemente germano) característico de los años de la crisis después de la primera guerra mundial y previos a la ascensión del nazismo. Sobre el género comenta el crítico de cine Pere Gimferrer:

> quizá ninguna forma de expresión artística haya liberado, en nuestro tiempo, de modo más inequívoco, los más secretos arquetipos del inconsciente, y revelado, en alegoría o metáfora, el verdadero espíritu de una época. Quienes deseen documentarse de la sombría Alemania de la posguerra, en la que los fantasmas del militarismo prusiano y la inflación incubaban el nazismo, deberá acudir a films como *El gabinete del doctor Caligari*... 1919, de Robert Wiene, o *El doctor Mabuse*... 1922, o *M, el vampiro de Düsseldorf*... 1931, ambos de Fritz Lang (Gimferrer 1973, 2).

Las tres películas pertenecen a la modalidad del cine de terror psicopatológico, determinado por la "irrupción de lo monstruoso en la vida cotidiana". Destaco *M, el vampiro de Düsseldorf* porque constituye el modelo del género y se cita textualmente en *Morirás lejos* (p. 132).

M, el vampiro de Düsseldorf (1931 —el texto de JEP dice 1932). El título ya liga este texto con *Morirás lejos*. Obviamente por la designación del actante con la letra eme, marca que lo identifica como el asesino de niños e invierte su situación dramática (de perseguidor a perseguido; de asesino a víctima). Pero también la marca geográfica del título se relaciona con el texto de *Morirás lejos* (en Düsseldorf estuvo eme y de allí conserva la lámina de *La torre de Babel* que lo obsesiona, p. 119), y con el de Sartre *(Los secuestrados de Altona)*, ya que en éste se alude reiteradas veces a los huérfanos de Düsseldorf, representativos de los efectos del horror nazi.

Así como el sistema de la escritura de *Morirás lejos* se representa en una obra de teatro, del guión de *M, el vampiro de Düsseldorf* afirma Miguel Porter (Lang 1931, 9, 15) que está construido a la manera de una obra teatral clásica, la *Ópera de los tres centavos* de Brecht.

El proceso textual revela una disminución gradual del asesino que desemboca en la escena breve, pero intensa, del juicio; quizá la más importante del guión y seguramente del juego intertextual entre ambas obras. El juicio enfrenta a los perseguidores (malhechores) y al perseguido (asesino). Se borran los límites de culpabilidad y se revela el problema ético de la culpa colectiva: ¿quién es el perseguidor? ¿quién el perseguido? ¿Quién es quién y quién debe juzgar a quién?

La problemática subyace implícitamente en *Morirás lejos*. Pero en *M, el vampiro de Düsseldorf* el alegato del actante cobra una dimensión justificativa que lo absuelve individualmente o cuando menos lo incluye como parte de la culpa colectiva. Por eso, a diferencia de eme, se debate en la angustia producida por sus propios actos ineludibles: "¿... acaso puedo hacer otra cosa que lo que hago? ¿Acaso no llevo esta maldición en mí mismo? ¿El fuego? ¿las voces?? ¿¿la tortura?? (*Ibid.*, 179). En *Morirás lejos* —lo he comentado antes— eme es símbolo del poder opresor en todas sus múltiples modalidades (eme es los otros), y la magnitud del crimen rebasa las posibilidades justificatorias de su naturaleza psicopatológica, que más bien se hace extensiva a todo el sistema.

A la hora del cerco el escenario recuerda también el de *Morirás lejos*. La perspectiva visual de los hechos es desde arriba (desde arriba se ve el acecho de la policía que llega en coches, p. 59; desde arriba del cuarto del asesino se ve un patio interior con una bomba de agua y unos niños que escuchan la música de un organillero, p. 94).

Otros textos de terror. He señalado que el cine expresionista de terror crea obras como *El gabinete del doctor Caligari* (1919) y *El doctor Mabuse* (1922). Éstas expresan una reacción frente al autoritarismo subyacente a la primera guerra mundial y al nazismo futuro. *El doctor Mabuse* de Fritz Lang es su primer película sonora, y muestra el "secreto infierno" de la burguesía alemana de su época. Encerrado (como eme, como Caligari) en un manicomio, el doctor Mabuse traza planes para dominar el mundo mediante una organización a la que transmite sus órdenes asesinas por hipnosis.

Como dato curioso la producción se hizo siguiendo una estética "próxima a la de la pantomima o al teatro de marionetas" de gran eficacia para crear "el ambiente de cerrada claustrofobia de las obsesiones, delirios y sueños... los actores, convertidos en verdaderas máscaras o fantoches de transformistas, contribuían a crear un clima de lúgubre pesadilla" (Gimferrer 1973, 87). El hecho me recuerda los segmentos previos a los desenlaces en *Morirás lejos* en que se presenta a eme como actor de pantomima y se describen así sus acciones y su escenario (cf. *Pantomima*, pp. 143-144).

Tanto Caligari como el doctor Mabuse, M, el vampiro de Düsseldorf y eme en *Morirás lejos* son personajes duales en los que confluyen una apariencia inofensiva y una capacidad monstruosa de destrucción. Manuel Rotallar (Rotallar 1973, 86) señala que "el doble, como símbolo torturador, aparece con frecuencia en la literatura alemana y, por extensión, en su cine que es un espejo deformante de la realidad social germana".

El doctor Mabuse especialmente constituye una búsqueda constante de identidad a partir de un desdoblamiento continuo del actante (tal como opera el principio de duplicación en *Morirás lejos*). Esta entidad múltiple le permite operar en "la sociedad berlinesa de la depresión". De modo similar (aunque el principio se manifieste como un juego intelectual de alternativas) las representaciones de eme y Alguien en el relato de Pacheco nos enfrentan a las variantes terroríficas del nazismo, el primero; y a posibles funciones del sector medio (dominado), el segundo.

g) *El periódico y otros textos de divulgación*. El efecto de duplicación en Alguien introduce en la escritura diversos planos de la cotidianidad referidos a roles y actitudes de los sectores medios citadinos, determinados por razones estructurales que se sugieren o plantean en el texto.

La imagen generadora de estos planos es la de Alguien leyendo el periódico en la sección de anuncios clasificados. El periódico, en su calidad de diario, funciona en *Morirás lejos* como un microcosmos de la cotidianidad nacional y "universal" claramente mediatizado por la ideología dominante referida principalmente a las capas medias.

La frecuencia de aparición del texto periodístico en la producción de JEP es alta. Evidentemente es un texto que pondera por su función representativa, denotadora de los valores vigentes en el contexto social (la "intrahistoria").

En *Morirás lejos se* trata específicamente de *El Universal* ("El gran diario de México"), publicación periódica de la Ciudad de México. Se fija la atención en la página de *El aviso oportuno* ("ofertas, solicitudes, comunicaciones..."), leída por un lector de cincuenta años o más, marginado de las "oportunidades" por razones estructurales del sistema (p. 13). El corte pone en primer plano una problemática socioeconómica que al narrador le interesa consignar como representativa de la crisis prevaleciente.

El aviso aportuno, entre otras cosas, es una suerte de inventario de las posibles "salidas" que ofrece el sistema. Se suma pues a las alternativas de identificación de Alguien para designar las funciones que desempeñan los sectores medios urbanos y su situación en la estructura social.

Ya caracterizados por la serie de alternativas en los primeros segmentos, actante y periódico funcionan como una entidad simbólica a lo largo del proceso de la escritura. Por otra parte, la selección que hace el narrador del texto periodístico adquiere una función transgresora en la medida en que contradice la imagen de progreso y desarrollo divulgada por la ideología dominante (pp. 13-14).

Relacionadas con estos "anuncios oportunos", y como caracterizadoras de actitudes y valoraciones de las capas medias, se mencionan las *telecomedias* y *fotonovelas* (pp. 23-24), generadoras en buena medida del código ético operante en las relaciones de la pareja y de la estructura familiar.

La hora veinticinco [1957]. En "El principio del placer", relato posterior a la primera edición de *Morirás lejos*, el actante adolescente lee *La hora veinticinco* casi al finalizar el relato. Al analizar ese texto de Pacheco señalé la importancia del relato de C. Virgil Gheorghiu en la intertextualidad de *Morirás lejos* y su divulgación en los años de la posguerra.

El texto presenta los efectos de la segunda guerra mundial en los hombres de Occidente y sobre Rusia. El proceso deshumanizador se registra con una escritura testimonial, claramente ideologizada, que postula una actitud humanista y censura toda manifestación del poder absoluto ejercido sobre el hombre. Como escritura de ficción el relato se elabora dentro de los cánones estéticos del siglo XIX, lo cual es sobre todo evidente en el tratamiento de los actantes: un poco idealizados; un tanto mitificados como prototipos de la función que les toca representar.

En ambos aspectos (el ideológico y el de ficción) se crea un distanciamiento insalvable respecto al texto de Pacheco. Sin embargo es interesante apuntar elementos tangenciales por lo que éstos pueden significar como problemática común en un período determinado:

(1) La interrelación entre historia y ficción, subyacente tanto a la producción de *La hora veinticinco* como a la de *Morirás lejos*.

(2) La crítica a la sociedad tecnológica occidental, sobre todo al nazismo, pero sin limitarse a él. El texto de JEP, en cambio, aunque también critica la tecnología, enfoca el problema cuestionando sobre todo los principios estructurales del capitalismo.

(3) La visión disminuida y desvalorizada del hombre dentro del sistema (el "sub-hombre" reducido a una letra o a una cifra). En *Morirás lejos* el problema se especifica en términos de la oposición *dominador/dominado; poder absoluto/pueblo sumiso.*

(4) El problema de identidad y la idea complementaria de *yo soy otros* que pierde, unida a la primera, sus proyecciones positivas y sólo mantiene un denominador común: judío, alemán o rumano Moritz (el hombre) siempre es despreciado, disminuido. En *Morirás lejos* la pluralidad de identidades conforma claramente dos entidades de carácter simbólico: Alguien y eme (pueblo y poder absoluto).

(5) En cuanto al concepto de producción de la obra literaria destaca la idea del novelista historiador, limitado por el sistema al papel de observador y de testigo. Lo primero está en la base misma de *Morirás lejos*. La idea de ser *observador* y *testigo* rebasa, en la producción de Pacheco, los límites del narrador y casi se manifiesta como constitutiva de la visión de mundo dominante.

(6) Los actantes en *La hora veinticinco* son tipológicamente representativos de la colectividad: el sacerdote, el escritor, la mujer judía, el campesino, etc., y siguen una trayectoria y evolución convencionales. En cambio los de *Morirás lejos* son instancias significativas, plurales, con un mínimo de evolución. La duplicación es a base de narraciones retrospectivas que explican el presente.

(7) Ambos textos destacan la resistencia de la raza judía por su "adiestramiento hereditario de millares de años de esclavitud y humillaciones" (Gheorghiu 1957, 375).

Podrían añadirse otros detalles, pero los señalados bastan para ver el interés de este texto para *Morirás lejos*. La diferencia fundamental, de carácter ideológico, es el hecho de que el texto de JEP centra su visión crítica en el poder absoluto manifiesto dentro del sistema capitalista, y lo proyecta al presente (Vietnam, problemas estructurales de México, etc.). No sólo no incluye a Rusia dentro de esta problemática, sino que señala la importancia de los grupos de izquierda en la resistencia judía de los campos de concentración. Pero no menos importante es la transformación de la escritura. *Morirás lejos* transgrede los límites del género y de la escritura convencional: los cuestiona y somete a juicio. *La hora veinticinco* se mantiene dentro de modalidades escriturales no pocas veces estereotipadas.

h) *Texto pictórico*. Dentro del carácter visual de *Morirás lejos* destacan los detalles de luz (primordialmente determinados por la luz solar que antecede al crepúsculo —tiempo del relato). El ambiente y los objetos cobran una pátina cobriza, ocre. De hecho se destaca el color con clara función significativa (el crepúsculo; el desenlace de la espera: la inminencia):

> *Obsérvese* en los ojos *azules* la anormal dilatación de la pupila: eme es miope; a esta distancia sólo ve en el hombre un punto *ocre* perdido en la *mancha verdeamarillenta* del parque. Lentamente ha ganado la *oscuridad* y eme contempla una *semipenumbra* cuando

lo cierto es que el sol insiste en permanecer (y ya es muy tarde), (pp. 140-141).

Aparte de este manejo del color y de la luz interviene eficazmente en el relato un texto pictórico concreto: la pintura de Pieter Bruegel el pintor flamenco, *La torre de Babel* (1563). En el cuarto de eme (espacio interior) está representado por una lámina "corriente desprendida de una revista y que empieza a amarillear" (p. 119); en el exterior, el de Alguien, está sugerida por la torre del pozo mediante un posible efecto de "ilusión de óptica" (¿de eme? cf. *Texto mítico, alquímico y mágico*).

No obstante lo que importa no es tanto su materialidad, sino lo que comunica y sugiere. Por efecto de la duplicación interior, la lámina (copia del original pictórico, que es a su vez representación del modelo arquitectónico) adquiere una pluralidad significativa a la que ya se aludió en el análisis espacial y al hablar del lenguaje simbólico.

Lo que sí cabe señalar dentro de este apartado es que la producción de Bruegel permite ir asociando en *Morirás lejos* la producción literaria con la pictórica en términos de su productor. Se analogan pues pintor y narrador. Ambos abren su texto a la interpretación del lector (todo el pasaje reproduce un diálogo entre narrador y lector) y se cuestiona el proceso de producción (p. 121, cf. también *Red actancial*). Al mismo tiempo se sugiere la intención polémica y crítica de la obra desde el punto de vista político: "no hay que olvidarse de otro aspecto: muchos cuadros de Bruegel son pintura política: testimonios, protestas contra la Inquisición en Flandes (modalidad textual análoga a la de la obra dramática en un acto que reproduce el sistema generador de *Morirás lejos*, p. 120). O bien se sugiere la conciencia artística que condena a la derrota y al fracaso la ambición desmedida, tal como ocurrió la destrucción del Reichstag en 1945 (símbolo del poder absoluto).

La asociación con Bruegel puede interpretarse además a niveles implícitos de la escritura ya que es el pintor de la vida cotidiana, cuidadoso en extremo de los detalles y de la claridad de la forma, para quien —como para ningún otro— los personajes bíblicos son las personas del presente en su propio país. Para entender sus complicadas alegorías hace falta un amplio conocimiento histórico y político. Del mismo modo hay que entender la vigencia que tienen en *Morirás lejos* la biblia y textos como el de Josefo; la cotidianidad como el marco dominante; la preocupación por la forma y la disposición textual, las ficciones alegóricas.

i) *Texto arquitectónico*. Entreverado por el pictórico entra en el texto un lenguaje referido a la arquitectura. En el caso de *La torre de Babel* se alude a la construcción original de los babilonios: "En la espiral de la torre babilónica, en el *ziggurat* que anacrónicamente descansa sobre arcos romanos" (p. 120), y a otras ruinas históricas representativas del Imperio: "las ruinas del Reichstag... el cadáver del Coliseo romano" como él, destinadas a desaparecer: "se hizo con el trabajo esclavo y se alzó para no perdurar" (*id.*).

Es claro que se trata de un lenguaje que al narrador le interesa ejercitar. Así, en la descripción inicial del espacio en Salónica, describe los edificios que rodean al parque para aludir a la historia de la ciudad y caracterizarla en el presente. Los edificios permiten identificar el espacio como el de una colonia de los sectores medios. Se destaca así el espacio vital reducido ("el barrio de un pueblo que la ciudad asimiló", p. 11; "el parque fue el jardín de su casa", p. 26; el edificio levantado hacia 1950 que agrupa a la tienda, la ferretería, el salón de belleza, la cocina automática; "azotea prensada entre los nuevos edificios", *id.*). También se dan ciertas notas referidas a la arquitectura que contrastan el pasado y el presente de la ciudad: "la vecindad de apartamentos simétricos... la quinta de ladrillos blancos edificada sesenta años atrás" (*loc. cit.*). O se describe con sus rasgos pertinentes la casa de eme fabricada en 1939 (pp. 11-12).

Algo parecido ocurre con la descripción del parque en tanto —independientemente del juego irreal de duplicaciones subjetivas— su disposición arquitectónica corresponde a la de los parques más representativos de la ciudad de México: los árboles simétricos; las bancas con vetas imitando la corteza de árbol, colocadas en los años cuarentas; la caseta de aguas; el pozo y la torre (la fuente).

3) *Texto mítico, alquímico y mágico*. Desde el punto de vista de la escritura en *Morirás lejos* no se instaura una visión mítica. El mito del origen se manifiesta relacionado con la visión de mundo que sustenta el nazismo. Esta conjugación de mito e historia produce una pseudo dinámica histórica enmascaradora del proceso sociohistórico subyacente.

El texto sugiere la integración en el origen de elementos mitológicos germanos y latinos (eme-Mercurio o Hermes-Wodin: el mito de Sísifo renovado en los campos de concentración, etc.) [32] Según esta concepción la relación condiciona las bases mismas de la cultura occidental

eme y Hitler aparecen en la escritura como ejes determinantes del

---

[32] Extratextualmente la analogía parte del historiador latino Tácito (cf. su *Germania*), lo cual muestra el condicionamiento de la ideología sobre la interpretación de la historia. En el texto de JEP se consigna este hecho (p. 132).

proceso histórico visto desde el punto de vista de la ideología nazi. Toda vez que en la configuración de ambos interviene significativamente, el mito, éste tácitamente justifica el proceso que va de la ascensión del nazismo a su expansión de tipo imperialista.

La interacción de historia y mito hace que al ocaso histórico del nazismo le corresponda el ocaso del mito ("crepúsculo de los dioses") y consecuentemente la entrada de la historia.

Es importante destacar aquí los segmentos del relato que narran la historia y muerte de Hitler. Cuando la narración asume el punto de vista del dictador se intensifican las referencias míticas:

> ser leyenda, leyenda del que regresará y entre tanto habita un risco de las mitologías nórdicas, una isla en el mar de los Sargazos, una montaña entre la niebla, un fiordo, una cañada en que se estrecha el Danubio, un sitio de honor al menos, al menos entre los servidores del Valhala (p. 126).

La escritura insiste en la tradición mítica como sostén del poder, precisamente en el momento en que culmina el proceso aniquilador del actante. La función desmitificadora actúa, tanto sobre la concepción mítica de la historia, como sobre el mito personal del dictador. La historia domina definitivamente al mito:

> eme vio el fuego consumir el Valhala. "El fuego y el hielo nos derrotaron", dijo el dios. Y eme vio al superhombre convertido, igual que todas sus víctimas, en ceniza. Ceniza y lo que es peor: una mancha de grasa. *Los elementos restituidos a la transformación* (pp. 126-127).

La dimensión mítica queda pues adscrita a un proceso negador de la historia. Y se dinamiza en el texto por la confluencia de los mitos culturales (del origen o modernos, como el mito nietzscheano del superhombre), la alquimia y la magia. Las dos últimas operan en función de los primeros (los refuerzan y buscan su renovación: el Cuarto Reich; el superhombre) y en contra de la historia en tanto proceso.

El espacio se transforma de un modo según la historia (proceso de crecimiento de la Ciudad de México); de otro según la visión mítico-mágica. Pero ambas dimensiones se entrecruzan: el punto (geográficamente localizable en la Ciudad de México)[33] cercado por las hile-

---

[33] La localización del parque es secundaria a los fines de la escritura, incluso porque sus elementos básicos son característicos de casi todos los parques de la Ciudad de México. Sin embargo no deja de ser interesante la pista que nos dio el propio Pacheco. El pre-texto para la escritura es el Jardín Morelos de la colonia Escandón en el Distrito Federal. Lo suficientemente pequeño para poder haber sido el jardín de una gran casa, como dice

ras de casas y el Ajusco, con el pozo y la torre; el árbol, su aridez y el olor a vinagre, se transmuta (por la mirada descifradora del lector, guiado por los indicios textuales) en un espacio sagrado o mágico.

Sólo que la alquimia y la magia esta vez operan invirtiendo el proceso. Como lo sugiere *La torre de Babel* asociada con eme, la empresa del poder absoluto está condenada al fracaso. Tal parecería que el afán de dominio (advenimiento del Cuarto Reich) se empeña en transmutar un espacio que no le pertenece (el de Alguien). Pero el pozo y la torre no responden al conjuro. Dentro de este contexto simbolizan la pareja (El pozo: lo femenino; "cuerda de plata" ligada al centro. La torre: lo masculino; el poder que emana de lo alto), que representa la unidad como eje rector de la vida.[34] El árbol cumple, mitológicamente, una función paralela a la de la torre. Se erige verticalmente como eje y centro de la vida.

La aridez ("aridez del parque") es la expresión del estado anímico. Signo de virilidad, de predominio del elemento fuego (cf. los ojos de salamandra de Alguien en el último desenlace, p. 158), es una "figuración de inmortalidad" (Cirlot 1969, 418).

El olor a vinagre, relacionado con eme por su asociación con el gas del exterminio concentracionario o como elemento alquímico, funciona en términos del actante y simboliza su fuerza y dominio sobre la materia. En este sentido equivaldría por su función al pneuma alquímico que hace posible las transformaciones. Pero desaparece, como desaparecen con eme el mito y la magia. La ironía de la escritura al cerrarse el texto enfrenta al actante a una escena ("última imagen y castigo") que representa la vida en su cotidianidad. Queda atrás el "atardecer irreal", último residuo de la noche cuaternaria. Se inicia el crepúsculo de Alguien que simbólicamente es su día (cf. p. nota de este trabajo).

El recurso a otros mitos. Se ha repetido varias veces y a lo largo

el texto en una de las alternativas de identificación de Alguien; rodeado de algunas casas antiguas y de construcciones modernas. En medio "el pozo en forma de torre", los chopos, la caseta de aguas (con fecha de 1945). La torre no se asemeja visualmente a la de Babel, pero sí es una empresa arquitectónica "frustrada", pretenciosa y anómala dentro del medio en que se erige. La zona en que se ubica es una colonia de los sectores medios. Significativamente el parque está delimitado por las calles de Progreso, Comercio y Agricultura (sin que haya podido precisar el nombre del otro costado pues carece de rótulo). Las demás calles de la colonia son: Patriotismo, Minería, Prosperidad, Unión, Agrarismo, Sindicalismo, Constitución, Libertad y Mutualismo, nombres todos que aluden a la estructura socioeconómica y a la ideología.

[34] Conviene recordar la referencia constante de Pacheco a la solidaridad como posible antagonista del poder absoluto (p. ej. en la alegoría de las hormigas habla de la "tribu solidaria" y más tarde de "esfuerzo solidario").

del análisis que, si bien *Morirás lejos* se centra en el problema judío, proyecta los efectos del nazismo a otros pueblos de Occidente. Así en el presente del relato lo que importa es trazar sus proyecciones al México contemporáneo —en particular a la problemática urbana de la Ciudad de México.

El texto analoga —para explicar su raíz en el propio poder absoluto— la función vengadora de Alguien y la del pueblo indígena. Función que deriva de la lucha del pueblo sacrificado (pueblo dominado) frente al sacrificador (poder absoluto). El acto final (cerco y muerte de eme) se produce como una reacción al "sacrificio metódico" (p. 113) de los exterminios masivos en los campos. Acto desesperanzado que la escritura justifica en uno y otro tiempo (el del pasado prehispánico y el del presente):

> ...quién puede exigir de Alguien aquella fuerza que minuciosamente le arrancaron para que de inmediato ocupase el lugar un deseo de venganza...
> y alguien vuelve a estar a la intemperie del mundo como en la noche cuaternaria; desnudo. ignorante de que un nuevo día espera tras las tinieblas; tan sólo *ávido de hundir el cuchillo de pedernal en el corazón del sacrificador* (p. 109).

4) *Texto psicoanalítico.* Todo el microrrelato de la ficción pone en juego la duplicación del sujeto (eme-Alguien-narrador) y la transmutación subjetiva del espacio y del tiempo (proyección del subconsciente). A partir de estos dos aspectos puede afirmarse que *Morirás lejos,* entre otras alternativas de lectura, propone la psicoanalítica.

La duplicación del sujeto se relaciona con un problema de identidad que abarca a los actantes y al narrador confundiendo sus límites:

> pero quién es eme
> quién soy yo
> quién me habla
> quién me cuenta esta historia
> a quién la cuento (p. 147).

Además de estos principios estructurantes de la escritura, el texto contiene varios niveles psíquicos que se concentran en eme y se plantean retrospectiva y paralelamente en términos de Hitler. Entre ellos se establece una relación dependiente (padre-hijo) en que eme actúa como reflejo derivado del poder, "mediante un amparo extralógico que tal vez cumple en la fantasía la *imago* paterna o la *imago* de un jefe muy poderoso, temido y admirado" (p. 99).

Para revelar este proceso de relación dependiente la escritura establece dos secuencias paralelas: (1) La psicobiografía de Hitler con especial énfasis en su relación patológica con la madre y con el padre, y finalmente su muerte y destrucción. (2) La acción demencial del nazismo ejecutada por eme; el análisis de su patología y su condena.

Esta segunda secuencia se inscribe en cierto modo dentro de la primera, que la explica y determina.

Función desenmascaradora del texto psicoanalítico. Sostenida por la ideología, se mantiene una visión mitificada del nazismo que pretende explicar su acción destructiva en términos de una superioridad racial y cultural y en beneficio del progreso científico. Se renuevan así muchos aspectos de los mitos germánicos y de prácticas esotéricas y mágicas.[35]

Por eso los patrones de conducta de eme parecen corresponder a los de la alquimia y la magia. eme es el gran transformador:

> caben tres cuerpos en cada *retorta*
> los procesos de incineración se acelerarán
> y en cada horno un recipiente guardará
> la grasa humana derretida
> para emplearla más tarde en la fabricación de jabones...
> (p. 94).

Como vimos (*supra*) también se asocian a él los signos dobles que en la magia se utilizan para crear nuevos hombres (*Enciclopaedia Judaica 1972, s. v. alphabet*), y se le asocia con Paracelso, buscador también de la fórmula para crear el homúnculo.

Incluso su proyección al exterior parecería ampararse en el texto alquímico de la *Tabula Smaragdina* ('*La tabla de esmeralda*'), que eme pretende emular (p. 80), y uno de cuyos postulados afirma: "Lo que está arriba es como lo que está abajo" (Chochod 1971, 359).

El texto de la *Tabula Smaragdina* se le atribuye a Hermes Trimegisto y concluye: "Por tal motivo se me llama Trimegisto, porque están en mí las tres partes de la Filosofía del Mundo" (*Ibid.*, p. 360). De modo análogo se designa a eme:

> Tal vez eme heredó de la alquimia el arte de transfigurarse. Por eso no sabemos quién es eme —dueño del poder demoniaco de las transformaciones, *eme trismegistos, eme mutabilis, cervus fugitivus* (pp. 111-112).

A este contexto alquímico, a partir del cual se pretende caracte-

---

[35] Es innegable la importancia (e incluso el poder) que adquieren algunas sociedades y sectas secretas dentro del nazismo (cf. Gerson 1969). A este hecho se alude en el propio texto de JEP (p. 135).

rizar a eme, se contrapone la función desenmascaradora del contexto psicoanalítico:

> eme ha de ser entonces un paranoico, un hombre a quien ciertos desarrollos de la historia moderna afectaron al punto de hacerlo enloquecer... (p. 54).

Las imágenes alegóricas, las transmutaciones asociadas a su visión, en este contexto devienen "Obsesiones políticas y místicas (pensamiento mágico)" (p. 98).

El desenlace inminente exige que eme se enfrente a la certeza de la destrucción de su mundo. La magia, en la que pretendió apoyarse, es destruida por la historia, y la escritura da paso a una explicación psicoanalítica de los hechos:

> ...cada rasgo en la pared, cada incisión o círculo en el yeso tiene sentido y cobrará un significado... Pero la magia terminó en 1945. Ningún exorcismo podrá librar a eme de lo que ocurre. No obstante, las rayas poseen alguna simetría:
> simetría de la ansiedad... En eme ya no existen la confianza ni el júbilo. Sólo hay tristeza, abatimiento, miedo —miedo de que hoy y siempre todo acabará mal para él y los suyos (pp. 82-83).

Que el texto psicoanalítico se conjuga con el de la historia es evidente en el modo como se entrelazan precisamente en uno de los segmentos del microrrelato de la historia (*Totenbuch*, p. 103):

> ...eme se presentará súbitamente en las barracas de las mujeres para desnudar a las cautivas y obligarlas a que desfilen ante él. Formará en una u otra fila a las internas con un movimiento del pulgar (falanges terminales bulbosas, uñas sin luna) de la mano derecha (musculosa, fría, dura, ancha, seca, color ligeramente violáceo; dedos espatulados, eminencias tenares e hipotenares muy fuertes). Terminada la selección eme decidirá cuál de los dos grupos es elegido para entrar en la cámara de gas.

El texto se conforma mediante la técnica de montaje. Se entreveran la escena de las cautivas seleccionadas por eme y partes del diagnóstico clínico de eme (*Patología de eme según sus gestos*, pp. 98-99), que aparecen entre paréntesis.

En el caso de Hitler opera un proceso similar. Con él se asocian los mitos del origen: el Valhala, los nibelungos... y los de superhombre nietzcheano. Su muerte histórica es ejemplar en tanto símbolo del sistema. De ahí que la escritura se detenga, minuciosa, a describirla, y muestre su proceso de desintegración que es, al mismo tiempo, el paso del superhombre al subhombre. Pero no menos importante es la revelación psicoanalítica que se desprende del trazado biográfico. Significativamente inicia éste GÖTTERDÄMMERUNG, la parte que narra "El crepúsculo de los dioses". Y precisamente en el momento que antecede a la muerte se introduce un pasaje que invierte totalmente la imagen mitificada del dictador y lo reduce psicoanalíticamente como el fuego lo reducirá a una mancha de grasa. La vuelta al origen es el dramático retorno al útero materno. La "gran acción" se define a nivel individual en el edipo de un hombre impotente que deriva en una monstruosa necesidad de agresión. El pasaje es a dos voces: la del narrador que proyecta la escena infantil a sus consecuencias futuras (presente del relato); la del hombre casi fetal que reproduce dramáticamente la escena traumatizante:

> y el tendero judío qué te está haciendo mamá torturándote que te está haciendo y la risa de mamá en la hierba la obscena risa de mamá en la hierba para siempre sonará parece quejarse en Adolf la risa le impedirá qué te está haciendo conocer la fatalidad de los cuerpos pobre cabo impotente la obscena risa fracasado en todo qué te está haciendo se halla encima de ti torturándote y a su debido tiempo parece quejarse las humillaciones serán cobradas sí mamá el tendero judío tu risa en la hierba después mis dibujitos pornográficos las mujeres que me rechazaron mamá los hombres que se burlaron de mí los que humillaron a mi otra madre los que escupieron en mi patria alemana no te podrás quejar de mí mamá voy a incendiar el mundo mamá me vengaré de todos los cabrones mamá y nadie me pegará de nuevo Alois nadie me humillará jamás Alois aunque haya destruido a Berlín al Tercer Reich al reino milenario mamá no voy a dejar que me hagas nada... (pp. 137-138).

El contraste entre esta realidad que revela la penetración en el subconsciente y la magnitud de los hechos históricos instituye una dimensión más que irónica, grotesca, que atraviesa todo el relato.

Lo que sigue es una minuciosa y apocalíptica descripción de la destrucción del mito. Como si el regodeo de la escritura compensara en algo la desproporción desmedida entre la muerte individual del hombre reducido a su mínima expresión y el gran crimen colectivo.

5) *Texto histórico.* El texto histórico es fundador de la escritura en *Morirás lejos.* Su importancia no sólo estriba en la fidelidad a los hechos históricos, y por ende, en la verosimilitud del texto de Pacheco. Supone además un modo de narrar característico de muchos de los textos históricos que entran en juego en el relato.

El modelo para la narración de la DIÁSPORA es el libro de Josefo (Josefo [1930]). Se mantiene el narrador testimonial en primera persona; la división en segmentos iniciados con números romanos; el fragmentarismo producido por la integración de documentos y testimonios de procedencia diversa; el uso frecuente de cifras confirmadoras de los hechos narrados,[36] tanto más elocuentes, según muchos lectores de Josefo, que los encarecimientos verbales.

Otro rasgo de escritura que deriva de Josefo es el modo como la historia se entrevera con el texto bíblico. Para María Rosa Lida de Malkiel, si bien esto demuestra que "Josefo no ha llegado a la objetividad científica propia de Tucídides" (Lida de Malkiel 1973, 107), también revela la vigencia de la Biblia para el pueblo, en su tiempo:

> Y este marco cultural en el que Josefo organiza los hechos que anota en el campo de batalla, en el campamento o a través de la relación de refugiados y desertores se integra casi exclusivamente, tratándose de la caída de Jerusalén, con recuerdos históricos y concepciones éticas de la Biblia. Por lo demás, las voces fatídicas del profeta loco[37] —eco evidente de la imprecación de Jeremías— demuestran cómo las palabras del Libro pesan aún en la aprensión y en el temor de los habitantes de Jerusalén.

En *Morirás lejos*, como en el texto de Josefo, "el más implacable realismo se [*asocia*] con viejas imprecaciones y profecías" (*id.*). Es el caso del *Epílogo* a la destrucción del gueto de Varsovia:

> Con detectores de sonido y perros amaestrados los SS encontraron túneles y refugios. Ponían cargas de dinamita y una vez volado el reducto arrojaban gases a su interior para que nadie sobreviviera. Los perros olfateaban el rastro y podían desgarrar a los fugitivos. Como siempre los SS actuaban sin misericordia y exterminaban niños y mujeres con la misma ferocidad aplicada a los combatientes. Los guerrilleros seguían luchando aunque mirasen a los cielos y no hallaran al *Señor de los Ejércitos que no ordenaba las tropas de la batalla, los instrumentos de su furor, para que cese la arrogancia de los soberbios y se abata la altivez de los fuertes. Y miraran a la tierra y sólo hallasen tribulación, oscuridad y angustia, y fueran sumidos en tinieblas* (pp. 68-69).

En general, y no sólo en lo referente a la *Diáspora*, el microrrelato de la historia corresponde a una escritura testimonial. La pluralidad de testimonios en primera persona se mantiene en GROSSAKTION, lo cual da a la narración una fuerza expresiva superior a la narración en tercera persona. Detrás de este modo de narrar los hechos está implícita la voluntad de que no se olvide la historia, ya que ésta forma parte aún de nuestro presente.

El fragmentarismo de la escritura está también asociado con el

---

[36] Según María Rosa Lida de Malkiel (Lida de Malkiel 1973, 133) dentro de la historiografía antigua no hay ningún otro autor que utilice así el número como encarecimiento. También es original de Josefo —y de Polibio— la reproducción de documentos.

[37] Relato que se incluye en *Morirás lejos*, p. 39.

Talmud, libro sagrado de los hebreos. Por su estilo coloquial el Talmud está lleno de disgresiones y comentarios tangenciales característicos de la lengua oral. Refleja además la vida cotidiana del pueblo (tanto de judíos como de no judíos), y es una fuente histórica fundamental para la medicina, la astronomía, el comercio, la agricultura, la demonología y otras formas de la magia, la botánica, zoología, etc. (*Encyclopaedia Judaica* 1972, s. v.).

a) *Primeras fuentes históricas. De los hebreos.* La historia del pueblo judío inicia el microrrelato de la historia con la narración de Josefo sobre la caída de Jerusalén, bajo el dominio del imperio romano. Se marca así, desde el comienzo de la escritura de este microrrelato, la historia del pueblo hebreo como un proceso de lucha del dominado frente al dominador. El primero se define por su capacidad de lucha y de resistencia. El segundo por su capacidad destructiva y su progresivo dominio sobre el espacio. Entreverado con el relato testimonial, como vimos antes, aparece la escritura bíblica que actúa con una clara función ideológica: si bien opera como elemento de coherencia, a veces va en contrapunto con el desarrollo histórico. El distanciamiento de los dos discursos se acentúa en los pasajes posteriores referentes a los campos de concentración.

Del nazismo. A partir de TOTENBUCH se configura la acción específica históricosocial del nazismo generada en un marco ideológico que el texto va precisando. Convergen en *Morirás lejos*, con esta función ideológica, la música wagneriana (en especial la que se basa en la mitología germana como *El anillo de los nibelungos*); los textos nietzscheanos que plantean la idea del superhombre, y el texto clave *Mein Kampf* ('*Mi lucha*', 1924) de Adolfo Hitler.[38]

En la medida en que el nazismo censura la visión cristiana de la vida, pero al mismo tiempo pretende organizar una nueva religión apoyándose en los mitos germánicos y en prácticas esotéricas y mágicas, elabora el antitexto y eleva a categoría de mito social (médium colectivo) a Hitler. Toda esta dimensión se vincula también con las sectas secretas entre las que tuvo mucha importancia el grupo *Thulé*.[39]

En *Morirás lejos* se integran todos estos aspectos doctrinales, constatables históricamente, en dos segmentos seguidos de GÖTTERDÄMME-

[38] En el prólogo el propio Hitler señala que el libro va dirigido a "aquellos que... ansían penetrar más hondamente la ideología nacionalsocialista" de tal manera "que de una vez para siempre quede expuesta... una doctrina, para poder después sostenerla y propagarla uniforme y homogéneamente" (Hitler 1924, 5).

[39] Sobre el sincretismo particular de la ideología nazi y la función de las sociedades secretas, cf. Gerson 1969.

RUNG, interrumpidos sólo por un breve pasaje de *Salónica* en que Alguien "espera algo" (pp. 134-135). El primero de estos segmentos cita textualmente de *Mein Kampf* un pasaje que muestra la amalgama de un lenguaje religioso y de una consigna política:

> *Si el judío, ayudado por el credo marxista, conquistara las naciones del mundo, su corona sería la guirnalda fúnebre de la raza humana y el planeta volvería a girar por el espacio despoblado como giraba millones de años atrás. La naturaleza eterna sabe vengar en forma inexorable cualquier usurpación de sus dominios. De aquí que me crea en el deber de obrar en el sentido del Todopoderoso Creador: al combatir a los judíos cumplo la tarea del Señor* (p. 134; Hitler 1924, 31-32).

El segundo segmento alude directamente a las sectas *(Thulé, Los Templarios...)* y prácticas milenarias que impulsaron el movimiento nazi y que en el fondo constituían centros efectivos de poder:

> El Führer... ¿Convirtió soldados en verdugos para ofrendar víctimas propiciatorias a los dioses de un culto aberrante, de una secta milenaria formada por los descendientes de las tribus germánicas y los primitivos arios del Tibet, los antiguos que trazaron el signo del fuego, la cruz gamada, la suástica... o por los seguidores de los Cruzados... —para gestar durante mil años la llegada del Anticristo... (p. 135).

b) *El proceso histórico*.[40] El microrrelato de la historia en *Morirás lejos* guarda fidelidad puntual a los hechos históricos. Para confirmarlo no hace falta un cotejo exhaustivo que quizá podría señalar detalles de desvío y sobre todo —claro está— sumar aspectos Tampoco la escritura pretende ser exhaustiva, sino suficiente para mostrar su ideologema.

Baste destacar entre todos los datos un apunte sobre la identidad de eme. Por su carácter simbólico eme integra una serie de alternativas —todas ellas fieles a la historia— que juntas personalizan la operación de los campos. eme es uno y muchos a un mismo tiempo. En ese sentido ficción e historia se entreveran en la escritura con gran eficacia. Y por otra parte en el cotejo extratextual se precipitan nuevas conjeturas. El signo establece una dinámica de analogías virtuales con la historia que incluso en el propio texto rebasan al nazismo y se proyectan en el tiempo y en el espacio.[41]

---

[40] El proceso histórico abarca: 1) Como marco simbólico, generador del sentido de la historia de opresión, la destrucción de Jerusalén por los babilonios y los romanos. 2) De la segunda guerra mundial (1939; nacimiento de Pacheco) al presente (1966): Corea, Vietnam, México.

[41] Por ejemplo, eme sugiere, entre otras, la identificación con Josef Mengele doctor de Auschwitz: Estudiante de medicina y de filosofía; responsable de

La escritura del microrrelato de la historia en *Morirás lejos* se desdobla en una suerte de metalenguaje sobre el sistema productor del discurso histórico. Es decir, alude a las fuentes y muchas veces las enjuicia: muestra su intertextualidad. Valgan como ejemplo los siguientes pasajes:

> [según el minucioso informe que guardan los archivos ingleses y que redactó en latín el propio eme] (p. 79).
>
> Sus hazañas [las de eme] constan en el archivo del cuerpo operatorio en el museo de Auschwitz que registra los *casi explorativi* con fecha nombre matrícula del paciente nombres del médico y los ayudantes naturaleza y objeto de la intervención *lo que no se detalla es la brutalidad del procedimiento capaz de horrorizar a los operarios de un matadero* (p. 82).

El carácter testimonial de la escritura, mencionado al comienzo, deriva de sus fuentes que pretenden ser directas. El narrador actúa como historiador (testigo de segundo orden) que basa su escritura, a su vez, en testimonios escritos (textos dentro de textos). Hay, como se ha dicho, una clara voluntad de ser fiel a los hechos, elocuentes por sí mismos, de tal manera que se reduzca al mínimo el distanciamiento entre el narrador y éstos (en última instancia, entre el lector y los sucesos históricos). De ahí que se cuestione desde la propia escritura que el narrador (lector) no sea testigo presencial y el distanciamiento inherente a la escritura misma. Todo un segmento dialogado de *Salónica* (pp. 94-95) plantea esta problemática y concluye:

> —Usted no puede recordar, no puede imaginar.
> —Tiene razón, tiene razón; pero la billonésima insistencia nunca estará de sobra jamás. Aunque, sombras de las cosas, ecos de los hechos, las palabras son alusiones, ilusiones, intentos no de expresar sino de sugerir lo que pasó en los campos (p. 95).

La escritura en *Morirás lejos* añade a la historia del genocidio y al

experimentos "médicos" monstruosos entre los cuales destacan los de índole genética (p. ej. sobre mellizos y enanos; cf. en *Morirás lejos*, p. 78). De quien se dice que participó en la selección de miles de prisioneros destinados a las cámaras de gas, a tal punto que su figura decretando la vida o la muerte mediante un simple movimiento del dedo, se ha convertido en uno de los símbolos del Holocausto (cf. *Ibid.*, pp. 89-90 y 103). Mengele desapareció en Hispanoamérica, donde estuvo inicialmente en la Argentina. Su nombre se mencionó repetidas veces en los juicios en Jerusalén y Alemania y ha servido de modelo para varios textos literarios y testimoniales: la obra de teatro *El diputado* (1963) de Rolf Hochhut; *Auschwitz: a Doctor's eyewitness account* (1960) de M. Nyiszli y *Death factory* (1966) de O. Kraus y E. Kalka (*Encyclopaedia Judaica* 1972, s. v.).

señalamiento de la ideología las razones estructurales subyacentes. A la ambición imperialista se suman los intereses de "aquellas industrias del gran capital que más se habían beneficiado con el trabajo esclavo" (p. 85), así como se alude en el presente a razones estructurales análogas (cf. *Texto social, infra*).

6) *Texto social*. Con una clara secuencia cinematográfica concluye el proceso de la escritura en *Morirás lejos*: "mientras el viento de la noche deshoja, arrastra 'El aviso oportuno', y el parque entero se desvanece bajo las luces mercuriales que en este instante acaban de encenderse" (p. 139).

Esta última imagen del periódico —dada su significación en el texto (cf. *El periódico y otros textos de divulgación*)— sugiere la permanencia de la historia: de la cotidianidad. La escritura periodística, aparentemente epidérmica, cotejada con el proceso de la historia ha adquirido el volumen y la dimensión precisos. El "Aviso oportuno" es un mosaico de síntomas relativos a la economía (las grandes industrias y el desempleo) y a las condiciones socioculturales: las relaciones familiares; el *"american way of life"*; la vivienda... (p. 13). Y al mismo tiempo es una llamada final de alerta al lector (imagen visual; imagen de la escritura).

Del contexto sociológico la escritura en *Morirás lejos* pondera las condiciones estructurales del sistema por encima de sus efectos individuales o interindividuales. Este hecho es evidente en el sistema productor de la red actancial que a su vez deriva de los principios determinantes de la escritura: la duplicación interior y el paralelismo; la oposición e inversión dialécticos; el nivel simbólico.[42]

La inclusión del texto sociológico en el texto de JEP opera (como la historia y el texto psicoanalítico) con una función transgresora. Así, detrás de la expulsión de los judíos de España, decretada por los Reyes Católicos en 1492, "a fin de purificar el país y darle unidad religiosa" (p. 57), la escritura revela una problemática de clases determinada por la estructura económica:

> La aristocracia dominaba una economía esencialmente agrícola; los sefardíes amenazaban su predominio por ser la fracción más dinámica de las nacientes capas burguesas y la que regía el capital y la actividad económica en las ciudades (*loc. cit.*).

Evidentemente se muestra el ascenso de las "nacientes capas bur-

---

[42] En efecto, eme y Alguien no importan en tanto "individuos", sino en la medida en que permiten, mediante el principio de duplicación interior, hacer presentes en el texto los efectos del sistema socioeconómico. Son actantes de carácter simbólico. El hecho de ser actantes liga la práctica individual con la problemática contextual.

guesas" como la lucha del capital (originada en la economía de las ciudades) frente a la aristocracia agrícola.

El texto destaca la función del sector judío sefardí en esta lucha de la incipiente burguesía, lo cual involucra a este sector en el conflicto desde su génesis. La situación original se proyecta al presente:

> —Pregúntele a los mismos judíos y verá —Son dueños de casi todos los negocios— (p. 66).

Esta afirmación forma parte del segmento representativo de la ideología del sector que controla las publicaciones.[43] En ese contexto particular el juicio revela su ambigüedad, ya que sirve de argumento para la ideología de signo fascista. Esta misma función cumple otro juicio que alude a la actitud prejuiciada del sector judío de México en el presente: "... creo que también los cabrones judíos tuvieron parte de culpa en que se los llevara la chingada —Han sido los primeros pinches discriminadores..." *(loc. cit.)*.

Todo el segmento constituye la "voz" que rechaza los artículos antifascistas de un escritor proletario "un escritor *aficionado* que al salir de la *fábrica de vinagre*... lee 'El aviso oportuno' en busca de un trabajo menos contrario a sus intereses...", p. 64. Intereses que revelan su conciencia política, pues el "escritor aficionado" alude a la génesis social de su propia escritura: 1) la segunda guerra mundial (tema único que le atañe y le afecta como si fuera culpable de haber sobrevivido, *id.*), que supone una experiencia vivida a través de los medios masivos de comunicación: "periódicos, fotos, voces en la radio... imágenes cinematográficas", y 2) la visión sintomática, mucho más próxima en el tiempo, de signos simpatizantes con el nazismo en la vida cotidiana de México. El espectáculo marca definitivamente la escritura y la impulsa:

> Y tanto tiempo después la visión de camiones y autobuses que despliegan banderitas nazis —en su propio país, en una tierra que de haber triunfado el sueño de conquista planetaria hubiera seguido el camino de los hornos crematorios—, opiniones llenas de simpatía quejumbrosa hacia Hitler, grupos que no ocultan su veneración por el Führer, jóvenes envueltos en la suástica como amparados en un signo heroico, autores que redactan, editoriales que publican y librerías que venden exaltaciones del nazismo... el espectáculo de éstas y tantas otras cosas a la vista le indujo a escribir... (p. 64).

El texto muestra también, en el segmento correspondiente al sector que controla las publicaciones, las contradicciones ideológicas y polí-

---

[43] El pasaje está elaborado con una pluralidad de juicios que se manifiestan como portavoces de una misma ideología.

ticas de un momento coyuntural para la economía mexicana contemporánea:

> ...entre nosotros hubo mucha simpatía por los nazis sobre todo al principio de la guerra— A ver si les daban en la madre a los gringos que nos tenían bien jodidos por la explotación petrolera. —Además ya desde tiempos del Kaiser los alemanes nos habían prometido que si le entrábamos a los trancazos con ellos y jodían a los Estados Unidos nos iban a devolver California, Texas y todo lo que nos robaron los yanquis... —*Aquí pues nomás no habido nunca antisemitismo* [!][44] (pp. 65-66).

Es claro que en todo el segmento se recogen diversos aspectos de la problemática socioeconómica de México en el presente, que refuerzan las contradicciones ideológicas dominantes:

> —Usted se creyó toda la propaganda comunista contra Hitler —Además si no es judío para qué diablos compra el pleito —A poco se imagina que alguien se lo va a agradecer —Por qué no escribe sobre los indios de México —Por qué no aprovecha su material para un artículo que hable también del bombardeo de Dresde ordenado por Churchill los crímenes de Stalin (Hitler se queda corto le aseguro Stalin inventó los campos de concentración) y también se refiera a las purgas en China los lavados de cerebro en Corea y Vietnam por supuesto mencionando lo de Hiroshima y Nagasaki... (p. 65).

Como lo muestra el pasaje, dentro de un marco de pensamiento marcadamente individualista, no solidario ("...si no es judío"; "A poco se imagina que alguien se lo va a agradecer") se inscriben juicios ideológicos validados como "nacionalistas" ("por qué no escribe sobre los indios de México..."), con exclusión de otros que revelan la realidad estructural de la dependencia dentro del sistema capitalista. Si bien se cuestiona la política imperialista de Estados Unidos (Vietnam, Hiroshima, Nagasaki), no se cuestiona (y más bien se defiende) el nazismo que, en última instancia, es sólo una modalidad del capitalismo. Desde cierta perspectiva los juicios contradictorios se unifican como facciones dentro de un mismo sistema operante. En este caso particular son contradicciones dentro del sistema mexicano de signo capitalista.

Pero si bien la escritura no asume la ambivalencia de las contradicciones ideológicas dominantes, sí asume el cuestionamiento implícito

---

[44] Si bien es cierto que en México no se dan conductas antisemíticas acentuadas como en otros países hispanoamericanos (p. ej. Argentina), es claro el texto al señalar la simpatía hacia el nazismo, no sólo en el momento coyuntural de los comienzos de la segunda guerra mundial, sino incluso en el presente. El hecho rebasa el ámbito de la ideología y repercute en otros aspectos, sobre todo económicos. En este sentido sí cabe hablar de antisemitismo.

que el hecho de la Guerra de Vietnam ejerce sobre la escritura. Se elabora así una imagen detallada del genocidio vietnamita (pp. 67-68) que concluye en una homologación del nazismo y del expansionismo bélico norteamericano:

> porque el odio es igual, el desprecio es el mismo, la ambición es idéntica, el sueño de conquista planetaria sigue invariable (p. 68).

Y una vez más, ante la magnitud del crimen histórico, el texto muestra la impotencia de la escritura:

> y frente a ello una serie de palabritas propias y ajenas alineadas en el papel se diría un esfuerzo tan lamentable como la voluntad de una hormiga que pretendiera frenar a una división Panzer en su avance sobre el Templo de Jerusalén, sobre Toledo, sobre la calle Zamenhof, sobre Da Nang, Quang Ngai y otros extraños nombres de otro mundo (*id.*).

El énfasis de *Morirás lejos* en los aspectos estructurales subyacentes al nazismo (y al sistema capitalista en general) hace aflorar hechos socioeconómicos determinantes. Uno de ellos es la función de la industria y del "gran capital" durante el genocidio. Ligada con lo anterior se da la concepción de la vida y de la muerte como mercancía (p. 85).

También se proyecta a México el poder de las grandes industrias. Para un lector medio, conocedor del contexto mexicano, basta con que se citen las industrias Siemens y Farben (p. 85). Pero el texto no deja lugar a dudas y en la p. 13 inicia los anuncios (que no tienen "nada en común" con los "apremios" del "obrero calificado") con el de la industria *"Farben de México. Insecticidas, raticidas, fumigantes, Técnica alemana, acción inmediata. Tenemos el tamaño adecuado para sus necesidades".*[45]

Las determinaciones estructurales producen efectos que condicionan la problemática de clases y se detectan en los individuos en particular. Este esquema progresivo, que va de la estructura al hombre, organiza en general la escritura en *Morirás lejos* y se especifica, por ejemplo, en el siguiente pasaje:

> La barrera de los cuarenta. La etapa del despegue económico. La acumulación del capital. La inhumanidad del sistema. Los quinientos mil jóvenes o más que cada año llegan en demanda de empleo. El subdesarrollo. La saturación del mercado. El enriquecimiento de los ricos. La depauperación de los pobres. La barrera de los cuarenta.

---

[45] La ironía del texto transcrito es evidente: "Los químicos de Farben a partir del insecticida Zyklon... elaboraron... el gas de las cámaras" (p. 85).

Y este hombre ha hecho cien solicitudes y recibido nada más once respuestas —todas negativas. Por la noche maneja el taxi de un amigo y con la mitad de lo que antes ganaba impide que muera de hambre su familia. Dejó en la empresa su juventud y su mejor esfuerzo (p. 14).

Vale destacar, desde un punto de vista sociológico, lo que opera metodológicamente en el proceso de la escritura. De lo general a lo concreto, el texto aborda el problema estructural amplio del capitalismo en su concreción específica del nazismo. Al hacerlo revierte sobre sus orígenes (el ascenso de la burguesía) y los especifica en la fracción sefardí. De manera análoga ve en el presente las repercusiones del capitalismo general en una formación social concreta dependiente: México.

Ideologema

La polarización de la escritura en *Morirás lejos* es evidente en todos los niveles. No obstante, la dinámica textual se determina por la interacción de los opuestos.

Acorde con este principio, el texto se basa, como hemos visto a lo largo de todo el recorrido analítico, en la oposición paralelística y en la interrelación de ficción e historia. Este principio ordenador de la escritura, junto con otros elementos retóricos que cumplen una misma función, se entrevera con el eje de sentido ("tematización") y determina el ideologema del texto.

Vale decir que la historia, como texto que informa al relato, se modifica conforme al ideologema que rige a este último. Se produce pues un nuevo texto histórico, que no contradice necesariamente el anterior, pero le da el sesgo peculiar de lo que esta escritura manifiesta.

Precisamente el texto muestra la oposición entre *pueblo* y *poder absoluto* (cf. *Red actancial*) en un contexto sociohistórico que ideológicamente se presenta marcado por la oposición entre *Historia* y *discurso histórico mitificado*. En la práctica política el problema se traduce en la lucha por el espacio, que adquiere connotaciones precisas como oposición entre *espacio vital* y *espacio letal*.

Todo este juego de oposiciones básicas converge en la relación *dominador/dominado* que rige *Morirás lejos*. El principio de dominación determina la red de relaciones establecidas en el proceso textual (sitiadores/sitiados; desarrollados/subdesarrollados; explotadores/explotados...).

En la dinámica de los hechos la tensión entre los polos opositores se traduce como una lucha entre *vida* y *muerte*. Con las vida se asocian los caminos de la libertad; con la muerte los de la esclavitud y la sumisión. Por eso es clara en el texto la defensa del espacio vital, frente a todos los grados y niveles de opresión que constituyen el espacio letal: el ámbito concentracionario; la ciudad elevada a categoría de símbolo opresor.

A nivel de la significación se produce en *Morirás lejos* una clara inversión de los términos. La interacción entre historia y ficción establece una lógica textual que permite solucionar por el camino de la escritura la disyuntiva histórica. En la ficción la historia domina sobre su negación, y el poder absoluto se condena y destruye.

La toma de posición es claramente ideológica y marca la práctica de la escritura. Es decir, la escritura adquiere una función transgresora: resuelve, a nivel ideológico, la problemática estructural. Pero el problema queda sin resolver en la realidad histórica.

Colateralmente el texto plantea el problema ético de la culpa: "uno es culpable, el otro inocente; los dos culpables; ambos inocentes" (p. 81). En la interacción del poder (dominador) y del pueblo (dominado) se pone en juego una responsabilidad histórica mutua que sólo tiene salida mediante la negación del poder absoluto y la afirmación del pueblo dominado.[46]

---

[46] La idea no es nueva en los relatos de JEP. Al representar la vida dentro del sistema capitalista en el laberíntico "Parque de diversiones" (Pacheco 1963, pp. 30-40) reiteradas veces se señala cómo la capacidad de "subversión" (p. 34) o de "insumisión" del pueblo son la única "posibilidad de salida" del sistema (pp. 39-40).

IV

Intratextualidad

"La mar
        no es el morir
            sino la eterna
                circulación de las
                    transformaciones"

JOSÉ EMILIO PACHECO

Dentro de la noción de intertextualidad incluimos la de intratextualidad para referirnos a la dinámica de interrelación entre los textos del propio Pacheco. Se trata de una modalidad intertextual que distinguimos para tener una visión de conjunto de la producción de JEP, basada en este principio integrador.

La visión panorámica permite confirmar desde otro punto de vista, mucho más cercano al sujeto, los principios generadores de la visión de mundo dominante en la totalidad de los textos de creación del autor.

Incluimos, pues, por orden cronológico, tanto los textos narrativos como los de poemas. Para la cronología nos basamos generalmente en los textos publicados, ya que desconocemos en la mayoría de los casos su fecha de redacción.

Los textos

LA SANGRE DE MEDUSA (1958), primera publicación de JEP,[1] consta de dos relatos: "La noche del inmortal" y "La sangre de Medusa".

Entre esta plaquette y la subsiguiente producción de Pacheco media una separación mayor que entre los otros textos del autor. Sin embargo, ya están presentes rasgos escriturales característicos que prevalecen desde entonces.

La técnica paralelística es clave en ambos relatos y es también uno de los elementos generadores de *Morirás lejos* (1967) y de otros relatos cortos. Su efecto de montaje permite establecer un contrapunto paralelístico entre pasado y presente. Los actantes y los tiempos se oponen y se interrelacionan en una síntesis que los incluye

---

[1] Pacheco 1958. Recientemente se ha reeditado el texto, revisado y corregido, para "señalar los veinte años de la iniciación de un escritor" (Pacheco 1978).

a ambos: "Sus caminos de tan dispares fueron semejantes: al final de su vida por causas oponentes, ambos lograron la inmortalidad" ("La noche del inmortal"). No obstante, esta nivelación de los contrarios (por encima de la concreción histórica específica de los dos microrrelatos) mediante la "inmortalidad", da a la escritura un sesgo irónico. Pretendidamente se nivelan la "inmortalidad" de un héroe histórico que muere en plena juventud (Alejandro Magno) y la "inmortalidad" del antihéroe. En *Morirás lejos* se mantiene este mismo sistema paralelístico que, entre otros aspectos, analoga el presente con el pasado. Además la historia se traza en términos de la interrelación entre *dominador* (poder absoluto) y *dominados* (pueblo). Pero lo que importa es el proceso histórico colectivo y no las líneas de desarrollo individual. A diferencia de "La sangre de Medusa", la historia domina en tanto proceso y se impone la solución dialéctica de la oposición rectora.

Como en casi toda la narrativa y los poemarios de Pacheco, un epígrafe preside estos dos primeros relatos, y apunta de manera directa al sentido. En el primero se trata de una frase de Borges doblemente significativa por su sentido lógico y porque su escritura subyace innegablemente en la intertextualidad de estos dos relatos (paralelismos, circularidad, tematización, etc.). Lo significativo es que en estos primeros relatos lo que importa, como he señalado, es la homología entre los dos microrrelatos y por ende el sentido de la historia como reiteración —¿circularidad? Posteriormente —y sobre todo en *Morirás lejos*— es clara la voluntad de transgredir ideológicamente la escritura borgiana (cf. *Intertextualidad*).

La "puesta en abismo" del texto, por la presencia interna de otro texto que es a un mismo tiempo su espejo y su pasado, es también persistente en la obra posterior de Pacheco (*Life en español* en "Parque de diversiones"; el microrrelato "LA FIESTA BRAVA" en el relato del mismo nombre; una obra de teatro en *Morirás lejos*. En "La noche del inmortal" se presenta el otro texto como una traducción del original: "Llevó el pergamino a un monasterio dálmata donde fue estudiado con suma curiosidad, traducido al bajo latín de aquellos años, y sobre la redacción original —ya muy deteriorada por los siglos— se escribió un nuevo texto." La "versión" española —es decir el texto presente— se fecha en "junio 28 1914", durante la primera guerra mundial.

"La noche del inmortal" entra también en juego intertextual con el relato posterior, "Jericó". Este texto concluye *El viento distante y otros relatos* (Pacheco 1969-b, 137), después de los relatos que se refieren a la destrucción del hombre por el hombre en la sociedad capitalista e imperialista de los Estados Unidos. El triunfo aparente del hombre, mediante la técnica y las guerras, implica en "Jericó" la destrucción total, y se trabaja literariamente como símbolo o como parábola. Pero en "La noche del inmortal" la dualidad es explícita: "Iba hacia la victoria y la derrota al instante supremo largamente acechado." La destrucción total se simboliza con el fuego, imagen que se repetirá también en otros textos del autor (p. ej. se queman "etapas" de la vida en "Tarde de agosto"; o se incendia toda la humanidad en "Jericó"; o por medio de una simbología más complicada el actante *eme* quema en el *bóiler* los gusanos-hombres en *Morirás lejos*). Como en "La noche del inmortal", este hecho de asociar el incendio con la desaparición de lo humano es muchas veces consecuencia de una historia de desastres bélicos en la producción de JEP.

El belicismo es efecto del poder dominador sobre el dominado. A él va unida casi siempre la idea del hombre disminuido (dominado), representada muchas veces por la imagen del *hormiguero*. Al final de "La noche del inmortal" se dice: "Sarajevo fue entonces un *hormiguero* que agitara el incendio. El 28 de julio, Austria declaró la guerra a Servia; al día siguiente bombardeó Belgrado". En "Jericó" se alude directamente a las hormigas relacionándolas con la destrucción bíblica de la ciudad amurallada y la destrucción nuclear: "... Y cuando ningún insecto vivo queda en la superficie, aparta los tenues muros de arena y excava en busca de las galerías secretas, las salas y depósitos en que un pueblo entero sucumbe bajo el frenesí de la destrucción" (p. 138).

La imagen del *hormiguero* (cf. *supra*) para representar al pueblo dominado se repite también cuando se alude al pueblo vietnamita en la guerra de Vietnam (cf. "Civilización y barbarie", donde en realidad se menciona todo el ciclo de las guerras a partir de 1914, Pacheco 1969-b, 110), y sobre todo representa la sumisión total de la humanidad y la superexplotación bajo el poder del "Reich milenario" en *Morirás lejos* (Pacheco 1977, 77). Una variante de la imagen son las hormigas que devoran al padre y a la madre del núcleo familiar en el microrrelato VI de "Parque de diversiones" (Pacheco 1969-a, 36-37).

Otro motivo que vincula "La noche del inmortal" con *Morirás lejos* es el de la espera y el acecho, siempre relacionados con la historia que se escribe. Así en "La noche del inmortal":

> Gavrilo dijo adiós a esos muros, al papel, a la mesa, a ese bosque de objetos que miraron gestarse *la alucinante espera*. Todo era irreparable... todo era inútil: iba hacia la victoria y la derrota, al instante supremo *largamente acechado*.

Y con esta última frase tocamos otro motivo característico, tanto de la narrativa, como de la poesía de Pacheco: *el instante aglutinador de sentido*. Persistente es también —aquí sólo mencionada de paso— la imagen del *viento* como portador del recuerdo (única cosa que perdura y vuelve): "Pero algún viento se llevó su eco y aquél bufón de Efeso logró alzar su memoria sobre el duro silencio" ("La noche del inmortal"); y en "La sangre de Medusa"; "El viento asedia la ciudad amurallada".

El segundo relato, "La sangre de Medusa", reitera la técnica paralelística a nivel actancial y a nivel temporal (pasado y presente). La historia de Perseo y Andrómeda, presentada paralelamente a la de Fermín e Isabel, son historias que se oponen y se identifican:

> Al centro de su tumba el rey y el loco son un mismo hombre; sus historias contrarias una misma vida; su tiempo, esperado por siglos, por edades cumplidas, es un tiempo que vuelve y se arrepiente, que se repite y huye; *laberinto* infinito, abismo sin memoria.

Esta concepción temporal, a la que corresponde una figuración laberíntica, hace pensar una vez más en la producción de Borges. Los laberintos de Pacheco, sin embargo, van asociados siempre a una crítica social, por lo general, del capitalismo y de sus efectos (cf. "Parque de diversiones", Pacheco 1969-b, 30 y *Morirás lejos*, Pacheco 1967).

Una nueva modalidad respecto al primer relato ("La noche del inmortal") es el hecho de que en "La sangre de Medusa" se concreta el tiempo presente en el espacio urbano de la Ciudad de México. La precisión geográfica (Secretaría de Comunicaciones, vecindad de las calles de Argentina, Chapultepec...) sirve de marco a un tema dominante en Pacheco: la vida de los sectores medios en el Distrito Federal. Se apunta la cotidianidad rutinaria del trabajo y de los ocios conjuntamente con una referencia crítica constante a los valores que definen la estructura familiar, en este caso limitada a la relación de la pareja (cf. "Tarde de agosto"; el microrrelato VI de "Parque de diversiones"; "El parque hondo"):

> Con los años disminuyó el vigor de Fermín; transformándose en una extraña paciencia para soportar los caprichos de Isabel: llevarla al cine *cada sábado*, a Chapultepec *todos los domingos*, entregarle íntegra su quincena y llegar, *cada día*, no más tarde de las diez o las once.

En "La sangre de Medusa" —como después en *Morirás lejos*— se cerca y aprisiona al actante, o se cerca y amuralla la ciudad. La imagen es persistente en poemas y en relatos ("para cercar el sitio donde el rey va muriendo"; "torpe en los muros ciegos de su celda implacable", en "La sangre de Medusa").

Al comienzo señalé una distancia entre la escritura de estos dos primeros relatos y los subsiguientes, no obstante las relaciones innegables que acabamos de precisar. No se trata de un corte radical, sino más bien de un cambio del modelo lingüístico dominante. A partir de aquí se tenderá a un lenguaje próximo al oral, esquemático, con claro predominio de lo visual, en tanto se acerca lo cinematográfico. La tendencia se marca ya en "La sangre de Medusa" al narrarse la historia de Fermín. Es evidente que el cambio se corresponde con los nuevos núcleos significativos.

Después de *La Sangre de Medusa* (1958) Pacheco publica la antología poética *Los elementos de la noche* que incluye poemas entre 1958 y 1962 (Pacheco 1963-a). En realidad ha publicado ya algunos poemas en revistas y el relato "El parque hondo" (*Revista Universidad*, 1961). Este último aparecerá con algunas variantes en la primera versión de *El viento distante* (1963).

Los elementos de la noche está dividido en tres partes: "Primera condición" (1958-1959); "De algún tiempo a esta parte" (1960-1961) y "Crecimiento del día" (1962). Incluye, además, traducciones de poemas de John Donne, Baudelaire, Rimbaud y Salvatore Quasimodo.

En general los poemas no presentan la estructura oposicional paralelística de los relatos. La intertextualidad entre éstos y los primeros se percibe sobre todo en lo que podríamos llamar el léxico predominante de la producción de JEP.

Evidentemente ciertos conceptos tienden a repetirse de manera significativa, tanto en los relatos, como en los poemas. Su reiteración contribuye a establecer una determinada atmósfera, una situación que podemos remitir casi siempre al presente de la enunciación o a los actantes.

La idea del hombre o la ciudad sitiada y amurallada —que ya señalé en "La sangre de Medusa", y a la que se alude también por medio de los símbolos en *Morirás lejos*— reaparece en "Árbol entre dos muros": "*Sitiado* entre dos noches"; "dos cadenas de espejos, navegables *murallas* (p. 11).

Es lo mismo que ocurre con el *viento* (recuerdo, eco de lo que fue...), que en el poema citado es aire: "el día esplende, gira sobre *su aire* y *su memoria;*/ deja caer sus fechas, sus ciudades, sus rostros" (*id.*). Pero también *viento*, que es la forma predominante: "en cada almena del espacio/ que surca un mismo *viento*"; "todo es el huracán y el *viento* que huye" (p. 13).

La noche, símbolo de inminente desastre, "llama", "incendio", es

también recurrente en la producción de Pacheco (cf. *Morirás lejos*).
En los versos que siguen se une con otros elementos característicos
de su visión de mundo:

> el gran *árbol* que fluye
> ...
> el *muro* de tinieblas
> ...
> al final de la *hoguera*
> *largo fuego* de bruces comiendo sus destellos—
> ...
> porque todo termina encima de la *noche*...
>
> (p. 13, cf. también p. 19).

La idea de "quemar" la vida obsede al autor, como ya lo he
mencionado. Así nos dice en "Canción para escribirse en una ola",
de filiación nerudiana: "Ante la soledad/ se extienden días quemados/.../ con huellas de ceniza" (p. 15).

En *Los elementos de la noche* predomina una atmósfera nostálgica,
en gran medida pesimista, casi siempre caracterizada con la ubicación de los acontecimientos en el otoño (específicamente en el
mes de octubre, en otros textos):

> ...
> son los días
> *del color del incendio;*
> son el *viento*
> que a través del *otoño*
> toca el mundo,
> las oscuras
> raíces de la muerte
> ... (p. 23).

Lo más importante intertextualmente en "De algún tiempo a esta
parte" son las estrofas que se incluyen bajo este título, pues con ellas
se inician de maner.. incipiente los poemas de la cotidianidad (¿prosas?), tan vinculadas con los relatos. Por la contradicción que plantea entre la frustración de la vida cotidiana y la vocación de escritor,
el siguiente segmento recuerda "La fiesta brava":

> Hoy, se limita a entrar por la ventana, y te avisa que ya han
> dado las siete y tienes por delante la expiación de tu condena: los
> papeles que sobrenadan en la oficina, las sonrisas que los otros
> te escupen, la esperanza, el recuerdo... Y la palabra: tu enemiga,
> tu muerte, tus raíces (I, p. 31).

Nueve años —a veces catorce— tienen por lo general los niños
pachequianos frustrados por los valores prevalecientes en el contexto

familiar y social (cf. en *El viento distante*: "El parque hondo"; "Tarde de agosto"; "El castillo en la aguja" y "La cautiva" —aunque implícitamente). Es lo que muestra la estrofa II, próxima al relato "El castillo en la aguja":

> El día que cumpliste nueve años, levantaste en la playa un castillo de arena...
> Acusan al flujo y reflujo de su demolición. Pero no son culpables las mareas: tú sabes que alguien lo abolió a patadas y —que algún día el mar volverá a edificarlo (II, pp. 31-32).

El falso ocio del domingo —hasta llegar incluso a lo grotesco— prevalece en muchos de sus cuentos ("El viento distante"; "Parque de diversiones"; "El castillo en la aguja" y "Aqueronte", en *El viento distante*). Es prácticamente el único día de la semana que JEP especifica en toda su obra, y siempre con la misma concepción pesimista y desmitificadora:

> la música, el oleaje de los frágiles sueños,
> el epitafio de la tarde, el hosco
> acontecer de algún milagro herido,
> son vagos instrumentos del *domingo culpable*.
> ("Tarde enemiga", p. 29)

Presente está también la idea del hombre perseguidor y perseguido por sí mismo y del yo que es todos y alguien (cf. "Los linajes", pp. 39-41). Ambas ideas remiten a la producción borgiana, pero adquieren un nuevo sentido sobre todo en *Morirás lejos*. En "Éxodo" se da otra variante de este motivo que recuerda también el relato de Pacheco: "El perseguido, el mártir que alza una cruz o un signo/ ante fauces abiertas./ El que clavó sus armas en la piel de un dios muerto" (p. 47).

Y el jardín es proyección del yo, como el árbol (¿una vez más *Morirás lejos?*), y por eso mismo imaginario o destruido:

> Puerta cerrada de jardín que nunca
> ha existido y yace entre sus ruinas.
> Muro de polvo: siglos que se yerguen
> contra el paso de nadie, bajo el tiempo.
> ("Inscripciones", p. 51)

EL VIENTO DISTANTE (1963). Esta primera edición de *El viento distante* (Pacheco 1963-b) consta de seis relatos: "El parque hondo"; "Tarde de agosto"; "El viento distante"; "Parque de diversiones"; "La cautiva" y "El castillo en la aguja". He mencionado, al hablar de *La sangre de Medusa* y del primer poemario de JEP, algunos elementos que ya se presentan en éstos y reaparecen en los relatos de *El viento distante* y en otros textos de la producción de Pacheco. Los relatos en conjunto hablan de experiencias frustrantes de la niñez y de la adolescencia. "El viento distante" se refiere a la relación de una pareja de jóvenes que en mucho recuerda el tono y tematización de los poemas en *Los elementos de la noche* (Pacheco 1963-a):

El relato	El poema
El hombre piensa en otros días, en otra noche que se llevó un viento distante, en otro tiempo que los separa y los divide —como esa noche los separan el agua y el dolor, la lenta oscuridad (p. 31).	No es el futuro ni su irreal presencia lo que nos tiene lejos, divididos; es el lento desastre, la existencia, el regresar de todos los olvidos ("Estancias", Pacheco 1963, p. 37)

Baste por ahora este apunte para cuidar la cronología que me interesa mantener en esta interrelación de los textos de Pacheco. Como se trata de la primera versión de los relatos pospondré otros comentarios para cuando comente la segunda edición de 1969, en la cual se ofrece una nueva versión de éstos y se añaden otros ocho. La segunda edición es pues, en buena medida, un nuevo texto.

EL REPOSO DEL FUEGO (1966). Después de la primera edición de *El viento distante* aparece el poemario *El reposo del fuego* (Pacheco 1966) que precede a la publicación de *Morirás lejos*. Se trata de un largo poema dividido en tres partes. La nostalgia y la denuncia de la destrucción del hombre por el hombre conforman el núcleo del poemario, como se percibe en el epígrafe que preside el primer grupo de poemas: "No anheles la noche en que desaparecen los pueblos de su lugar" (Job 30, 28) y versos como "Más vé tu alrededor: el mundo ruina:/ ruina y sangre la historia" (II, 8, p. 40).

Esta vez la proyección cabe hacerla nuevamente hacia el relato "Jericó" de la segunda edición de *El viento distante*. Éste en cierto modo simboliza la culminación del proceso de destrucción producido por un sistema de poder dictatorial y una ausencia total de solidaridad. Ambos elementos conforman una fuerza destructora que parece definir el tiempo, la historia. No hay que olvidar que estamos entre dos mundos de conflagraciones bélicas: la segunda guerra mundial y Vietnam. Estas referencias del contexto se explicitan en el relato "Civilización y barbarie", así como los desastres más internos, en el propio México, se encuentran en "La luna decapitada", "La fiesta brava", y muy especialmente, en *Morirás lejos,* que nos presenta la repercusión del nazismo en el presente mexicano, con todas sus raíces históricas.

La imagen de las ciudades arrasadas por las llamas se reitera, víctimas de "la incendiaria sed del tiempo" (p. 11; cf. también I, 10, p. 21 y III, 2, p. 56). Todo hombre es víctima y victimario. No hay dualidad, sino una complicada síntesis de interrelaciones donde alguien y el otro son la virtualidad misma de la especie: "si pudiera alguien saber que el otro lleva a solas/ todo el dolor del mundo, todo el miedo" (I, 6, p. 17). Es el mismo proceso dialéctico de carácter moral que nos plantea *Morirás lejos*.

No obstante esta interrelación, el poder se encarna en la figura de un "Dictador": de una fuerza todopoderosa. En el poema queda abierta la palabra virtualmente capaz de múltiples concreciones. En la novela se especifica en un sistema socioeconómico y político y en la ideología del superhombre encarnada en Hitler o sus allegados: los jefes de la Gestapo, los grandes líderes y alquimistas del desastre, que contemplan el espectáculo: "El Dictador, el todopoderoso,/ el constructor de los desiertos mira/ cómo nacen del cuerpo los plurales/ ácidos de la muerte..." (I, 7, p. 18 y II, 1, p. 32). Pero todo opresor es también oprimido: "...y es roído/ por ese encono mártir con que tratan/ los años de hormiguearlo al precipicio..." (I, 7, p. 18).

El relato "La cautiva" (Pacheco 1963, 41) narra un episodio sobre los efectos del tiempo destructor que encuentra su paralelo en el poema I, partes 8 y 10 de *El reposo del fuego*:

El relato

una mujer momificada, intacta, detenida en una actitud de infinita calma, de infinita inmovilidad... Con los dedos rocé la piel enjuta de la frente, y bajo la mínima presión de mi tacto, el cadáver se desmoronó, se transformó en materia muerta...

Me pareció que el mundo entero se volvía polvo junto con el cuerpo de la mujer; que todo se hacía un círculo ante mis ojos y que la noche se iba poblando de fragores, de estruendos: que las piedras del convento se dispersaban y caían después de la cautiva (p. 52).

El poema

busco...
algo que recuerde si he
    olvidado
que, a solas, en la tarde sin
    memoria
contemplé en derredor, vi con
    asombro
la secreta eficacia con que el
    polvo
devora el interior de los
    objetos
    (I, 8, p. 19)
piedra,
    mudez de piedra,
    testimonio
de que nada hubo aquí; de que
    los hombres
como piedra también
    se tornan viento.
Ser de viento espectral, ya sin
    aullido,
...El tiempo es polvo;
    (I, 8, p. 21)

Como en el sueño del alquimista —con lo cual nos acercamos a la temática de *Morirás lejos*— se alude al fuego por su capacidad de mutación: "Y el reposo del fuego en tomar forma/ con su pleno poder de transformarse" (p. 33). En el mismo poema: la espera en un parque, la luz de octubre, situaciones privilegiadas de JEP: "soy y no soy aquel que te ha esperado/ en el parque desierto..."; "la luz de octubre rota en la espesura" (II, 2, pp. 33-34).

También la oscilación entre realidad e irrealidad mediante la mirada, tan notoria en *Morirás lejos*, se manifiesta en el poema II (p. 36):

> Si se extiende la luz
> toma la forma
> de lo que está inventando
> la mirada.

Habría que señalar una cercanía entre este poemario y la producción anterior del autor: la certeza de que se da una recurrencia en el devenir que le imprime un carácter cíclico a los textos, al cual corresponde una figuración circular. En *Los elementos de la noche*: "Ceremonia del círculo, materia,/.../estoy buscándote" (IX, p. 56); "El tiempo circular, acantilado..." (IX, p. 57). Estos dos ejemplos explicitan una concepción temporal (en última instancia histórica) que se manifiesta en la estructura dominante de los relatos de la primera edición de *El viento distante*: tres partes divididas en dos microrrelatos, uno de los cuales cerca al otro (Ir1, IIr2, IIIr3. Ir1 y IIIr1 se continúan una de la otra hasta el infinito). A veces la idea de circularidad se refuerza por medio de alguna frase final, como en el caso de *El viento distante*: "Y la tortuga comienza su relato" (p. 34). En *El reposo del fuego* se repite algo similar: "...Quedan las flores/ y su orgullo de círculo, tan necias/ que intentan renacer, darle al aroma/ y nuevamente en piedra revertirse" (I, II, pp. 21-22); y de final obvio: "Y recomienzo" (II, 15, p. 49).

Otros motivos se dejan ya entrever en este poemario: el problema de la cosificación; del dominio de los objetos sobre el hombre, generador de cuentos como "Civilización y barbarie" en la segunda edición de *El viento distante*:

> Y a mitad de la tarde los objetos
> imponen su misterio,
> se apaciguan, y al seguirnos mirando nos permiten,
> huir antes que avancen y se adueñen
> de todo el universo
> —cuando el hombre,
> si se deja vencer,

> será un objeto
> inmóvil ya
> y en manos de las cosas.
> (II, 10, p. 42)

También aparece la realidad mítica prehispánica subyacente en la ciudad como en el cuento "La fiesta brava":

> ¿O fue un arcano Dios que humildemente
> hoy como todos en el mundo sufre
> y en la estación del metro atisba, mira
> rostros y nunca desde el tren en marcha? (II, 12, p. 44).

Y muy especialmente toda la parte 1 del poema III (pp. 53-55).

NO ME PREGUNTES CÓMO PASA EL TIEMPO (1964-1968) es una antología que se publica en agosto de 1969 (Pacheco 1969-a). Pudo pues comentarse después de *Morirás lejos,* escrito en 1966 y publicado en 1967. Sin embargo, como incluye poemas desde 1964, opté por referirme a ella ahora. Más que la cronología, importa en el libro la unidad de tono, de tematización y de lenguaje. En *El reposo del fuego* (1966) se percibe todavía cierta oscilación entre un lenguaje más "literario", próximo al de *Los elementos de la noche,* y el de varios poemas, cercano a la lengua coloquial. El título, *No me preguntes cómo pasa el tiempo,* muestra también esta escritura basada en la concreción de elementos y experiencias cotidianas que en el libro contribuye a la caracterización de la época histórica presente. El tono evocador y el ritmo y la rima (cuando aparece) hacen de este decir un decir poético directo, que sensibiliza la conciencia social del lector.

En este último sentido cabe señalar que *No me preguntes cómo pasa el tiempo* está más próximo a los relatos que los libros anteriores, aunque a decir verdad, en la escritura de JEP —aun en sus manifestaciones primerizas— siempre encontramos este fluir de la poesía al relato, y viceversa. Es lo que ocurre señaladamente en *Morirás lejos,* donde incluso aparece la forma poética (marcada por el ritmo y la distribución formal del texto) en momentos que corresponden a un alto nivel afectivo y dramático. Y en los relatos breves en momentos como el comienzo evocador de "El viento distante", y en algunos segmentos de "El castillo en la aguja" o en "Jericó".

El texto se inicia con unos poemas de 1966 y 1967 que en cierto modo "presagian" los hechos sangrientos de Tlatelolco, 1968, en la Ciudad de México. Este suceso histórico conforma los cuatro poemas siguientes. Los demás no están fechados, lo cual destaca más estos primeros desde el punto de vista de precisión y de "intuición" históricas.

No obstante, lo que importa comentar a nuestro propósito es el paralelismo que existe entre muchos de los motivos de estos poemas y los relatos. El periódico, p. ej., es un texto al que se acude reiteradamente. Para "... mirar lo que hoy ocurre. Es suficiente leer un periódico para que los sentidos interroguen todo lo que fermenta en derredor de nuestra tibia ansiedad, de nuestra cólera apacible. Porque no hay filtros ni exorcismos contra lo que se gesta y se levanta" ("Transparencia de los enigmas", p. 14). La identidad de la prensa con la historia cotidiana se revela claramente en estos versos: "Entre sábanas, roto, envejeciendo, / está el periódico/ la guerra continúa, la violencia/ incendia nuestros años" ("Digamos que Amsterdam 1943"). El periódico es también muy significativo en *Morirás lejos*. Allí Alguien, el actante en acecho, lee *El Universal* y, por lo que lee, inferimos su situación y la del contexto que el relato destaca. En "Tenga para que se entretenga" (Pacheco 1972, 131-149) queda como testimonio de veracidad histórica un ejemplar de *La Gaceta del Imperio* de 1866, y la prensa se encarga de dar diversas versiones sobre los hechos (pp. 141-142). También se alude a "los periódicos de México" relacionándolos con la historia en "La luna decapitada" y a *El Dictamen* y *La Tarde* de Veracruz en "El principio del placer" (Pacheco 1972, 9). En "Langerhaus" (*Ibid.*, p. 115) la ausencia o presencia de la noticia periodística es clave para descifrar el enigma que plantea el relato.

El mundo indígena como núcleo primigenio o residuo mítico vigente aparece en la "Descripción de un naufragio en ultramar" y en la "Lectura de los *Cantares mexicanos*: manuscrito de Tlatelolco". La idea, aunque no es constante, persiste en relatos como "La luna decapitada" (Pacheco 1969-b, 70); "Civilización y barbarie" (*Ibid.*, p. 110); "La fiesta brava" (Pacheco 1972, 77) y en *Morirás lejos* en momentos en que se entrevera con el presente. Predomina la alusión a la Guerra florida que parece haber dejado una marca significativa en la producción de JEP.

Así como *Morirás lejos* se produce en la interrelación entre ficción e historia, con claro predominio de la segunda, la confusión de ambos planos se afirma en "Transparencia de los enigmas" *(No me preguntes cómo pasa el tiempo)*:

> La realidad destruye la ficción nuevamente. No me vengan con cuentos porque los hechos nos exceden, nos siguen excediendo,
> mientras verificamos nuestras dudas (Pacheco 1969-b, 16).

Mucho también de la crítica sociopolítica de "Civilización y barbarie" (Pacheco 1969-b, 110) se da en el poema "Un defensor de la prosperidad" (enero 1967):

> ...
> Murió en la selva guerrillera
> —un hombre
> confiado en el vigor que da el Corn Flakes
> y en las torvas palabras del texano.
> (Pacheco 1969-a, 17)

La alusión al *Corn Flakes*, vinculada a los efectos del slogan publicitario ("confiado en el vigor...") cobra un cariz irónico. Este lenguaje de los objetos se reitera en la producción de Pacheco. En este sentido cabe referirse al relato "La fiesta brava" y al poema "Ya todos saben para quién trabajan" (p. 30). En este caso los objetos son el indicio principal del problema sociocultural planteado. La alusión concreta a la máquina *Remington* y al bolígrafo *Esterbrook* se repite tanto en el poema como en el relato.

El Ajusco actúa en *Morirás lejos* como "vigía" y "testigo" de toda la ciudad, pero sobre todo del enigma que se desarrolla en el relato; tiene además carga simbólica por su historia. Todos estos elementos intervienen en el poema "El Ajusco", del poemario que nos ocupa (p. 53).

Hay otras alusiones de detalle, menos importantes, como cuando se refiere a los leones ("Leones", p. 89): los "que consumen/ la proletaria carne del caballo", hecho que recuerda el "Parque de diversiones" donde los caballos viejos sirven de alimento para los animales y para los humanos ("metáfora, apenas agravada, de su propio destino", Pacheco 1969-b, 35). También hay semejanza a nivel simbólico por la identificación de los caballos con los hombres.

Este último comentario me lleva a señalar un rasgo intertextual de nivel más interno que el anterior. En los relatos de Pacheco se repite frecuentemente un proceso de hominización de los animales y de animalización de los seres humanos (microrrelato de "El tigre", r3, en "Parque de diversiones"). El hecho responde a una amplia tradición literaria, pero lo que importa señalar ahora es que en *No me preguntes cómo pasa el tiempo* hay una sección "Los animales saben" (cita de Samuel Beckett) que denota la misma visión (cf. "El espejo de los enigmas: los monos", p. 81 y "Biología del halcón", p. 86).

MORIRÁS LEJOS [1966]. En esta acta primera edición de *Morirás lejos* (Pacheco 1967) confluyen casi todos los matices escriturales de la producción de JEP y no pocos de los temáticos. Es por eso que en las páginas que anteceden he mencionado reiteradamente paralelismos y semejanzas específicas entre la obra anterior y ésta. Quizá lo más notable es que en *Morirás lejos* se repite la misma estructura de otros relatos: la "puesta en abismo" mediante la inclusión de una historia dentro de la otra (técnica de las "cajas chinas" o de "muñeca rusa"). En los relatos el modelo más cercano es "Parque de diversiones" (Pacheco 1969-b, 30). El hecho es en sí mismo representativo de la intertextualidad, y se presenta como un proceso explícito, consciente.

Algo semejante ocurre con los epígrafes, constantes en la obra de JEP, que funcionan como un primer nivel de citación. En *Morirás lejos* el epígrafe es ya versión de otra versión (Quevedo/Séneca), tal como en los libros de poemas de JEP —excelente traductor— se incluye una sección de "Aproximaciones", versiones suyas de poemas ajenos.

La intertextualidad tematizada persiste en el interior de su producción; a ella se alude como un posible significante generador del propio poema: "Estas formas que veo al lado del mar/ y engendran de inmediato/ asociaciones metafóricas/ ¿son instrumentos de la Inspiración/ o de falaces citas literarias?" (Pacheco 1969-a, 55).

Morirás lejos incluye también poemas cuyo carácter es similar a los de *No me preguntes cómo pasa el tiempo*. En un caso se trata de una imagen visual (p. 58, ¿poesía concreta?) que recuerda composiciones suyas como "Escolio a Jorge Manrique" (p. 54) del poemario citado. En otros —los más— lo dominante es el tono elegíaco o evocador, el ritmo lento de la frase, como en las páginas que exponen el drama de las cámaras de gas (pp. 74-77).[2]

En *El reposo del fuego* se percibe una nostalgia elegíaca por la Ciudad de México: "La ciudad, en estos años, cambió tanto/ que ya no es mi ciudad..." (p. 57), motivo que persiste en *Morirás lejos* (p. 90), especificado como símbolo del deterioro del sistema sociopolítico (cf. *Tiempo-espacio*).

La imagen del hombre de los sectores medios se repite también, tanto en el poemario, como en el relato. En este último es más clara la ubicación del actante en el espacio de la ciudad de México, aunque al mismo tiempo cabe decir de él que es todos y uno. En el poemario puede afirmarse que el fenómeno cultural destacado como referencia es el norteamericano (v. el ya citado poema "Ya todos saben para quién trabajan", p. 30). No obstante, en "Imitación de James Agee"

[2] Otro parelelismo entre la disposición gráfica de los poemas y la de la primera edición de *Morirás lejos* es la ordenación de los hechos en dos columnas complementarias y paralelas que se dan en ambos con modalidades parecidas (cf. "Copos de escarcha sobre Wivenhoe" y "La lluvia", en Pacheco 1969-a, 56, 58). La disposición textual varía en la segunda edición revisada de 1977.

lo que obtenemos es una especie de radiografía de la vida matrimonial de una pareja típica de los sectores medios en la Ciudad de México. En realidad no se trata sino de una misma problemática: la transculturación sufrida por el contexto mexicano en su contacto con el sistema capitalista norteamericano (en *El viento distante y otros relatos* y en *El principio del placer* precisaré otros matices de esta afirmación).

EL VIENTO DISTANTE Y OTROS RELATOS (1969). La segunda edición de *El viento distante* puede considerarse prácticamente un nuevo texto (Pacheco 1969-b). Como ya señalé, añade nuevos relatos y en los seis primeros, ya publicados, realiza varios cambios. Éstos son, por lo general, más o menos externos; no alteran la estructura del relato y mejoran su redacción ("El parque hondo"; "El viento distante"). Pero también hay cambios sustanciales como en "Parque de diversiones" en el cual se altera el orden de algunos microrrelatos, y se añaden otros con una función central en términos del sentido dominante (El de los caballos, r4 y el de "La isla de los monos", r7).

El epígrafe inicial de toda la primera edición "*Labyrinthe, la vie, labyrinthe, la mort/ Labyrinthe sans fin, dit la Maitre de Ho*" pasa a ser en ésta el epígrafe de uno de los relatos, "Parque de diversiones", estructurado sobre la imagen del mundo como laberinto. El libro lleva ahora el epígrafe de Henry James: "*I have the imagination of disaster and see life as ferocious and sinister*", caracterizador de la visión de mundo dominante en toda esta parte de la producción de JEP. Lo laberíntico es prácticamente constante, pero se presenta como manifestación o figuración de esta visión desastrosa. Ambas citas son intercambiables como versiones pesimistas y generalizadoras de la vida.

Los otros epígrafes tienen que ver con la vida individual como expresión de esta visión de mundo. Sobre la infancia se da, por ejemplo, una cita del crítico y autor inglés Denis Donoghue:

> Childhood is miserable because
> every evil is still ahead.

La cita preside "El parque hondo", pero se proyecta a otros cuentos. Alude al proceso de la vida como un camino hacia el mal, o una secuencia de derrotas. Así lo indica el epígrafe de George Orwell en el relato "El castillo en la aguja":

> A man who gives a good account of himself is
> probably lying, since any life when viewed from the
> inside is simply a series of defeats.

En el caso de "La reina" el matiz es el mismo. Esta vez se trata de un verso del poema "La reina" de Porfirio Barba Jacob, que el relato parece parodiar. El clima de este relato está claramente enmarcado en la sociedad de Veracruz, capital de provincia. La reina es la adolescente que aspira a presidir las fiestas del carnaval, en una versión que invierte paródicamente la solemnidad del poema matriz: "Oh reina, rencorosa y enlutada..."

"Aqueronte" relata un episodio en la vida de dos adolescentes. Se observa el contraste generacional —tan reiterado en JEP— entre la pareja de jóvenes y los adultos que sirven de telón de fondo en el "escenario" narrativo. Por la anécdota y la edad de los actantes puede relacionarse este relato con el que le sigue, "La reina", que nos sitúa —incluso por la repetición del actante femenino— en el ámbito de "El principio del placer" del libro del mismo título.

En "La reina" el espacio está marcado por elementos característicos de los sectores medios norteamericanos —despertador de Bugs Bunny espejo con figuras de Walt Disney, el beisbol y voces como auerfader, Miss México, Miss California. En este sentido el relato es paralelo a "La fiesta brava" (Pacheco 1972, 77), a "Civilización y barbarie" e incluso a algunos pasajes de *Morirás lejos* relativos a la identificación de Alguien (alternativa [a], p. 13; [g], pp. 30-31; [u], p. 56).

El actante de "La reina" recurre a la escritura de un diario (cuaderno de apuntes), como se hará también en "El principio del placer". El espacio creado por esta modalidad escritural funciona en cierto modo como las historias dentro de la historia, tan frecuentes en la obra del autor.

"La luna decapitada" se centra en la etapa del huertismo y llega hasta Ávila Camacho (1944). Recurre al mito prehistórico como mito fundador al cual se reintegra el actante. La interrelación entre historia y mito es paralela a la interrelación entre historia y ficción ("La fiesta brava"; *Morirás lejos*).

Además "La luna decapitada" está escrito con una técnica contrapuntística que recuerda el montaje cinematográfico. El ciclo del actante, como indiqué, se cierra con su entrada en el mito, en la leyenda. Se trata, una vez más, de reminiscencias de la Guerra florida de los aztecas. Intertextualmente apuntamos que este tema aparece en *No me preguntes cómo pasa el tiempo* (pp. 21-22) y reaparece en el último libro de poemas de JEP, *Islas a la deriva* (1976), precisamente destacando el detalle que se especifica en "La luna decapitada" (*En el poema*: la subida de la escalinata; el sacrificio, p. 20. *En el relato*: la subida de la escalera, la entrada en la muerte "en las nueve llanuras del Mictlán", p. 80). También hay que señalar que el relato remite a JEP autor de crónicas históricas, con un gusto especial por episodios característicos del periodo revolucionario e inmediatamente posrevolucionario.

"Virgen de los veranos" es un relato poco característico de JEP. Episódico, de zona rural, en cierto modo se entronca con el anterior por su carácter anecdótico. Sin embargo, debido a la ausencia de personajes históricos, no pasa de ser un hecho sintomático de un problema más amplio sociocultural, que corresponde a México después de la Guerra cristera.

Colocados al final del libro, "No entenderías", "Civilización y barbarie", "Algo en la oscuridad" y "Jericó" se sitúan en un ámbito cosificador, agresivo y bélico que en el caso de los tres primeros relatos podemos circunscribir a la cultura norteamericana ("Jericó" es mucho más general). Las marcas textuales permiten conjeturar que se trata del a dónde vamos sociocultural de la primera parte. Es decir, estos relatos constituyen una especie de proyección sociohistórica que, al mismo tiempo, cierra el libro y apunta a un sentido totalizador, cercano a la visión de mundo de las antiutopías contemporáneas.

Los objetos, particularmente en "Civilización y barbarie", manifiestan este proceso cosificador. El parque (por proyección metafórica "bosque", "selva"), más que punto de reunión, es espacio que frustra y agrede en "No entenderías", como lo es en relatos anteriores ("El parque hondo", "Tarde de agosto", "Parque de diversiones").

"Civilización y barbarie" alude al belicismo y a la opresión presentada siempre por JEP como oposición entre poder y pueblo. Pueblo plural, disminuido: "hormigas", "topos"; poder arrasador, fuego destructor. Pero lo que quizá es más significativo es esa voluntad de acumular los sucesos de guerra desde el origen de un pueblo hasta su presente, que en *Morirás lejos* es determinante. En "Civilización y barbarie": los apaches y las fuerzas federales; la segunda guerra mundial; Vietnam y el movimiento liberador de los negros. En *Morirás lejos*: la destrucción de Jerusalén por los babilonios y por Roma; el fascismo y la segunda guerra mundial, y una referencia y que llega hasta Vietnam[3] y el presente.

De "Jericó" he trazado ya varias referencias al hablar de *Morirás lejos* y de muchos poemas, sobre todo de *El reposo del fuego* (pp.

---

[3] El motivo de Vietnam se reitera en su poema "Por Vietnam" (*Irás y no volverás*, p. 94) y en "Vietnam" (*Islas a la deriva*, pp. 141-142). En el primero la imagen se amplía y explicita en detalles concretos —que la aproximan a la narrativa; en el segundo se reduce a una ampliación del enunciado: "Los griegos deshicieron el gran poder/ de los persas cargados de oro."

9, 11, 14, 18, 21, 35, 56 y 72). Esta pluralidad intertextual se explica por el carácter simbólico del texto.

En EL PRINCIPIO DEL PLACER, que da nombre al siguiente volumen de relatos (1972), JEP se afirma en una escritura decantada de los juegos estructurales esbozados en textos como "Parque de diversiones" y que culminan en *Morirás lejos*. Los enunciados afirman la continuidad de un relato tendiente a la polivalencia semántica, más cercano al discurso lineal. Lo visual sigue siendo preeminente; no así el cruce de planos, con lo cual nos sentimos a veces más próximos al teatro (v. también "Aqueronte", en Pacheco 1969-b, 52) que al lenguaje cinematográfico. No se trata de una división tajante entre dos tipos de lenguajes; de hecho podríamos mantener una lectura que sólo remitiera al código cinematográfico. Se trata únicamente de un cambio de acento o de la pérdida de ciertos rasgos que solemos adscribir más cómodamente al cine. El cambio de tendencia bien podría interpretarse también como un desplazamiento hacia un relato estrictamente narrativo. Esto se refuerza por el hecho de estar escrito casi todo como "cuaderno" autobiográfico de uno de los actantes (cf. "La reina", en Pacheco 1969-b, 56).

La "técnica" de diario permite cierto juego escritural que acentúa esta preferencia por lo escrito en tanto tal. El actante, en su función de escribir, se mantiene verosímilmente dentro del marco del contexto sociocultural y psicológico en que se inscribe y se define. Sin transgredirlo, su enunciado se vuelve repetidas veces sobre su función y la define: en términos del lector virtual (p. 11); del código del género (p. 12), y de la autonomía relativa de la producción textual (p. 13).

Ya mencioné al hablar de *El viento distante y otros relatos* (1969) la existencia de cierta continuidad entre "La reina", "El castillo en la aguja" y "El principio del placer". Se producen en un mismo marco geográfico: la ciudad de Veracruz, y se repiten entre ellos algunos actantes (Gilberto y Pablo). Los tres presentan problemas característicos del desarrollo infantil y adolescente, condicionado por la vida familiar de los sectores medios, en el ámbito sociocultural de la ciudad provinciana. En la medida en que tratan estos problemas también se relacionan con "El parque hondo"; "Tarde de agosto"; "La cultiva" y "Aqueronte" del mismo libro, aunque éstos últimos no se ubican en provicia. "El parque hondo" y "Tarde de agosto" muestran indicios textuales que hacen pensar más bien en la Ciudad de México.

En estos relatos ya aparecen ciertos detalles reiterados en toda la producción de Pacheco. Son imágenes (¿obsesivas?), muchas veces alegóricas, que contribuyen a conformar la visión de mundo dominante. Es el caso de los animales menores que representan al hombre y a los pueblos sojuzgados por el poder opresor y destructivo. Aquí se trata del actante que se divierte pisando cangrejos en la arena y advierte que "todos somos ellos y cuando menos se espera alguien o algo viene a aplastarnos" (p. 56). La imagen es paralela a la del hormiguero (cf. "Jericó" y *Morirás lejos*) y a la de los gusanos (cf. *Morirás lejos*).

Como "El principio del placer", "La zarpa" es también lineal. Es una confesión o monólogo en primera persona, que caracteriza psicológicamente a un actante femenino dentro de un contexto social y una temporalidad claramente delineados: la Ciudad de México desde el período posrevolucionario al presente del relato y de la historia ("y ya sería época de Alemán o Ruiz Cortines"; "la esquina de Madero y Palma", p. 76).

En la obra de Pacheco es inusitado el hecho de que los actantes femeninos tengan esta función central, dominante. Por lo general aparecen desdibujados o ausentes —como es el caso de la madre en el grupo familiar, lo cual propicia la frustración del niño o del adolescente. Cuando hay sustitutos ("El parque hondo") también las relaciones son frustrantes y disminuidoras de la persona. Este sentido de frustración y disminución en las relaciones prevalece en "La zarpa", no obstante el carácter dominante de los actantes femeninos.

"La fiesta brava" reintroduce los cruces de planos (historia/ficción; historia/mito; pasado/presente; dominador/dominado) y el principio del texto dentro del nuevo texto, que implica la intertextualidad. Ésta se explicita y deviene núcleo generador de la escritura, como en *Morirás lejos* (1967).

La imagen de la destrucción bélica totalizadora reaparece en el escenario de la guerra de Vietnam. La escritura se llena de reminiscencias bíblicas relativas a la destrucción de Jerusalén (cf. *Morirás lejos*: "...no quedará bambú sobre bambú, no quedará ningún sobreviviente, no habrá testigos de lo que fue una aldea", p. 79). Pero en el relato el espacio original en el cual se expía la culpa del presente es el prehispánico ("Andrés regresó a la noche de México", p. 111).

Esta fusión de realidad y mito esfuma los límites entre ambos y crea la zona de ambigüedad necesaria para que se manifieste lo fantástico, ámbito en que han de producirse los tres relatos con que concluye este libro: "Langerhaus", "Tenga para que se entretenga" y "Cuando salí de la Habana válgame Dios".

IRÁS Y NO VOLVERÁS (1973). De un modo u otro en todos los relatos de *El principio del placer* gravita una atmósfera de nostalgia, de búsqueda de lo perdido: la niñez, la adolescencia, la fama, la historia (cf. el epígrafe, p. 8). El tono y la tematización se amplían en este próximo libro de poemas (cf. "Contraelegía", p. 42).

Se mantiene en algunos poemas, como en el libro de poesías anterior *(El reposo del fuego)*, una distribución del verso en dos partes (cf. "Idilio" y "Moralidades legendarias", Tacubaya, 1949) que también aparecerá en *Islas a la deriva* (1976): p. ej. "México: vista aérea", pp. 39-40).

El rasgo recuerda la disposición tipográfica en dos columnas de muchos de los pasajes de la primera edición de *Morirás lejos*. Ambas modalidades responden a una misma intención de distinguir y destacar, en este último caso, las distintas voces que entran en juego y los niveles de la historia y de la ficción. Aparte de la relación normal que establece la contigüidad espacial, a veces se entrecruzan ambas columnas y se borran y se confunden sus límites.

Otra de las ideas rectoras de la producción de Pacheco es que la Historia no se olvide, y se haga presente como una realidad que supera la ficción o el sentimiento individual. Esta idea es obsesiva en JEP cuando se trata de la guerra, principalmente de la segunda guerra mundial (tematizada en *Morirás lejos*) y en segundo lugar de la de Vietnam. En *Irás y no volverás* se manifiesta también esta oposición vida individual-intrascendente/Historia. Como en los relatos (*Morirás lejos*, "La fiesta brava", "Jericó") la idea se asocia con la escritura bíblica:

> Música
> y de repente es la misma canción
> la que sonaba en tardes como aquéllas
> ¿Han vuelto o todo es diferente?
> *La zarza de los días*
> *se enreda en la violencia*
> *Arde el desierto*
> *Tablas y leyes de conducta*
> Multitudes
> prosiguen su camino
> y dan vueltas y vueltas
> *al Templo de*
> *la Guerra*
>
> La incertidumbre es todo lo que tengo
> Se acabó el elepé
> *Hoy recomienza*
> *la pesadilla de la historia* (p. 16).

Otros motivos de *Irás y no volverás* se vinculan directamente con la producción narrativa de JEP. Así el acto de ver, derivado de la actitud de observador como postura decisiva ante la realidad, que es otra de sus obsesiones:

> Mi desolado tema es ver
> qué hace la vida
> con la materia humana
> Cómo el tiempo
> que es invisible
> va encarnando espeso
> y escribiendo su historia inapelable
> en la página blanca que es el rostro (p. 24).

O como detalle particular, la relación entre la imagen que vincula la nostalgia del pasado con un acuario en el poema "Marea baja" y el relato "El viento distante" (Pacheco 1969-b, 26):

El poema	*El relato*
Su resplandor se vuelve opacidad El pasado es un acuario una prisión de fantasmas (p. 34).	Camina hasta el acuario, enciende un fósforo, lo deja arder y mira lo que yace bajo el agua. Entonces piensa en otros días, en otra noche que se llevó un viento distante, en otro tiempo que los separa y los divide como esa noche los apartan el agua y el dolor, la lenta oscuridad (p. 26).

Una relación similar puede establecerse entre la imagen del "Parque España" (p. 45) con su fuente-Babel-torre y la del parque con su fuente-torre de Babel en *Morirás lejos*.

Se insiste también en la idea del instante aglutinador de sentido que aparece desde "La sangre de Medusa" y llega al límite de la escritura en *Morirás lejos*. La idea se relaciona con la de la fugacidad de los hechos y la necesidad del recuerdo ("El segundero", p. 75; "Hoy mismo", p. 98). Y se reitera la imagen de Vietnam destruida bajo la acción de los desfoliadores, presente en muchos momentos de su narrativa ("Por Vietnam", p. 94).

DICEN (1975) es el último relato que ha publicado JEP (Pacheco 1975). De estructura lineal, reúne muchas de las características que hemos ido señalando, tanto en la narrativa como en la poesía del autor, particularizadas de acuerdo al nuevo texto.

El relato oscila entre un *nosotros* y un *ellos* con clara referencia ideológica. El sujeto narrador se identifica como uno de la colectividad, pero se retrae impersonalmente ("ellos") cuando censura a esa misma colectividad. Es, pues, testigo de los hechos, denunciante, pero no se siente totalmente comprometido, ni culpable. El yo colectivizado ("nosotros") sólo tiene el valor de conformar un testigo plural o de disolver el yo en uno de tantos.

Esta idea de "espectador" crítico, al margen sin embargo del compromiso efectivo —ahora explícita en este relato— es la dominante en la narrativa de JEP y en su poesía. Se acompaña normalmente por el tono irónico (incluso ante sí mismo y ante su función como escritor específicamente, cf. "La fiesta brava" y *Morirás lejos*) y no está lejos de la actitud nostálgica que parece presidir su visión de mundo.

El epígrafe se mantiene, pero esta vez se trata de una frase irónica entresacada del texto, que pretende darnos la intención del relato: "A lo mejor esta historia es/ una sarta de mentiras/ inventadas con el único objeto/ de molestar al prójimo" (p. 70).

El espacio es urbano —como en prácticamente toda la narrativa de JEP— y remite a un tiempo que puede ser contemporáneo a la fecha de la producción: 1975. Es como si entráramos a la historia a través de la valoración que hacen de ella las voces de las capas medias con las que el narrador se identifica o de las que se separa, como señalé, creando una distancia crítica protectora del yo.

Hay partes del relato (al comienzo, p. ej.) que se escriben en forma fragmentada —como ocurre con la poesía y *Morirás lejos*. Pero aquí me parece que se subordina a la idea del rumor colectivo diferenciándolo como un conjunto de voces en el cual se da lo colectivo y lo individual (análogo al uso del yo y el nosotros, en cierta medida).

La vida como espectáculo y el vivir como un juego dialéctico entre espectáculo y espectador podría considerarse otra de las constantes en la producción de JEP. Aquí no sólo está presente en el distanciamiento yo/ ellos del narrador. Persiste, de manera crítica e irónica, al relacionarse los hechos con un "cinito", lo cual evidentemente sugiere una crítica negativa a la actitud pasiva de los espectadores en los momentos decisivos: "Entonces, ya que había terminado el *cinito*, fuimos y explicamos a los policías y llamamos a la Cruz Verde para que levantara los cadáveres." Con la misma determinación ha dicho en "The dream is over" de *Irás y no volverás*:

    la manipulación las distorsiones
    el falso testimonio
    Aciago don
          pecado original
                cinito impune (p. 15).

Y en "Cineverdad" de *Islas a la deriva* (p. 64) se mantiene y amplía la imagen, porque engloba la vida toda, y en cierto modo la trasciende.

Por encima del decir subjetivo y la imaginación, la realidad —y en *Morirás lejos* la Historia— se impone como verdad mucho más dolorosa:

> esa misma tarde entramos en el departamento de Don Genaro: no había restos de su mujer ni hierros candentes ni plomo derretido: sólo relojes descompuestos, dentaduras postizas, juguetes de niño, máquinas de coser, ropa vieja, montones de zapatos... (p. 148).

El lenguaje mantiene las características de concreción y linealidad que ya reconocimos en *El viento distante* y *El principio del placer*, pero es más próximo a la lengua oral de estos actantes característicos de los sectores medios urbanos. Véase en este sentido el siguiente pasaje claramente ideologizado, en el que "las voces de la calle" resumen el modo de ver la ciudad:

> Qué cosas están pasando en México ¿verdad? Dicen que es porque ya hay tanta gente o por la inflación o por la píldora o por los comunistas o por las drogas o por las ideas que ahora traen las mujeres o por el tránsito o por tanto extranjero como ha venido a quitarnos el pan de la boca a los mexicanos o tanto muertodehambre que llega del campo con su sarta de hijos: el caso es que ya no se puede vivir en esta ciudad que antes era tan bonita y tan tranquila, cuando menos para la gente decente como nosotros. Todo mundo anda como loco, de veras; nadie se tienta el corazón por nadie y todos creen que las cosas malas son para los demás y a uno de ningún modo puede pasarle algo tan horrible como lo de Don Genaro y Mauricio (*id.*).

Islas a la deriva fue publicado en 1976. Como ocurre con los otros libros de poemas de JEP, éste muestra tangencias y entrecruces con su narrativa, que confirman la relación entre ambas modalidades de la escritura (Pacheco 1976). Interrelación que el autor ha hecho explícita al pasar de una a otra modalidad en un mismo texto, y que evidentemente subyace a toda su producción. De hecho sería sumamente interesante estudiarla desde esta perspectiva. Las relaciones pueden ser formales (escritura fragmentada); lingüísticas (cercanías entre el decir poético y el decir en prosa —no obstante las diferencias en el trazado rítmico) y en la significación.

Respecto a esto último, cabe decir que en la concreción de la visión de mundo de JEP se repiten imágenes, símbolos y motivos, tanto en la poesía como en la narrativa. Es lo que he ido apuntando principalmente en este rápido trazado sobre las interrelaciones de su producción. De *Islas a la deriva* he señalado algunas (la Guerra florida de los aztecas; la vida como cine y espectáculo; Vietnam...), pero hay que destacar dos poemas: "Las hormigas" (p. 95) y "la sirena" (p. 105). El primero dilucida el sentido total que las hormigas tienen en la producción de JEP; el segundo guarda una cercanía incluso textual con el relato "El viento distante" (Pacheco 1969-b, 26):

> En el domingo de la plaza
> la feria
> y la barraca y el acuario... (p. 105).

Otro rasgo ya registrado (cf. *Morirás lejos* y "La fiesta brava") y que se mantiene constante, es la puesta en práctica de la intertextualidad, en las versiones de poemas ajenos que JEP siempre incluye en sus libros de poesía. De esta modalidad quizá lo más libre sea la última sección de *Islas a la deriva:* "Lectura de la antología griega" (pp. 135-158).[4]

Las referencias a que todo es intertextualidad también son explícitas y no siempre positivas: "Y de otro modo cómo/ todo acto es traducción" ("H y C", p. 76); o como en los versos ya citados (cf. *supra*) de "La experiencia vivida" (Pacheco 1969-a, 55).

MORIRÁS LEJOS (2a. ed. revisada, 1977). Aunque en este caso no se puede hablar de un "nuevo texto" (como en el de la segunda edición de *El viento distante*), esta versión de *Morirás lejos* no puede pasarse por alto en la intratextualidad de la producción de JEP (Pacheco 1977).

La nueva versión amplía y precisa la primera. La revisión más importante es la que aclara el sentido ideológico del texto: se corrigen algunos textos históricos; se reconoce textualmente la importancia de los grupos de izquierda en la resistencia judía; a partir de sus bases estructurales, se proyecta el problema del nazismo a las condiciones socioeconómicas del presente histórico mexicano, sin limitarlo al racismo o a sus raíces filosóficas, pero remitiendo a ambos aspectos (pp. 14, 85, 128-129). No sólo se enriquece así el relato; hay otros cambios que lo refuerzan también ideológicamente (p. ej. la mayor especificación en la descripción de las torturas y crímenes; o de las oraciones y cantos de los judíos camino de las cámaras de gas, con su marcado efecto contrapuntístico). Se acentúan además

---

[4] Los poemas se publicaron por primera vez en la revista *Eco* (Bogotá), núm. 183 (1977), 52-60. En esa ocasión se incluyó la nota final siguiente: José Emilio Pacheco, con la colaboración involuntaria de Robert Brasilach (*Anthologie de la poésie grecque*), Juan Ferraté (*Líricos griegos arcaicos*), Dudley Fitts (*Poems from the Greek anthology*), Richmond Lattimore (*Greek lyrics*), Salvatore Quasimodo (*Lirici greci*) y Rafael Ramírez Torres, S. J. (*Bucólicos y líricos griegos*).

rasgos característicos de la escritura de JEP, como el de la espacialización textual significativa mediante espacios en blanco; la ausencia de sangría en los párrafos que corresponden a partes, y marcas tipográficas como la cursiva.

El proceso de reescritura textual es recurrente en la producción del autor (recuérdese su primer relato "La noche del inmortal"), y va acorde con la conciencia de escritor que revelan muchos de sus relatos ("El principio del placer", "La fiesta brava", *Morirás lejos*). Es un acto de escritura que presupone una concepción del texto como objeto abierto, permutable. Dentro de esta concepción, la nueva versión de *Morirás lejos* representa una práctica límite con la escritura. La revisión abarca prácticamente todos los niveles del texto, pero de tal manera es hábil, que no se altera el primer trabajo textual hasta el punto de negarlo o de transgredirlo en sus aspectos caracterizadores y estructurantes.

EL JARDÍN DE NIÑOS (1978). El predominio de la imagen visual se da en prácticamente toda la producción anterior de JEP, lo cual la hace propicia para la representación (cinematográfica o dramática) o, como en este último libro publicado, para integrarse con una serie de textos pictóricos (20 serigrafías de Vicente Rojo).[5]

Los poemas e imágenes obedecen a un deseo frustrado de recuperación de la infancia. No pretenden por eso recuperarla realmente. Se asume el distanciamiento y lo que prevalece es la visión de mundo del adulto. De ahí el tono nostálgico, el pesimismo, el enfrentamiento con la muerte.

Es evidente el nexo con los relatos de niños y adolescentes en *El viento distante y otros relatos* (1969) y en *El principio del placer* (1972). La visión negativa se proyecta ahora al momento del nacimiento —aunque concluya con una nota esperanzadora:

> ...
> Cabeza deformada por el túnel
> y la lucha asfixiante.
> Arrugas de humedad. El viejo monstruo
> rejuvenece en horas y mañana
> será tierno y hermoso (p. 2).

Pero ese "mañana" pierde toda efectividad ante la abrumadora presencia del temor y la muerte:

> Llanto, llanto

---

[5] Hermosa edición de lujo de veinte poemas de JEP y veinte serigrafías de Vicente Rojo. Para el comentario utilicé los textos publicados en *Sábado* (Suplemento del *Unomásuno*) el 17 de junio de 1978 (Pacheco 1978).

>   de aquel recién nacido en quien renueva
>   sus temores la especie
>   ...
>   y no eres
>   centro de ningún mundo, rueda apenas
>   del enorme engranaje, una semilla
>   entre *la cuna eterna que se mece insaciable* (p. 3).

Esta afirmación de la muerte nunca había sido tan explícita ("es que sólo la muerte podrá dar la respuesta", p. 4). Los relatos mostraban —como el poema— un proceso vital frustrante, disminuidor de la persona (cf. "Tarde de agosto"); una visión pesimista y un tono nostálgico acorde con ella. Pero ahora vida y muerte se interrelacionan desde el nacimiento.

Nacer es además un azar, "un juego" de "mamá y papá" (p. 4), lo cual remite a su crítica persistente de los roles familiares en los relatos. Y vivir, como en la narrativa, es "un enigma" *(Morirás lejos)*; "una línea que conduzca/ a la boca del *laberinto*" (p. 4, cf. "Parque de diversiones"; "El viento distante").

El hombre, definido antes en su producción por la ambigüedad de los opuestos (dominador/dominado; opresor/oprimido; torturador/torturado...), lleva en sí la virtualidad del mal. Pero este mal —como el nazismo y sus efectos en *Morirás lejos*— más que natural está en el contexto, en la estructura social en que se nace:

>   ...
>   qué hará consigo mismo este ser libre, sí: libre
>   con sus limitaciones:
>   *clase, nación, época, lengua*
>   ... (p. 4)

>   ...
>   Y que tus ojos sin color te descubran
>   la hermosura de esto que vives,
>   la sordidez
>   de haber nacido entre la injusticia, el terror,
>   el microbio o bacilo que puede fermentarnos en lobos
>   de nuestros semejantes... *(id.)*

>   ...o somos los guijarros que avienta el mar y caemos
>   en la playa que no elegimos, entre sargazos
>   y los iris letales del petróleo
>   ... (p. 6).

Dos líneas se definen claramente en la idea del mundo que conforma estos poemas. De un lado el deseo personal que tiene por objeto oponer a la muerte y a la sucesión temporal (que a ella lleva) la posibilidad de regreso. De otro, la conciencia plena de la negación de ese objeto. Apenas el recuerdo, apenas el habla pueden tenderse como puentes:

> ...
> En la sucesión,
> en su insondable vértigo nos queda,
> como hilito en nuestro camino o migaja,
> para volver por nuestros pasos perdidos el habla (p. 5).

Tal como señalé antes, es el mismo tono, la misma problemática —ahora más desoladora— de sus relatos de niños y adolescentes.

A ratos parecería que la dinámica reiterativa de algún modo es posible: "Esto que aquí se rompe y se rehace/ se llama el mar" (p. 2); "Huele el jardín a recomienzo" (p. 3). La idea —e incluso la palabra 'recomienzo'— se repite en poemas anteriores y en los relatos. Pero es claro que lo prevaleciente es la historia, y el individuo no tiene otra salida que la muerte: "... Si te derrumbas, si te mueres/ habrá otro siempre para acabar cuanto empezaste"; "... El mundo/ no morirá, y lo sabes, cuando te extingas" (p. 6). De algún modo —e independientemente de diferencias ideológicas y escriturales— estaba implícito este hecho en relatos como "La luna decapitada"; "Civilización y barbarie" y *Morirás lejos:* siempre queda alguien; los otros.

El drama del tiempo individual se contrapone con la historia. El primero se estanca; cerca y limita. El hombre individual es prisionero del pasado: se margina; se reduce. Como en "El viento distante" el poema alude a la imagen del acuario:

> ...nosotros
> estamos ciegos para ver más allá del gran vidrio,
> del agua turbia que llamamos el tiempo.
> Somos los peces de este ahora que vorazmente se
> transforma en entonces; los prisioneros, los reducidos
> ...
> ...No puedo dar
> un paso que me aparte de mi acuario. Conozco mis voraces
> limitaciones
> ... (*id.*)

Un hecho es claro y clave en este proceso. En la producción de JEP la escritura muestra que poema y relato son modalidades de un mismo eje; de una misma visión dominante. Así estos últimos poemas, constituidos por períodos largos en consonancia con la tonalidad reflexiva, están —como sus otros poemarios— próximos a la prosa, que a su vez suele contagiarse con el decir poético.

Tercera parte
Conclusiones

"Lo que estás adorando, lo estás quemando"
JOSÉ EMILIO PACHECO, 1977

Todos los elementos confluyentes en la producción de José Emilio Pacheco integran una visión de mundo coherente que se concentra en tres niveles: la vida personal (niños, adolescentes, adultos); la historia nacional y el sistema capitalista como estructura dominante que opera sobre los dos niveles anteriores. Los tres se perciben como tres grandes fracasos que, en última instancia, implican el fracaso del sistema en su totalidad.

El hecho se muestra claramente en la concepción de la historia que se desprende del proceso de la escritura (cf. *infra*), y se revela en el símbolo de la ciudad, que es uno de los motivos constantes de la narrativa, la poesía y la ensayística de Pacheco, como lo muestra el siguiente fragmento de uno de sus artículos periodísticos:

> Son las dos de la tarde. La palabra "horror" se ha convertido en eufemismo para describir una ciudad que es el reflejo espectral del gran fracaso mexicano. Aquí está, omnipresente, lo que el afán de lucro como único motor de la existencia puede hacer de nosotros: la clase explotadora, a la que en este país y en este momento pertenece todo el que gana más de siete mil pesos mensuales y puede comer tres veces al día. Este caos de estruendo, veneno, ruinas, desolación, materializa nuestro retrato moral.
>
> ...
> Desde hace tiempo forma parte de la cotidianidad el espectáculo de policías cuyos arreos son las metralletas. Como el anhídrido carbónico, las materias fecales, el plomo y el asbestos, el miedo está en el aire que respiramos.
> ... ("El gran fracaso", en Pacheco 1978-a, 54).

Lo laberíntico, junto con la técnica paralelística y la de puesta en abismo del texto —que determinan, en cierto modo, una visión especular— ponen en movimiento la escritura en este sistema de producción. La salida o no salida de este dédalo de espejos o de este juego de planos y alternativas marca el proceso de la cotidianidad, y en última instancia, de la historia.

Esta visión laberíntica se pone en movimiento por un principio de oposición e inversión que, sin embargo, no siempre se resuelve en un proceso dialéctico. El hecho es claro respecto de los primeros relatos que se relacionan con la problemática individual: "La sangre de Medusa"; "El viento distante"; "Tarde de agosto" y especialmente "Parque de diversiones" que plantea el sentido laberíntico de la vida social dentro del sistema.

Según apunté al principio, la problemática individual, si bien no es explícita en todos los relatos, es sintomática de una situación sociopolítica y cultural de la que hay marcas textuales suficientes para inferirla, como se mostró en el análisis. O bien se explicita en algunos textos como una problemática del sistema (p. ej. en "Parque de diversiones").

Los hombres dentro de este contexto están radicalmente incomunicados. Es decir, las relaciones generacionales (entre los de una misma generación o de una generación a otra), familiares o sectoriales, y en última instancia de toda la sociedad, se ven regidas cada vez más por los principios de dominio y sumisión que imposibilitan la comunicación efectiva.

Las relaciones de incomunicación van ligadas con un proceso de cosificación que se manifiesta en una pluralidad de matices. Lo dominante, sin embargo, es el proceso de inversión que establece la escritura entre hombre y animal: En la medida en que el animal se hominiza el hombre se animaliza ("Parque de diversiones"). Al proceso le acompaña una tendencia a fetichizar los objetos ("El viento distante", y en cierto modo "Civilización y barbarie", como se verá *infra*).

Estos efectos contextuales en la conducta y en la personalidad de los individuos plantean al mismo tiempo un problema de identidad, que es también prácticamente constante en la narrativa y la poesía de JEP. Los actantes se enfrentan a situaciones límite que los colocan en la disyuntiva del desarrollo (ser) o de la frustración (no ser). Se crea generalmente una tensión entre esta disyuntiva y la de realidad (objetividad) o idealización (subjetividad). La tensión suele resolverse en estos primeros relatos con el predominio de la "realidad" que es la contextual: frustrante ("Tarde de agosto") o abiertamente negadora de las posibilidades de integración o de movilidad social ("El castillo en la aguja"). Incluso se matiza psicoanalíticamente este efecto de enfrentamiento con la realidad como algo opuesto a la persona. De ahí que en "El principio del placer" se plantee la oposición como la lucha entre el *principio de la realidad* y el *principio del placer*. El predominio del primero sobre el segundo implica la aceptación de la vida como una "farsa" y un "teatrito".

Las relaciones de dominio y de sumisión condicionan también, en buena medida, el rol de espectadores a que quedan reducidos el niño y el adulto en la producción de Pacheco. La escritura señala la ambivalencia del problema en relatos como "Dicen" en que el narrador adopta claramente una función crítica de los roles y actitudes que él mismo asume. Como la relación entre dominador y dominado, la condición de espectador es efecto del juego dialéctico entre hombre y contexto. Quizá la variante que deja abierta la escritura es que en la etapa del niño y del adolescente la adopción de esta actitud está mucho más determinada por el contexto que en la edad adulta, cuando se plantea claramente el problema de la responsabilidad histórica o social ("Parque de diversiones", "Jericó", "La fiesta brava", *Morirás lejos* "Dicen"...).

Toda esta problemática generada en torno a la persona, por efecto de la estructura sociocultural, en el caso de la obra de Pacheco sólo puede adscribirse (basándonos en la evidencia textual) al sistema capitalista.

Para Leenhardt, en general la crisis de identidad dentro del capitalismo tiene eco en la escritura y promueve la forma de diario íntimo que pretende conjurar el conflicto.[1] Así los relatos de niños y adolescentes de JEP (aparte de "El principio del placer", escrito totalmente como diario, y de la importancia de las cartas o cuadernos en éste y otros relatos como "La reina") tienen un tono evocador y nostálgico y parecen responder a una voluntad de recuperación de la infancia en función de la vida adulta (cf. también su poemario último, *Jardín de niños*), y tienen, por lo mismo, una escritura similar a la del diario íntimo.

La ordenación de *El viento distante y otros relatos* revela esta interrelación de lo personal y lo contextual. Los primeros ocho relatos se refieren a niños y adolescentes en situaciones límite de crecimiento, en oposición con el mundo adulto, y obviamente —como se ha comentado ya— con su contexto. Los relatos noveno y décimo remiten al ámbito históricosocial de México: "La luna decapitada" y "Virgen de los veranos". El primero de manera más directa, ya que se refiere al periodo que va del huertismo hasta Ávila Camacho;

---

[1] Para Leenhardt "No es de asombrar que esta representación [de la vida y de la obra], y el intento de justificación teórica que la acompaña en toda la mitad del siglo XIX y en el siglo XX, aparezca de manera concomitante con el auge del diario íntimo. Se podría incluso ver en este género, cuyos monumentos aparecerán entre 1846 y 1866... y después entre 1880 y 1890 (Amiel, Michelet, Constant, Stendhal, Delacroix) la expresión de esta categoría del haber aplicada a la existencia misma, la cual se ha desplegado hoja tras hoja en el papel, totalizándose a la manera de un tesoro, fiadora de la identidad" (Leenhardt 1976, 208).

el segundo, menos preciso históricamente, después de la Guerra cristera. Ninguno de ellos se centra en las grandes figuras. Importan más las figuras menores que dan la tónica del proceso histórico en una visión más cercana a la cotidianidad ("¿intrahistoria?"), y por tanto, al proceso gestor medio. De hecho estos relatos son desmitificadores del discurso histórico codificado oficialmente. Continúan en este sentido dentro de la tradición iniciada por los novelistas y cuentistas de la Revolución, quienes presentan una visión crítica y pesimista del proceso revolucionario.

De la desmitificación de la historia nacional, de la historia del subdesarrollo, se pasa a una desmitificación del modelo (símbolos, valores) de la sociedad altamente tecnificada del sistema capitalista norteamericano. El prejuicio racial; las pandillas; la cosificación del hombre y su destrucción bélica total... subyacen a los relatos finales del libro: "No entenderías", "Civilización y barbarie", "Algo en la oscuridad" y "Jericó". En ellos se percibe la cercanía de la escritura antiutópica y crítica sobre las proyecciones futuras del sistema.

Si en los primeros relatos el énfasis está puesto en la problemática individual, aunque apunten inicialmente al contexto, en los otros el énfasis se centra en la problemática estructural sociohistórica, no obstante que lo hacen a través de una dinámica actancial: "La luna decapitada"; "Civilización y barbarie"; "Jericó"; "La fiesta brava" y *Morirás lejos*.

Por exigencia de la escritura, se agudiza en estos últimos relatos la tendencia a hacer de los actantes instancias de carácter simbólico (duplicadores de sentido) que permiten la afloración de la problemática estructural con una red actancial mímica. El procedimiento culmina en *Morirás lejos*. Dos actantes (eme y Alguien) funcionan como detonadores de la escritura, y abren la perspectiva de niveles que permite caracterizar los polos del sistema subyacente. Visto desde la perspectiva inversa, en ellos convergen todos los niveles de sentido, de tal manera que en su enfrentamiento puede resolverse la oposición global del sistema: dominador/dominado.

El lenguaje. En general los textos de José Emilio Pacheco se constituyen gracias a un lenguaje preciso —más bien parco— que tiene en su aparente sencillez una clara finalidad ideológica, ya que remite a la postura de espectador-testigo que caracteriza, como hemos señalado, al narrador y a los actantes en general.

La escritura se propone "mostrar" una concreción textual privilegiada por la mirada del metanarrador, y que alude al contexto. Este "mostrar", selectivo, ideologizado, pone en juego a su vez ideológicamente al lector (hecho explícito en *Morirás lejos*). La escritura se decanta y se revela a un primer nivel de lectura como una superficie carente de volumen. Pero de hecho cada punto significativo (como en el caso de los actantes) se abre a una posible densidad que exige para hacerse presente la colaboración del lector. El tejido de la escritura, aparentemente simple, propone una amplia perspectiva históricosocial y cultural que al lector corresponde descifrar y colmar.

El carácter visual, cinematográfico del texto se refuerza por los elementos gráficos de espacialización textual, sobre todo por el uso de los espacios en blanco, acorde con la función testimonial dominante, que muestra los hechos a partir de una conciencia selectiva.

Sentido de la historia. En todo este proceso de la escritura de Pacheco se va perfilando un sentido de la historia. Sentido de la historia que se concreta de manera ejemplar, como hemos visto, en el capitalismo y en el contexto históricosocial mexicano.

Hay pues dos niveles que atender: 1) Los hechos y procesos históricos que pondera la escritura, y 2) la visión ideológica que los ordena y distribuye.

Por el camino de los hechos importa evidentemente el México posrevolucionario: su estructura económica capitalista dependiente, y el subsecuente y gradual proceso de transculturación en términos de la cultura norteamericana; los indicios de sumisión y cosificación de las capas medias y de otros sectores, sintomáticamente detectados en la estructura familiar, o en las relaciones interpersonales en general; las posibilidades de empleo —o más bien el problema del desempleo y la jubilación—, y finalmente la corrupción del sistema político nacional ("La luna decapitada", "La fiesta brava", *Morirás lejos*).

La problemática mexicana se inscribe pues, y se explica en el marco socioeconómico y cultural más amplio del sistema norteamericano ("Civilización y barbarie" "La fiesta brava"; "El principio del placer") y del nazismo *(Morirás lejos);* y éstos a su vez se inscriben y se explican dentro del proceso socioeconómico capitalista.

La visión ideológica que ordena y distribuye estos hechos se marca también como un proceso en el desarrollo textual. No se puede negar la visión pesimista, cerrada, que prevalece en los primeros relatos y explica la "apocalíptica" visión de "Jericó". Sin embargo es necesario matizar este juicio.

Si atendemos a la totalidad de la obra de José Emilio Pacheco, la tendencia dominante no es la recurrencia y circularidad textual negadora de la historia. El caso paradigmático en este sentido es *Morirás lejos*, donde el estatismo y la recurrencia operan para que la

Historia domine. Es decir, para que se produzca la inversión de los opuestos y surja la posibilidad de la dialéctica histórica (cf. también "Civilización y barbarie").

Pero se trata de observar el proceso de la escritura para percibir las condicionantes que anteceden y determinan este balance último. Porque es el proceso lo que importa, por encima de cualquier instancia histórica parcial.

En el caso de los primeros relatos circulares, recurrentes, cerrados sobre sí mismos, es claro que se trata de una visión crítica que clausura totalmente la posibilidad de transgredir los efectos del contexto sociohistórico sobre los actantes ("El viento distante") o específicamente las relaciones de poder y sumisión que se establecen entre el poder dominador y el pueblo dominado ("Jericó"). Pero, como he indicado al principio, la censura se refiere al sistema capitalista, específicamente al norteamericano o a sus efectos en el sistema capitalista dependiente de México. Es decir, que no se trata de una visión englobadora de toda la humanidad, si bien se centra en una visión laberíntica que cancela prácticamente toda posibilidad de salida ("Parque de diversiones"). O se basa en un "orden social" que excluye las posibilidades de desarrollo de un grado de conciencia tal, que permita el ejercicio de una práctica política efectiva, frente a los mecanismos de dominación ("Jericó").

Todo parece indicar que la escritura de Pacheco —no sólo la de *Morirás lejos*, aunque en ella se dé de manera privilegiada— apunta a la problemática del poder absoluto como un eje determinante de la historia. De ahí que en la interrelación de dominador y dominado se decida la oposición dialéctica entre una visión mitificada de la historia y la Historia como proceso. La disyuntiva se debate en los espacios de la cotidianidad, de suerte que se liga también desde esta dimensión la problemática estructural y las concreciones sociales específicas que la revelan.

Si bien es cierto que a partir de "Jericó" se define totalmente la relación dominador-dominado como función rectora del desarrollo histórico y de las formaciones sociales, fácilmente ésta puede extenderse a los otros relatos con sus variantes de dominación y sumisión; de explotador y explotado, etc., que determinan las conductas de sumisión y pasividad o limitan la función crítica de los actantes al papel de observadores.

Así como en lo individual el actante se enfrenta a la oposición subjetividad/realidad, con la progresiva subordinación de la primera a la segunda, en términos de la historia se oponen (cf. *supra*) el proceso de la Historia y la mitificación de la historia. Este último concepto se vincula con las fuerzas que detentan el poder (las responsables de la "contrarrevolución" en "La luna decapitada"; el hombre dentro del sistema capitalista, destructivo de sí mismo y de la humanidad en "Jericó"; el poder absoluto —nazismo, capitalismo—, en *Morirás lejos*). El concepto de Historia corresponde, sin lugar a dudas, al pueblo (dominado, sumiso, disminuido), en la medida en que éste sea capaz de asumir su responsabilidad histórica.

En la dimensión individual subsiste el dolor cotidiano y el enfrentamiento con la muerte ("Jardín de niños"). Pero la Historia queda. Subsiste también la conciencia de que el problema histórico de dominador y dominado aún no se resuelve. Pero queda la fuerza efectiva de "Alguien" (pueblo) y la escritura para denunciarlo.

La escritura precisamente ha mostrado un proceso desmitificador de las instituciones y mitos de la sociedad contemporánea (México y el modelo norteamericano), operando sobre todo en el medio urbano (el Distrito Federal o la capital de provincia), y específicamente sobre la estructura familiar; las relaciones de la pareja; las instituciones como la escuela o los tiempos y espacios ritualizados del ocio.

Se critica evidentemente el sistema rector opresivo mediante 1) El cuestionamiento de la vida cotidiana con sus múltiples indicios y manifestaciones de los valores vigentes y de las conductas que los ponen en juego.

Dentro de este contexto personal e interpersonal Pacheco destaca la función del escritor para ponerla en tela de juicio ("La fiesta brava"; *Morirás lejos*). El eje valorativo es el grado de acercamiento o de marginación de la historia: Parecería que en el mejor de los casos su función se limita a la de espectador —más o menos crítico. Sin embargo se sugiere una especie de disociación en que, no obstante este distanciamiento de los hechos, la escritura (la ficción) en tanto tal, es capaz de ir más allá del cuestionamiento crítico ("La fiesta brava"; *Morirás lejos*).

2) También se asume una actitud crítica ante el proceso revolucionario nacional que determina el contenido sociohistórico del México contemporáneo ("La luna decapitada"; *Morirás lejos,* pero además, implícita y explícitamente, en prácticamente todos los relatos). De acuerdo a lo que se infiere del proceso de la escritura, el periodo posrevolucionario traiciona, y hasta cierto punto escinde, la dinámica histórica iniciada con la Revolución, que se marca textualmente en la línea de Zapata, Madero y Cárdenas ("La luna decapitada").

Este proceso "contrarrevolucionario" se inicia a partir del periodo del huertismo y hasta Ávila Camacho en "La luna decapitada"; posteriormente en "La fiesta brava" se proyecta al sexenio de Gustavo Díaz Ordaz, es decir hasta 1971, en que comienza el de Luis Echeverría Álvarez, pasando por el corte de 1966 que representa *Morirás lejos*.

Desde el punto de vista de la historia, en los relatos de Pacheco el movimiento estudiantil de 1968 y los sucesos de 1971 apuntan a una posibilidad de cambio (cf. la referencia a Tlatelolco y al Jueves de Corpus de 1971 en "La fiesta brava") que también se registra en la poesía:

> Un mundo se deshace
> nace un mundo
> las tinieblas nos cercan
> pero la luz llamea
> todo se quiebra y hunde
> y todo brilla
> cómo era lo que fue
> cómo está siendo
> ya todo se perdió
> todo se gana
> no hay esperanza
> hay vida y
> todo es nuestro

("1968 (I)", Pacheco 1969-b, 23)

No obstante, esta posibilidad de cambio no se define abiertamente todavía. Los reductos de la nacionalidad parecen estar aún condicionados por una visión mitificada de la historia, que la escritura asocia con los residuos "bárbaros" del mito prehispánico ("La luna decapitada" y "La fiesta brava" en los relatos; poemas como "Lectura de los *Cantares mexicanos*: manuscrito de Tlatelolco", *Ibid.*, p. 21). Es evidente en este sentido que al cuestionar el contexto sociohistórico del presente, se cuestiona también la visión mitificada de la historia.

En la base de todo este proceso crítico hay pues un cuestionamiento decisivo de la historia institucionalizada, que abarca el nivel económico, el político y el ideológico con claro predominio de los dos últimos.

Bibliografía y siglas*

A. *Textos de José Emilio Pacheco*

Pacheco 1958: José Emilio Pacheco, *La sangre de Medusa*, ed. Juan José Arreola, México, 1958. (*Cuadernos del Unicornio*, 18).

Pacheco 1963-a: *Id.*, *Los elementos de la noche*, Universidad Nacional Autónoma de México, México, 1963.

Pacheco 1963-b: *Id.*, *El viento distante*, 1a. ed., Era, México, 1963. (Col. *Alacena*).

Pacheco 1966: *Id.*, *El reposo del fuego*, Fondo de Cultura Económica, México, 1966. (*Letras mexicanas*).

Pacheco 1967: *Id.*, *Morirás lejos*, Mortiz, México, 1967. *(Serie del volador)*. [Fechada internamente en 1966 febrero-marzo].

Pacheco 1969-a: *Id.*, *No me preguntes cómo pasa el tiempo* (Poemas, 1964-1968), Mortiz, México, 1969.

Pacheco 1969-b: *Id.*, *El viento distante y otros relatos*, 2a. ed., rev. y aum., Era, México, 1969.

Pacheco 1972: *Id.*, *El principio del placer*, Mortiz, México, 1972. (*Serie del volador*).

Pacheco 1973: *Id.*, *Irás y no volverás*, Fondo de Cultura Económica, México, 1973. *(Letras mexicanas)*.

Pacheco 1975: *Id.*, "Dicen", en *Eros* (México), núm. 5 (1953), 70, 72 y 148.

Pacheco 1976: *Id.*, *Islas a la deriva*, Siglo XXI, México, 1976. [Incluye "Lectura de la antología griega", publicada en la revista *Eco* (Bogotá), núm. 183 (1977), 52-60].

Pacheco 1977: *Id.*, *Morirás lejos*, 2a. ed., revisada, Mortiz, México, 1977.

* La bibliografía incluye sólo obras citadas. Para las siglas hemos utilizado el año de la primera edición. Cuando no hemos podido precisarlo, se pone el año entre corchetes.

Pacheco 1978-a: *Id.*, "Notas desde el subterráneo", en *Proceso* (México), núm. 67 (1978), 54-55.
Pacheco 1978-b: *Id.*, "Pancho Villa y el México bronco de Irving Wallace", en *Proceso* (México), 1978, núm. 68, 54-55.
Pacheco 1978-c: *Id.*, *El jardín de niños* [20 poemas de JEP; serigrafías de Vicente Rojo], México, 1978.
Pacheco 1978-d: *Id.*, *La sangre de Medusa*, 2a. ed., corr., Ed. Latitudes, México, 1978. (Col. *El Pozo y el Péndulo*).

B. *Teoría y crítica*

Anderson Imbert 1961: Enrique Anderson Imbert, "Formas en la novela contemporánea" en *Teoría de la novela*, Taurus, España, 1974.
Bachelard 1957: Gastón Bachelard, *La poética del espacio*, Fondo de Cultura Económica, México, 1965. (*Breviarios*, 183).
Bakhtine 1929: Mikhail Bakhtine, *La poétique de Dostoievski*, Éds. du Seuil, Paris, 1970.
Barthes 1953: Roland Barthes, *El grado cero de la escritura*, Ed. Jorge Álvarez, Buenos Aires, 1967.
Barthes 1969: *Id.*, "El análisis retórico", en *Literatura y sociedad*, 2a. ed., Eds. Martínez Roca, Barcelona, 1971.
Barthes 1970: *Id.*, *S/Z*, Éds. du Seuil, Paris, 1970. (Coll. *Tel Quel*).
Baudrillard 1968: Jean Baudrillard, *El sistema de los objetos*, 2a. ed., Siglo XXI, México, 1975.
Benveniste 1974: Émile Benveniste, "El aparato formal de la enunciación", en *Problemas de lingüística general II*, Siglo XXI, México, 1977, 82-91.
Bloch-Michel 1967: Jean Bloch-Michel, *La "nueva novela"*, Guadarrama, Madrid, 1963.
Bourneuf-Ouellet 1972: Roland Bourneuf y Réal Ouellet, *La novela*, Ariel, España, 1975. (Col. *Letras e ideas*).
Crowther 1970: Bosley Crowther, sobre *The condemned of Altona*, en *The New York film reviews* (1913-1968), vol. 5, The New York Times and Arno Press, New York, 1970.
Derrida 1968: Jacques Derrida, "La différance" en *Teoría de conjunto*, Seix Barral, Barcelona, 1971.
Ducrot-Todorov 1972: Oswald Ducrot y Tzvetan Todorov, *Diccionario enciclopédico de las ciencias del lenguaje*, Siglo XXI, Argentina, 1974.
Eco 1968: Umberto Eco, *La estructura ausente*, Lumen, Barcelona, 1972.
Fergusson 1949: Francis Fergusson, *The idea of a theater*, Princeton University Press, New York, 1949.

Ferreras 1972: J. Ignacio Ferreras, *La novela de ciencia ficción*, Siglo XXI, Madrid, 1972.
Freud [1974]: Sigmund Freud, "Más allá del principio del placer", en *Psicología de las masas. Más allá del principio del placer. El porvenir de una ilusión*, Alianza Editorial, Madrid, 1974.
Gimferrer 1973: Pere Gimferrer, "Cine fantástico y terrorífico", en *El cine. Enciclopedia del séptimo arte*, t. 3, Buru Lan S. A. de Ediciones, Barcelona, 1973.
Goldmann 1952: Lucien Goldmann, *Las ciencias humanas y la filosofía*, Eds. Nueva Visión, Argentina, 1972.
Gullón 1974: Ricardo Gullón, "Espacios novelescos", en *Teoría de la novela*, Taurus, España, 1974.
Hauser 1951: Arnold Hauser, *Historia social de la literatura y el arte*, 4a. ed., t. 3, Guadarrama, Madrid, 1969. (Col. *Punto Omega*).
Jakobson [1975]: Roman Jakobson, *Ensayos de lingüística general*, Seix Barral, Barcelona, 1975. *(Biblioteca breve)*.
Jitrik 1971: Noé Jitrik, *El fuego de la especie*, Siglo XXI, Buenos Aires, 1971.
Jitrik 1972: *Id.*, "Destrucción y formas de la narración", en *América Latina en su literatura*, Siglo XXI, México, 1972.
Kristeva 1970: Julia Kristeva, *El texto de la novela*, Ed. Lumen, Barcelona, 1974.
Leenhardt 1973: Jacques Leenhardt, *Lectura política de la novela*, Siglo XXI, México, 1973.
Leenhardt 1976: *Id.*, "Modelos literarios e ideología dominante", en *Escritura* (Caracas), núm. 2 (1976), 207-216.
Lida de Malkiel 1973: María Rosa Lida de Malkiel, *Jerusalén. El tema literario de su cerco y destrucción por los romanos*, Universidad de Buenos Aires, Argentina, 1973.
Livingstone 1974: Leon Livingstone, "Duplicación interior y el problema de la forma en la novela", en *Teoría de la novela*, Taurus, España, 1974.
Lotman 1967: Iouri Lotman, "El problema de una tipología de la cultura", *Casa de las Américas*, núm. 71 (1972).
Ludmer 1977: Josefina Ludmer, *Onetti. Los procesos de construcción del relato*, Ed. Sudamericana, Buenos Aires, 1977.
Metz 1968: Christian Metz, *Ensayos sobre la significación en el cine*, Ed. Tiempo Contemporáneo, Buenos Aires, 1972.
Metz 1973: *Id.*, *Lenguaje y cine*, Planeta, España, 1973.
Monteforte Toledo 1976: Mario Monteforte Toledo, "Ideología y literatura", en Varios, *Literatura, ideología y lenguaje*, Grijalvo, México, 1976. (Col. *Teoría y praxis* 28).

Pouillon [1970]: Jean Pouillon, *Tiempo y novela*, Paidos, Buenos Aires, 1970. (Col. *Letras mayúsculas*).
Prada Oropeza 1977: Renato Prada Oropeza, "Aproximación a una teoría de la novela", en *Plural* (México), núm. 73 (1977).
Rieupeyrout 1957: J. L. Rieupeyrout, *El "western" o el cine americano por excelencia*, Eds. Losange, Buenos Aires, 1957.
Robbe-Grillet 1963: Alain Robbe-Grillet: *Por una nueva novela*, Seix Barral, Barcelona, 1965.
Rotallar 1973: Manuel Rotallar, "El doble", en *El cine. Enciclopedia del séptimo arte*, t. 3, Buru Lan, S. A. de Ediciones, Barcelona, 1973.
Sánchez Vázquez 1970: Adolfo Sánchez Vázquez, *Estética y marxismo*, t. 1, Era, México, 1970.
Sarduy 1972: Severo Sarduy, "El barroco y el neobarroco", en *América latina en su literatura*, Siglo XXI, México, 1972.
Sartre 1948: Jean Paul Sartre, *¿Qué es la literatura?*, Losada, Buenos Aires, 1967.
Tacca 1973: Oscar Tacca, *Las voces de la novela*, Gredos, Madrid, 1973.

C. *Textos literarios*

Arreola 1949: Juan José Arreola, "La Migala", en *Confabulario total (1941-1961)*, Fondo de Cultura Económica, México, 1961. (Col. *Letras mexicanas*), 60-61.
Borges 1940: Jorge Luis Borges, Silvina Ocampo y Adolfo Bioy Casares. *Antología de la literatura fantástica*, Ed. Sudamericana, Buenos Aires, 1940.
Borges 1946: *Id.*, "Deutches requiem", en *Sur*, 15 (1946), núm. 136, 7-14.
Borges 1954: *Id., Historia universal de la infamia*, 3a. ed., Emecé Editores, 1962.
Borges 1956: *Id., Ficciones*, 4a. impr., Emecé Editores, Buenos Aires, 1963.
Borges 1961: *Id., Antología personal*, Sur, Buenos Aires, 1961.
Borges 1964: *Id., Discusión*, Emecé Editores, Buenos Aires, 1964.
Borges 1967: *Id., Obra poética* (1923-1967), 7a. ed., Emecé, Buenos Aires, 1967.
Bradbury 1952: Ray Bradbury, *The illustrated man*, Corgi Books, London, 1952.
Bradbury 1953: *Id., Farenheit 451*, Minotauro, Argentina, 1966.
Bradbury 1962: *Id., La feria de las tinieblas*, 2a. ed., Minotauro, Buenos Aires, 1975.

Brecht 1941: Bertolt Brecht, *La resistible ascensión de Arturo Ui,* en *Teatro completo,* t. 6, Nueva Visión, Buenos Aires, 1978.
Carrol 1865: Lewis Carroll, *Alicia en el país de las maravillas. Detrás del espejo,* Bruguera, Barcelona, 1972.
Cortázar 1964: Julio Cortázar, "La noche boca arriba", en *Final del juego,* 5a. ed., Sudamericana, Buenos Aires, 1966.
Darío 1915: Rubén Darío, "Huitzilopoxtli", en Raimundo Lida, *Letras hispánicas (Estudios. Esquemas),* Fondo de Cultura Económica, México, 1968, 301-306.
Fuentes 1954: Carlos Fuentes, *Los días enmascarados,* Los Presentes, México, 1954.
García Márquez 1968: Gabriel García Márquez, "Un señor muy viejo con unas alas enormes", en *La increíble y triste historia de la cándida Eréndira y de su abuela desalmada, Siete cuentos,* Hermes, México, 1972.
Manjarrez 1970: Héctor Manjarrez, *Acto propiciatorio,* Mortiz, México, 1970.
Michaux 1973: [Textos del libro *Versiones y diversiones,* versión de Octavio Paz], en *Diorama de la Cultura, Excélsior* (México), 30 diciembre de 1973, 5.
Orwell 1945: George Orwell, *Rebelión en la granja,* Ediciones Destino, Barcelona, 1973.
Orwell 1949: *Id., 1984,* 3a. ed., Ediciones Destino, Barcelona, 1974.
Pirandello 1921: Luigi Pirandello, *Seis personajes en busca de autor,* Cía. General Fabril Editora, Argentina, 1961.
Quevedo 1633: Francisco de Quevedo, "De los remedios de cualquiera fortuna", en *Obras completas. Obras en prosa,* 2a. ed., Aguilar, Madrid, 1941.
Sarmiento 1845: Domingo Faustino Sarmiento, *Facundo,* Ed. Losada, Buenos Aires, 1942.
Sartre 1959: Jean Paul Sartre, "Los secuestrados de Altona", en *A puerta cerrada. La mujerzuela respetuosa. Los secuestrados...,* Losada, Buenos Aires, 1974.
Stoker 1897: Bram Stoker, *Drácula,* 2a. ed. en esp., Ed. Novaro, Barcelona, 1973.
Villaurrutia 1953: Xavier Villaurrutia, *Obras,* 2a. ed., aum., Fondo de Cultura Económica, México, 1966. *(Letras mexicanas).*

D. *Otros textos*

Arizpe 1977: Lourdes Arizpe, "Apuntes sobre la dinámica de la cultura", *Diálogos* (El Colegio de México), núm. 76 (1977), 19-21.
Bergua [s. a.]: Juan B. Bergua, *Mitología universal,* Ediciones Ibéricas, Madrid, s. a.

Bernal 1976: Ignacio Bernal, "Formación y desarrollo de Mesoamérica", en *Historia general de México*, t. 1, El Colegio de México, México, 1976.

Carrasco 1976: Pedro Carrasco, "La sociedad mexicana antes de la Conquista", en *Historia general de México*, t. 1, El Colegio de México, México, 1976.

Casasola [1960]: Gustavo Casasola, *Historia gráfica de la Revolución mexicana (1900-1970)*, 2a. ed., t. 4, Ed. Trillas, México, 1973.

Cassirer 1945: Ernst Cassirer, *Antropología filosófica*, Fondo de Cultura Económica, México, 1945.

Castilla del Pino 1969: Carlos Castilla del Pino, *La incomunicación*, 5a. ed., Península, Barcelona, 1972.

Cirlot 1969: Juan Eduardo Cirlot, *Diccionario de símbolos*, Labor, Barcelona, 1969.

Chochod 1971: Louis Chochod, *Historia de la magia*, Eds. Roca, México, 1975.

DRAE: Diccionario de la Real Academia Española.

Ehrlich 1968: Paul R. Ehrlich, *The population bomb*, Ballantine Books, New York, 1968.

Encyclopaedia Britannica 1964: *Encyclopaedia Britannica*, Encyclopaedia Britannica Inc., 1964, vol. XIX.

Encyclopaedia Judaica 1972: *Encyclopaedia Judaica*, Jerusalem, Israel, 1972.

García 1978: Elvira García, "Matías Goeritz y *El laberinto*, juego para niños árabes e israelíes", *Proceso* (México), núm. 95 (1978), 52-53.

García Gascó 1974: Enrique García Gascó, "Prólogo", en *El libro de los muertos*, Ediciones Ateneo, México, 1974.

Garibay 1945: Ángel María Garibay (ed.), *Épica náhuatl*, Universidad Nacional Autónoma de México, México, 1945. (*Biblioteca del estudiante universitario*, 15).

Gerson 1969: Werner Gerson, *El nazismo, sociedad secreta*, Editorial Diana, México, 1976.

Gheorghiu [1957]: C. Virgil Gheorghiu, *La hora veinticinco*, Editora Latino Americana, S. A., México, 1957.

González 1976: Luis González, "El liberalismo triunfante", en *Historia general de México*, t. 3, El Colegio de México, México, 1976.

Hitler 1924: Adolfo Hitler, *Mi lucha* [*Mein Kampf*], Ramírez Editores, México, 1975.

Josefo [1930]: Flavio Josefo, *Contre Apion*, ed. por Théodore Reinach, Association Guillaume Budé, París, 1930. (Coll. *Des Universités de France*).

Koch 1930: Rudolf Koch, *The book of signs*, Dover Publications, New York, 1930.

Lang 1931: Fritz Lang, *"M" el vampiro de Düsseldorf*, prol. de Miguel Porter, Aymá, S, A, Editora, Barcelona, 1964.

Lázaro Carreter 1953: Fernando Lázaro Carreter, *Diccionario de términos filológicos*, Gredos, Madrid, 1953.

Llamosa 1978: José Antonio Llamosa, "El asesinato de Madero; Decena trágica", 4a. parte, en *Excélsior* (México), 1 marzo de 1978, 4-A.

Malinowski 1948: Bronislaw Malinowski, *Magia, ciencia, religión*, Ed. Ariel, Barcelona, 1974.

Meyer 1976-a: Lorenzo Meyer, "El primer tramo del camino", en *Historia general de México*, t. 4, El Colegio de México, México, 1976, 111-199.

Meyer 1976-b: Lorenzo Meyer, "La encrucijada", en *Historia de México. Etapa nacional*, SEP. y Cía Editorial Continental, México, 1976. (*Módulo*, 6).

Monsiváis 1976: Carlos Monsiváis, "Notas sobre la cultura mexicana en el siglo XX", en *Historia general de México*, t. 4, El Colegio de México, México, 1976.

Nácar-Colunga 1950: Eloíno Nácar Fuster y Alberto Colunga, *Sagrada biblia*, 4a. ed., corr. y aum., Ed. Católica, Madrid, 1952. (*Biblioteca de Autores Cristianos*).

Nietzsche 1888: Federico Nietzsche, "El ocaso de los ídolos", en *Obras completas*, 5a. ed., Aguilar, Buenos Aires, 1962.

O'Gorman 1960: Edmundo O'Gorman, "El arte o la monstruosidad", en *Seis estudios históricos de tema mexicano*, Universidad Veracruzana, 1960.

Pérez de Urbel 1966: Justo Pérez de Urbel, *Vida de Cristo*, Eds. FAX, Madrid, 1966.

Sánchez Vázquez 1976: Adolfo Sánchez Vázquez, "La ideología de la *neutralidad* ideológica en las ciencias sociales", en *La filosofía y las ciencias sociales*, Grijalbo, México, 1976.

Séjourné 1957: Laurette Séjourné, *Pensamiento y religión en el México Antiguo*, Fondo de Cultura Económica, México, 1955. (Col. *Breviarios*, 128).

Ulloa 1976: Berta Ulloa, "La lucha armada (1911-1920)", en *Historia General de México*, t. 4, El Colegio de México, México, 1976.

Yáñez 1942: Agustín Yáñez (ed.). *Mitos indígenas*, 2a. ed., Universidad Nacional Autónoma de México, México, 1956. (*Biblioteca del estudiante universitario*, 31).

Ficción e historia: la narrativa de José Emilio Pacheco se terminó de imprimir en el mes de agosto de 1979 en los talleres de Imprenta Madero, S. A., Avena 102, México 13, D. F. Se tiraron 3 000 ejemplares, más sobrantes para reposición. Cuidó de la edición el Departamento de Publicaciones de El Colegio de México

Nº 1962